吴 震 肖卫民 ◎主编

儒学传统与现代社会

编委会

吴　震　复旦大学哲学学院教授，上海儒学院执行副院长
田德文　中国社会科学院台港澳事务办公室副主任
邢滔滔　北京大学社会科学部副部长，哲学系教授
王月清　南京大学社会科学处处长，哲学系教授
徐富昌　台湾大学文学院副院长，中文系教授
李瑞腾　台湾"中央大学"文学院院长
梁元生　香港中文大学历史系讲座教授

序

"海峡两岸暨香港人文社会科学论坛"自创立以来，至 2017 年迎来了值得纪念的十周年，而每年一届的盛会迄今正好是第十届。论坛由复旦大学、北京大学、中国社会科学院、南京大学、台湾大学、台湾"中央大学"以及香港中文大学轮流举办，本届论坛由复旦大学上海儒学院和贵阳孔学堂文化传播中心共同承办，于 2017 年 9 月 15 日—16 日在贵阳隆重召开。

儒学是中华传统文化的重要组成部分，在国家和社会治理、天下秩序安顿中发挥了重要作用。本次论坛以"儒学传统与现代社会"为主题，探讨儒学思想与现代文明的交织，促进中华优秀传统文化与当代文化相适应，与现代社会相协调，以弘扬其跨越时空的精神价值。中华文明历史悠久，在人类文明发展中做出了重大贡献。近代以来，中华传统思想文化经历了剧烈变革的阵痛，进行了艰苦的转型和发展探索。当前，在全球面临深度调整之际，中华传统文化也迎来了重大发展机遇。

论坛开幕式由复旦大学文科科研处处长陈玉刚教授主持，复旦大学校长助理陈志敏教授、南京大学党委副书记朱庆葆教授、香港中文大学副校长张妙清教授、台湾"中央大学"副校长李光华教授、北京大学社会科学部副部长邢滔滔教授、台湾大学文学院副院长徐富昌教授、贵阳孔学堂文化传播中心副主任周之江先生分别在开幕式致辞，大家高度认同"论坛"举办以来所取得的丰硕成果，认为这种持之以恒的论坛模式，对于不断推动海峡两岸暨香港地区的人文社会科学发展，增进彼此互动互鉴、多元交流具有重要的学术意义和现实意义。

本次论坛的主题设定为"儒学传统与现代社会"，因此，儒家思想、传统文化与当代社会便构成本次论坛的核心议题。从学者层面看，与会的大多数是从事传统文化研究的专家，故论文的议题也就相对集中。由于有部分与会者出于种种原因，而未能在会后提交修订稿，故有一些论文报告未能收入本论集中，这是稍有遗憾的地方，不过，本论集仍有19篇经作者仔细修订之后的学术论文得以集结，这是需要略做说明的。

首先是两篇作为"主题报告"的论文，分别探讨了儒家仁学思想中蕴含的"公共性"问题（吴震）以及儒家教育思想的现代意义等问题（郑宗义）。"公共性"是涉及如何正确理解儒家伦理学之特质的重要理论问题，以往有一种观点认为，中国社会历来缺乏"公德"观念，这与儒家强调的所谓"仁爱"思想偏重于家庭伦理、亲情伦理有关，然而事实上，我们可以发现在儒家伦理思想中，并不缺乏公共意识、公共道德等理论关怀，也正由此，儒家伦理在当代社会仍有可供汲取的思想资源有待我们重新认识和评估。至于儒家注重人的基本德性之培养的教育理念，更具有十分重要的当代意义，完全可以用以补救当代大学偏重概念知识之教育的不足，在正视现有教育重视命题知识的长处之同时，用儒家教育理念作为补充，进而完善当代学校教育的本性，无疑是一项值得深入探讨和严肃应对的课题。

儒家思想的当代诠释或以当代哲学为视域来重释儒学，无疑是当今儒学研究的一个重要面向，亦与本次论坛主题中的两个关键词——"传统"与"现代"密切吻合。例如在"荀学"隐然成为一大"学术热点"的当下，林宏星对荀子"性恶论"问题不但有细入毫芒的文本解读，更有宏大视域的哲学辨析，与此同时，作者将当代道德哲学的问题意识融入其对荀子思想的评判当中，诸多分析可谓发前人之所未发。又如，在有关孟子义利观（杨自平）以及儒学与当代伦理（林明照）的问题探讨中，我们也可发现作者对传统的儒学问题有了现代哲学的审视眼光，提出了一些独到的创见。在历史上，"义利之辨"乃是儒学的老问题，涉及对道德价值与功利价值的抉择问题，然而作者却将此一问题的传统论辩置于当今世界的现实语境中，肯定儒家的以道德价值为行事原则的理念依然适用于当下，从而明确地回应了儒学之重"义"的观念有可能导致陈义过高的无端质疑。另一篇论文以当代伦理的角度为切入点,分析了儒家有关人禽、王霸以及义利之辨的核心观点,强调指出在当今多元文化快速而频繁地互动的情境中,或许更应反思如何运用"容受与体情"的态度及智慧来面对多元与封闭之间的社会张力。而在《儒家式的自我及其实践》(翟学伟)这篇论文中,作者从社会心理学的角度,尝试对儒家思想中的"自我"观及其特点进行分析探讨,反而得出了仅从哲学史或思想史的角度所不能得出的观察结论,作者进而主张有必要利用文化比较的框架、文化人类学与社会心理学等方法来重新评估中国人的"自我观",同样也发人深省。

儒家文化重视礼仪制度对社会秩序以及人类行为的规范作用,这应当已是学界的常识,而在此次论坛中,有多篇论文涉及儒家乃至法家的礼仪法治等问题,表现出不同学术背景的学者对传统文化研究的视角多元性。例如,有关"早期儒家礼学"的探讨(孟庆楠)、有关"儒家礼制"如何重建等问题的专论(孙致文),更有对"20世纪中国的法治概念与法家思想"的长篇分析(洪涛),都提出了不少令人深省的独到观点,在此不宜详细罗列,仅以孙致文的论文为例略做介绍。该文有一个副标题"以20世纪40年代中央大学学者议定国家礼制观点为借镜",围绕民国政府有关《礼制草案》的制订而引发的问题进行了深入的学术考察,为我们揭示了民国时代"制礼"事件的缘起、经过及其所蕴含的时代意义,特别就当时在"制礼"过程中围绕"礼"与"法"的关系问题所发生的学术争论进行了考察,指出这场争论对于当代省思"礼制"问题仍具有重要的学术意义。

此次论坛还有不少学者发表了专题性很强的研究论文,对于我们省思论坛主题"儒学传统与现代社会"亦有不少参考价值,例如郑宏泰以"香港华人家族企业的实践经验"为例,探讨了"儒家传统与现代化"的问题,认为儒家伦理与家族文化对于促进经济发展和现代化社会转型具有一定的积极意义;张志强则从"晚明"和"近代"这两个特殊的时代来考察"阳明学的文化理想",认为阳明学作为一种时代的精神表达,对于塑造新的主体状况以及社会秩序和政治形态起到了一定的历史作用;吴国武讨论了"经学传习与中国古典学术的新使命"这一重要问题,认为经典尤其是儒家经学在当代生活中仍然具有学术生命力,进而呼吁有必要重新系统整理《十三经注疏》,作为重建"经学传习"的基础,并在此基础上,推动现代学术的发展;施媛媛的《重视谦虚的当代价值》一文尖锐地指出"谦虚"是中华民族传统美德,然而它作为一种传统价值观却在现代化进程中"日益式微",作者从当代道德心理学的角度出发,通过有关谦虚问题的心理学前沿研究,提出应当重新肯定谦虚之美德在当代社会具有积极作用,以唤起国人对谦虚的重新认识。这些见解无疑值得引起我们的关注。

最后,有必要介绍梁元生《西寻儒学:寻索儒学走向西方的踪径》一文给予我们的一些重要启发。文章从美国已故著名儒学专家狄百瑞于2016年荣获台湾"中央研究院"第二届"唐奖"说起,指出狄百瑞的获奖不仅是国际汉学界的一大喜事,"更为国际儒学研究打了一剂强心针",而狄氏成为美国儒学研究的一代宗师及其在西方学界所引发的影响,充分表明儒学已经走向国际,"成为普世价值的一部分"。另一方面,反观儒学西传的历史,则可追溯到16世纪末天主教耶稣会士来华之时,正是当时的一大批传教士通过翻译或书信的手段,将中国传统文化介绍到欧洲,揭开了"东学西传"的帷幕,遂在17、18世纪欧洲启蒙运动过程中,令不少哲学家和文学家如伏尔泰、魁奈、儒莲等人在努力突破神权主义的同时,"就从遥远的中国吸取灵感的资源"。由于这批崇尚理性主义的学者的大力推崇,竟在当时的欧洲形成了一股"中国风"的潮流,法兰西学院甚至于1872年设立了"儒莲奖",每年颁予对汉学研究有贡献的学者,如香港的饶宗颐教授也曾经于1962年获得此项殊荣。这表明有关中国传统文化的研究(西方习称"汉学")在欧洲不仅曾经有过一段时期的辉煌,而且事实上,这一传统绵延不绝,至今仍有不少重要的大学机构保持着欧洲汉学的研究传统,涌现出诸多世界著名的汉学家。与欧洲的汉学传统相比,稍有不同的是美国的中国研究,后者的研究虽然历史较短,但是却后来居上,在"中国研究"领域,更出现了美国本土学者与华裔学者交相辉映的态势,特别在儒学领域,构成了"美国儒学"

的研究特色。

　　总之，在儒学研究已走向现代、进入全球化的当下境遇中，在中国由晚清时代的衰颓摆脱出来，正在迈入当今世界强雄之际，我们应该如何善待传统文化的力量，如何重新思考儒学的价值和意义？这不仅是梁元生所提示的问题，更是与会学者共同思考的中心问题。

吴　震

2018 年 12 月 30 日

目 录

主题报告

从"以公言仁"看儒学"公共性" ……………………… 吴　震　003

知识与德性
　　——论儒家教育理念的现代意义 ……………………… 郑宗义　029

第一单元　儒家文化与现代化

儒家思想与当代中国社会研究
　　——社会学中国化的路径 ……………… 周飞舟　凌　鹏　047

"化性"如何可能？
　　——荀子的性恶论与道德动机 ………………………… 林宏星　069

儒家传统与现代化
　　——论香港华人家族企业的实践经验 ………………… 郑宏泰　122

论明代儒学与统治思想之融通 …………………………… 陈时龙　143

第二单元　儒学思想的现代意义

三年之丧中的君、父之义
　　——以早期儒家礼学为中心 …………………………… 孟庆楠　153

儒家礼制的重省与深化
　　——以20世纪40年代中央大学学者议定国家礼制观点为
　　　借镜 ………………………………………………… 孙致文　166

20世纪中国的法治概念与法家思想 ……………………… 洪　涛　184

孟子义利观的现代意义 …………………………………… 杨自平　242

儒家式的自我及其实践：本土心理学的研究 ……………… 翟学伟 256
容受与体情：儒学与当代伦理 …………………………… 林明照 276

第三单元　传统文化与当代社会

阳明心学的"心态"向度 …………………………………… 李承贵 293
"晚明"时代、中国"近代"与阳明学的文化理想 …… 张志强 321
钱穆论文化学与教育之洞见
　　——从三则反儒案例谈起 ………………………… 徐圣心 335
始推阴阳、为儒者宗：董仲舒"春秋决狱"的"忍杀"一面
　　——西汉中期淮南、衡山之狱探微 ……………… 武黎嵩 360
经学传习与中国古典学术的新使命
　　——从重新整理《十三经注疏》说起 ……………… 吴国武 372
重视谦虚的当代价值 ……………………………………… 施媛媛 404
西寻儒学：寻索儒学走向西方的踪径 …………………… 梁元生 421

后记 ………………………………………………………… 肖卫民 434

主题报告

从"以公言仁"看儒学"公共性"

吴 震

(复旦大学哲学学院)

一、引 言

近年来,李泽厚再三强调"两德二分"的重要性,认为宗教性私德和社会性公德的"两德论"恰能用来解释儒家伦理的"忠恕之道",主张"情本体"的"忠"可以范导公共理性的"恕"("己所不欲勿施于人"),进而主张伦理学的"两德论"应成为"政治哲学的基础",认为在政治哲学上需要研究如何使中国传统的"两德论"来范导从西方传来的普遍价值的"现代社会性道德",以创造一种适合于中国的道路。① 这些观点都很重要,值得重视。

然而,儒家伦理的忠恕之道显然是以"仁"这一核心观念为基础的,因此,我们可以从儒家传统的仁学思想来重新思考"两德论"的问题,本文旨在透过对宋代理学重构传统仁学的思想史考察,来探讨儒家仁学的公共性问题,最后对"两德论"问题尝试做出若干回应。

众所周知,"仁"是孔子的中心思想,也是儒学的核心价值,然而由于孔子言仁大多是"指示语"(朱子语)而非定义语,如"仁者爱人"亦至多表明"爱人"是"践仁"的表现,而难以认定是对"仁"字的确切定义,因此,关于"仁"的名义问题遂引发后儒的不断诠释②,宋儒特别是道学家多感叹仁字"难言""难名",朱子

---

① 李泽厚、刘绪源:《中国哲学如何登场?》,上海译文出版社2012年版,第103、143页。
② 关于儒学史上"仁"字的文献梳理,参见黄俊杰:《东亚儒家仁学史论》,台大出版中心2017年版。

(1130—1200)甚至断言,汉唐以来"学者全不知有仁字",二程以后"学者始知理会仁字",但"不敢只作爱字说"。① 这是指程颐(1033—1107)言仁的两个主要观点:仁性爱情和以公言仁。前者是指程颐对"仁者爱人"的全新解释:仁是性,爱是情,故不可以爱名仁,导致程门后学不敢以爱说仁;后者是指程颐从"仁近公""仁者公也"的角度对"仁"的新解释。这两个观点具有理论上的内在关联,特别是以公言仁说揭示了"仁"的公共性特征,是程颐的独创性诠释,也是其仁学思想的重要特色,在仁学诠释史上十分重要,但未引起后人的足够重视。

关于以公言仁,程颐大致有三种提法,词意相近而又有微妙的差异:

1. 仁者公也。
2. 仁道难名,惟公近之。
3. 公只是仁之理,不可将公便唤做仁。②

第一种是全称肯定命题;第二种以"近之"说仁,是部分肯定;第三种则显得有点特别:前一句是肯定判断,后一句却是对前者的限定,等于说"公是仁而公又不是仁"。这个说法是程颐特有的语言习惯,如"仁者固博爱,以博爱为尽仁,则不可"③,便属此类。乍看之下有点难解,仔细品味,却发现其中有一些值得深入探讨的问题。

例如:先肯定后否定的这种命题方式如何在义理上得以自圆其说?在这个说法的"言外"又蕴含怎样的思想深意?引申开去,我们会想:在宋代道学史上,程颐对"公"与"仁"的关系描述有何理论意义?朱子仁学在继承程颐思想的基础上,对此又有何理论发展?本文透过对这些问题的考察,展示儒家仁学的公共性特征以及普遍性意

---

① [宋]朱熹:《答张敬夫》第6书,《朱文公晦庵先生文集》(以下简称《朱子文集》)卷31,《朱子全书》第21册,上海古籍出版社、安徽教育出版社2002年版,第1334页。
② [宋]程颢、程颐:《河南程氏遗书》(以下简称《遗书》)卷9,《二程集》,中华书局1981年版,第105页;《遗书》卷3,《二程集》,第63页;又见《程氏粹言·论道篇》,《二程集》,第1171页;《遗书》卷15,《二程集》,第153页。
③ 《程氏粹言·论道篇》,《二程集》,第1175页。

义,这对于我们思考"私德"与"公德"的"两德论"如何打通的问题或有裨益。

二、问题由来：何为"公共性"？

"公共"两字叠加成词的用语习惯较为后起,在先秦时代,古人喜用单字表意。及至宋代,"公共"常与"天下"连用,如:"理者,天下公共之理也。"当然,通过电子检索的方法,我们也可轻易得到《史记》"法者,天子与天下公共也"的记录,此"公共"指共同拥有。

关于"公"字的语源学考察,前人已有相当的研究积累,不必在此细考。仅举一例,如陈弱水《中国历史上"公"的观念及其现代变形》一文从语言和观念的发展史两个层面对"公"的来龙去脉有相当详细的论考,列举了"公"的五种含义:1. 原始的含义是指朝廷、政府或国家;2. 普遍、全体之义,具有超越朝廷、政府的意涵,同时还带有平均、平等等伦理意涵;3. 代表善或世界的根本原理,如义、公正、天理,主要流行于宋明理学;4. 类型四的大致含义仍然是普遍、全体,其特点在于它承认"私"的正当性;5. 类型五的基本意涵是"共",包括共同、共有、众人等义。① 根据这项分类,程颐所言"公"大致可归类于第三种,主要有公义、公正、公理、天理等含义;当然同时也含有第二种及第三种的部分含义,如"普遍"以及"善"的原理。

但是,也有一种更简明的说法,大致可分两类:1. 从语义学的角度看,"公"为会意字,由上"八"下"厶"所构成,八是"背"的古字,厶是"私"的古字,故"公"是"私"的反义字,战国末年韩非所言"背私者谓之公"②,便是对"公"的一项最明确的定义;

---

① 陈弱水:《公共意识与中国文化》,新星出版社2006年版,第69—117页。原刊于台湾《政治与社会哲学评论》2003年第7期。
② 原文是:"古者苍颉之作书也,自营者谓之私,背私谓之公。公私之相背也,乃苍颉固知之矣。"(《韩非子·五蠹篇》)[汉]许慎《说文解字》引韩非之说:"公,平分也。从八从厶。八犹背也。韩非曰'背厶为公'。"(中华书局1963年影印本,第28页)

2. 从思想史的角度看，由于"公"字的原意就是公平、公正、无私，与"私"构成一种对立关系，反映了公私二元的思维方式，因而公私成为善恶两分的概念，而"公"便具有道德性的含义。因此，与西方近代社会的共（public）与私（private）主要指社会上的公共或非公共，属于社会学或政治学的概念不同，在传统中国，"公私"主要是伦理学或形上学的概念①，公代表道德上的善——犹如公共之天理，私代表道德上的恶——犹如一己之私欲，两者之间不存在任何妥协的空间。

在先秦儒家典籍中，《论语》言"公"达56次，大多指人名或爵位，唯有一例是指"公事"，并未出现公私对举的用例。②《孟子》中已有公私对举的案例，其引《诗经》"雨我公田，遂及我私"一句，这里的"公私"概指公事和私事，显然含有社会学的含义，但其"私"字并未含贬义。《荀子》中"公"字多见，有明确的道德和政治的意涵，并与"私"字对举，如："君子之能以公义胜私欲。"（《荀子·修身》）"公道达而私门塞矣，公义明而私事息矣。"（《荀子·君道》）这里的"公道""公义"已有一定的抽象性，与"私"相对而言，用以指称道德正义、政治公正等，属社会政治领域的概念。《礼记·礼运》"大道之行也，天下为公"则更为著名，郑玄（127—200）注曰："公，犹共也。"合言之，即"公共"之意。可以说，"天下为公"乃是儒家公共意识的原始典范，也是儒学公共性的一个重要表现，构成儒家建构理想社会的重要传统。

要之，"公"或"公共"的观念，在中国历史文化传统中有一个发展演变的过程，由原始的概指公家、政府、祭祀场所等含义，逐渐

---

① 参见翟志成：《宋明理学的公私之辨及其现代意涵》，载黄克武、陈哲嘉主编：《公与私：近代中国个体与群体之重建》，台湾"中央研究院"近代史研究所2000年版，第1—2页。关于中国"公私"问题，还可参见［日］沟口雄三：《中国的公与私·公私》，郑静译，孙歌校，生活·读书·新知三联书店2011年版；陈乔见：《公私辨：历史衍化与现代诠释》，生活·读书·新知三联书店2013年版。
② 台湾"中央研究院"汉籍电子文献，http://hanji.sinica.edu.tw。转引自［韩］朴素晶：《韩国东学对儒家公共性的革新与实验——东学的自我认识与主体性》，载魏月萍、朴素晶主编：《东南亚与东北亚儒学的建构与实践》，南洋理工大学中华语言文化中心2016年版，第149页。

发展出公正、公平、正义、公理、普遍以及善的原理等，具有社会性、政治性、道德性等多重含义。这些是中国思想史上有关"公共性"问题的基本特征。

三、仁性爱情：不可"以爱为仁"

那么，作为儒家的核心概念，"仁"是单纯指向人伦亲情的"爱"，还是蕴含更为丰富的"公共性"的意涵呢？我们将通过对宋代理学家（主要就程颐和朱子来谈）的仁学思想的考察对此获得基本的了解。上面提到，仁性爱情和以公言仁，是程颐仁学思想的两个主要观点，而两者又有内在的理论关联。我们探讨的重点在"以公言仁"，但是为了明确以公言仁与仁性爱情的理论关联，有必要先来探讨仁性爱情说的义理结构。程颐说：

> 问仁。曰："此在诸公自思之，将圣贤所言仁处，类聚观之，体认出来。孟子曰：'恻隐之心，仁也。'后人遂以爱为仁。恻隐固是爱也。爱自是情，仁自是性，岂可专以爱为仁？孟子言恻隐为仁，盖为前已言'恻隐之心，仁之端也'，既曰仁之端，则不可便谓之仁。退之言'博爱之谓仁'，非也。仁者固博爱，然便以博爱为仁，则不可。"①

程颐认为孟子所言"恻隐之心"是指"情"，是"仁之端"而非仁之本身，因为"端"者乃是发动之意，既然已是发动，便不是性之本体，而已落在了用的层面，即情感层面。据此，所以说仁是性，爱是情。后人误将孟子此说解释成"以爱为仁"或"恻隐为仁"，都是不对的。显然，这是从体用论的角度来重新规定仁与爱，认为作为性之本体的"仁"，不能用本体发用的"爱"来命名，因为"爱"只是体之用的"情"。将"恻隐之心，仁之端也"解释为性体之发用，属于道德情感，故不可在名义上来直接定义"仁"，这个说法是可以成立的，显示出程颐对概念定义的严谨性；但是，作为情感发动的

---

① 《遗书》卷18，《二程集》，第182页。

"爱"不可定义"仁"与"仁"是否含有"爱"的道德情感,则是属于两个层次的问题,而两者又是有关联的,仁之体只可用"性"或"理"来命名,但是有体必有其用,仁之体必展现为爱之用,对于这层意思,程颐当然是有所了解的,所以他说:"仁者必爱,指爱为仁则不可。"① 这个说法与"公只是仁之理,不可将公便唤做仁"是同样的道理。上述观点表明,程颐只能认同仁是性本体而不能认同仁是情本体。

在上述引文中,程颐接着对韩愈《原道》"博爱之谓仁"的命题进行了批评,但其批评并没有全盘否定的意思。程颐首先承认"仁者固博爱",这与上述"仁者必爱"的观点是一致的,他认为从"仁者"的角度言,固然具备"博爱"的道德情感,也会展现出"博爱"的道德行为,换言之,爱是仁在行为表现上的主要方面,所以程颐在其他地方再三表示:"仁主于爱,爱莫大于爱亲。""圣则无大小,至于仁,兼上下大小而言之。博施济众亦仁也,爱人亦仁也。""爱人,仁之事也。"② 这些都是从行为表现或人事表现上讲,仁表现为爱的道德情感。

然而,若从名义上说,程颐认为不可用"爱"或"博爱"来命名"仁",理由如同前出,"爱"为情而"仁"为性,性情在体用上自当有别,不可互相逾越或直接等同。要之,仁蕴含着情,也表现为爱,但不可"以爱为仁"。这一严分性情的诠释立场,受到程门后学的一致认同,按朱子的观察,这导致程门"不敢只作爱字说"的结果,这一点引发了朱子的不满,认为程门后学误解了程颐的本意:

> 程子之所诃,以爱之发而名仁者也。吾之所论,以爱之理而名仁者也。盖所谓情性者,虽其分域之不同,然其脉络之通,各有攸属者,则曷尝判然离绝而不相管哉!吾方病夫学者诵程子之言而不求其意,遂至于判然离爱而言仁,故特论此以发明其遗意。③

---

① 《程氏粹言·论道篇》,《二程集》,第1173页。
② 《遗书》卷18,《二程集》,第183页;《程氏外书》卷6,《二程集》,第382页;《程氏外书》卷12,《二程集》,第439页。
③ 《仁说》,《朱子文集》卷72,《朱子全书》第24册,第3280页。

首先朱子表明他与程颐有关"仁"的命名角度有所不同,他认同程颐从严分性情的立场出发,反对以爱名仁的观点,朱子自己以"爱之理"来重新规定"仁",继承了程颐的这一观点主张;进而朱子表示,性情虽然"分域不同",然两者自有"脉络之通"而不可"离绝而不相管",这是说,仁之体用虽分属不同层次的领域,但是道德之本体与情感又不可截然隔断;故朱子严肃批评程门后学误解程颐而主张"判然离爱而言仁"等观点,认为道德情感的"爱"当然是"仁"的必然展现。可见,朱子承认性情自有体用之别,分属不同领域,但两者不能截然隔绝,更不能"离爱而言仁"。这应当是符合宋明儒学"体用一源"之致思精神的。①

的确,从历史上看,孔孟提出的"仁者爱人"说,并未从语义上对此展开充分的概念论证。但是,从儒家立场而言,孔子"泛爱众,而亲仁"(《论语·学而》)的命题理应含有"爱人"之意,因为仁作为一种内在心性,必然展现为仁爱精神,而使"仁"具有普遍性的意义。根据历史记载,以博爱言仁,原是一种古义,《国语·周语》载"言仁必及人",韦昭(204—273)注:"博爱于人曰仁。"②《孝经》亦有"博爱"一词,汉儒董仲舒(前179—前104)继承和发展了"博爱"为仁的传统,提出了"仁者,爱人之名也""仁者,所以爱人类也"③ 的命题,是对先秦儒学"仁者爱人"说的重要发展。

问题是,"博爱"易与墨家"兼爱"混同,更与儒家"爱有差等"说看似相悖。其实,"博"泛指广大,并不意味否定"差等"这一行为差序原则。所谓"差等",是指"爱人"须由家庭伦理出发,根据爱自己的父母这一经验事实,然后才能渐次推广扩充至社会伦理,以实现爱他人之父母。正如孟子所言"亲亲,仁民,爱物",充分表明了儒家仁爱并不局限于血缘关系中的"亲亲",郭店楚简《五行》也

---

① "体用一源,显微无间",源自程颐《易传序》(《河南程氏文集》卷8,《二程集》,第582页),后为宋明理学的共识,此不赘述。
② 《周语》,《国语》卷3,上海古籍出版社1978年版,第93页。
③ 《春秋繁露·仁义法》,中华书局2011年版,第106页;《春秋繁露·必仁且智》,第117页。

有记载:"爱父,其继爱人,仁也。"①"继"者,随后义,由"爱父"而后"爱人","人"者泛称,与"己"相对,讲的也是仁爱实践的差序性,此差序性原则表明儒家仁爱精神的具体性,而不是一种空洞的抽象性的"兼爱"。故"差等"并不是指仁爱精神在本质上存在差异,毋宁说,仁爱的有序拓展才是体现仁之精神的普遍原则。

宋儒张载(1020—1077)《西铭》的"民胞物与"、程颢(1032—1085)《识仁篇》的"仁者浑然与物同体",无不表现出仁爱精神的普遍性。从这个角度看,"仁者爱人"或"爱人为仁"的观点应当是儒家仁学的题中应有之义。王阳明(1472—1529)亦认为韩愈"博爱"说、周敦颐"爱曰仁"说以及"子曰爱人"说,原是可以相通的,因为"爱字何尝不可谓之仁欤"?只是阳明认为爱固然可以谓之仁,"但亦有爱得是与不是者,须爱得是方是爱之本体,方可谓之仁。若只知博爱而不论是与不是,亦便有差处。"故阳明坚持主张:"博字不若公字为尽。"② 其中,"是与不是"的判断属于伦理学的正义原则。可见,阳明从"爱得是与不是"的立场出发,亦能对"以公言仁"说表示认同。

然而,程颐力主仁性爱情说,反对以爱名"仁",主要是基于体用论或本体论的立场而言,是对"仁体"概念的严格界定,自有其重要的理论贡献。同时,程颐也承认仁之"体"必发为情之"用"而呈现为"爱",故而从行为角度言,他也主张"仁主于爱""爱人亦仁"。可以说,性之本体的仁必然内含"爱"的道德情感,这应当是程颐仁学的一个立场。

但是,程颐显然也意识到一个问题:爱作为一种情感表现,若无性之本体加以规范和引导,则有可能流于溺爱或偏私。也正由此,程颐在指出仁性爱情的同时,又十分强调"以公言仁"的观点,以为从"公"的角度出发,既可保证仁爱的"公正性""公共性"以实现"物

---

① 郭店楚简《五行》第19章,载李零:《郭店楚简校读记》(增订本),中国人民大学出版社2007年版,第102页。按,帛书《五行·说》释曰:"言爱父而后及人也。"魏启鹏指出两说旨意"相合",见魏启鹏:《简帛文献〈五行〉笺证》,中华书局2005年版,第30页。

② 《与黄勉之·二·甲申》,《王阳明全集》卷五,上海古籍出版社1992年版,第195页。

我兼照"①，又可防止爱之情"或蔽于有我之私"，但是反过来说，这个观点绝不意味"爱之与仁了无干涉也"。②

四、以公言仁："公而以人体之"

朱子对程颐仁说曾有四点归纳：仁者生之性也、爱其情也、孝悌其用也、公者所以体仁。然后说："学者于前三言者可以识仁之名义，于后一言者可以知其用力之方矣。"最后针对程门后学的误解，对程颐仁说做了一个总结："非谓爱之与仁了无干涉也，非谓'公'之一字便是直指仁体也。"③朱子认定这才是程颐仁说的本意。这里我们主要讨论程颐的"以公言仁"说。

先来看程颐的五条重要论述：

1. 仁之道，要之只消道一公字。公只是仁之理，不可将公便唤做仁。公而以人体之，故为仁。只为公，则物我兼照，故仁，所以能恕，所以能爱，恕则仁之施，爱则仁之用也。

2. 又问："如何是仁？"曰："只是一个公字。学者问仁，则常教他将公字思量。"

3. 仁者公也，人此者也；义者宜也，权量轻重之极。

4. 先生曰："孔子曰：'仁者，己欲立而立人，己欲达而达人，能近取譬，可谓仁之方也已。'尝谓孔子之语仁以教人者，唯此为尽，要之不出于公也。"

5. 公者仁之理，恕者仁之施，爱者仁之用。④

---

① 《遗书》卷15，《二程集》，第153页。
② 这是朱子对程颐的仁性爱情说的一个解释："因其性之有仁，是以其情能爱，但或蔽于有我之私，则不能尽其体用之妙。惟克己复礼，廓然大公，然后此体浑全。……程子之言，意盖如此，非谓爱之与仁了无干涉也。"（《答张敬夫·又论仁说》第13书，《朱子文集》卷32，《朱子全书》第21册，第1411页）
③ 《答张敬夫·又论仁说》第13书，《朱子文集》卷32，《朱子全书》第21册，第1411—1412页。
④ 《遗书》卷15，《二程集》，第153页；《遗书》卷22上，《二程集》，第285页；《遗书》卷9，《二程集》，第105页；《遗书》卷9，《二程集》，第105页；《程氏粹言·论道篇》，《二程集》，第1172页。

总体来看，程颐的论述大致可分为两类：一者"公而以人体之""只为公……故仁，所以能恕，所以能爱"；一者"仁者公也""公者仁之理"。前者即朱子所总结的"公者所以体仁"的"用力之方"，盖指工夫论的观点表述；后者乃强调"公"是"仁之理""仁之道"，是相对于"仁之用"或"仁之施"而言的，因此，"仁之理"便是"所以体仁"的工夫论依据，可以概括为"公"即"仁理""仁道"。可见，程颐用"仁之理"（公）与"仁之用"（爱）来加以区别，表明程颐是认同"仁体"这一概念的。① 但是，朱子却认为程颐所言"公"并不是"直指仁体"而言的，关于这一点，我们在下一节再来讨论。

根据程颐"以人体之"的说法，朱子将其归纳为"体仁"一词，是十分恰当的。"以人"是接着"仁者人也"讲的，"体之"则相当于"体仁"的工夫义，指向"仁"的体认，通过对"仁"的默默体认，以使德性之仁化为自己的生命。从"公者所以体仁"的句式看，"公"是"体仁"工夫的"所以"然，故"公"不构成与"仁"的直接等同，而是"体仁"得以可能的方法论依据（而非本体论依据），所谓"仁者公也"和"公者仁之理"，只有在这个意义上才能获得善解。若反过来说"公即仁"，则显然不合程颐的本意。依程颐，"公"是一种立场宣示而非对"仁"的名义规定，唯有从"公"的立场出发，才是实现"体仁"的有效方法；而"体仁"既然是一种工夫，则必有工夫之所以可能的进路，"公"就是"体仁"的立场、方法、进路。以上，大致是程颐五条"以公言仁"论述的旨意所在。

然而问题是，作为"用力之方"的"以公体仁"如何可能？换种问法，"公"何以是"体仁"的有效方法？"公"除了方法立场之外，是否还有其他重要的含义？这些问题显然涉及对"公"字的理解。在宋代道学中，"公"与"共"也与"同"字相通，程颐说："公则同，私则异。"②

---

① "仁体"概念首见于程颢："学者识得仁体，实有诸己，只要义理栽培。"（《遗书》卷2上，《二程集》，第15页）程颢又有"仁者，全体""仁，体也"等说。（《遗书》卷2上，《二程集》，第14页）关于"仁体"的讨论，参见陈来：《仁体第四》，载氏著：《仁学本体论》，生活·读书·新知三联书店2014年版。
② 《程氏粹言·心性篇》，《二程集》，第1256页。

"公则一，私则万殊，至当归一，精义无二。"① 朱子亦说："人只有一个公私，天下只有一个邪正。"② 如此一来，"公"被提升至普遍性的高度，具有普遍性含义。所以朱子说："道者，古今共由之理。如父之慈、子之孝、君仁臣忠，是一个公共底道理。"③

可见，从诠释的角度看，公指向理的公共性，是对理之本体的一种定义描述，如公理、公道、公正、公义，都是对普遍存在的理、道、正、义的一种公共性规定；换言之，若理缺乏公共性，便沦落为私、为邪，而私则无法"体仁"。另一方面，"公者仁之理"表明，公展现为理一般的公共性、普遍性。在这个意义上，朱子认为"'公'之一字"并不是"直指仁体也"。抛开"公"与"仁"的诠释关系，若从伦理学的角度看，公与私构成背反义，由非公即私的判断看，公具有正面的道德义，因此，"克己复礼"——即"克去己私"便意味着"公"的实现。再从哲学上讲，仁之理表现为"公"，则"仁体"便是天下公共之理，换言之，公共之理即"仁体"，故仁就具有普遍性、公共性。因为，"公"意味着"同"和"一"，所以说"至当归一""同者天心"。④

可见，在道学理论的系统中，"公"所展现的不仅是伦理学，也涉及社会政治学。由"仁即公"这一命题看，仁就意味着"公道""公理"。正如周敦颐（1017—1073）所言：

> 圣人之道，至公而已矣。或曰："何谓也？"曰："天地至公而已矣。"⑤

道学家相信，圣人之道是"至公"的，因为天地是"至公"的。作为个体的人既然身处天下公共的空间，也就面临如何应对"公共"

---

① 《遗书》卷15，《二程集》，第144页。
② 《朱子语类》（以下简称《语类》）卷13，中华书局1986年版，第228页。又如："无私以间之则公，公则仁。"（《语类》卷6，第116页）
③ 《语类》卷13，第231页。
④ 《程氏粹言·心性篇》，《二程集》，第1256页。又见《遗书》卷15："若有私心便不同，同即是天心。"（《二程集》，第145页）
⑤ 《通书·公》，《周敦颐集》，中华书局1990年版，第41页。

的问题。周敦颐认为，须做到"公于己者公于人，未有不公于己而能公于人也"。① 此即说"公"乃是处理人己关系的关键，先须自己的行为符合"公"，才能用"公"来要求他人。这是"推己及人""立己达人"的儒家原始典范。周敦颐的独特之处在于，他揭示了人与己的社会关系具有公共性，故"公"是正确处理人己关系的重要方法。

与周敦颐一样，程颐（包括程颢）也强调：

> 圣人至公。
> 至公无私，大同无我。
> 道者，天下之公也。
> 理者，天下之公也，不可私有也。②

这些都表明"道"或"理"作为绝对存在，容不得"私欲"或"私心"的掺杂，因此"理者"具有天下公共之品格，所以说"天下公理"。③ 反之，"虽公天下事，若用私意为之，便是私"。④ 可见，公不仅是社会政治学意义上的公共领域概念，同时也意味着道德上的"无私"。程颐说"公近仁"（"仁道难名，惟公近之"），表明"仁"的公共品格是对"私"的一种否定，因而落实在行为上，就是必须"以公体仁"。

根据上述第 4 条所引程颐语，"公"反映了孔子的"忠恕之道"："仁者，己欲立而立人，己欲达而达人。"程颐认定："孔子之语仁以教人者，唯此为尽，要之不出于公也。"原来，忠恕之道也就是"为仁之方"，也就是体仁方法。可见，若要真正实现儒家"己所不欲勿施于人"的仁学目标，关键在于从"公"的立场出发，端正审视人己关系的态度，确信"仁之理"原是"公平"的。程颐强调指出：

> 立人达人，为仁之方，强恕，求仁莫近，言得不济事，亦须

---

① 《通书·公》，《周敦颐集》，第 31 页。
② 《遗书》卷 14，《二程集》，第 142 页；《程氏粹言·论道篇》，《二程集》，第 1172—1173 页；《程氏粹言·论学篇》，《二程集》，第 1193 页。
③ 《遗书》卷 1，《二程集》，第 9 页。
④ 《遗书》卷 5，《二程集》，第 77 页。

实见得近处，其理固不出乎公平。公平固在，用意更有浅深，只要自家各自体认得。①

总之，仁不仅是个人的德性存在，更是人人同具的普遍存在，如同"理"一样，因其普遍而具"公共"之品格，也正由此，"仁者公而已""人能至公便是仁"② 等命题才能成立。一方面，"公近仁"或在"仁者用心以公"的意义上，可说"公最近仁"；③ 但是另一方面，又"不可将公便唤做仁"，因为公之本身并不等于仁，它只是实践意义上的一种立场态度和呈现方式。本来，在程朱理学的系统中，天理即公理，故理即天下公共之理，非一己可得而私，亦非一心可得而有，这是理学思想系统中的应有之义。正是在这个意义上，程颐才一再强调"公者仁之理"。更重要的是，在二程看来，儒、佛的本质之异就在于公私之别，故说："人能将这一个身公共放在天地万物中一般看，则有甚妨碍？虽万身，曾何伤？乃知释氏苦根尘者，皆是自私者也。"④ 可见，"公"又是一种价值判断标准，是辨别正统与异端的标准。

五、朱子释仁：惟公然后能仁

在儒家仁学史上，继北宋二程开拓仁学诠释新模式之后，至朱子完成了"新仁学"的思想体系，这一点已得到学界的共认。⑤ 我们知道，朱子对程颢的一体境界说、程门的知觉言仁说等各种观点都有批评，但是朱子却十分认同程颐严分性情的立场，对其"仁性爱情"以及"以公言仁"的观点极表赞赏的同时，更有理论上的推进。这里仅就朱子对"以公言仁"说的分析略做考察，以观朱子仁学的公共性问题。朱子指出：

"公而以人体之"，此一句本微有病。然若真个晓得，方知这

---

① 《遗书》卷15，《二程集》，第152—153页。
② 《程氏外书》卷12，《二程集》，第433页；《程氏外书》卷12，《二程集》，第439页。
③ 《程氏外书》卷4，《二程集》，第372页。
④ 《遗书》卷2上，《二程集》，第30页。
⑤ 参见拙文：《论朱子仁学思想》，《中山大学学报（社会科学版）》2017年第1期。

一句说得好……盖这个仁便在这个"人"字上。你元自有这个仁，合下便带得来。只为不公，所以蔽塞了不出来；若能公，仁便流行……能去自私，则天理便自流行，不是克己了又别讨个天理来放在里面也，故曰"公近仁"。①

朱子是从"公私"二元相对的角度，来阐发程颐"公而以人体之"说的思想意义的，并有很高的评价。朱子指出，严格来说，"公而以人体之"的说法微有语病，然而若能善加领会，便可了解程颐此说"说得好"。根据朱子的解释，程颐从"人"说起，点出了一个重要道理："仁"是人生而具有的，是"合下便带得来"的；但是，由于现实中人往往易受外在因素的影响，从而遮蔽了"公"，反而流于"自私"，因此，关键在于克去"自私"，则"天理便自流行"。显然，这是朱子理学对"克己复礼为仁"的一套固有解释。朱子强调不仅从本体的角度看，还须从工夫的角度着手，便不难理解程颐所说的"公而以人体之"的真义，"体"便是以身践之的"体仁"实践，而"体仁"乃是克去己私，一旦克去己私，便等于做到了"公"，所以程颐说"公近仁"。对于程颐的这套诠释思路，朱子无疑是深表赞赏的。

与名义问题相比，朱子更注重"体之"的工夫问题，故他进而强调指出：

公却是克己之极功，惟公然后能仁。所谓"公而以人体之"者，盖曰克尽己私之后，就自家身上看，便见得仁也。②

这里将"公"认定为"克己"工夫之"极功"，意谓"公"是实现"克己"的最高工夫，进而朱子自己提出了"惟公然后能仁"的主张。显然，朱子的这个说法继承程颐的观点而来，但却是朱子所下的一句重要判定。按朱子，他想表达的观点是："克己"工夫的前提惟在于"公"，基于此，他对程颐"公而以人体之"的理解是"克尽己私"之后的必然展现。

---

① 《语类》卷95，第2452—2453页。
② 《语类》卷95，第2454页。

显然，朱子非常清楚"以公言仁"并非以公名仁，而是以"公"为方法，以"仁"为"体之"的对象，故朱子明确指出："公是仁之方法。"① 既然是"方法"，那么可以说"公"能够引领工夫实践的方向，而体仁工夫则是指"克己复礼"，祛除"自私"则仁体自然流行，换言之，"能公"则"仁便流行"，同时也意味着"天理便自流行"。这是朱子对程颐"公而以人体之"的一项重要解释。从实践角度讲，公与私是相对而言的，公是对私的克服，在此意义上，可说"公近仁"。但是，公与仁并不构成语义上的命名关系，归根结底，"公也只是仁底壳子"②，"壳子"不具价值意义，只有方法意义。

然而，与程颐不同的是，朱子对"公"还有另一层重要思考，也是其基本立场：

> 盖公只是一个公理，仁是人心本仁。
> 凡一事便有两端，是底即天理之公，非底乃人欲之私。
> 仁是天理，公是天理。③

这里从"公理"的角度来解释"公"，与此相应，"仁"是人心本具的德性。公与仁是分属两个层次的概念，于是，"天理之公"便具有了独立的意义。也就是说，在朱子看来，公是"理"的基本属性，故公即"公理"。但是，由于理是实体，如同仁亦是仁体一样，而公非实体，故"公"毕竟只是形式概念，只具描述功能，用以描述"理"或"仁"的公共性特征。

在理学的视域中，公与私、理与欲都是二元对立的概念，构成非公即私、非私即公的关系。进而言之，公作为"公理"一般的抽象原则，具有覆盖和吞没"私"的能力和特性。常言道"大公无私""铁面无私"，公的原则不允许有任何情感因素的渗入。这一点也为朱子所强调，例如："无私以间之则公，公则仁。"④ 但是，朱子同时也提

---

① 《语类》卷95，第2454页；又见《语类》卷6，第116页。
② 《语类》卷95，第2419页。
③ 《语类》卷95，第2454页；《语类》卷13，第231页；《语类》卷6，第118页。
④ 《语类》卷6，第105页。

醒人们注意,这种对"公"的原则性的过度强调,会导致公而无情之弊,如"世有以公为心而惨刻不恤者",为避免这一点,所以"须公而有恻隐之心"。① 这意谓一方面要讲求"公"——以公体仁,但是另一方面,又应当以"恻隐之心"一般的仁爱温情,来纠正"以公为心"而导致的"惨刻不恤"之弊。他在与张栻(1133—1180)讨论"以公言仁"问题时,便针对张栻的"公天下而无物我之私,则其爱无不溥矣"的观点提出了批评:

> 若以公天下而无物我之私便为仁体,则恐所谓公者漠然无情,但如虚空木石,虽其同体之物尚不能有以相爱,况能无所不溥乎?②

这里的讨论显然深了一步。"公天下而无物我之私"应当是宋明道学家的共识,自仁学视域看,从"公天下"的立场出发,克除"物我之私",无疑是实现"仁体"的重要方法。但是,朱子却另有一种忧虑,他担心这样的"公"有可能导致"漠然无情",将使人人变得如"虚空木石"一般,缺乏仁爱同情之心。倘若如此,则尽管可由"公天下"而实现"万物同体",却不能因此而产生人与人之间的"相爱"之情,要实现"无所不溥"的爱则更无可能。

那么,朱子的主张呢?他认为:

> 须知仁是本有之性、生物之心,惟公为能体之,非因公而后有也。③

什么意思呢?关键在于最后一句。这是说,仁是本有之性、是生物之心、惟公为能体仁,这三点都没有问题,但不能以此为由,得出仁因公而"后有"的存在论命题。这样说的原因在于,朱子认为"公"只是一种立场、态度和方法,而非本体,更不是实体,因此,作为实体的"仁体"不能以"公"为前提"而后有"。可见,朱子意

---

① 《语类》卷95,第2454—2455页。
② 《答张敬夫·又论仁说》第13书,《朱子文集》卷32,《朱子全书》第21册,第1412页。
③ 《答张敬夫·又论仁说》第13书,《朱子文集》卷32,《朱子全书》第21册,第1412页。

识到"公"不能直接等同于仁体,更不能认同由公而无私便可推出"爱无不溥"的结论。

朱子在给弟子的一封书信中更明确地指明了公与仁的关系:

> 公则无情,仁则有爱,公字属理,仁字属人。克己复礼,不容一毫之私,岂非公乎?亲亲仁民,而无一物之不爱,岂非仁乎?①

应当注意的是,从字义上说,"公则无情"并不含贬义,因为"公字属理",如同"克己复礼,不容一毫之私"一般,这是与"公"的立场相吻合的;"仁则有爱"则可弥补"无情",因为"仁字属人",而人必有情,此情便是"仁"的表现,如同"亲亲仁民"一般,表现出"无一物之不爱",这正是仁爱精神的体现。重要的是,这种仁爱精神是普遍而公正的,因此,又是公的真实呈现,此便是仁的公共性。这应当是朱子对程颐"公近仁""以公言仁"说的解释,同时也表明了朱子自己对公与仁之关系问题的基本见解。

质言之,公而不仁,则必流入惨忍刻薄,所以说"惟仁然后能公";反之,仁而不公,则必流入私情溺爱,所以说"公了方能仁,私便不能仁"。结论是:"故公则仁,仁则爱。"②"公在仁之前,恕与爱在仁之后;公则能仁,仁则能爱能恕故也。"③按照此前所说,此处所谓"公在仁之前",显然不是存在论命题,而是工夫论命题,是说"体仁"须从公的立场出发,并落实为"克己复礼"的工夫,然后便能实现无私,而无私则公,公展现为仁,仁表现为爱。所以,朱子在淳熙八年(1172)与张栻反复讨论"仁说"之际,特别强调一个观点:

> 盖仁只是爱之理,人皆有之,然人或不公,则于其所当爱者反有所不爱。④

---

① 《答杨仲思》第3书,《朱子文集》卷58,《朱子全书》第23册,第2754页。
② 以上见《语类》卷6,第116页。
③ 《语类》卷95,第2455页。
④ 《答张敬夫·又论仁说》第15书,《朱子文集》卷32,《朱子全书》第21册,第1413—1414页。

这就表明"公"是实现仁爱的保证，反过来说，须从公的立场出发才能使仁爱表现出公正性、公共性，以防止出现偏私的弊端。

但是，朱子对程颐的"以公言仁"说更有理论上深一层的推进。朱子承认，公是一种"体仁"工夫的立场、态度和方法，具有实践的意义，而在"天理之公"与"人欲之私"二元对立的意义上，朱子更强调公具有公正、道义、公义等道德意义和政治意义，与此同时，朱子又强调指出，公一旦消除"私意间隔"，便可实现"人与己一，物与己一"的道德境界，不仅如此，而且天下之"公道"亦能自然流行，实现理想的公共社会。他是这样说的："（仁）此意思才无私意间隔，便自见得人与己一，物与己一，公道自流行。"① 很显然，仁者爱人、亲亲谓仁的家庭伦理在"公道"意识的引领下，发展为具有普遍意义的伦理学。在这个意义上，仁爱不仅是根植于家庭伦理的"私德"，更能成为普遍的社会"公德"。因为在朱子看来，儒家伦理学的基本德性如仁义礼智，基本德目如父慈子孝、君仁臣忠等，都"是一个公共底道理"。②

总之，从程颐到朱子，可见公是对私而言的道德正义，是实践领域的一种态度和立场，从公的道德意识出发，做到克去己私，便能使仁在"人"身上得以自然呈现，这是程朱理学在道德领域"以公言仁"的主要含义；另一方面，就观念而言，公字本身并非实体存在，只是对实在之理或道的一种性质描述，但是在哲学上，公却有公共、普遍之义，根据理学的观念，理是天下公共之理，道是天下公共之道，故天下之"公理"和"公道"具有公共性和普遍性，同样，仁体作为实体，也与公理、公道一样，具有天下主义的公共性和普遍性。因此按照程朱理学的观念，便有"仁即道""仁即理""公则仁"等思想命题，强调仁作为性体而与公理一样具有普世伦理的意义。但是，"仁者公也""以公言仁"等观点是否可以经过一番创造性的诠释，转化出社会性道德的含义，这是另一个值得探讨的问题。

---

① 《语类》卷6，第111页。
② 《语类》卷13，第231页。

六、结语：反思"两德论"

徐复观（1903—1982）指出，"孔学即是'仁学'"，"《论语》一书应该是一部'仁书'"，但是，在整部《论语》当中，孔子答仁竟然完全不同，如果我们不能从这些差异性的答案当中找到其中的内在关联，如果"仁"不是这种内在关联所发展出来的"一个高级概念"，那么，恐怕仁的概念本身就毫无内涵可言，但是，"《论语》上所说的仁，不应该是这样"，其中肯定有一个中心观念可以贯串，以了解"仁"在儒家文化史上到底有什么确定的意义。① 然而事实上，《论语》中"仁"字的中心内涵迄今尚无定论，有待进一步深入探讨。

我们以为从程颐到朱子，"以公言仁"的言说方式对仁学问题的理论探讨具有十分重要的意义。这一言说方式所确立的仁学思想充分表明，儒家仁学的一个重要思想特征就在于强调仁爱精神的普遍性和公共性，在天理之公的观念基础上，建构起以公天下为核心关怀的"天下主义"伦理学，事实上，不仅程朱如此，而且从程颢的"仁者与物浑然一体"的万物一体论，到王阳明的"一体之仁"的仁学理论，都表明以"仁"为核心价值的儒家仁学正是一种"天下主义"取向的普遍伦理学。② 因此，历来以为中国传统道德建立在仁义礼智这类个体性道德原则的基础上，故而未免重个体性私德而轻社会性公德的观点，看来有必要重新审视。

归结而言，程朱理学在天下公共之理——公道、公理的观念支撑下，以重建儒家传统的"仁学"，通过"以公言仁""公而体仁"等命题以及"仁体""仁道"等概念，充分展示了儒家仁学的公共性、普遍性，表明孔孟以来对"仁者爱人""亲亲仁也"等家庭伦理观念的重视并不能遮蔽儒家对公共性问题的思考，反而，从先秦时代既已存

---

① 徐复观：《释〈论语〉的"仁"——孔子新论》，载氏著：《中国思想史论集续篇》，上海书店出版社2004年版，第231—232页。
② 参见拙文：《论王阳明"一体之仁"的仁学思想》，《哲学研究》2017年第1期。

在的"保民""利国"①"爱众""安人""仁民""爱物""达人"等与"仁"相关的观念表述中可以看到,儒家仁学从来不缺乏公共意识、人文关怀,因为"仁"作为人的基本德性,不仅是个体性私德,同时也必然展现为社会性公德,因为仁爱感情始于"亲亲"的家庭伦理,进而通过由亲而疏、由近及远的"推恩"原则,最终指向的是"仁民"乃至"爱物"。从哲学上说,这种仁爱精神不是抽象普遍性,而是注重差序性原则的具体普遍性,它不同于主张爱己之父母犹如爱他人之父母的无差别的"兼爱"原则,不会表现出空洞的抽象性。

然而,19世纪末以来,中国人大多以为中国落后挨打的主因在于传统文化出了问题,中国人只讲私德而缺乏公德,因此若要重振中国,就必须首先培养中国人的社会道德心。集中反映这一观点的便是梁启超(1873—1929)的《论公德》(1902)一文。他对"公德"的界定是:"公德者何?人群之所以为群,国家之所以为国,赖此德焉以成立者也。"他宣称:"知有公德而新道德出焉矣,而新民出焉矣。"② 而且他认为这问题就出在儒家伦理的核心概念"仁"上,指出中国人"善言仁",而西方人"善言义",相比之下,他断定:"若在今日,则义者也,诚救时之至德要道哉!"③ 显然,这类观念是近代中国转型期这一特殊背景下的产物,梁氏受当时西方国家主义的思想影响,试图用国家伦理的"公德"概念来质疑儒家伦理的传统,而且出于一种激进主义"道德革命"的心态,故有此偏激之论。他在1902年2月《新民丛报章程》中甚至宣称:"中国所以不振,由于国民公德缺乏。"④ 此后被视作"国民公德缺乏论"的观点得以广泛流行。

---

① "仁,所以保民也。"(《周语中》,《国语》卷2,第45页)"为国者,利国之谓仁。"(《晋语一》,《国语》卷7,第275页)
② 《新民说》,《饮冰室合集·专集》之四,中华书局2015年典藏版,第12、15页。
③ 《新民说》,《饮冰室合集·专集》之四,第35页。
④ 《新民丛报》第1号,第1页,转引自陈弱水:《公德观念的初步探讨》,载氏著:《公共意识与中国文化》,第5页。

不过，梁氏思想多变，1903年底访美归来后，其思想发生了陡然转变，从激进主义转变为温和的保守主义。他在随后所撰的《论私德》中，明确反对"破坏主义"，反对"瞎闹派"之革命，认为维护儒家传统的私德更为迫切，指出："公德者，私德之推也……蔑私德而谬托公德，则并所以推之具而不存也。""欲改铸国民，必以培养国民之私德为第一义，欲从事于铸国民者，必以自培养其个人之私德为第一义。"① 这可以看作梁启超"两德论"的基本立场向儒家传统文化的回归。

事实上，"公德"一词源自日本近代启蒙思想家福泽谕吉（1834—1901），他在《文明论之概略》（1875年初版）中首次提出"公德"说，据称这是他制造的"和制汉语"而非译自西学。② 福泽是一位激进的道德主义批判者，他认为中国及日本的传统道德几乎都属于个人有限范围内的私德，而缺乏社会生活中的德行规范（公德），如自由、平等、博爱等西方公民社会的普遍道德。梁氏赴日之后，对"公德"问题的关注或许源自福泽亦未可知，但是梁氏也运用日译西词的概念，认为公德主要指国家伦理和社会伦理③，相比之下，儒家的"仁"只是一己之私德，并不能发挥社会伦理的作用。这就表明梁氏不仅对儒家仁学的思想含义缺乏全面的考察，对公德概念也缺乏学理上的深入了解。他没有认识到西方近代以来的市民社会的"市民特质"（civility）与公德观念的落差，一个最为明显的差异是：在西方，"市民特质"是一种低标准理想下、自下而上的"中人的道德"，而梁氏《新民说》所提倡的自由、权利、国家思想、平等、进取等主张，

---

① 《新民说》，《饮冰室合集·专集》之四，第119页。
② 陈弱水：《公共意识与中国文化》，第9页。按，福泽的"公德"定义是："接于外物而与人类交际上所见之德的作用者，名为公德。"（《文明论之概略》，松泽弘阳校注，岩波书店1995年文库本，第119页）他根据文明进化论的立场，认为私德必为公德所取代："私德在野蛮草昧的时代，其功能最为显著，而随着文明的进步，其权力渐失，而其趣向亦为公德所取代。"（同上书，第178页）因此他是一位传统道德的批判主义者，参见〔日〕子安宣邦：《福泽谕吉〈文明论概略〉精读》，陈玮芬译，清华大学出版社2010年版，第99—101页。
③ 《新民说》，《饮冰室合集·专集》之四，第12—13页。

却是一种高标准的、自上而下的"君子的道德"①,反映出儒家传统文化一向提倡的道德楷模是"君子"而非"中人"的根本趣向。当然,这一基于现代自由主义的观点,有必要从儒家仁学的公共理性原则来加以反思,在我们看来,成圣成贤固然是儒家传统的君子道德理想,然而儒家伦理也强调通过仁学公共性的重建,可以使仁学成为打通士庶两层的社会性公德的基础。

在当今学界,公德问题仍然广受关注。李泽厚认为儒家传统伦理的"两德论"过于强调"宗教性道德(私德)",以此涵盖、包摄、吞并"社会性道德(公德)",这构成了儒家伦理的总体特质。这个说法与梁启超《论公德》所言"我国民所最缺者公德其一端也"的立场看似很接近。不过,李氏的思想显然更有深度,他看到儒学也有公德思想的因素,并用宗教性私德和社会性公德来解释儒家的"忠恕原则",认为"忠"("尽己则谓忠")是宗教性私德,而儒家的恕道原则("己所不欲勿施于人")便是公德的典范,"正好可作'社会性公德'的基础规范"。另一方面,他认为《论语》时代"盖其时宗教性私德与社会性公德常浑然同体,去古未远"②,意谓"两德"合一而不分乃是原始儒家的常态,而问题毋宁出现在近世以后。特别是从戊戌到五四、从20世纪80年代以降到当今中国,整个社会发生了两次巨大的转变,传统伦理受到严重威胁和破坏,新旧道德观念的冲突,社会行为的无序混乱,形成了种种今日所谓"道德危机""信仰危机"的症候群。当代中国在现代经济发展中,人们"已经有意识和无意识地在突破两种道德合一的传统状态,而追求建立适合现代要求的'社会性道德'"。③

---

① 参见墨子刻(Thomas A. Metzger),"The Western Concept of the Civil Society in the Context of Chinese History", in Sudipta Kaviraj and Sunil Khilnani eds., *Civil Society: History and Possibilities*, pp. 204-231. 转引自黄克武:《近代中国的自由主义的发展:从严复到殷海光》,载氏著:《近代中国的思潮与人物》,九州出版社2013年版,第117—118页。
② 李泽厚:《论语今读》,生活·读书·新知三联书店2008年版,第134页。
③ 李泽厚:《两种道德论》,《伦理学纲要》,载氏著:《哲学纲要》,北京大学出版社2011年版,第21—22页。

无疑，李泽厚的有关儒家伦理学"两德论"须由浑然不分走向分化，通过一番现代性的转化，创造出适合当代社会普遍价值的"现代社会性道德"的哲学思考值得重视。的确，两种道德混而不分，以为两德可以同质化为"一个世界"，这就无法真正建立起"现代社会性道德"。近年来，李泽厚更是主张用"情"渗入政治，以"情本体"的宗教性道德来"范导和适当建构"社会性道德，以实现"和谐"的目标，提出"和谐高于正义"的主张，使"两德论"成为政治哲学的基础。① 这些都是值得重视的重要见识。

　　然而，李泽厚对宋明理学有关儒家仁学的重建工作似乎并不看重，他可能并不愿正面评估中国近世思想史上出现的"以公言仁""公而体仁"等命题的理论意义。② 其实，按宋代理学的解释，儒家仁学已明确点出"公"即儒家伦理的恕道原则，正如上面所提到的，程颐更是强调儒家恕道原则"要之不出于公也"，而且是孔子仁学的终极教义，清楚表明了儒家伦理学的公共理性意识。由此可见，儒家仁学既是"私德"的实践基础，同时也可以成为社会性公德的基础，两者并非截然对立，而是可以互相打通的，其依据就在于"公者仁之理""公而体仁"这一仁学公共性原则，这一点应当是毋庸置疑的。

　　从历史上看，自宋明以降，随着公道、公理、公正、公义等观念的流行，甚至出现了公善、公欲等观念表述③，乃至在政治、经济、

---

① 李泽厚、刘绪源：《中国哲学如何登场？》，上海译文出版社2012年版，第103—104页。
② 李泽厚特别反感理学家对"仁"的解释，认为他们"把'仁'说成'天理'，殊不知如此一抽象，就失去了那活生生、活泼泼的人的具体感性情感内容而成为君临事物的外在律令，歪曲了'仁'不脱离情感的（本体不离现象）的根本特点"。（《论语今读》，第121页）这个论断或有过度诠释之嫌。其实，牟宗三也认定程颐"仁性爱情"说及朱子"爱理心德"说，是将仁体看成"死理"，"把仁定死了"。（《心体与性体》第3册，上海古籍出版社1999年版，第212页）此判断固与牟氏立场有关，即以为朱子的理"只存有不活动"。然须看到，朱子仁学其实特别强调仁体的生生义，作为"生物之心"的仁体具有生生不息、发用流行的基本特质，因此不可能抽离于现实世界而存在。
③ 例如南宋湖湘学者胡宏（1102—1161）既已提出"公欲"说，他从"夫人目于五色，耳于五声，口于五味"的角度出发，指出："夫可欲者，天下之公欲也。"（《知言·阴阳》，《胡宏集》，中华书局1987年版，第9页）他认为五色、五声、五味都是"其性固然，非外来也"，构成人性的基本要素，而此"可欲"性乃是普遍的，是人所同具的，故谓"公欲"。及至明代中晚期，"公欲"论的类似主张已变得相当普（转下页）

地方团体等公共社会领域逐渐出现公议、公论、公所、公团、公堂、公祠等观念主张以及组织机构，特别是在明代以后，在地方士人的率领下，基层社会纷纷出现各种善会、善堂等民间组织，使得仁爱精神、慈善义举得以推广普及。当然，对于16世纪中国社会的公共意识问题，能否采用近代西方政治学的"公共社会"理论来进行分析则须格外谨慎，我倒是赞同魏斐德的一个看法，他认为将哈贝马斯的公共社会理论直接应用于中国研究的尝试是"不恰当"的，因为传统中国的一般民众主要是按照"义务和依附"的观念而不是按照"权利和责任"的观念"来理解社会存在的"。① 的确，在中国历史的长期经验当中，可能缺乏西方意义上的"公共领域"的社会意识，但这并不意味着儒家传统文化缺乏对社会公共性问题的关怀，相反，儒家仁学的普遍性可以视作对人类生活的另一种秩序安排。另一方面，日本学者多采用"地域社会论"来探讨16世纪中国社会在公众舆论、乡绅组织等层面所发生的种种社会变化，由微观考察切入，进而引发人们思考晚期帝国的"国家与社会"之间的关系到底发生了哪些微妙的变化等问题，足资参考。②

然而，若从近世以来中国的思想发展来看，我们却也不能无视儒家士大夫对于"公论""公议"乃至"国是"等问题表示普遍关注的社会现象之背后，显然存在宋明理学的"天下公共之理"的观念支撑，程朱且不论，就以阳明学为例，按照王阳明的良知理论，良知即

（接上页）遍，姑举几例。吕坤（1536—1618）指出："世间万物皆有所欲，其欲亦是天理人情，天下万世公共之心。"冯从吾（1556—1627）说："货色原是人欲，公货公色，便是天理。"顾炎武（1613—1682）则主张"公"须建立在"私"的基础上，而有"合天下之私，以成天下之公"之说，值得重视。以上转引自［日］沟口雄三：《中国的公与私·公私》，生活·读书·新知三联书店2011年版，第23—26、58页。

① ［美］魏斐德：《市民社会和公共领域问题的论争》，载邓正来、J. C. 亚历山大主编：《国家与市民社会：一种社会理论的研究路径》，中央编译出版社2002年版，第400页。

② 参见［日］岸本美绪：《明清交替と江南社会——17世纪中国的秩序问题》，东京大学出版会1999年版。笔者近年来对晚明民间儒学的思想研究也发现，16世纪中国正发生社会性公共意识的微妙变化，参见拙著：《晚明劝善运动思想研究》（修订版），上海人民出版社2016年版；《颜茂猷思想研究——17世纪晚明劝善运动的一项个案考察》，东方出版社2015年版。

天理、良知即天道，因而良知就是"公道""公学""公论"，所以在阳明后学中，甚至有学者断言："一部《春秋》只是留得一个公论，千载公论只是提得一个良知。"① 沟口雄三更是强调晚明社会的"公"意识已呈勃发之势，他注意到东林党中有相当一批人，如顾宪成（1550—1612）就曾激言："将长安有公论，地方无公论耶？抑缙绅之风闻是实录，细民之口碑是虚饰耶？"高攀龙弟子华允诚（1588—1648）亦坦言："国家所恃以为元气者，公论也。"另一位著名的东林党人缪昌期（1562—1626）则说得更为坦率："惟夫国之有是，出于群心之自然，而成于群喙之同然。则人主不得操而廷臣操之，廷臣不得操而天下之匹夫匹妇操之。"② 或许，东林党人对于阳明心学所张扬的"良知现成""无善无恶"等说颇不以为然，但是，他们的公共意识却很难说与阳明心学的良知即公道、良知即公论的思想观念不存在任何的连续性，甚至应当说，这是宋代以来儒者士大夫就在共享的一种思想氛围，因为程朱理学有关"以公言仁"的仁学讨论，无疑对于"仁者天理，公者天理"（上引朱子语）的意识普及有着助推的作用。

可见，正是在朱子仁学以及良知心学的思想背景下，社会公共意识开始出现升温的转机，因为作为"仁"的良知既是个人的基本德性，充满"温然爱人"的情感因素，以避免过度强调"公"而带来的"残忍刻薄"的倾向，构成了儒家社会重视"和谐"的个体性道德的基础，但是，仁又作为"仁者公也""一体之仁"的存在而具有普遍性、公共性，它作为"公道""公理"而存在于整个历史文化的发展过程中，构成了儒家社会性道德的根基。在这个意义上，笔者赞同劳思光（1927—2012）针对程颐"以公言仁"的一个评价，以为颇中肯綮："'仁'是一超越意义之大公境界，此可由'人己等视'一义显

---

① ［明］周汝登：《越中会语》，《东越证学录》卷4，文海出版社1970年影印本，第320页。关于阳明后学有关"公论"问题的探讨，另参拙著：《阳明后学研究》（增订本）第9章第3节，上海人民出版社2016年版，第429—431页。
② 转引自［日］沟口雄三：《转型期的明末清初》，载氏著：《中国的历史脉动》，乔志航、龚颖等译，生活・读书・新知三联书店2013年版，第194、197页。

出；而人之能除私念，而立'公心'，则是一纯粹自觉之活动，故此处乃见最后主宰性，而超越一切存有中之约制。"①

总之，历史表明以公道、公理、公正、公义为基础的儒家仁学至少在近世中国社会发挥了显著的作用，道学思潮中出现的"以公言仁""仁者公也""一体之仁"等思想命题，意味着"仁"的核心价值固然以家庭伦理为基础，然又不局限于家庭或个人，而被赋予公共性、社会性的普遍意涵，转化出"以天下为己任"等社会道德意识。而将视野从近世延伸到近代中国，围绕"公私"观念的争辩呈现更复杂的情形，或持"公德缺乏"论，或持"以公灭私"论。然而，若从一个纵览全局的认识来看，那么可以说，儒家仁学的公共性和普遍性原则可以起到沟通和平衡个体性私德与社会性公德的作用，而不至于公私两德混而不分、互相吞并（一方吞没另一方），因为在仁学的范导下，"公"并不是抽象性的普遍观念，而"私"也不应导致原子式的个体主义。也正由此，儒家文化才不至于沦落为抽象主义的普遍性或者相对主义的特殊性。这是本文可以获致的一个结论。

---

① 劳思光：《新编中国哲学史》第 1 册，三民书局 2010 年版，第 116 页。

知识与德性
——论儒家教育理念的现代意义

郑宗义
（香港中文大学哲学系）

一

本文是有感于 2015—2016 学年香港学生自杀数目急升的现象而作。① 据非官方的统计数字，该学年共有 37 名学生自杀，大大超过以往的平均每学年 23 名。单是在首八个月（即至 2016 年 4 月）已有 30 宗，其中四宗更是接连于五天内发生，另有 13 人是大学或大专学生。② 当时全城闹得沸沸扬扬，主管教育的官员遂成立防止学生自杀委员会，委员会在同年 11 月发表最终报告，其中指出："自杀是一个复杂的社会问题，并涉及多种成因。是次研究显示，学生自杀行为是多方面的因素互相影响而成，包括精神健康问题、心理因

---

① 本文初稿以英文撰写，题为 "Confucian Education as Life Education and Its Modern Relevance"，发表于 International Workshop on "Learning and Self-transformation from a Confucian Perspective", Institute of Education, University of Zurich, May, 2016.
② 暂未找到自杀学生的官方统计数字。本文是根据网络上综合报刊报道所做的统计，见《2015—2017 学年香港学生连续自杀事件》，维基百科，http://zh.wikipedia.org/wiki/2015—2017 学年香港学生连续自杀事件。另参看 Elizabeth Cheung and Peace Chiu, "Students at breaking point: Hong Kong announces emergency measures after 22 suicides since the start of the academic year", *South China Morning Post*, March 14, 2016, http://www.scmp.com/news/hong-kong/health-environment/article/1923465/students-breaking-point-hong-kong-announces. 值得注意的是，在接下来的 2016—2017 学年，学生自杀的情况仍然严重，因此在 2017—2018 学年开始时，香港教育局便将防止学生自杀列为首要任务。此外，近日香港有团体公布中学生情绪健康调查，发现在受访的 15 560 名学生中，53% 出现轻微或以上抑郁症状，25.2% 出现高度焦虑症状，3.62% 具严重抑郁症状，见《调查：愈寂寞愈抑郁 6% 中学生高度寂寞，推算全港有 2 万人》，《明报》2017 年 9 月 6 日。

素、家庭关系和适应问题、朋辈关系问题、学校适应问题和学习压力。"① 无疑，那么多学生选择结束生命，背后必定有不同的原因，未可一概而论。但报告强调，根据数据和资料，学生自杀"与教育系统并无明显和直接关系"②，却不免与我们的生活直觉相违。至于治病的处方，报告则在支援措施及培养学生心理健康等方面下药。我的研究专业不是社会学、心理学与教育，所以不想班门弄斧，对此质疑。作为哲学的教研工作者，我的疑问是究竟我们的教育出了什么问题，竟未能教导学生好好珍惜生命？而我思考的结论是，顺着现代教育理念发展下来的当前教育，基本上是走在错误的道路上，此即将教育视为知识教育（knowledge education），且将知识狭隘地视为命题或概念知识（propositional or conceptual knowledge）。倘从儒学的观点看，教育应是生命的教育（education per se is life education），当中命题知识固然重要，却不足以承担教育的根本使命。本文以为儒家的教育理念（不是它在历史中表现出的教育系统与课程），如善加演绎发挥，不仅可以对当前教育问题做有力的批判，甚至可以在肯定现有教育成就的前提下，将之扭转和引导往正确的方向。依此，下文分为三部分：（1）省察当前教育的问题。(2) 演绎儒家的教育理念，提出其对知识的界说远宽于命题知识，当中包含四种知识的学习，而学习四种知识的同时亦是在培养三项基本德性，即智、仁与勇。因此，儒家的教育理念实可以把现有教育重视命题知识的长处吸纳进来，并补救其不足，善化之、提挈之以充分成就教育的本性。（3）最后，本文会对如何落实儒家的教育理念做一些初步建议。

二

最近，美国著名公共知识分子乔姆斯基（Noam Chomsky,

---

① 《防止学生自杀委员会最终报告》，第 i 页，http://www.edb.gov.hk/attachment/tc/teacher/prevention-of-student-suicides/CPSS_final_report_tc.pdf。
② 《防止学生自杀委员会最终报告》，第 xi、14 页。

1928—)对美国的顶尖大学系统逐渐败坏痛加针砭。① 其中谈到教育的目的时,他指出启蒙以来的教育有两种发展模式:一是诱发学生兴趣,让学生主动求知的模式;另一是他戏称为容器的模式(vessel model),此即讲求将知识灌输给学生,犹如将水灌入容器,而在打开容器开关时使储存的水能流出,就像考试时学生能以所学知识作答。他批评当前教育逐渐遗忘了求知的模式而向容器的模式倾斜,却未警觉到容器本身是泄漏的(leaky)。此观乎学生考试时一股脑儿死记硬背那些被灌输的知识,在考试不久后便忘掉十之八九,可以得到证明。显然,乔姆斯基是在呼吁教育应回归求知的模式。实际上他所谓的求知模式,即是自由教育(liberal education)的传统,这用纽曼(John Henry Newman,1801—1890)的话说,即教育的目的并非给学生提供职业所需的实用知识(useful knowledge),而是训练他们的知性(intellect),使他们能从蒙昧中解放出来(liberation)。② 对于自由教育是否足以纠正当前教育的弊病,因非本文题旨,这里就不多说。

  不过乔姆斯基只是点破弊病,却未深究成因。其实,当前教育向容器模式倾斜,与知识的急促增加、分科(departmentalize)与专业化(professionalize),以及教育自20世纪中叶以来经历了实用的转向,强调教育要培养社会需求的人才等因素密切相关。而从本文的观点看,更重要的乃是教育被错误设想(conceptualize)为知识教育,且知识只是指命题或概念知识。依此,知识是有真假值可言、客观、可传递的,因而亦是可教的,而考试或测验遂成为量度学生学懂与否的有效方法。相较之下,价值(value)、意义(meaning)乃至道德(moral)并非知识,它们是没有真假值可言、主观、不可传递的,因而亦是不可教的。这种狭隘的知识定义,无疑是奉自然科学为知识的典范。至于把价值、意义乃至道德排拒在知识的门墙之外,韦伯

---

① Noam Chomsky, "How America's Great University System Is Getting Destroyed", in *Alternet*, February 28, 2014, http://www.alternet.org/corporate-accountability-and-workplace/chomsky-how-americas-great-university-system-getting.

② 参看 John Henry Newman, *The Idea of a University*, Chicago: Loyola University Press, 1927.

(Max Weber,1864—1920)还提供了一套甚具说服力的解释。

韦伯认为世界的解魅（disenchantment of the world）是人步入现代生活的重要标志。① 这就是说，现代人放弃了传统的目的论世界观，改而接受机械论的世界观。传统的目的论世界观相信世界的变化背后有其目的（telos），就像宗教的上帝计划或中国古代《易》的生生之德，而这目的便赋予了一切存在物内含的（intrinsic）价值或意义，此中事实与价值是统一的。但现代人因自然科学的长足发展而把目的从世界中剥掉，剩下的便只是一副冷冰冰的机器。于是，价值乃与事实分离，得靠人自己去决定与界说。可以想象，价值最后会变得言人人殊。韦伯以多神主义（polytheism）来描述和形容这一价值主观主义（value subjectivism）的结果。他更指出这一结果同样表现为人的理性从价值的运用转向工具的运用，此即价值理性（value rationality）的失落与工具理性（instrumental rationality）的泛滥。所谓价值理性失落，并不是说吾人不可以为自己选择的价值做理性的辩护，而是说不管吾人提出怎样的理由来支持自己认可的价值，都不可能让凡有理性者皆接受。换言之，价值的选择归根结底是非理性的（non-rational）个人主观的选择。而一旦你选定某一价值，则对于什么是实现此价值最有效的方法或手段，凡有理性者都能通过计算来获得相同的答案，可见理性的力量完全倒向工具运用一面。回到本文的脉络，价值主观主义不可否认地是造成价值教育式微的元凶②，凡想在现代社会中复兴不论何种形式的价值教育，似乎都得面对价值主观主义的挑战。本文最后会尝试回应这一挑战。

当前价值教育（或相关的道德教育、生命教育）的逐渐式微恐怕是个不争的事实。虽然我们在小、中、大学的校训内仍不难找到德智

---

① Max Weber, "Science as a Vocation", in *From Max Weber: Essays in Sociology*, H. H. Gerth and Wright Mills, trans., New York: Oxford University Press, 1958, pp. 129-156. 另参看石元康：《多神主义的困境——现代世界中安身立命的问题》，载氏著：《当代自由主义理论》，联经出版事业公司1995年版，第177—194页。

② 参看石元康：《现代社会中价值教育为什么会式微?》，载氏著：《从中国文化到现代性：典范转移?》，东大图书公司1998年版，第151—169页。

体群美五育并重、发展全人教育之类的口号，但大多只是虚有其名。试问学校在什么地方或课程中教导过学生去思考、体会与探索价值、意义或道德呢？一些拥护自由和价值多元的人甚至宣称价值既是个人的选择，便不能教，也不应教，因为一教就成了灌输洗脑（indoctrination）。但教育若只是让学生习得各种专门知识，而不能培养他们反省人生、分辨善恶、应对逆境的能力，则将会是一场大灾难。事实上，不少有识者已经察觉到这场灾难的先兆，此所以近时全球各地都出现提倡生命教育的机构，尽管它们大多是在教育系统外以支援学校的方式运作。若浏览一下它们的网址，可以发现它们所设想的生命教育，是教导学生做有效决策（effective decision making）与健康选择（healthy choices）所必须具备的知识和技巧（skills），培养学生与人沟通、谈判及建立关系的策略（strategies）。① 虽然对所知不深者不宜妄加评论，但骤眼看来，使用如此语词所描述的生命教育理念实甚可疑，似仍跳不出知识教育的窠臼，至少与本文接下来要析论的儒家教育理念大不相同。

三

在未进入儒家教育理念的讨论之前，有必要先做几点说明。(1)以下所要演绎发挥的是儒家的教育理念，而非它曾在历史中表现过的教育系统与课程。如所周知，理念落实时总难免受限于它所凭借的历史条件，有时历史条件甚至会反过来扭曲或改变理念。例如，从下面的分析可知，儒家的教育理念本不轻视现代教育讲求的知识学习与智力训练，只是在往后的发展中却因太注意个人修养与道德伦理，遂使知识与智力等方面渐渐被掩盖起来。又如，过往中国的学术主要聚焦经书，士子读经是为了考科举，但经书的课程及科举的系统并不足以尽儒家教育的精义。尤有甚者，现在我们若想重新揭示儒学的时代相关性，所应着力的便是其理念的诠释而非其历史的表现。(2)本

---

① 参看以下两个分别设在新西兰及澳大利亚的生命教育机构的网址：http://www.lifeeducation.org.nz/schools.html；http://lifeeducation.org.au/。

文以为儒家的教育理念足以纠正当前教育的弊病,但并不等于说只有儒学能担此重任。现代教育整个地是源自西方启蒙以来发展出的一套体系,则回溯西方传统文化亦可能找到治病的良方,如前面提及过的自由教育。20世纪初蔡元培比较中国与英国的教育发展时便发现双方有不少相似之处:"它们都有令人称道的合理地安排体育和智育的共同思想,都有使学习系统化的共同意向。在礼仪教育方面,我们发现两国的教育,对所谓'礼貌',都同样采取鼓励的态度。在我国的射、御与英国的竞技精神之间,我们也能发现某些共同点,无论是中国的教育,还是英国的教育,目的都在于塑造人的个性和品质。在这方面,双方对于什么是教育的认识是非常接近的。"① 究竟这些表面上的相似背后的理念是否相近相通,自然还有待仔细的考察。总之,本文提倡儒家的教育理念,既非视之为解决问题的唯一方法,亦非以之为优越于西方或其他文化,而是认为它既是中文社会的传统思想资源,则在解决中文社会的教育问题时没有理由不善加运用。(3) 如真能善加运用,等于是完成了中西教育结合这一项自20世纪以来中国学人未竟的心愿与事业。现代中国教育从理念到系统都是自西方移植过来的,但在承认西方教育有其长处之余,中国学人自始亦念如何将其与传统教育的胜义相融合。试看蔡元培的教育理念:"教育是帮助被教育的人,给他能发展自己的能力,完成他的人格,于人类文化上能尽一分子的责任;不是把教育的人,造成一种特别的器具,给抱有他种目的的人去应用的。"② 再看钱穆创立新亚书院,《学规》第一条是"求学与作人,贵能齐头并进,更贵能融通合一";第二条是"做人的最高基础在求学,求学之最高旨趣在做人"。③ 他主张教育的本怀在发展能力与完成人格的合一,在求学与做人的合一,儒学的色彩显而易见。上引蔡元培的话,固然可以说受到西方自由教育的启迪

---

① 蔡元培:《中国教育之发展(1924.4.10)》,载氏著:《蔡元培全集》第5卷,浙江教育出版社1997年版,第255页。
② 蔡元培:《教育独立议(1922.3)》,载氏著:《蔡元培全集》第4卷,第585页。
③ 见香港中文大学新亚书院网页,http://www.na.cuhk.edu.hk/zh-hk/aboutnewasia/schoolregulations-zhhk.aspx。

（即教育非提供职业所需的实用知识），因为文章是争教育独立之义，不过其中亦清楚流露出儒家君子不器的想法。孔子说"君子不器"①，意思是君子求学不是为了把自己变成一个有特定用途的器具或材具。表面看来，这话似与现代教育讲求专业，如重视培养工程师、律师、医生等，迥不相容，实则是说教育的根本目的不应限于训练专才，却不排斥学生成为专才是教育的可能结果。所以有一次子贡问孔子"赐也何如"，孔子答他"女器也"。当子贡追问"何器也"，孔子就说"瑚琏也（按：即古代祭祀时盛粮食的器皿）"。②

儒家的教育理念是视教育为生命教育，用孔子的话说，即"为己之学"③。此即教育的根本目的在于让学生能思考、探索、培养、转化与实现自己。这若用知识的概念来说，实包含了四种不同知识的学习。④ 先说第一种，"闻"与"见"的知识（后来宋儒张载名之为"闻见之知"）。《论语·述而》记，"子曰：'盖有不知而作之者，我无是也。多闻择其善者而从之，多见而识之，知之次也。'"⑤ 可知孔子鼓励人多闻多见以获得知识。至于这为何是"知之次"，杨伯峻将之关联于《论语·季氏》"生而知之者上也，学而知之者次也"⑥ 来求解，也就是说，见闻属于学而知之而非生而知之，故属次一等的知。⑦ 此解虽可从，惟生而知之者若是指天纵的圣人之知或天才之知，则人根本无法学习而只有羡慕的份儿，似不值得孔子如此推许为最上等的知。因此，后来宋明理学家便说生而知之者指的是人的德性之知（即仁心善性），其较闻见之知自更珍贵、重要。而这也是本文以下将申明的一点，即对儒家来说，在闻见的知识之外、之上，还有对教育而

---

① 《论语·为政》，朱熹：《四书章句集注》，中华书局1983年版，第57页。
② 《论语·公冶长》，《四书章句集注》，第76页。
③ 《论语·宪问》，《四书章句集注》，第155页。
④ 必须指出，在先秦儒家的文献中，"知"与"识"是两个不同的概念，但都含有今天我们说的知识的意思。扼要而言，知字从矢从口，指人所言者如矢中的谓之知，复引申为分辨、主宰、主管等义。识字指存记于心，今所谓识得之义，段玉裁《说文解字注》云："古文有志无识，小篆乃有识字。"又云："识，记也。"
⑤ 《论语·述而》，《四书章句集注》，第99页。
⑥ 《论语·季氏》，《四书章句集注》，第172页。
⑦ 杨伯峻译注：《论语译注》，中华书局1997年版，第74页。

言更具主导作用的知道与德的知识。个中详情，待下面再做分解。

对于闻见的知识，儒家所说者甚多。（1）首先，闻见的知识可以指人的感觉知识（perceptual knowledge）。对感觉知识如何形成，孔子、孟子并未措意，惟荀子有系统的解说。此即《荀子·正名》中所论天官、心有征知等说，此处不必细论。① （2）进一步说，闻见的知识也可以包括一切得自老师讲授（闻之）与书本阅读（见之）的知识，亦即今天学生在课堂上与书本中所学到的各门知识。为了应对人生的方方面面，儒家强调多闻多见或博学。（3）不过更重要的是，学生学习这种知识不能只停留在背诵与记忆的初步阶段，而必须通过主动探究，将所学从二手知识（second-hand knowledge）转化为一手知识（first-hand knowledge）。一手知识就是孟子所说的自得之（知）："自得之则居之安，居之安则资之深，资之深则取之左右逢其原。故君子欲其自得之也。"② 后来，宋明理学家将初步的闻见知识称为"常知""粗知"或"口耳谈说以为知者"，而将自得之知称为"真知"，即人真实地知道的真确知识。③ 自得之知或真知还包含着知识的扩充，即人在求知过程中对所知者有更完全的认识（fully knowing）。例如，

---

① 《荀子·正名》云："然则何缘而以同异？曰：缘天官。凡同类同情者，其天官之意物也同。故比方之疑似而通，是所以共其约名以相期也。形体、色理以目异；声音清浊、调竽、奇声以耳异；甘、苦、咸、淡、辛、酸、奇味以口异；香、臭、芬、郁、腥、臊、漏庮、奇臭以鼻异；疾、养、沧、热、滑、铍、轻、重以形体异；说、故、喜、怒、哀、乐、爱、恶、欲以心异。心有征知。征知，则缘耳而知声可也，缘目而知形可也。然而征知必将待天官之当簿其类，然后可也。五官簿之而不知，心征之而无说，则人莫不然谓之不知。此所缘而以同异也。"

② 《孟子·离娄下》，《四书章句集注》，第292页。

③ 真知与常知的区分最初是由北宋二程（程颢、程颐）提出的，其言曰："真知与常知异。常见一田夫，曾被虎伤，有人说虎伤人，众莫不惊，独田夫色动异于众。若虎能伤人，虽三尺童子莫不知之，然未尝真知。真知须如田夫乃是。故人知不善而犹为不善，是亦未尝真知。若真知，必不为矣。"见程颢、程颐：《二先生语二上》，《河南程氏遗书》卷二上，《二程集》，中华书局2004年版，第16页。由于此段文字中二程借真知来指点善恶之知，认为人的善恶之知应是真知，才会知不善而不为，亦即知行合一，后世的讨论遂多着眼于善恶之知、知行合一。实则真知的概念不限于善恶之知，其义乃本文所谓的自得之知，下引朱子的说明可证。《朱子语类》卷一五记载："又问真知。曰：'曾被虎伤者，便知得是可畏。未曾被虎伤底，须逐旋思量个被虎伤底道理，见得与被伤者一般，方是。'"见黎靖德编：《朱子语类》，中华书局1994年版，第309页。

学生对咖啡的知识，可以只停留在日常生活中饮用的经验，但若他亲身展开研究，如看书查找资料、实地去考察咖啡农的耕作、了解咖啡豆的买卖，甚至公平贸易（fair trade）的出现，则他对咖啡的知识更为全面。(4) 对于亲身、主动的探究，孔子曾强调这是从表面的"视"（seeing）进入仔细的"观"（observation）与"察"（investigation）。《论语·为政》记，"子曰：'视其所以，观其所由，察其所安，人焉廋哉？人焉廋哉？'"孔子喜欢观奔流的大水，孟子就解释孔子看见的不单是"源泉混混，不舍昼夜"的自然现象，还观察出"盈科而后进，放乎四海；有本者如是，是之取尔"① 的意义，并获得"流水之为物也，不盈科不行；君子之志于道也，不成章不达"的体认。② 可见，自得之知或真知除了能使认知者扩大、深化对认知对象的知识外，亦可让他体认到认知对象所显示的意义。从知识学习到意义体认，这对人文学科学生来说应较熟悉亲切，因为人文学科本就要求学生直接阅读经典，以与经典所承载的意义或价值产生共鸣。③ 对自然科学而言，其知识内容固不涉及意义或价值，但其学习过程则不然。设想一名理科学生心无旁骛地做实验，则他除了学懂实验的知识外，亦必能体会威廉士（Bernard Williams, 1929—2003）所谓求"真"（truth）当力求"真确"（accuracy）与"诚实"（sincerity）的意义；真确即竭尽所能去获得真信念，诚实即只说自己相信的。④

从上面的分析可见，闻见知识的学习实已包含了知性能力的培

---

① 《孟子·离娄下》，《四书章句集注》，第293页。
② 《孟子·尽心上》，《四书章句集注》，第356页。荀子亦有类似的解释，《荀子·宥坐》记："孔子观于东流之水，子贡问于孔子曰：'君子之所以见大水必观焉者，是何？'孔子曰：'夫水遍与诸生而无为也，似德。其流也埤下，裾拘必循其理，似义。其洸洸乎不淈尽，似道。若有决行之，其应佚若声响，其赴百仞之谷不惧，似勇。主量必平，似法。盈不求概，似正。淖约微达，似察。以出以入，以就鲜絜，似善化。其万折也必东，似志。是故君子见大水必观焉。'"参看《荀子·宥坐》，载王先谦撰：《荀子集解》卷20，中华书局1988年版，第524—525页。
③ 参看 Robert Nozick, *Philosophical Explanations*, Cambridge: The Belknap Press of Harvard University Press, 1981, p. 621.
④ 参看 Bernard Williams, *Truth and Truthfulness*, Princeton and Oxford: Princeton University Press, 2002, p. 11.

养,这也就是儒家教育理念中的第二种知识:"知言"的知识。知言的概念出自《孟子·公孙丑上》"我知言,我善养吾浩然之气",而所谓知言,乃"诐辞知其所蔽,淫辞知其所陷,邪辞知其所离,遁辞知其所穷"。① 故"言"不单指言说,更指言说所含的思考和道理,知言的知识即约略相当于现今讲的理性知识(rational knowledge)。值得注意的是,在先秦,除了《墨辩》、名家及《荀子·解蔽》外,理性知识很少以抽象的方式讲论,大多是在具体的闻见知识中学习。下面举《论语》的几条文字为证。(a)子张问:"十世可知也?"子曰:"殷因于夏礼,所损益可知也;周因于殷礼,所损益,可知也;其或继周者,虽百世可知也。"② (b)子曰:"吾有知乎哉?无知也。有鄙夫问于我,空空如也;我叩其两端而竭焉。"③ (c)子曰:"不愤不启,不悱不发;举一隅不以三隅反,则不复也。"④ (d)子谓子贡曰:"女与回也孰愈?"对曰:"赐也何敢望回?回也闻一以知十,赐也闻一以知二。"子曰:"弗如也!吾与女弗如也。"⑤ 此中"百世可知""叩其两端""举一反三""闻一知十",都是知言之知。作为知性能力,知言之知除了是一般学习所必需外,还可以将吾人所学不同的闻见知识统合起来,由博返约,孔子便曾向子贡明言自己的本领不在"多学而识之",而是在"予一以贯之"。⑥ 此外,知言之知又可以帮助吾人仔细检查所学到的知识,以及与别人进行交流论辩。试看《中庸》云:"博学之,审问之,慎思之,明辨之,笃行之。"《荀子·正名》云:"以仁心说,以学心听,以公心辨。"⑦

很显然,上述儒家的两种知识完全可以与西方自由教育之讲求知性培养相比观,也可以与当前教育之重视知识学习相兼容。而此两种知识的学习实亦已涵人格模铸(the formation of character)的作用,

---

① 《孟子·公孙丑上》,《四书章句集注》,第 231、232—233 页。
② 《论语·为政》,《四书章句集注》,第 59 页。
③ 《论语·子罕》,《四书章句集注》,第 110 页。
④ 《论语·述而》,《四书章句集注》,第 95 页。
⑤ 《论语·公冶长》,《四书章句集注》,第 77 页。
⑥ 《论语·卫灵公》,《四书章句集注》,第 161 页。
⑦ 《荀子·正名》,《荀子集解》卷 16,第 424 页。

试想一名能用心于此的学生,他必已是个博学、明理、求真与诚实的人。不过,这在儒家看来仍远远不够。因为你若问那名学生为什么要努力成为博学、明理、求真与诚实的人,他可能会回答你因为这是美好的人生,但你若再追问为什么这是美好的人生、如何定义美好的人生,则他恐怕说不出个所以然来。由此可见,单靠闻见与知言的知识,并不能教学生认真地去反省自己的人生。于是,儒家提出还要学习第三种知识:即知"道"与"德"的知识。道者路也,即人所当行的道路;德者得也,即人去探索与践行道路所须装备自己的德性与能力。德性与能力要靠自己培养,道路要靠自己开拓,因而这一知识的学习跟前面两种有着根本的不同,即它主要是反身、内向的自我探究(self-inquiry),是自我寻求精神上的转化(spiritual transformation)。但这绝不是容易的事,所以连孔子亦慨叹"知德者鲜矣"①"朝闻道,夕死可矣"②。依儒学,要开启人的自我寻找,关键端赖于人心有无忧患感。此忧患非忧柴忧米之忧,乃是忧现实生命的不理想并由此产生理想化生命的动力。孔子说"君子忧道不忧贫"③;郭店楚简《五行》解说道:"君子无中心之忧则无中心之智,无中心之智则无中心之悦,无中心之悦则不安,不安则不乐,不乐则无德。"④ 而本此求生命理想化的动力以往,则人将反照而体认到其忧患实出于自爱(self-love),是人爱自己,希望自己的人生过得有意义。并且,人亦将体认到别人也自爱,也希望过有意义的人生。如是,遂明乎这自爱绝非自私的爱,而是仁爱(benevolence)的爱,是《中庸》成己成物的爱。《中庸》云:"诚者非自成己而已也,所以成物也。成己,仁也;成物,知也。"⑤ 总之,儒家教育理念中的道德知识(此道德依上面的界说,与现今说的道德不同),就是要使学生识得自家仁爱的本来面目,以仁爱来主导学习,提挈闻见与知言的知识,令它们能内润生命而不致

---

① 《论语·卫灵公》,《四书章句集注》,第162页。
② 《论语·里仁》,《四书章句集注》,第71页。
③ 《论语·卫灵公》,《四书章句集注》,第167页。
④ 李零:《郭店楚简校读记》,中国人民大学出版社2007年版,第100页。
⑤ 《中庸》第25章,《四书章句集注》,第34页。

外挂蹈空。至于如何研习这道德知识，过去儒者通过读经与践礼双管齐下，读经是由内养外，践礼是由外养内，即借礼仪对外在行为的节制来渐渐体认规范背后仁爱的意义，并化为内心的认可，两者合则内外交养。凡此，大体皆可行或当行于今日教育，此留待下节谈落实问题时再论。

最后，儒家在知道与德的知识上更补充知"天命"（包括"知天"与"知命"）的知识。如所周知，孔子自述为学之道："吾十有五而志于学，三十而立，四十而不惑，五十而知天命，六十而耳顺，七十而从心所欲、不逾矩。"① 知天命乃知道与德所必至者。必须指出，在先秦儒家的文献中，天、命与天命是三个不尽相同的概念，但此处不烦赘言，只须综括其中所蕴含的三项意思及相应的知识内容便已足够。扼要来说，（1）"天"是天地万物的总称，代表存有物的全域。人既属此全域中的一份子，则在探究道与德之知时，不可避免地涉及如何理解人与天地万物的关系，亦即人在天地万物中的位置、角色与意义。值得注意的是，探究人与天地万物的内在联系（interconnectedness）绝非传统中国文化所独有，而是各古代文明的共同课题。内格尔（Thomas Nagel，1937—）就视此探究为人本有的一种性向（disposition），并名之为人的宗教性情（religious temperament）。② （2）依《中庸》"天命之谓性"一句，"天命"指人的天职或责任（ontological role or obligation）。天地万物中唯独人能有闻见之知、知言之知及道与德之知，则充分明白、领受和成就此人之所以为人者的禀赋（或人之性），岂非人不应逃避的职责？故《中庸》云："唯天下至诚，为能尽其性；能尽其性，则能尽人之性；能尽人之性，则能尽物之性；能尽物之性，则可以赞天地之化育；可以赞天地之化育，则可以与天地参矣。"（3）"命"指命限，即不管人如何努力去做想做或当做的事，仍有些是超乎人力控制的（beyond

---

① 《论语·为政》，《四书章句集注》，第 54 页。
② 参看 Thomas Nagel, *Secular Philosophy and The Religious Temperament*, Oxford: Oxford University Press, 2010, p.4.

control)。如果说知道与德可教人挺立自己的生命，则知命可教人如何去面对生命中莫可奈何的限制，两者一正一反，实相辅相成。平常吾人似不难认识到人生中总有些超乎人力的事，但概念的知道实不作数。就好像吾人都知道意外是意料之外的事，但若一场交通意外夺去了你的双脚，你怨天尤人，那又怎说得上知道何为意外？你所谓知道意外（的概念）不过是个空谈而已。所以只有当吾人尽力于所为与义所当为的事，却无论如何都不成功时，方能真正知道（或体会）命限之可畏，且学懂怎样坦然面对它，"不怨天，不尤人"①"殀寿不贰，修身以俟之，所以立命也"②。尤有进者，知命不仅能让你坦然面对命限，还能教你义命分立、以义安命的道理。所谓义命分立，则吾人一方面知应尽力于道与德，此义所当为，遂可确立人生中义的领域（上引《孟子》文字中的"立命"，乃确立而非建立之义）；另一方面亦知命限不可逃，此莫可奈何，遂可确立人生中命的领域。此二领域既确立，则界线分明，不可相混。吾人不可不做义所当为的事而诿过于命，亦不可做义所不当为的事而诿过于命，至于义所当为的事能否成功，则其中有命在焉。又义命既分立，则知不管命是顺是逆，皆不能损害义分毫，且命的事实，如意外导致双脚残疾固不可改变，但此事实之于吾人生命的意义，却完全是吾人应该如何面对的问题，亦即属于义的问题。把目光从命的事实移往命的意义，可以将莫可奈何的命重新变为操之在我的义，这就是以义安命的道理。明乎此，则知儒家的知天命实有甚深的智慧，若能将其渗入当今教育，不正可以指引学生勇敢地去面对生活中随时可能出现的苦难？总结上述分析，天命之知即要教人去探究与明白人与天地万物的意义联系，人之所以为人的天职或责任，以及人如何去面对生命中莫可奈何的命限。

在儒家的教育理念中，四种知识的学习正是三项基本德性，即知、仁、勇的培养，知识与德性是统一的。闻见之知与知言之知可以培养吾人"知"的德性；道德之知与天命之知可以培养"仁"的德

---

① 《论语·宪问》，《四书章句集注》，第157页。
② 《孟子·尽心上》，《四书章句集注》，第349页。

性；又人既知道、知德、知义、知命，则行事配义与道，乃成"勇"的德性（孟子所谓浩气正气），而能本乎义命分立、以义安命的道理来克服生命中的可能苦难，亦是勇者本色。对于三项德性之间的关系，儒家以为它们一方面是并列的，可相辅相成，但另一方面仁亦应为首出的德性，能统摄知与勇。此盖有知者不一定有仁，有勇者亦不一定有仁，《论语·宪问》便有"有德者必有言，有言者不必有德；仁者必有勇，勇者不必有仁"的话，但有仁者却必要求同时培养知与勇以使仁能充分成就，避免无知易好心做坏事，无勇易见义不敢为。并且在仁的提挈润泽下，知不仅可润思还可润身，而知乃成为智（慧）；勇亦非暴虎冯河、死而无悔的凡夫之勇，而勇乃成自反而缩虽千万人吾往矣之大勇。明乎此，才懂得以下。①

由三项德性的关系看，四种知识也应有主从之分。一方面，依内容来说，四种知识可齐头并进，但另一方面，从教育的理念看，道德之知与天命之知必须作为主导。此主导是外在的而非内容的，因四种知识各有其内容，而外在地主导，就是以为己之学为教育的纲领来确定不同知识的学习在教育中应有的位置与作用。

四

哲学虽多重概念思辨，但本文的撰写既缘于现实中学生自杀的问题，就让我在这一节略谈如何落实儒家的教育理念来结束本文。不过必须事先声明，我是教育的外行人，所以下面所说只是个人一些很初步的思考，是否可行，还有待方家指正。

（1）首先，本文提倡儒家的教育理念，不是要在现时已有的教育系统与课程中别立一门儒学，而是以为儒家的教育理念，即教育是生命的教育，可以批判、导正当前教育的弊病。易言之，即以儒家的教育理念来取代今时过分强调（命题）知识的教育理念。

（2）本文指出在儒家的教育理念中，知识概念远宽于命题知识，而包含四种意义：即闻见之知、知言之知、道德之知与天命之知。其

---

① 《论语·宪问》，《四书章句集注》，第149页。

中闻见之知与知言之知可以与讲求知性训练与知识学习的现代西方教育兼容，亦即充分肯定其长处与成就，而道德之知与天命之知则可以指出单讲求知性训练与知识学习实仍不足以承担教育的根本使命。随着科技知识的长足进步，近时各国教育在激烈的竞争下又祭出加强发展STEM 教育（即 science，technology，engineering 与 mathematics）的呼吁。我们固然不必反对科技教育，这是大势所趋，也自有其用处，但若果漠视现存教育的弊病，则再加强科技教育恐怕只会百上加斤、病入膏肓，此不可不慎。试想一个拥有强大科技力量的人，却没有正确的意义、价值与道德观念，这将是多么可怕的事情。

（3）现今教育的弊病在于逐渐忘记了教育的根本目的应在于使学生能思考、探索、培养、转化与实现自己的本怀。本文以为儒家教育理念中的道德之知及天命之知，可作救病之药。惟必须将这些教育理念植入现有的教育系统与课程中，并逐渐使之成为主导观念，并使分门别类的知识能在其提携下各有恰当的定位与讲授。关于如何植入，本文建议：（a）首先，宜加强人文教育，毕竟人文教育是直接处理价值与意义的课题，能使学生体认到价值与意义的多样性，而这自然亦可以让学生思考自己生命的价值与意义。（b）其次，应在课程中加入儒家经典（classics learning）的教育，此即可直接启发学生认识道德之知及天命之知。但必须谨记这绝不能误为教条灌输，有违儒家讲求道理必待学者深造自得的主张，同时亦要警惕勿使之陷入背诵考试的窠臼。而此中成败得失的关键尤系于有无合适的师资，《荀子·劝学》谓"学之经莫速乎好其人"，故师资培训乃最为要紧者。（c）此外，更可考虑恢复儒家的礼仪教育。前面的分析已指出，与读经之由内以养外相较，践礼有由外以养内之功。当然，那些礼可以在学校恢复演习，如何改良提炼之，及以何种方式（如课外活动、体育）来演习，都还须仔细斟酌商量。

最后，让我们回到前述韦伯多神主义对价值教育的挑战，以此来结束本文。毋庸置疑，韦伯对现代性的描述有其准确之处。世界的解魅造成价值的主观主义，确实使现代人失落了客观的价值意识。问题是人真的可以生活在价值彻底主观的世界吗？倘若价值完全是言人人殊，则涉及价值争议的社会议题又如何解决？此所以晚近有识之士已提出寻求共识（consensus）的必要。对照由下而上（bottom up）的共识寻求，则可知韦伯所谓的世界解魅，只是除掉（西方中世纪宗教）那由上而下（top down）的客观（甚至绝对的）价值，而价值的客观性实不可无。相较之下，儒家肯定客观价值，并自始即明白必须借由个人自己的探究以及人与人相互的印证来获得。也就是说，儒家走的从来是由下而上而不是由上而下的路。这用孟子的话说，即人必主观地（subjective）尽心（主观价值），才能交互主观的（intersubjective）知性（交互主观价值），然后客观地（objective）知天（客观价值）。《孟子·尽心上》云："尽其心者，知其性也。知其性，则知天矣。"《孟子·告子上》云："至于心，独无所同然乎？心之所同然者，何也？谓理也，义也。圣人先得我心之所同然耳。故理义之悦我心，犹刍豢之悦我口。"儒家的教育理念重视为己、自得，正是由于此一由下而上寻求客观价值路数的表现，使得韦伯多神主义的挑战并非无法克服的困难。

第一单元

儒家文化与现代化

儒家思想与当代中国社会研究

——社会学中国化的路径

周飞舟　凌　鹏

(北京大学社会学系)

一、前　言

2005年第一期的《社会学研究》杂志发表过一篇应星的书评文章《评村民自治研究的新取向》。在这篇文章中，应星对他称之为"乡土派"的研究进行了批评，并仿照米尔斯对美国主流定量研究"抽象经验主义"的称呼，将乡土派称为"朴素的经验主义"。[①] 所谓"朴素"，一方面是指乡土派反对西方理论，另一方面指乡土派的"理论"主要来自田野，合而言之曰"野性的思维"。作为一名以优秀的经验研究著称的社会学家，应星当然不反对田野研究，他所反对的是缺乏理论关怀和理论指导的经验研究。在他看来，乡土派从田野中生发的那些零散的理论概念，接续不上既有的学术研究传统，无法形成像样的理论，因而也不会有重要的创新。在仝志辉、吴毅、贺雪峰等人的回应性文章中，一个被重点讨论的问题就是学术研究传统应该如何建立。[②] 虽然吴毅等人辩明乡土派既没有"反西方"，也没有"反理论"，但是双方对如何建立学术研究传统的分歧却变得很明确：中国社会学的社会研究应该与哪些学术传统对接？是"西方的""理论的"还是"本土的""田野的"？

对于这种学术争论，我们很容易关注其分歧，而忽略其共同点。

---

① 应星：《评村民自治研究的新取向：以〈选举事件与村庄政治〉为例》，《社会学研究》2005年第1期，第219页。
② 仝志辉：《乡村政治研究诸问题——对应星批评的回应和进一步思考》，《社会学研究》2005年第3期。

事实上，在双方的争论背后有一个更高层次的共同之处，即建立或者选择学术研究传统的标准应该是为了更好地、更深入地理解当前中国的经验现实。如应星所言，"社会现象不是自在的，而是被呈现、被建构出来的。没有人独特的感知，没有敏锐的问题意识，社会实在纵然如神祇般矗立在山顶，人也可能视而不见。"① 或如吴毅等人所言，"在生活本身所呈现出来的义理逻辑之中去寻找对于现存理论的碰撞和激荡"②，理论和学术传统无论是作为发现的工具还是对话的对象，都是理解经验现实时必不可少的，所以是实用的、功利性的。双方围绕福柯的权力理论展开的争辩越发证明了他们对理论所持的相同态度。既然理论是为了更好地理解现实而存在的，那么什么是所谓"更好"的标准呢？或者换句话说，在理解村庄治理的某些问题时，用什么标准来判断是福柯的理论还是其他的理论有着"更好"的洞察力呢？更为广泛地说，什么样的理论和学术传统能使我们更好地、更深入地理解和研究中国当代社会？这个问题是双方分歧的关键所在，要深入讨论这个问题，则需要将视野扩展到中国社会学研究的发展史中。

二、社会学中国化的路径与启示

社会学进入中国的时期，是中国传统思想正在发生大变革的时期。清末民初的思想家如康有为、梁启超、王国维对传统经学进行了改造，努力建立新的史学传统，而这个新传统与社会学有着密切的关系③，在客观上为社会学的发展做了思想上的准备。在传统经学的枷锁被打破之后，各种西方社会思想得到了迅速的扩散和传播。而作为一门社会科学的社会学在中国的教学、实践和应用，则在民国时期最为繁荣。在欧美的社会学进入中国之后，中国第一代社会学家即提出

---

① 应星：《评村民自治研究的新取向：以〈选举事件与村庄政治〉为例》，《社会学研究》2005年第1期，第220页。
② 吴毅、贺雪峰、罗兴佐、董磊明、吴理财：《村治研究的路径与主体——兼答应星先生的批评》，《开放时代》2005年第4期，第89页。
③ 渠敬东：《返回历史视野，重塑社会学的想象力：中国近世变迁及经史研究的新传统》，《社会》2015年第1期。

"社会学中国化",其中尤以燕京大学吴文藻先生倡行最力。在他的指导和影响下而形成的"燕京学派"是民国时期众多社会学派别中最为突出的学派之一,一度被称为"社会学的中国学派",可以被看作"社会学中国化"的代表。按吴文藻在《社会学丛刊》"总序"中对"燕京学派"研究方法论的提法,是"以科学假设始,以实地证验终",研究对象则是"社区"及其背后的文化、制度和功能,也就是说,"社会学中国化"的内容是如何运用西方社会学的理论和方法来研究中国社会。在今天看来,这只是"社会学中国化"的第一步,但是对缺乏社会科学传统的中国学术界来说则不失为一个创举。张静认为,"燕京学派的工作,可以更准确地定位为现代社会学在中国的开创建设,他们开启了新的、专业的社会研究。其主要特点与其说是本土化道路的提出,不如说是研究角色、议题、方法及目标的转换"①,所以与其称之为"社会学中国化",不如说是社会学、社会科学在中国的"落地"和应用。在新的理论和方法指导下,中国社会的诸种现象都呈现出完全不同的面相,民国社会学也因此出现了一大批优秀的研究成果。

  如何运用西方社会学的理论和方法是当时学者们面对的共同问题。谢立中以费孝通先生的研究为例,指出了三种运用西方理论和方法的不同方式。② 第一种叫作"对象转换型",就是直接运用西方理论和方法研究中国的社会现象,这以《江村经济》为代表。第二种叫作"补充—修正—创新型",其典型特征是用中国本土的社会事实对西方社会学的理论做一些修正和补充,或者在此基础上提出一些启发性的概念,这以《生育制度》为代表。费孝通先生自己曾说,《生育制度》一书是将涂尔干的"平面的人际关系"转成"垂直的""代际关系"。③ 第三种叫作"理论替代型",是指研究者"基本上放弃了来自

---

① 张静:《燕京学派因何独特?——以费孝通〈江村经济〉为例》,《社会学研究》2017年第1期,第89页。
② 谢立中:《论社会科学本土化的类型——以费孝通先生为例》,《江苏行政学院学报》2017年第1期。
③ 费孝通:《经历·见解·反思——费孝通教授答客问》,载氏著:《费孝通全集》第十二卷,内蒙古人民出版社1987年版,第433页。

西方的概念和命题，用一套完全来源于该国/地区人民社会生活实践的本土性概念、命题替代了前者，但却还是沿用了移自西方社会学的思维或研究方法（如实证科学方法、诠释学方法、辩证方法等，尤其是实证科学方法）"。① 费孝通先生的《乡土中国》就是这种方式的代表，书中提出的如"差序格局""礼俗社会""无为政治"等概念正是试图建立适合中国的概念和理论体系的努力。但是，谢立中敏锐地指出，这些本土性很强的概念是在西方社会学理论启发和对比下获得的，比如差序格局和礼俗社会的概念明显受到涂尔干"机械团结/有机团结"与"共同体—社会"理论的影响。这种"替代"实际上仍然是站在西方理论的立场，运用社会科学方法，从外向内观察中国社会时的思想成果。

20世纪七八十年代，港台地区兴起了一波"社会学本土化"的浪潮，以杨国枢、金耀基、黄光国等为代表的一批学者提倡"社会学中国化"或"本土化"，对中国社会的一些重要的本土概念，如"人情""关系""面子""耻""报"等进行了广泛的研究和分析。这波浪潮的起因，一方面是西方社会科学理论和方法对港台地区的"学术洗脑"②，另一方面也是社会科学界不断感受到来自现实的"中国人的许多行为和思考方式……还一直保留到今天……是一种了不得的韧性还是弹性，或者说，根本就是一种惰性、一种行为方式，历几千年而不变"③。我们注意到，这种"社会学中国化"的动力与民国时期完全不同。民国时期，西方理论和方法犹如启蒙的明灯，照亮了中国社会的实践，赋予社会科学的学者们以大量的灵感以及新的发现和概念。而到港台的"社会学中国化"时期，在西方理论和方法占研究的主导地位时，人们又感到这些理论和方法与中国社会的现实颇有错位，缺乏杨国枢等人所说的"本土契合性"。港台这批学者的努力正是为了

---

① 谢立中：《论社会科学本土化的类型——以费孝通先生为例》，《江苏行政学院学报》2017年第1期，第43页。
② 杨国枢主编：《中国人的心理》，中国人民大学出版社2012年版。
③ 文崇一、萧新煌主编：《中国人的观念与行为》，中国人民大学出版社2013年版，第1页。

使得西方理论和方法与中国的本土社会现实更好地"契合",所以他们在分析中国本土概念时,仍然以使用西方社会科学理论和方法为主,或者说是用西方的理论和方法去"解剖"这些中国的本土概念。这种做法虽然在短期内产生了大量的学术成果,但是这些研究既无法与西方的学术传统形成对话,也无法对本土的经验研究形成有价值的启发,所以在20世纪90年代之后便迅速式微,今天的港台社会科学界已经是欧美一统的局面了。

无论是在西方理论和方法的对照下形成的关于中国社会的新概念,还是用西方理论和方法对中国本土的概念进行分析,其立场都是西方本位的,其背后的问题意识、理论洞察、分析方法都扎根于西方学术传统之中,这导致了一些新的本土概念,如"差序格局",虽然极具洞察力,但是缺乏生发力,难以构成本土理论的基础。支撑差序格局这个概念的学术传统,是诸如"有机团结/机械团结"的社会理论。近年来一些学者试图将这个概念与中国传统的经学如丧服理论对接,正是为了使它扎根于中国社会的土壤之中。① 而一些传统的本土概念,如关系、人情、面子等,也被西方的理论和方法所"肢解",如同将一棵大树分成干、枝、叶进行分析,无视树根及其扎根的水土,使得这些本来极具生命力的本土概念要么变成西方社会学概念的"附庸",如"关系"变成交换理论或者博弈理论的"中国版本",要么变成笼统抽象的"社会资本"这种被滥用的"剩余范畴"。

自20世纪80年代社会学在中国大陆恢复重建以来,社会学研究在短短几十年内又重复了民国时期与港台地区"社会学中国化"的道路。80年代是大量译介和引进西方社会学理论和方法的时期,到了90年代,中国学者则在广泛深入的田野调查中运用这些理论和方法,取得了丰硕的成果。以应星的研究为例可以说明这样一个过程。《大河移民上访的故事》是一个堪称典范的经验研究,除了作者在重庆某

---

① 吴飞:《从丧服制度看"差序格局"——对一个经典概念的再反思》,《开放时代》2011年第1期;周飞舟:《差序格局和伦理本位:从丧服制度看中国社会结构的基本原则》,《社会》2015年第1期。

县细致深入的田野调查工作之外,其中社会学的洞察力和想象力与作者深厚的西方社会学理论的修养,比如本文开头提到的对福柯理论的深入把握极有关系。① 此后,在长期研究上访现象的基础上,应星提出了"气"这样一个既具概括性、又具有独特解释力的本土概念。② 这个概念并非来自西方社会理论的启发,而是来自对田野经验的体察和概括。在这一点上,这个概念与"乡土派"贺雪峰等人提出的"社会关联"并无本质性的差别。③ 事实上,正如应星批评乡土派的概念不能对接西方的学术传统一样,"气"这个概念也面临同样的困局。作为一个纯粹从田野经验中生发出的概念,连理论的表述都相当困难。有过相似田野经历的学者更容易感受到"气"的力量,而大部分人则只能在理念层次去理解。这个"气"与我们日常生活中所说的"气"到底有什么关系?其中潜在的、无形的连接这两种"气"的根源和力量是什么?应星随后试图从民间传统的"痕迹"如谚语和地方戏曲中去寻找"气"的实质,这无疑是一种类似于"寻根"的尝试。④ 但是这种尝试似乎并不成功,这构成了他在此后转向革命史研究的主要动力。应星的研究展示出谢立中所说的从"对象转换型"到"理论替代型"的清晰过程,只是他并没有满足和止步于提出本土概念以及用西方的理论和方法去分析本土概念,而是转入中国的历史传统中去寻找本土概念的根源和理论生长力。

学者们从"对象转换型"转向其他本土化类型的原因各不相同。应星的转向可以说是源于一种理论建构的努力,而其他有些学者的转向则直接源于经验研究中所遭遇的问题。下面我以费孝通先生的晚年转向作为典型来加以说明。

谢立中在文中指出费孝通先生在晚年有一个"理论—方法全面替

---

① 应星:《大河移民上访的故事:从"讨个说法"到"摆平理顺"》,生活·读书·新知三联书店 2001 年版。
② 应星:《"气"与中国乡村集体行动的再生产》,《开放时代》2007 年第 6 期。
③ 贺雪峰、仝志辉:《论村庄的社会关联——兼论村庄秩序的社会基础》,《中国社会科学》2002 年第 3 期。
④ 应星:《"气"与中国乡土本色的社会行动——一项基于民间谚语与传统戏曲的社会学探索》,《社会学研究》2010 年第 5 期。

代型"本土化的努力,以他晚年《试谈扩展社会学研究的传统界限》这篇长文作为代表,这也是谢立中提出的第四种"社会学本土化"的类型。① 实际上,除了这篇论文之外,费先生自提出"文化自觉"的理论之后,晚年的一系列文章都体现出一个明确的问题意识,即社会学研究应该"中国化"。这种"中国化"不同于《江村经济》《生育制度》和《乡土中国》所代表的"中国化"路径,而是应该通过"文化自觉",即对自己的文化传统有一个"自知之明","明白它的来历,形成过程,在生活各方面所起的作用,也就是它的意义和所受其他文化的影响及发展的方向"②,即通过追溯自己的文化传统,通过"认祖归宗"来中国化。费先生"文化自觉"理论的提出,与他20世纪80年代的小城镇与乡镇企业研究以及民族与边区开发研究的经历有关。在"志在富民"的"行行重行行"过程中,费先生发现,一些不发达地区与发达地区相比,在政策、制度、法律和体制方面并没有什么重要的差别,最大的差别在于"这里的人民日常的、细微的人际关系、交往方式、交往心态以及与之有关的风俗习惯和价值观念",这些"外人看不出、说不清""只能意会、不能言传"的部分,"实际上常常是构成社会经济发展差异的真正原因"。③ 这些"真正原因"构成了社会学研究中国社会的巨大挑战。费先生通过不断的反思发现,自己过去所用的理论和方法很难触及这些"真正原因",他说自己犯了"只见社会不见人"的错误,只重视"生态"不重视"心态"的错误,从而转向对社会学方法论的反思。这些反思最终转化成"文化自觉"的思想,指出"社会学中国化",通过"各美其美"以达到"美人之美""美美与共",能够使中国应对新世纪文明交融和冲突的挑战。④

---

① 谢立中:《论社会科学本土化的类型——以费孝通先生为例》,《江苏行政学院学报》2017年第1期。
② 费孝通:《开创学术新风气》,载《费孝通全集》第十六卷,内蒙古人民出版社1997年版,第1页。
③ 费孝通:《试谈扩展社会学研究的传统界限》,载《费孝通全集》第十七卷,内蒙古人民出版社2003年版,第438页。
④ 周飞舟:《从"志在富民"到"文化自觉":费孝通先生晚年的思想转向》,《社会》2017年第4期。

继费孝通先生之后，郑杭生先生大力提倡"理论自觉"，并将其作为"社会学中国化"的关键。"社会学的'理论自觉'，则是'文化自觉'在社会学这一门学科中的特殊表现"，"所谓中国社会学的'理论自觉'，是指从事社会学教学研究的人对其所教学和研究的社会学理论有'自知之明'，即要明白它们的来历、形成过程、所具有的特色和它的发展趋向，分清楚哪些是我们创造的，哪些是汲取西方的"。①郑杭生是将理论自觉放在"文化自觉"的背景下展开讨论的，他从社会学从欧洲开始、传播到北美、继而扩散到全世界的历史入手，提出了"社会学世界格局"的看法，认为中国社会学和西方社会学长期处在一种"边陲—中心"关系之中，因此中国社会学者容易形成一种根深蒂固的"边陲思维"，所以他提倡社会学中国化的第一步就是要破除"边陲思维"。②

从上述的简要回顾中我们可以清楚地看出，社会学中国化实际上可以分为两个阶段："接轨"阶段和"自觉"阶段。第一个阶段就是西方社会学理论和方法在中国传播和运用的阶段，这也是吴文藻等人最早提出的"社会学中国化"的含义。这个阶段的主要特征就是如何更好地学习西方理论和方法，并在经验研究中得以运用，所以这个阶段既可以叫作"社会学中国化"，也可以叫作"中国研究国际化"，与国际"接轨"。事实上，社会学进入中国虽然已历百年，但这个阶段远没有结束，在许多学者眼中，这个阶段甚至还没有真正地开始，因为中国社会学界对西方的社会学理论和方法并没有真正深入的了解和掌握，社会学还有待西方真正的"启蒙"。但是这个阶段也产生了一些问题，促使中国的社会学家开始对理论和方法进行一系列的反思。

这其中最为主要的问题，就是在使用西方的社会学理论与方法研究许多经验现实时，会导致社会学的研究脱离现实，而忽略了真正重

---

① 郑杭生：《促进中国社会学的"理论自觉"——我们需要什么样的中国社会学？》，《江苏社会科学》2009年第5期。
② 郑杭生：《社会学本土化及其在中国的表现》，《广西民族学院学报（哲学社会科学版）》2004年第1期；郑杭生：《破除"边陲思维"》，《北京日报》2013年9月2日。

要的问题。西方社会学的理论和方法在欧美形成，其问题意识、理论假设、社会现实背景乃至于研究条件无不带有西方思想和社会的特征。欧洲社会学理论与西方文化传统中的基本观念有密切的关系，美国社会学理论在总体上带有其实用主义哲学的特征，而美国社会学的实证方法带有很强的个体主义和科学主义色彩。如果我们对这些特征不加以反思，而把它们当作普适的理论和方法加以应用，虽然有可能在短期内产生大量的新成果，但是这些成果很多不过是西方理论和方法的"中国版"副产品而已。而且，这些"中国版"的"副产品"往往被视为农业社会、传统社会的遗迹或残留物，虽然有助于我们加深对中国社会的理解，但是却会使得我们在研究中形成一系列的价值判断，这些判断又会导致我们对经验现实做出曲解。例如，大量的社会学研究发现，在企业组织中人际关系的力量非常强大，与西方社会有显著的不同，在西方理论的对比下显示出中国社会结构的特色。但是当我们进一步研究就会发现，这些人际关系在企业高层表现为家族企业的行为特征，在中层表现为拉帮结派，在底层表现为各种地缘群体或者圈子，并且上下层之间充满了私人性的庇护关系，我们会不自觉地在西方理论指导下对此做出潜在的价值判断，会将这种结构特征简单地看作"落后"的。有很多人认为，这种结构之所以在中国很普遍、力量很强大，是因为中国社会还没有发展到西方社会的程度。虽然许多社会学家遵循着"价值中立"的原则，不把这种判断写进文章里，但是不等于这些判断不影响我们的态度，使得我们在研究这些现象时，不能够客观地、细致而深入地理解研究对象的想法，用费孝通先生的话来说，就是不能够"意会"研究对象的意思。这样一来，我们的研究即使能够客观描述出企业组织中的社会结构，也会想当然地认为可以依靠制度建设来改变这种企业内部的特征，甚至可以"坐等"这些特征随着社会的发展和进步逐渐淡化和消失，这就是费先生所说的"只见社会不见人"的错误。

所以，社会学中国化的第二阶段，可以说是一个"自觉"的阶段。这个阶段对中国社会学来说才刚刚开始。无论是从经验研究的问题出发，还是从理论反思出发，一些社会学者越来越意识到，运用西方社会学的理论与方法面对中国现实问题时会遇到一个"瓶颈",这个瓶颈导致我们难以深入到问题的核心层面。而要突破这个瓶颈,需要文化自觉和理论自觉。

三、社会研究与文化自觉

费孝通先生晚年在讨论文化自觉时,大多是在用人类学的概念讨论文化问题,诸如生态/心态,利害关系/道义关系。用社会学的概念来理解,费先生强调的是社会学理论中行动—结构二元对立问题中的一个维度,即行动与结构中的价值和意义问题。费先生认为,离开价值和意义问题,无论对于人的行动还是对于社会结构都无法构成深入的理解,当然也谈不上真正的解释。费先生说:

> 从社会学角度研究人的精神世界,要避免一种简单"还原论"的倾向,那就是试图把所有精神层次的现象和问题,都简单地用"非精神"的经济、政治、文化、心理等各种机制来解释。还原论式的解释方式,看似一种圆满的"解释",实际上这种"解释"恰恰忽视了精神世界自身的特点,忽视了"精神世界"——把人和其他生物区别开来的特殊存在物的不可替代性。社会学对于精神世界的理解,应该是把它和社会运动机制联系起来,但不是简单的替代,不是简单地用一般社会层次的因素去解释精神层次的活动。①

事实上,从经典的社会学理论家韦伯、涂尔干到当代的社会学理论,价值和意义问题都是极为重要的一个方面,但是这并不一定能体现在社会学的经验研究中。"价值中立"并非"无视价值"。在经验研究中,许多研究者声明的"价值中立"并非自己作为研究的"价值中立",而是无视或者有意地"删除"了研究对象的行动价值和意义,只在"机械"的层面描述这些行动。例如在研究农民工流动时,除了描述流动规模、流动特征外,只是利用统计手段以农民工的个人和经

---

① 费孝通:《试谈扩展社会学研究的传统界限》,载氏著:《费孝通全集》第十七卷,内蒙古人民出版社2003年版,第438页。

济特征如年龄、性别、家庭规模、收入等"解释"这些流动特征。这种解释对于我们认识这种社会现象来说不无意义，但是这不是完全的、深入的解释。支撑这些解释的，是从后门"偷偷"溜进来的研究者本人对行动者（农民工）的行动价值和意义的理解，实际上构成了对行动的深层意义上的解释：农民工之所以如此这般流动，是为了追求更高的收入，也就是说行动受到利益的驱动和支配。这背后是一种个体主义的、精打细算的理性行动者在社会学研究中千篇一律的形象。这种基于理性假设、尤其是工具理性假设而描绘的行动者形象，只是社会学研究的"开始"而非完成。在韦伯看来，在理解和解释复杂的社会行动时，基于理性建立分析框架的目的是理解那些"偏离"理性的行动：

> 此种情况下所建构出的严格的目的理性式的行动，对社会学来说，基于它明确的可理解性和它的清晰度，可以作为"类型"（理念型），以便将受到各种非理性因素（如情感、错误）影响到的行动，当作与纯粹理性行动的"偏离"现象来理解。①

韦伯随后清楚地表示，这种基于目的理性的假设展开的分析，绝不意味着在现实中目的理性的行动是最为主要的行动方式，也不意味着在现实中行动是最大限度地由理性所决定的。而且与工具理性的行动相比，对于价值理性行动，我们对行动者所秉持的目标或价值的理解必然是有所偏离的，偏离的程度视我们对这些目标或价值的理解程度而定。一个宗教狂热分子的行动要求我们通过了解其宗教价值而接近对其行动的理解。虽然韦伯并没有明确地表述，但是他似乎认为存在一个理解价值理性行动的连续谱：我们离行动者的目标或价值越"近"，就越容易进行"拟情式"的体验性理解；离行动者的目标或价值越"远"，就只能进行尽可能的"知性"（理性）的理解。

在韦伯的四种行动类型中，工具理性行动可以更多地使用以理性为主的分析框架来理解；而情感和传统类型的行动则需要更多使用非

---

① ［德］马克斯·韦伯：《韦伯作品集：社会学的基本概念》，顾忠华译，广西师范大学出版社2005年版，第7页。

理性的"拟情式"的体验理解,价值理性行动则介于这两种理解方式之间——用何种方式实际上取决于研究者和研究对象的"关系"。这种关系,就是费孝通先生晚年反思的社会学方法论的核心问题之一:一个人类学家研究自己而非他人的社会时,是否会由于个人偏见而影响研究的科学性?他反思这个问题,不仅仅是出于有人对他《江村经济》这种"家乡人类学"研究的质疑,更是由于他在小城镇和乡镇企业研究中遇到的问题:所谓"只见社会不见人",就是自己费了不少笔墨来描述社会结构,却没有正视社会结构中的人的喜怒哀乐,他的研究"只画了乐谱,没有听到琴音;只看了剧本,没有看到台上演员的精彩表演"[①]。究其原因,自己是"以局外人的立场去观察一个处在另一种生活中的对象"[②]。而要真的能够理解行动者的所思所想,能够接近那些"只能意会、难以言传"的态度和感情,能够理解那种"不言而喻"的默契关系,能够"设身处地"地站在行动者的立场,就要进入行动者的"精神世界",或者说观念和意义世界。

一个人的精神世界,或者说观念和意义世界,大致可以分为三个层次,即欲望的、情感的与思想的。欲望以及与此相联系的利益与权力,构成了我们理解行动的基本分析框架。在这个层次上,不同国家、不同文明的行动者的行动有颇多相通之处,也是观念世界中与费先生所说的"生态"或者"利害关系"的物质世界关系最为密切的部分。西方社会学理论与此相关的部分对中国社会学研究的启发最大,而且权力理论的发展也与社会学的经验研究互相促进。这也是本文开头部分提及的应星在与"乡土派"的争论中,盛赞福柯权力力量对中国抗争政治研究的巨大作用的深层原因。在这个"生态"层次上,西方社会学理论和方法指导下对中国社会的经典研究,如魏昂德的工厂政治研究、周雪光的组织研究、边燕杰的关系研究等都是极为深入细致的研究。但是在情感和思想的层次,就是费先生所说的"心态"或

---

① 费孝通:《小城镇研究十年反思》,载氏著:《费孝通全集》第十五卷,内蒙古人民出版社1995年版,第34页。
② 费孝通:《个人·群体·社会——一生学术历程的自我思考》,载氏著:《费孝通全集》第十四卷,内蒙古人民出版社1993年版,第233页。

"道义关系"的层次，西方社会学理论的启发和指导力量就明显减弱，中国的行动者对西方理论的分析框架的"偏离"变得很大，或者说西方理论所包含的思想和价值与中国的行动者在行动时所朝向的目标有所偏离，不能很好地契合。要弥补这种"偏离"，实现理论与经验的契合，只靠用西方理论和方法去分析和解剖那些包含思想和价值的本土概念恐怕是远远不够的，社会学要真正地中国化，需要通过文化自觉，回到中国文明的传统中汲取营养，实现理论和方法的创新。

要理解中国人的行动意义和精神世界，就不能简单地站在"局外人"的立场，而是要回到中国文明的传统中来。当然，经过了一百多年的西化，中国人的精神世界与传统中国有着很大的不同。吴文藻先生在翻译马林诺斯基的《论文化表格》一文时，强调一种文化是由三部分组成的，如果挪用到当前的中国社会，则我们可以说，当前中国人的行动意义受到三种力量的影响，一种是中国传统的，一种是西方的，第三种则是一百多年来中西混合所形成的新传统。[①] 一般的行动者因其际遇不同而受到这三种力量不同程度的影响，其本人常常懵然不自知。但是作为研究者要理解其行动背后的观念和意义，则不能不对此加以重视。当前的社会学研究者所受的基本训练都是西方社会学的理论和方法，对于第二种力量最为熟悉，对于中西混合的新传统则不太熟悉。这种传统中相当大的一部分与当前的意识形态有关，比如"社会主义核心价值观"就是典型的混合传统的表现。相对而言，最不熟悉的是中国文明自身的古老传统，在这一点上，大部分社会学研究者和中国社会中的普通行动者没有什么大的差别，都是所谓"日用而不知、习焉而不察"。按照吴文藻先生的观点，如果一个社会中的传统分为物质的、社会制度的和文化价值的三部分的话，其中物质的部分变化最为迅速，而社会制度的部分变化居次，变化最慢、对人的行动之潜移默化的影响最大的是文化价值的部分。据此而言，我们如果要实现对中国社会的深入研究和了解，必须首先认清这种文化传统在中国人行动中的表现，要能够像化学实验一样将行动中所蕴含的不

---

① 吴文藻：《论文化表格》，载氏著：《论社会学中国化》，商务印书馆2010年版。

同意义、不同意义所源自的不同传统分解出来。这才是真正深入的社会学中国化。而要做到这一点，首要的任务就是对中国文明中那些"活着"的传统有清醒、深入的认识。

四、行动伦理的历史渊源

中国当代的社会学研究中，一个极为重要的议题是围绕"关系"这个本土概念展开的。在人际网络的研究中，学者可以大量使用美国社会学的技术手段来讨论中国人际关系网络的特点，这形成了不少可以直接与西方学者对话的研究成果。但是在这些研究中，"关系"这个概念与西方社会学中的"社交网络"（social network）没有本质的差别，学者们在测量中国的关系强度时，只是需要根据中国社会关系的特点对测量手段和分析方式进行一些修正和补充，而这也是很多社会学者心目中的"中国化"或者"本土化"过程。除此之外，也有大量研究真正涉及了极具中国特点的"关系"概念。学者们发现，中国社会中"关系"之发达程度及其对于社会运行起作用的程度远超过西方社会中的"社交网络"（social network）或者"人际关系"（personal relationship）。从乡村治理到城市社区，从农民工流动到上访与抗争，在社会学经验研究的大部分领域都会发现"关系"所起的核心作用。中国的社会学者大都反对将"国家与社会"范式直接应用于中国社会的分析，其主要的原因是在中国难以找到西方意义上的以市民社会和公共领域组成的"社会"。但是这并不等于中国不存在一个与"国家"不同的政治和社会领域，只是这个领域是由被"关系"所连接起来的行动者组成的。这样的"关系社会"并非一个与国家对立的领域，而是一个无处不在、也可以在政府组织和政府行为中见到的"社会"。与"国家与社会"的紧张关系不同，这样一个以关系形态为主的日常生活构成了中国社会基本的民情和行为方式，成为国家和正式制度的社会基础。我们甚至可以说，"关系"的研究就是中国的"市民社会"研究，对"关系"本身的深入分析和讨论是深入中国社会本质特征的关键之所在。

以群体性事件研究为例，从应星较早的研究开始，在逐步细致和专业化的研究过程中，学者们发现，各种社会关系既是集体行动的重要动员力量，也是政府用于消解群体性事件的关键所在。在大量的经验发现基础上，有学者提出了"关系控制"的概念，用以概括这种国家与民众互动的独特方式。所谓"关系控制"，是说当发生抗争事件时，"地方政府会动员与抗争者相关的体制内成员或其他较依赖国家的个体，要求他们参与事件的处理。这些参与者可能是抗争积极分子或潜在抗争者的亲属、朋友或老乡等，他们被要求通过开展思想工作以转化抗争者，使其停止行动或不加入抗争。"① 这种通过"找关系"去"做工作"的方式也被广泛地应用于征地拆迁、拦截上访、社区治理以及各种日常生活实践中，并发挥着令人吃惊的效果。社会学对此的解释几乎都依赖于费孝通先生提出的"差序格局"概念。在经验研究中，差序格局通常被理解为"亲疏远近"的关系结构的概念。在邓燕华提出的分析框架中，差序格局被理解为"强弱"关系的格局，政府动员的"说客"与控制对象关系越强，控制就越有效。

至于差序格局为何能起到这样的作用，肖瑛的解释代表了学界典型的理解：

> 在制度与生活的互动中，"差序格局"扮演的角色是模糊私人关系与公共利益、正式制度与习惯法的界限，并工具性地建立各种情感和道德的共同体，以实现私人或者制度的目的……总之，"差序格局"在制度实践中的作用就是以特殊主义的生活逻辑替代普遍主义的制度逻辑，即使其在特定情境中实现了正式制度的目的，但其实质还是造成了正式制度的差别性实践，消解了正式制度自我期许的普遍主义的价值基础和合法性。因此，以"差序格局"为线索洞察制度与生活的互动逻辑，或者在制度与生活的互动进程中厘清"差序格局"的存续、演变甚至消弭，是把握中国社会变迁的重要环节。②

---

① 邓燕华：《中国基层政府的关系控制实践》，《学海》2016年第5期。
② 肖瑛：《从"国家与社会"到"制度与生活"：中国社会变迁研究的视角转换》，《中国社会科学》2014年第9期。

这实际上承续了费孝通先生在《乡土中国》中提出这个概念时的基本理解，就是比照西方"团体格局"下所看到的差序格局的特殊主义的、"私"的浓重色彩，差序格局变成了公共利益私人化、正式事务关系化的"利器"，被工具性地使用。但这也是典型的站在西方个体本位立场上的理解。团体格局与差序格局是两个结构概念，它们背后分别对应着不同的结构原则，而且这两种原则本来在各自的文明传统中成立，互不相干，需要分别加以理解。团体格局的结构原则是"普遍主义""平等的""公"的，并不意味着差序格局的结构原则就是"特殊主义""差别的""私"的，就比如我们认为一个以"博爱"为行为准则的人是高尚的，这并不等于另外一个不以"博爱"为行为准则的人就是不高尚的。我们也需要站在另外一个人的立场上看看他的行为准则、他的高尚之处在哪里。实际上，只有将差序格局放到团体结构的原则上进行对比，而且先认同了团体格局的原则，才会得出这样的结论。近代以来对中国社会"私"字当头的认识，就是在与西方社会结构原则的对比下得出的。但如果只就中国传统文明本身的原则来看，差序格局恰恰是一个以"公"为基本原则的结构。要理解这一点，需要站在中国本位的立场，从中国传统社会的本体论层面来认识。

与西方个体本位或者说个体—社会二元对立的结构相比，中国社会可以说是家庭本位的。中国传统意义上的"家"的概念伸缩性极大，既可以指父子、母子，也可以指家族、宗族，还可以将各种社会关系通过"伦理化"的方式看作"家庭成员"，所谓"四海兄弟"；最大还可以扩展至国家天下，所谓"天下一家"。所谓家庭本位，是说一个人的责任、道德义务乃至生命价值都与他和家庭的关系有关。判断一个人是否可靠、是否好人，最基本的标准并不是看他是否遵守一些个体性或普遍性的道德原则，也不是看他为国家人民做出多大的贡献，而是首先要看他对父母、儿女是不是够好，是不是尽到了为人子女、为人父母的本分。用儒家思想的话来说，首先要看这个人是否"孝"和"悌"。由于"家"是一个以家庭为核心、可以向外延伸和扩展的结构，所以家庭本位在另外一个意义上说又可以不限于家庭，而是将家庭中的道德义务和生命价值向外扩散，在扩散的过程中，这些"本位"的道德和价值实不限于家庭,而影响到整个社会,所以梁漱溟先生称之为"伦理本位"①,但其始终是"家庭伦理"而非"社会伦理"。

差序格局的结构原则就是建立在占核心地位的家庭伦理基础上的。② 这个结构的框架由"伦"构成,其原则由"理"构成,结构与原则结合称为"伦理"。③ 有"伦"而无"理",则此结构内的人只有行动而无价值指引;有"理"而无"伦",则价值难以通过结构指引行动。我们在这样的结构和原则之下讨论人的行动,就不至于将行动、结构与原则割裂开来,把行动作为纯粹工具理性的行动进行分析。如前面所述,在当代的社会学研究中,行动和结构分析经常在脱离行动意义和价值的框架内展开,或者是用单纯的利益—结构分析作为对行动的解释,或者简单地使用一些价值观念来作为对行动的理解,而不分析这些观念来自哪里、其根源若何。本文尝试使用"行动伦理"这样一个分析性概念,是为了将行动的分析放到结构与原则的框架中进行讨论,即将"行动—结构—原则"整合在一起,用行动伦理("行动—伦—理")的名词则是为了引发对中国自身传统的重视,"伦"指的是中国社会的差序结构,"理"则是指结构背后的理念和精神。当代社会研究的主要问题在于看到了"伦"而忽视了"理",或者用西方的结构原则简单地代替"理",这是导致经验和理论研究难以深入的主要原因。

在儒家思想传统中,"伦"有五类,即父子、君臣、夫妇、兄弟、朋友,"理"即"父子有亲、君臣有义、夫妇有别、长幼有序、朋友有信",这些理又被叫作"常",有五伦、有五常,合为"伦常"。"五常"标准的表述是"仁、义、礼、智、信",其中"仁"和"义"又是最为基本的德性。从社会学的观念看来,"仁"和"义"作为最为

---

① 梁漱溟:《中国文化要义》,上海人民出版社2005年版。
② 周飞舟:《差序格局和伦理本位:从丧服制度看中国社会结构的基本原则》,《社会》2015年第1期。
③ 潘光旦先生就认为中国的社会学其实可以译为"伦学"或"伦理学"。按照"伦"字本来的意思,"伦理学"更为"清切"(确切)一些,只不过从事道德学研究的人"捷足先登"把ethics译成了"伦理学"。参见潘光旦:《说"伦"字》,载氏著:《儒家的社会思想》,北京大学出版社2010年版。

基本的行动伦理，有以下几点需要注意。

首先，行动伦理以家庭为本，以"孝悌"为基本的内容。孟子说："亲亲，仁也；敬长，义也。"又说："仁之实，事亲是也；义之实，从兄是也。"仁生于"父子有亲"之"亲"，即父母与子女的恩情。仁作为儒家传统中最重要、最基本的德性，其最为核心和基本的部分就是"父慈子孝"中的"慈"和"孝"。对于这个核心部分，儒家思想用"孝""悌"作为专门的概念来进行强调。《论语》中说"孝悌也者，其为仁之本与"，是说仁的实践或者开端要从孝做起。义，是在恩情基础上生发的尊敬，在家庭中首先表现为尊敬兄长，也就是"悌"。按照朱子的理解，孟子所说的"仁之实""义之实"的"实"犹如"种子"，这些种子"推广开去"，所形成的"爱人利物""忠君弟长"，都是从孝悌开始的，都是仁义的"华采"。在一个差序格局的社会里，人与人之间在发生互动时，每个人在观察和考量对方是否值得信任时，并不是以社会的责任和义务为标准的，也不是完全以对方对自己的态度为标准的，而是以对方在他自己的差序格局中的行动伦理为标准的。作为中国人，我们会觉得一个孝顺父母、对自己的亲人和朋友够好的人更加可靠，就是这个道理。在这种分析视角下，在"关系拆迁"的案例中，弟弟给姐姐发短信"亲情比钱重要些"，这句话的含义就不止单纯的利益博弈那么简单，而是在提示这个行动背后的伦理意涵。尽管像大多数类似的案例一样，这样的行动伦理实际上"帮助"了政府顺利完成维稳或拆迁，但是差序格局背后的以"亲亲"为主的理念也得到了强化，而这些理念不但是一个人在差序格局中的立身之本，也是整个中国社会的道德基础之所在。

其次，行动伦理以"感通"的方式连接了人与人之间的互动与理解。儒家传统认为，"仁"与"义"都是人在与其他具体的人[①]接触时

[①] 强调"具体"是因为"仁"生发于能够耳闻目睹、亲身感受的具体情境，而非抽象的"爱"的理念的结果。朱子《四书章句集注》在注解《孟子》"见牛未见羊"章时强调："盖人之于禽兽，同生而异类，故用之以礼，而不忍之心施于见闻之所及。其所以必远庖厨者，亦以预养是心，而广为仁之术也。"（[宋]朱熹：《孟子集注》卷1，《四书章句集注》，中华书局1983年版，第208页）

所自然生发的爱敬之情。郑玄强调"相人偶"之"仁",宋儒以"觉"言"仁",以"麻木"为"不仁",都是在强调主体生命在具体情境中的感通能力。以情絜情、将心比心是"仁之方(方法)"的"恕",是一种"拟情式"的、"投入理解"式地了解他人的处境和思想的基本方式。而这种感通能力只有在家庭成员之间、亲人朋友之间才会最自然、最充沛地发挥。一个人与自己越亲密,关系越密切,这种理解方式就越重要。既然这构成了人与人之间互动的基本方式,当然也应该是构成社会学对人的行动理解的基本方式。如果韦伯认为这种理解方式对于传统、情感以及价值理性的行动非常重要,是对于知性理解方式的补充,那么在儒家传统中,这两种理解方式的有效性还与一个"差序格局"有关:家庭成员之间最需要"拟情式"的沟通,越往外推,则越需要知性的理解。在儒家的思想传统里,我们可以说,越往外推,越需要借助于"义""礼""智"来达到沟通和理解。在这种分析视角下,对于亲人、好友这类的关系,我们应该更加强调其行动伦理的一面,即观察和分析双方沟通乃至于"感通"的过程,其中的一些重要问题,如感通的主体、感通的条件、感通与说理的关系等都会成为研究中国社会的重要议题。

再次,行动伦理是以"外推"为基本方向的,是"公"而非"私"的。仁与义从本质上讲都是指向他人、理解他人的,就是孔子所谓"仁者人也"的意思①,只是这种"指向"是有差等的,是发生在差序格局中的。我们经常会忽视这种"差等"的重要性,而没有认识到这种等级性的"人伦"结构是"仁"与"义"这种伦理能够落到行动上的必由之路。抹杀了差等和伦次,家庭的亲密关系的重要性就得不到凸显,强调"自然"的、"拟情"的仁义便失去了实践的基础。在儒家传统里,普通人最高的伦理责任就是"孝悌",一个人若不顾家人,便不能期望他会将外人放在心上,不能期望他会对外人有真正的"同情"。所以强调孝悌,正是为了"仁民爱物",就比如一池湍水,必然要有地势的高低差等才能流动出去以滋润灌溉外物。由"仁

---

① 陈来:《"仁者人也"新解》,《道德与文明》2017年第1期。

义"生发的爱敬之情，其外流的动力既不是来自超验的神秘力量，也不是来自公共的理念，而是来自这种天然差等的"彝伦"所构成的"势能"。强调孝悌，如同蓄水。水性就下，蓄积越多，外流之势越大。所以儒家所谓"推己及人"，贵在"为人有己"，能够践行家庭伦理，此所谓"家庭本位"或"伦理本位"。

由此言之，在差序格局的社会里，一个人的生命价值首先是维持好家庭，然后推己及人，这就是"仁"的最高要求。至于能够外推到何处，则取决于一个人的能力、地位和运势，并非"仁"的标准。若论公私的话，"仁"便是最大的"公"，不仁便是"私"。所以程子说，"仁者，公也""公则物我兼照，故仁者所以能恕，所以能爱"。在中国文明的传统里，判断一个人是否"自私"，最为重要的、也是首要的标准是是否能以拟情的态度对待家人，对待差序格局中内层的人。或者换一个角度说，只要心中有父母，只要"孝"，就是"公"，而不一定要普惠外人才是"公"。反之，心中没有人伦，只有自己和抽象的"他人"概念的人，即使毫无"情欲之私"，也只是"私"，是"成就他一颗私己的心"。①

站在中国传统思想的视角看待当代中国社会中的"关系"，就需要对关系中的个人进行针对行动伦理的分析。简单地将"关系"视为工具性的结构或者"社会资本"，实际上是以"利益—权力"的技术分析替代了真正的社会研究。人们在利益—权力之网络中行动，行动的目的是追求权力和利益的最大化，这种目的又反过来解释了行动，这种社会分析除了目的假设之外，只剩下人们"怎样""通过何种复杂的手段""在何种复杂的结构中"行动的技术展示，这不正是韦伯

---

① 孔子在与子贡的对话中明确表明，"博施济众"明显超出了"仁"的要求，不是判断一个人是否"仁"的标准。"夫仁者，己欲立而立人，己欲达而达人"，心中有别人即可。王阳明在《传习录》中有"精金喻"，意谓仁好比金子的纯度，心中有别人即是精金。至于爱多少人、救多少人，则属于金子的"分量"。《传习录（上）》云："问：'延平云："当理而无私心。""当理"与"无私心"如何分别？'先生曰：'心即理也，"无私心"即是"当理"，未"当理"便是"私心"。若析心与理言之，恐亦未善。'又问：'释氏于世间一切情欲之私都不染着，似无私心。但外弃人伦，却是未当理。'曰：'亦只是一统事，都只是成就他一个私己的心。'"由此可见，公与私之别实为天理人欲之别。

所说的理性化的"铁笼"吗？只是在中国这样的社会，有些社会研究者比社会本身更早地进入了"铁笼"，因为中国社会还远远没有变成一个"理性化"的社会。在今天的中国社会，如果"关系"背后没有行动伦理起作用，它早就沦为利益—权力结构的一个组成部分，也不会成为各种力量深入到社会基层发挥作用的渠道。

行动伦理作为切入中国传统思想的一个维度，是在强调社会研究中行动的意义及其与中国传统的关系，并非意味着中国人的社会行动一定是有德性的。一个强调"孝"的文化并不一定能在现实中造就更多的"孝子"，而是将"孝"变成一个人认识他人和认识现实的主观条件，并以这种方式塑造着历史。在以"孝"为理想的社会里，一个不孝的人也会很在乎别人是不是"孝"，而不会将其视为别人的、与己无关的"私人道德"。一个不顾亲情的人与自己的友谊必然不是纯粹的、是值得怀疑的，"及人"必须要从"推己"开始，这就是一个差序格局社会的基本气质。

钱穆先生在《中国学术通义》中有云：

> 人之有群，亦犹有其身。惟身属物质人生，群属人文人生，然在两者间亦有可通。群亦有生气，有生机，一如其身。其身果生气流转，生机活泼，其身亦健而无病。其群亦然。其群果生气流转，生机活泼，其群亦健而无病。中国人于所谓天人之际，古今之变，亦皆好言气。自然界之与人文界，过去世之与现在世，其间亦皆相通，中国人即指其相通处曰"气"……中国人因言气，乃言"道"。道者即指由此至彼，由彼至此之相通道路。于是而有大道，有小道。其气由此至彼，由彼得之，斯曰"德"。德亦有大德、小德。所通所得，各有大小。就全体言，则有一潜移默运之主宰。或曰"上帝"，或曰"天"。在人身言，此一主宰曰"心"。此不指心脏，亦不指头脑。心脏、头脑，仍各是一体，而非全体。仍可解剖，仍可由专家分别求之。而此潜移默运以主宰乎此一身之心，则一经解剖便无所见。亦非专家分别所能知。必通乎其人之一身，与其自幼至老之一生，会通而观，乃始见有

其存在。亦可谓心即是其身生命之主宰。群亦然，亦当有一潜移默运之主宰之存在。此主宰，既不是政治上一最高元首，更不是社会上几许强有力的巨富豪门。凡属一切人世间权位、财利、名势之所在，皆不足以主宰此一群。中国人则名此主宰曰"道"。道之所在，斯即主宰之所在。[①]

中国社会的"道"乃是中国传统在漫长的历史中融汇而成的，今天仍然处在这样的历史进程之中。当代中国社会学的研究，只有将自己与此"道"相接，才能与中国社会的"气"相贯通，实现真正的社会学中国化。

[①] 钱穆：《中国学术通义》，载氏著：《钱宾四先生全集》第25册，联经出版事业公司1998年版，第221页。

"化性"如何可能？
——荀子的性恶论与道德动机

林宏星

(复旦大学哲学学院)

一、前　言

假如有人问，荀子伦理学的最大问题，同时也是最有趣的问题是什么，一个可能的答案或许是这样的：一个本性上倾向于自利的人，如何会生发出道德上利他的动机？

事实的确如此。

阅读《荀子》一书，给人最深的印象莫过于，一方面，荀子信誓旦旦地宣称"涂之人可以为禹"；另一方面，又认为人之性"生而有好利"，人之情"甚不美"，"妻子具而孝衰于亲，嗜欲得而信衰于友，爵禄盈而忠衰于君"。① 如果联系到《荣辱》篇所谓"人之生，固小人，无师无法，则唯利之见耳"② 的说法，荀子似乎认为，人之生一开始便是一个天性上没有任何内在道德倾向的唯利之徒。若果如此，我们又如何期待这样的人会产生愉悦于道德的情感？或者，我们有何坚实的理由可以让这样一个唯利之见的人化性成德，接受道德义务？类似的问题涉及荀子的性情理论与道德动机的关系，在荀子思想研究中关系颇大。

理论上，任何一道德行为之实行必有其动机。所谓动机，按康德的说法，指的是"欲求底主观根据"③，而道德动机通常包含道德情感

---

① 《荀子·性恶》，载王先谦：《荀子集解》卷17，中华书局1988年版，第442—444页。
② 《荀子·荣辱》，《荀子集解》卷2，第64页。
③ [德]康德：《道德底形上学之基础》，李明辉译，联经出版事业公司2005年版，第51页。

或道德欲求。① 道德情感和道德欲求不同于一般的自然情感和自然欲求，一般的自然情感和欲求虽然并非一定不能"充作"道德行动的动机或动力，但它却是偶然的，并无必然性，无法自我作主。道德情感和欲求乃出于对道德法则的喜好，如孟子所言"理义之悦我心，犹刍豢之悦我口"②。若将道德情感和欲求排除在道德主体之外（如后期康德那样），那么，道德主体将"欠缺将道德法则的意识转化为具体行为的动力"③。

审如是，荀子思想中的道德动机问题，究其实质乃涉及一个性恶之人的道德转化如何可能的问题。尽管荀子明确主张人皆可以为尧禹，但其间所包含的道德情感和欲求问题或道德行动的动机问题却并非是一个自明的问题，倘若此一问题不能得到恰当的解释，那么，荀子处心积虑所建构的道德哲学的意义将会变得十分苍白与惨淡。所幸的是，此一问题已愈来愈引起学者的重视，本文以下所作即试图挂一漏万地介绍国外学者的相关论说，并在可能的范围内给出评论。

二、荀子的性、情、欲诸概念

如前所言，狭义的动机问题涉及行为主体的欲求，而在荀子那里，欲求问题紧紧地与其性、情、欲等诸概念联系在一起。按照荀子自己的说法，"性者，天之就也；情者，性之质也；欲者，情之应也"④。其意是说，性是成于先天的自然本能，情是性的本质，而欲是情的反应。荀子把欲归于人的情性，故云"夫好利而欲得者，此人之情性也"⑤；而欲应"好"的情而生，"好"是情的一种表现，故欲与情可视作同义；欲既是情的一种，而情即是性，故欲即是性之所具，

---

① 道德动机从内容和结构上看，可以有广义和狭义两种不同的划分，广义的道德动机包括人的知、情、意、欲等不同的心理状态，而狭义的道德动机则主要指的是人的情、欲。本文从道德转化的角度言道德动机，侧重于广义一面。
② 《孟子·告子上》，朱熹：《四书章句集注》，中华书局1983年版，第330页。
③ 李明辉：《四端与七情：关于道德情感的比较哲学探讨》，台大出版中心2005年版，第367页。
④ 《荀子·正名》，《荀子集解》卷16，第428页。
⑤ 《荀子·性恶》，《荀子集解》卷17，第438页。

故云"欲不可去,性之具也"。① 对于这三者的关系,徐复观先生曾有一个简洁的说明,其云:"荀子虽然在概念上把性、情、欲三者加以界定,但在事实上,性、情、欲,是一个东西的三个名称。而荀子性论的特色,正在于以欲为性。"② 据学者统计,《荀子》一书言"性"达九十八次,综合荀子的相关说法,荀子言性大体可分为形式的界定与内容的界定两种。③ 前者从形式方面界定性,如荀子云:"生之所以然者谓之性。性之和所生,精合感应,不事而自然者谓之性。"④ "凡性者,天之就也,不可学、不可事……不可学、不可事而在人者,谓之性。"⑤ 后者则是从内容方面界定性的说法,我们又可以具体分为几个方面。其一是以人的官能说性,如荀子云:"今人之性,目可以见,耳可以听;夫可以见之明不离目,可以听之聪不离耳,目明而耳聪,不可学明矣。"⑥ "目辨白黑美恶,耳辨声音清浊,口辨酸咸甘苦,鼻辨芬芳腥臊,骨体肤理辨寒暑疾养,是又人之所常生而有也,是无待而然者也,是禹桀之所同也。"⑦ 其二是以人的生理本能说性,如荀子云:"今人之性,饥而欲饱,寒而欲暖,劳而欲休,此人之情性也。"⑧ 其三是从人的心理欲求说性,如荀子云:"若夫目好色,耳好听,口好味,心好利,骨体肤理好愉佚,是皆生于人之情性者也;感而自然,不待事而后生之者也。"⑨《荀子》一书由上述三个方面界定性的说法所在多有,此处不能一一援引。无疑,从内容方面梳理荀子对性的界说,学者可以从不同的角度加以观察,然而,无论从官能、生理的本能还是从心理的欲求说性,在荀子那里,性与情、欲大体皆具有同质同层的关系,陈大齐先生对此这样认为:"'性之好、恶、

---

① 《荀子·正名》,《荀子集解》卷16,第428页。
② 徐复观:《中国人性论史·先秦篇》,台湾商务印书馆1994年版,第234页。
③ 学者可参阅岑溢成:《荀子性恶论辨析》,《鹅湖学志》1989年第3期;潘小慧:《荀子的"解蔽心"——荀学作为道德实践论的人之哲学理解》,《哲学与文化》1998年第6期。
④ 《荀子·正名》,《荀子集解》卷16,第412页。
⑤ 《荀子·性恶》,《荀子集解》卷17,第435—436页。
⑥ 《荀子·性恶》,《荀子集解》卷17,第436页。
⑦ 《荀子·荣辱》,《荀子集解》卷2,第63页。
⑧ 《荀子·性恶》,《荀子集解》卷17,第436页。
⑨ 《荀子·性恶》,《荀子集解》卷17,第438页。

喜、怒、哀、乐，谓之情'，遇到了外来的刺激，主观即作好、恶、喜、怒、哀、乐等反应，而这些反应，特别称之为情。故性与情，若必欲为之分别，则可说性是能作好、恶、喜、怒、哀、乐等反应的状态，情是好、恶、喜、怒、哀、乐等的现实活动。不过，这些分别不是荀子所重视的，故荀子虽为性、情分作定义，却常常将性情合说，或称情性，或称性情……"①

问题在于，若依照荀子这般界定性情或情性的概念，则此一概念与道德礼义之间似乎并不能相融，甚至处于对立的状态。换言之，随顺人的天生所具有的情性而行，一个人并无法内在地喜好道德，这一点至少荀子自己就有明确的论说。如荀子云："今人之性，饥而欲饱，寒而欲暖，劳而欲休，此人之情性也。今人见长而不敢先食者，将有所让也；劳而不敢求息者，将有所代也。夫子之让乎父，弟之让乎兄，子之代乎父，弟之代乎兄，此二行者，皆反于性而悖于情也；然而孝子之道，礼义之文理也。故顺情性则不辞让矣，辞让则悖于情性矣。"② 依荀子的这种说法，我们似可推断，大凡合于道德礼义的行为皆不能由人生而有的情性中自然地、直接地生发出来，相反，随顺人的情性而来的行为，其结果即便在弟兄、亲情之间也只能是无尽的争夺，故荀子又云："夫好利而欲得者，此人之情性也。假之有弟兄资财而分者，且顺情性，好利而欲得，若是，则兄弟相拂夺矣……故顺情性，则弟兄争矣。"③

不过，话虽这么说，纵览《荀子》一书，我们的确常常可以发现荀子在言及人的情性、好恶时的一些说法，如不加认真的分析，似乎也可以上下其讲，以至人们不免会生出"荀子思想中究竟有没有一致的人性理论"的疑问。孟旦（D. J. Munro）在一篇颇为著名的《荀子思想中的恶人》的文章中④，便列举了《荀子》一书中几个与其性

---

① 陈大齐：《荀子学说》，中华文化出版事业社1956年版，第34页。
② 《荀子·性恶》，《荀子集解》卷17，第437页。
③ 《荀子·性恶》，《荀子集解》卷17，第438页。
④ Donald J. Munro, "A Villain in the Xunzi", in *Chinese Language, Thought, and Culture: Nivison and His Critics*, Philip J. Ivanhoe, ed., Chicago: Open Court, 1996, pp. 193-201.

恶论看似相左的段落,并认为荀子的相关说法不免会给人们造成"混乱"。依孟旦,荀子并没有对人性或人的内在生活提供一个彻底的分析,但这并不意味着荀子所观察到的那些心理事实是微不足道的,只不过这些心理事实是从属于,并且其意义是衍生于混乱与贫穷,及其原因和制度改善等问题之中的。孟旦认为,荀子所关心的主要问题乃在于避免"欲多而物寡"的不平衡所带来的混乱和分裂(chaos and disunity)。① 然而此一说法也面临着挑战。传统的观点认为,荀子所关注的毋宁说是对人性恶的证明,故而孟旦要提供证据来证明荀子的人性论其实并没有一致性的主张。孟旦说:"我怀疑荀子立论的目的可能不在于发展人性论,否则不至于在其理论中留下如此的一团混乱。"② 孟旦认为,《荀子》一书有许多段落指向或假定人有天生的正面的倾向(innately positive traits),如孟旦引用了荀子《强国》篇中的一段文本:

> 夫桀纣,圣王之后子孙也,有天下者之世也……夫桀纣何失?而汤武何得也?曰:是无它故焉,桀纣者善为人所恶也,而汤武者善为人所好也。人之所恶何也?曰:污漫、争夺、贪利是也。人之所好者何也?曰:礼义、辞让、忠信是也。③

对于此段文本之解释,最引人注目的无疑是"人之所恶、所好",此"好、恶"究竟应当怎样理解?是人天生本有的吗?还是后天习得或有特殊所指?如果此"好、恶"是人天生本有,亦即人天生就会喜好礼义、辞让、忠信,那么,此一说法又如何与荀子的性恶论或与前面所说的荀子对情性的理解相一致?孟旦对此也一时生疑,他认为,在荀子看来,人们天然会"爱礼、义、忠、信等德行,以及其他等等,他们拥有的天资(endowment)或天生的行为模式

---

① Donald J. Munro, "A Villain in the Xunzi", in *Chinese Language, Thought, and Culture: Nivison and His Critics*, p. 195.
② Donald J. Munro, "A Villain in the Xunzi", in *Chinese Language, Thought, and Culture: Nivison and His Critics*, p. 198.
③ 《荀子·强国》,《荀子集解》卷11,第297—298页。

(natural pattern)能够使得他们这样做"。① 若按照孟旦的解释,人天然会爱礼、义、忠、信,说明人天生具有喜好道德的情感,然而,这种说法却与荀子的性恶说无法相融,这就难怪孟旦会说《荀子》一书中相互矛盾的说法留给人们的是一团"混乱"了。

孟旦又举《礼论》篇中的一段:"凡生天地之间者,有血气之属必有知,有知之属莫不爱其类……故有血气之属莫知于人,故人之于其亲也,至死无穷。"对最后一句"故人之于其亲也,至死无穷",华兹生(B. Watson)将其翻译为"所以,人应当爱其父母,直至生命之终结"(therefore man ought to love his parents until the day he dies)。② 但《荀子》原文中并没有"应当",而更倾向于人皆自然地会爱其父母。不过,如此一来,又与荀子的情性说和性恶论相矛盾。故孟旦认为,此处荀子对人性究竟是褒还是贬非常混乱,各种说法错杂一篮。

孟旦还列举了《王霸》篇"夫贵为天子,富有天下,名为圣王,兼制人,人莫得而制也,是人情之所同欲也,而王者兼而有是者也……制度以陈,政令以挟,官人失要则死,公侯失礼则幽……是又人情之所同欲也,而王者兼而有是者也"一段。此段中对"人情之所同欲"一句,孟旦认为,这是指"人们怀有赞同那些能带来社会秩序之规则的情感"。但若人真的天生就拥有这种情感,结果又将与荀子的性恶论不相符。

最后,孟旦还举出《王制》篇"水火有气而无生,草木有生而无知,禽兽有知而无义,人有气、有生、有知,亦且有义,故最为天下贵也"一段,依孟旦,此句中"人之有义"指的是"人生而具有天生的道德感"(are born with an innate moral sense)。但若人天生即有道德感,那么,上面所说的荀子情性观以及荀子所谓的"顺性情,则弟兄争"的看法便无从解释。

---

① Donald J. Munro, "A Villain in the Xunzi", in *Chinese Language, Thought, and Culture: Nivison and His Critics*, p. 198.
② Burton Watson, *Hsun Tzu: Basic Writings*, New York: Columbia University Press, 1963, p. 106.

上述出现在《强国》《礼论》《王霸》《王制》篇中的段落，经由孟旦的梳理和解释，至少在表面上与荀子所主张的情性理论或性恶说相矛盾。退一步，设若孟旦的相关质疑在文本理解和理论阐发方面是成立的，那么，荀子的性恶论便至少可以被证明在某种"自然"或"天然"的意义上存在对道德或礼义法度的喜好情感，而其道德动机问题似乎也就不会成为学者日后所注目的一个问题。为此，何艾克教授（Eric Hutton）专门写了一篇《荀子有没有一致的人性理论？》，对孟旦的相关疑问逐一进行了梳理与反驳。① 限于篇幅，本文在此不准备重述何艾克教授的具体论述，仅将其主张和结论加以简单的说明。② 在何艾克看来，孟旦的疑问表面上看似乎有其道理，但若在文本解读和思想诠释上做深入的分析，则会面临许多问题。如对于《强国》篇一段，何艾克从文本的脉络分析出发，认为人们所喜好的只是汤、武为他们所展示的德行，并不是说人们天生就喜欢成为有德行的人或天生就渴望如此。而对于《礼论》篇"故人之于其亲也，至死无穷"的解释，何艾克认为，如果荀子的人性恶意味着我们的欲望不知自然的界限，且趋向于给我们带来冲突的话，我们也没有任何理由排除人也有利他的倾向，"荀子可能会否认此类利他倾向构成了我们各种自然倾向的主要部分，然而，即便荀子认可这种利他倾向，也不会与他的人性论相矛盾"。③ 又如对于《王霸》篇"人情之所同欲"一段的理解，何艾克认为，此段文本的脉络清楚地表明，人们是在已有的"事实"上赞同那些能促进社会秩序的规则，而非指人天生就具有喜好那些能促进社会秩序之规则的情感。最后，对于《王制》篇"人之有义"一段的诠释，倪德卫（David S. Nivison）曾试图将此中的"有

---

① Eric Hutton, "Does Xunzi Have a Consistent Theory of Human Nature?", in *Virtue, Nature, and Moral Agency in the Xunzi*, T. C. Kline Ⅲ and Philip J. Ivanhoe, eds., Indianapolis: Hackett Publishing Company, Inc., 2000, pp. 220-236.
② 拙文《性之规定及其延伸的问题——徐复观先生对荀子性论思想之诠释》对此有简要的介绍，学者可以参考。见东方朔：《合理性之寻求：荀子思想研究论集》，台大出版中心2011年版，第391—435页。
③ Eric Hutton, "Does Xunzi Have a Consistent Theory of Human Nature?", in *Virtue, Nature, and Moral Agency in the Xunzi*, p. 230.

义"理解为未填入内容的单纯的能力（a bare capacity or unfilled capacity），以便与荀子的性恶论相一致。① 何艾克认为，若将此段中的"有义"之"有"理解为"生而有"，则自然会与《性恶》篇"今人之性，固无礼义，故强学而求有之也"的说法形成严重的冲突；但若将此"有义"之"义"如倪德卫那样理解为无内容的单纯的"能力"，则又会与荀子文本所表现的语义脉络不相一致，因为既然此"义"是无关道德的单纯能力，那荀子又何以会说人因有义而最为天下贵？对此，何艾克认为，荀子所说的"人之有义"的"义"断不是空无内容的能力，问题只在于此"有义"之"有"并非一定得理解为"天生地有"（having innately），而可以是后天的"占有"或"拥有"，果如是，此"人之有义"之"义"乃是圣王创造并传衍下来的"一套规范"。②

三、"人之欲为善者，为性恶也"

尽管何艾克围绕荀子的性恶论，逐一检讨了孟旦的相关疑问，努力维持了荀子人性论的前后一致，但面对好利恶害的人之本性，人们如何使自己转变或转化成为内心喜好道德的人，在理论上却没有给出具体而有效的说明。按照艾文贺（P. J. Ivanhoe）的说法，荀子所关注的人性是可塑的③，但即便如此，我们仍须对其如何可塑的具体细节做出足够的阐释。为此，学者不仅注目于对荀子有关心性情欲等概念的深度分析，同时也试图通过对《荀子》文本中的一些特殊段落的潜藏意义的揭发，发现性恶之人的行善动机。这其中《性恶》篇的一段说法引起了一些学者的格外注意。荀子云：

> 凡人之欲为善者，为性恶也。夫薄愿厚，恶愿美，狭愿广，贫愿富，贱愿贵，苟无之中者，必求于外。故富而不愿财，贵而

---

① David S. Nivison, "Critique of Donald Munro, 'A Villain in the Xunzi'", in *Chinese Language, Thought and Culture*, Philip J. Ivanhoe, ed., Chicago: Open Court, 1996, pp. 324.
② Eric Hutton, "Does Xunzi Have a Consistent Theory of Human Nature?", in *Virtue, Nature, and Moral Agency in the Xunzi*, p. 224.
③ P. J. Ivanhoe, "Human Nature and Moral Understanding in the Xunzi", in *Virtue, Nature, and Moral Agency in the Xunzi*, p. 242.

不愿埶，苟有之中者，必不及于外。用此观之，人之欲为善者，为性恶也。①

学者通常将此段理解为荀子对人性恶的推论，亦即以"苟无之中者，必求于外""苟有之中者，必不及于外"为前提，人性中若有礼义，则必不外求礼义；今人强学以求礼义，则可证明人性中没有礼义。又，礼义是善，无礼义即是恶；今人性中无礼义，所以人性为恶。荀子此处采取的是间接论证的方法，先假定人性为善，以推论其结果；然后，指出此推论的结果与事实不符，来反证假定不能成立。基本上，依《性恶》篇的前后脉络看，学者将此段理解为荀子对人性恶的推论是有其充足的根据的。但学者也发现此段中的一些说法非常独特而有趣，黄百锐（D. B. Wong）便认为，此段之所以有趣是因为此段很奇怪（oddness）②，因为我们很难概括出荀子在此中究竟说了些什么。如果我们分析上引的那段文字，似乎不难发现荀子十分强调"人之欲为善者，为性恶也"此一说法③，其中"人之欲为善"的说法最能引发人们的联想，荀子或许在说，人之性恶，是因为我们"想做善事"（desire to do good），这个"想"（desire）似乎隐约暗示了性恶之人所蕴含的行善动机。

柯雄文（A. S. Cua）在一篇题为《荀子人性哲学的准经验面向》的论文中，试图通过对荀子性恶论的重新审查，为道德和人性问题的澄清贡献自己的看法。④ 依柯氏，所谓准经验主张即包含了关于人类

---

① 《荀子·性恶》，《荀子集解》卷17，第439页。
② David B. Wong, "Xunzi on Moral Motivation", in *Virtue, Nature, and Moral Agency in the Xunzi*, p. 144. Also in *Chinese Language, Thought, and Culture*, Philip J. Ivanhoe, ed., Chicago: Open Court, 1996, p. 212.
③ 黄百锐将此句翻译成 "men desire to do good precisely because their nature is evil", in *Hsun Tzu: Basic Writings*, New York: Columbia University Press, 1963, pp. 161-162. 约翰·诺布洛克则将此句翻译成 "man's desiring to do good is the product of the fact that his nature is evil", in *Xunzi: A Translation and Study of the Complete Works*, Vol Ⅲ., Redwood City: Stanford University Press, 1994, pp. 154-155.
④ A. S. Cua, "The Quasi-Empirical Aspect of Hsün-Tzu's Philosophy of Human Nature", *Philosophy East and West*, 1978, 28 (1), pp. 3-19. 本文无意全面评论柯氏的文章，仅就论题所及加以说明。

情境的一般观察，这些观察并不是直接可以获得证明的。然而，如果从经验合理性方面考虑，这些主张却可以得到支持。由此而观，荀子所谓的人之性恶是由于其基本的动机结构（如人的各种欲望与情感）中"好利"的独特倾向，将不可避免地导致争夺和无序，而从仁与礼的道德角度上看，这样的结果显然是不可欲的。然而，"好利"的独特倾向虽然有其消极的一面，但它也表现出人的基本动机结构积极的一面。柯雄文认为，荀子对人之性恶的论证是在不考虑道德要求的情况下，就对情、欲不加限制所可能出现的后果而言的，荀子所谓的性恶即指这种后果，如《性恶》篇："今人之性，生而有好利焉，顺是，故争夺生而辞让亡焉；生而有疾恶焉，顺是，故残贼生而忠信亡焉；生而有耳目之欲，有好声色焉，顺是，故淫乱生而礼义文理亡焉。"此处"争夺""残贼""淫乱"即是后果，亦即是恶，但情性或情与欲本身却是中性的。

如此看来，荀子的性恶并不是以人在经验层面的属性来描述人性，而是以情性这一人的基本的动机结构来了解人性，故而柯氏认为情性概念构成了荀子思想中的基本的动机结构，但情性在本质上并不是恶的，而是中性的。如是，荀子的基本动机结构也不能说即是恶的。柯氏认为，《性恶》篇所谓的"人情甚不美"之说所包含的善恶概念，其实是在道德的观点下所进行的描述，而"人之欲为善者，为性恶也"一段，其真实含义所表达的是对欲望的观点。依柯氏，一个人的欲望在逻辑上包含了此人缺乏对欲望对象的占有。如果一个人追求一个欲望对象，依欲望概念的逻辑本性看，则暗示出这个人不拥有此对象，换句话说，所欲望的对象乃外在于欲望本身的，这样我们便可对"苟无之中者，必求于外"给出看似合理的解释。然而，当一个人说"一个学者追求学问，并不意味着他是无学问"时，此一说法虽然在逻辑上仍然意味着他并不拥有他所追求的学问，但此句话的实义却在指出，学者所追求的不是他所拥有的学问，而是他清楚地知道他自己并不拥有的更多的学问。[①] 简言之，在柯氏看来，欲望，就其本

---

① A. S. Cua, "The Quasi-Empirical Aspect of Hsün-Tzu's Philosophy of Human Nature", *Philosophy East and West*, 1978, 28 (1), p. 4.

性而言，是以一个人觉察到他缺少了他想要的某种东西为前提的。因此，一个人欲为善、一个人缺少善和人性恶，至少在道德上是中性的。故而，荀子的上述一段说法并不能证明人性是恶的，一个人可以想要比他已经拥有的更多的东西，只要他对现有的程度并不满足。

柯氏的论述所蕴含的意义有两点需要特别指出。首先，依柯氏，在荀子的上述说法中，荀子的重心可能并不在证明人之性恶，从"人之欲为善者，为性恶也"的说法中，如果我们将"恶"理解为一种"善"的缺乏，那么，这种缺乏会使我们去寻求善，换言之，恶也可以使我们去寻求善，或给予我们寻求善的动机；① 其次，在上述的一段引文中，荀子明确说出了"人之欲为善"，今撇开从欲望概念的逻辑上荀子并未能证明人性恶之外，假如"人之欲为善"之说为真，那么，在荀子的思想中，我们似乎可以推出人具有向善的欲望，果如是，我们也就可以解释一个自利之人喜好道德的情感和动机，而人的道德转化也在理论上获得了可能。②

有趣的是，作为当代著名的汉学家，葛瑞汉（A. C. Graham）在其《论道者》一书中也对荀子的性恶论和道德动机问题进行了探究与思考。③ 葛瑞汉的思路与柯雄文有相似之处，但也不尽相同。简单地说，依葛瑞汉，"如果人性全不道德，那将有一个深刻的疑问需要荀子解答"，此即人之性恶，则礼义恶生？面对这个问题，人们也许会问，"除非有着人性的基础，否则，人何以去发明道德并被其所约束呢？"葛瑞汉引用了《性恶》篇"夫陶人埏埴而生瓦，然则瓦埴岂陶人之性也哉？工人斲木而生器，然则器木岂工人之性也哉？"一段，指出有效的制度也许像有用的工具一样是独立于人性的。但葛瑞汉话锋

---

① 黄百锐对此则理解为，与通常人们所理解的善必须来源于善的看法不同，善也可能来源于恶。参阅 David B. Wong, "Xunzi on Moral Motivation", in *Virtue, Nature, and Moral Agency in the Xunzi*, p. 144.
② 事实上，柯氏早在另一篇文章中便认为，荀子以性恶论区分孟子性善论的主张是颇难成立的。参阅 Antonio S. Cua, "The Conceptual Aspect of Hsun Tzu's Philosophy of Human Nature", *Philosophy East and West*, 1977, 27, p. 374.
③ 葛瑞汉：《论道者：中国古代哲学论辩》，张海晏译，中国社会科学出版社2003年版。

一转，提问道："（荀子的）命题逻辑将促使他假定存在一个摆脱任何倾向的超越的'义'吗？他在别处说道，人兼有'欲利'与'好义'两面，除了在极端好或极端坏的政府中，任何一方都不会免除。然而，'好义'也属于人性吗？这里我们必须提醒我们自己，他所谓人性的恶不被认作利己主义（egoism）。"①葛瑞汉的上述说法大体表达了两重意思。首先，他不认为荀子的性恶说是利己主义，并认为中国哲学意识中并没有西方式的利己主义；其次，葛瑞汉认为，在荀子的思想中，"性恶"与"好义"并不相互排斥，在他看来，荀子所说的人性之所以为恶，就在于"欲望的混乱"。

对于葛瑞汉的上述看法需要稍加说明，就荀子的思想是否利己主义而言，涉及对利己主义概念的规定以及中西文化之比较的复杂面向，此处不宜做详细的分梳；此外，葛瑞汉引用《大略》篇中的一段来说明荀子的人性除了"性恶"外，还有"好义"的一面。《大略》篇的原文如下：

> "义"与"利"者，人之所两有也。虽尧舜不能去民之欲利；然而能使其欲利不克其好义也。虽桀纣不能去民之好义；然而能使其好义不胜其欲利也。故义胜利者为治世，利克义者为乱世。上重义则义克利，上重利则利克义。②

如前所言，孟旦对荀子的人性论列举了好几处质疑，但并未提及荀子的此一段说法。在此段中，就"利"或"欲利"而言，荀子在其人性论中有明确的论定，但荀子此处将"义"与"利"或"好义"与"欲利"并列，似乎强烈地暗示出"义"或"好义"也被看作人性的一部分，若果如此，则人们不仅有天生的道德感，而且也天生地会喜好道德，此一推论对荀子的人性论而言无疑是一个巨大的挑战。但"义"为人之所有，是先天就有还是后天才有？同样，人之"好义"是先天的好还是后天的好？王先谦的《荀子集解》、北大注释本《荀

---

① 葛瑞汉：《论道者：中国古代哲学论辩》，张海晏译，中国社会科学出版社2003年版，第287页。
② 《荀子·大略》，《荀子集解》卷19，第502页。

子新注》以及王天海的《荀子校释》对此均无注,李涤生的《荀子集释》认为"好义与欲利是人类所具备的二种相反的心理"①,这种解释回避了人之有义或好义在性质上是先天还是后天的问题。何艾克则认为,此段人之好义并非一定意味着人们天生喜欢义,也可能说人们喜欢别人为他施行义的行为;此外,何艾克还提醒道,对于此段的解释,人们应当注意到,政治情境被描绘成既非自然状态,亦非从文明状态完全回归自然状态,在桀纣统治下的人类社会并非完全分裂,但却相当混乱,故而此段所说的"好义"并非是人们天生的,相反,它可以被解释为"义"是桀纣以前的圣王流传下来以教导民众的,使他们即便在腐败的情境下也能够尽力地赏识这种义,而不至于全部失去他们的好义,即便桀纣为了他们个人的目的而不得不保存绝大部分基本的社会结构,人们仍将被鼓励在某种程度上保留他们的好义。② 然而,葛瑞汉对此却认为,"好义"是人性中天生本有的东西,所以他会说人兼有"欲利"与"好义"两面;在葛瑞汉看来,在荀子那里,"好义与人性恶并非互不相容,相反,它可以被称为是对人性恶的确认"。换句话说,葛瑞汉一方面承认荀子主张人性恶,另一方面又认为,人性之所以恶,就恶在欲望的"混杂"。所谓"混杂"是说人性既是欲利的,又是好义的。为此,与柯雄文一样,葛瑞汉也重视《性恶》篇"凡人之欲为善者,为性恶也"一段,似乎荀子"苟无之中,必求于外"的说法为其"人之欲为善者"的行善动机做了某种程度的注脚。但如果真如葛瑞汉所说,在荀子人性恶的论说中包含了"好义"或"欲为善"的情感和动力,那么,正如黄百锐所评论的那样,"葛瑞汉事实上认为,荀子将道德欲望归诸给了人性,从而也就模糊了孟、荀之间的界线"③。在黄百锐看来,葛瑞汉的解释显然存在问题,因为对荀子而言,"行善的欲望和义务感并不源生于(original

---

① 李涤生:《荀子集释》,学生书局1979年版,第620页。
② Eric Hutton, "Does Xunzi Have a Consistent Theory of Human Nature?", in *Virtue, Nature, and Moral Agency in the Xunzi*, pp. 225-226.
③ David B. Wong, "Xunzi on Moral Motivation", in *Virtue, Nature, and Moral Agency in the Xunzi*, p. 144.

to)人性之中，而是衍生自（derive from）对我们自利的计算之中"①。

四、"心之所可"

的确，假如我们从动机概念的角度看，与孟子的性善论相比，荀子性恶论的道德动机问题在理论上似乎要显得曲折一些、复杂一些。② 为此，我们不仅需要在文献上对《荀子》一书的各种不同说法加以必要的重视，以求得理论的完整与一致，同时也要上升到荀子思想的整体系统中加以恰当的衡定和疏解，避免一叶障目，真正做到"依义不依语"，或如朱子所说的"借经以通乎理耳。理得，则无俟乎经"③。我们看到，从孟旦、柯雄文到葛瑞汉，他们皆从不同的角度注意到《荀子》一书中有关情性、欲望等的不同说法，并试图提出疑问和解释。我们或许不会全然同意他们的观点，但他们的研究至少提醒我们，面对《荀子》一书的相关问题，我们心中必须多一份沟壑。

在一篇题为《孟子与荀子：人之主体的两种观点》的文章中，万百安（Bryan Van Norden）对荀子的道德动机问题提出了一个独特的解释。④ 依万百安，孟、荀两人在人性主体上的持论不同，孟子主性善，仁义礼智根于心，乃天生所有，故而我们每个人都有最初的道德倾向。从孟子"由仁义行，非行仁义"的说法中不难推出，我们不仅"必须行道德之行，而且也要有正确的动机"，因为真正合乎德性的行

---

① David B. Wong, "Xunzi on Moral Motivation", in *Virtue, Nature, and Moral Agency in the Xunzi*, p. 145. 对黄百锐的观点的评论我们将在后面列出。
② 我们这样说，并非意味着有关孟子道德动机所关涉的道德认知、道德情感和动力等问题的讨论是极为简单的，事实上，围绕着上述这些问题以及内在论如何关联着孟子的相关主张等问题，学者有着不同的看法，倪德卫、信广来（Kwong-loi Shun）、万百安、黄百锐、李耶理（Lee H. Yearley）、华霭云（Irene T. Bloom）、何艾克、曼尤·意牟（Manyul Im）、田中孝治（Koji Tanaka）、Xiusheng Liu 等学者都在不同程度上对此进行了深入的探讨。
③ 黎靖德编：《朱子语类》卷11，中华书局1994年版，第192页。
④ Bryan Van Norden, "Mengzi and Xunzi: Two Views of Human Agency", in *Virtue, Nature, and Moral Agency in the Xunzi*, pp. 103-134.

"化性"如何可能？

为需要出自"非自私的动机"（non-selfish motivation）。① 面对孺子之将入于井，人援之以手，是直接出自天生就有的怵惕恻隐之心，"非所以内交于孺子之父母也，非所以要誉于乡党朋友也，非恶其声而然也"。

然而，与孟子不同，万百安认为，荀子主性恶，否认人有天生的道德欲望（innate moral desire）；② 同样，在荀子那里，我们也不能指望我们天生的感情（innate feelings）可以成为道德修养的主要手段。既然如此，在荀子那里，一个性恶之人的道德转化又是如何实现的呢？撇开其他繁杂的论述不论，万百安在孟、荀各自的文本中发现了一个有趣的对比，如《孟子·告子上》云：

> 鱼，我所欲也；熊掌，亦我所欲也……生，亦我所欲也，义，亦我所欲也……生亦我所欲，所欲有甚于生者，故不为苟得也。死亦我所恶，所恶有甚于死者，故患有所不避也。如使人之所欲莫甚于生，则凡可以得生者，何不用也？使人之所欲莫甚于死，则凡可以避患者，何不为也？是故，所欲有甚于生者，所恶有甚于死者，非独贤者有是心也，人皆有之，贤者能勿丧耳。③

在《荀子》一书中，万百安则发现了《正名》篇中的一段，荀子云：

> 欲不待可得，而求者从所可，欲不待可得，所受乎天也；求者从所可，受乎心也。所受乎天之一欲，制于所受乎心之多，固难类所受乎天也。人之所欲，生甚矣；人之所恶，死甚矣。然而人有从生成死者，非不欲生而欲死也，不可以生而可以死也。故欲过之而动不及，心止之也。心之所可中理，则欲虽多，奚伤于

---

① Bryan Van Norden, "Mengzi and Xunzi: Two Views of Human Agency", in *Virtue, Nature, and Moral Agency in the Xunzi*, p. 127.
② Bryan Van Norden, "Mengzi and Xunzi: Two Views of Human Agency", in *Virtue, Nature, and Moral Agency in the Xunzi*, p. 122.
③ 《孟子·告子上》，《四书章句集注》，第332—333页。

治？欲不及而动过之，心使之也。心之所可失理，则欲虽寡，奚止于乱？故治乱在于心之所可，亡于情之所欲。不求之其所在而求之其所亡，虽曰"我得之"，失之矣。①

以上两段文本读者可能耳熟能详，然而，万百安却于此发现了孟、荀两人的根本差异。万百安认为，荀子在《正名》篇通过区分"欲"与"可"的不同，明确地否认了孟子的主张。依万百安，孟子认为，人必定求其所甚之欲，所谓"所欲有甚于生者，故不为苟得也……所恶有甚于死者，故患有所不避也"。而荀子却断言，一个人的行为并不是由他的欲望所决定的，而是由他的"所可"所决定的（by what he approves of）②，所谓"欲不待可得，而求者从所可"。依孟子，人天生就有"四端"，教化的过程就是要通过"思"来培养这"四端"，所以孟子说"仁、义、礼、智，非由外铄我也，我固有之也，弗思耳矣。故曰：求则得之，舍则失之"③；而在荀子看来，自我教化的过程始于当我们的欲望引导我们做恶时，我们以"心之所可"自觉地克服我们的欲望。如《性恶》篇云："今人之性，饥而欲饱，寒而欲暖，劳而欲休，此人之情性也。今人见长而不敢先食者，将有所让也；劳而不敢求息者，将有所代也。"此处所谓的"不敢"即指"心之所可"的力量。更进一步，荀子认为，任何人都可以做到这一点，因为（与孟子的想法相反）一个人并不是做他想做的，而是做他所可的事。

然而，究竟是什么使人做其所可之事？又是什么使得荀子相信一个人应当可其所可？事实上，陈汉生（Chad Hansen）在《古代中国的语言与逻辑》一书中，对上述《正名》篇的一段便并未如万百安那样注重区分"欲"与"可"，而是采用了传统主义的解读方式。陈汉生认为，在荀子那里，"以言辞表达一个判断或区分的所可，仅仅只

---

① 《荀子·正名》，《荀子集解》卷16，第427页。
② Bryan Van Norden，"Mengzi and Xunzi: Two Views of Human Agency", in *Virtue, Nature, and Moral Agency in the Xunzi*, p. 118.
③ 《孟子·告子上》，《四书章句集注》，第328页。

是社群认同的一个作用而已"①。但万百安引用了《乐论》中的"君子明乐，乃其德也。乱世恶善，不此听也。于乎哀哉"一段，认为如果所谓的善仅仅是为社群"世道"（the age）的所可所决定，那么，这个世道又怎么会混乱呢？荀子清楚地表明，自我转化的核心部分是升华旧的欲望，并且获得新的欲望，而在荀子那里，礼则是对欲望的再塑造（retraining）。然而，"为何一个人应该寻求改变难以驯服的欲望，去获得新的欲望？为何要去操心从事自我转化的过程？"对此，万百安认为，一方面，在荀子看来，以礼为核心的圣王之道是创造和维系社会秩序最佳的、独一无二的选择；另一方面，没有礼，人们只会生活在"争乱穷"的社会，这一点在《礼论》篇开头说得十分清楚。在这个意义上，万百安似乎把改变原有的欲望、获得新的欲望看作一种"目的—手段"的关系。万百安认为，在孟子那里，自我教化是经由集中从而强化一个人天生的道德性向（innate moral dispositions）而产生的，而荀子则否认人有天生的道德欲望，认为我们不能指望我们天生的情感可以成为道德修养的主要手段，这些情感在自我转化中的作用也就无从谈起。相反的，荀子认为，我们必须遵守礼的准则行事，获得好的老师的影响与默化，如是，我们就会逐渐爱上礼义的实践，因而也爱上德性自身。如荀子在《劝学》篇云：

> 学恶乎始，恶乎终？曰其数则始乎诵经，终乎读礼。其义则始乎为士，终乎为圣人。②

又云：

> 学莫便乎近其人。礼乐法而不说，诗书故而不切，春秋约而不速。方其人之习君子之说，则尊以遍矣，周于世矣。故曰：学莫便乎近其人。学之经莫速乎好其人，隆礼次之。上不能好其

---

① Chad Hansen, "Language and Logic", in *Ancient China*, Ann Arbor: University of Michigan Press, 1983, p. 98.
② 《荀子·劝学》，《荀子集解》卷1，第11页。

人，下不能隆礼，安特将学杂识志，顺诗书而已耳。则末世穷年，不免为陋儒而已。①

又云：

> 礼者，所以正身也；师者，所以正礼也。无礼，何以正身？无师，吾安知礼之为是也？②

对此万百安认为，在孟子那里，一个人从事道德活动、参与礼的实践的自我修养，是其从一开始就乐于实行的过程，而"对荀子而言，自我教化的过程始于对礼义行为的实践，起初人们并不乐意于这样做，在对礼、文、史的学习中，人们还不能欣赏，也不能充分地理解。但是经过决定性的和持续不断的努力，人们最终会为了自身的原因变得乐意于礼的实践，并且了解和欣赏经典文本。依荀子，一个人必须被训练（be trained）得乐于礼义和道德。"③ 万百安对荀子道德转化的这种解释大概可以归诸倪德卫所谓的"德性的吊诡"（the paradox of virtue）一类。④ 在教化征途的最开始，选择是一项慎重的工作，就人们所表现出来的行为看，人们对顺从礼义并没有自发的热爱和喜好，顺从礼义只是实现别的目的的手段，诸如获得作为一个统治者的权力、避免伤害和冲突，或者是使混乱的局面归于秩序等。然而，持续不断的努力和富有技巧的老师将逐渐引导人的欲望和理解力，以便使它们与"道"相和谐。到这时，人们将会因礼义自身的原因而热爱礼义，而不是把礼义作为实现其他任何目的的手段，礼义将不再是一个简单的工具，而成为当下有助于形塑一个人的内在心理状态的表达。如是，与其说我们必须寻求并艰苦地遵循"道"，不如说依"道"而行将是显而易见且易如反掌之事。

基本上，万百安在这篇文章中，紧扣"欲"与"可"这一对概念

---

① 《荀子·劝学》，《荀子集解》卷1，第14—15页。
② 《荀子·修身》，《荀子集解》卷1，第33页。
③ Bryan Van Norden, "Mengzi and Xunzi: Two Views of Human Agency", in *Virtue, Nature, and Moral Agency in the Xunzi*, p. 123.
④ David S. Nivison, *The Ways of Confucianism: Investigation in Chinese philosophy*, Bryan W. Van Norden, ed., Chicago: Open Court, 1996, pp. 31-44.

在孟、荀之间的差别,以说明他们道德动机的不同特点。对孟子而言,人天生就有仁义礼智"四端",恻隐、羞恶、辞让、是非之情乃天之所与我者,道德教化只是培养自身内在所固有的天爵,使其盈科放海,不可胜用。故而孟子会说:"仁之实,事亲是也;义之实,从兄是也;智之实,知斯二者弗去是也;礼之实,节文斯二者是也;乐之实,乐斯二者,乐则生矣;生则恶可已也。恶可已,则不知足之蹈之,手之舞之。"① 但相比之下,正如克莱恩(T. C. Kline Ⅲ)所说,"荀子的教化与其说是一个由内到外的过程,毋宁说是一个由外到内的过程。师、经典文本、礼、乐是从外面形塑一个人的道德感的工具。"② 对此,万百安有非常简洁的表述:关于孟、荀之间的差别,孟子会说,一个人行善是因为他向往行善(desire to do good),而荀子则会说,一个人行善是因为他认可行善("approves of" doing good);③ 孟子认为,我们的行为由最强的欲望所决定,而荀子则认为,欲望是人的情性的直接反应,人的行为最终乃由"心之所可"的能力所决定。万百安赞同荀子的看法,亦即人能有选择地做事,而非做其最想做的事。④ 一个人无论欲望有多么强烈,皆会被"心之所可"的力量所克服。在极端情况下,人们可以违背其最强烈的欲望而行动,如好生恶死乃人之大欲,然而,人们为了追求其"心之所可"的原则或理想,宁可舍生蹈死,故荀子云:"人之所欲生甚矣,人之所恶死甚矣。然而人有从生成死者,非不欲生而欲死也,不可以生而可以死也。"⑤

万百安的文章在相当程度上揭露出孟、荀两人在道德主体方面的不同心理机制,这种观察对于突显他们之间不同的道德动机特点

---

① 《孟子·离娄上》,《四书章句集注》,第287页。
② T. C. Kline Ⅲ, "Moral Agency and Motivation in the Xunzi", in *Virtue, Nature, and Moral Agency in the Xunzi*, p. 157.
③ Bryan Van Norden, "Mengzi and Xunzi: Two Views of Human Agency", in *Virtue, Nature, and Moral Agency in the Xunzi*, pp. 123–124.
④ Bryan Van Norden, "Mengzi and Xunzi: Two Views of Human Agency", in *Virtue, Nature, and Moral Agency in the Xunzi*, p. 128.
⑤ 《荀子·正名》,《荀子集解》卷16,第428页。

无疑是有意义的。但是,问题显然在于看到"欲"与"可"之间的差别是一回事,弄清"心之所可"的力量来自何处、又如何克服欲望是另一回事。类似的疑问或许构成了黄百锐(David B. Wong)质疑万百安的一个重要方面。依黄百锐,在荀子那里,针对一个人的道德转化如何发生的问题,的确需要对心的力量如何克服天生的情欲进行有效的澄清与说明。不过,"心之所可"的力量在荀子的思想中应当如何得到恰当的理解?对此,黄百锐认为,在荀子那里,对心之可与不可的能力可以有"强解释"与"弱解释"两种不同的解释方式。在"强解释"之下,"心之所可"能够克服欲望,尽管其与那些将长远满足行为主体的总体欲望体系毫无关系,换言之,在"强解释"的模式下,"心之所可"的力量与欲望无关,是一种独立地产生行为动机的机能。不过,在这种情况下,黄百锐认为对这种"心之所可"只有两种解释是可能的,要么"心之所可"建基于对不可化约的道德属性的知觉上,这是柏拉图式的处理方式;要么"心之所可"建基于纯粹理性活动的基础之上,这是康德式的处理方式。由于荀子不认为存在不可化约的道德属性,同时他也不相信"心之所可"是纯粹实践理性的功能,因此"强解释"的模式并不适合荀子的"心之所可"。

那么,在"弱解释"的模式下,情况又会怎么样呢?依黄百锐,在"弱解释"之下,"心之所可"能够让行为者做出与他最强烈的当下欲望相违背的行为(如舍生蹈死等),只不过在这种解释模式下,心所可的东西最终是建立在那些能最好地满足行为者的长远的总体欲望体系之中的,因而"弱解释"较接近于实践理性角色中的"目的—手段"的观点。在这个意义上,这种解释模式有点类似于休谟式的伦理学,亦即理性是激情的奴隶,但为了欲望的长远的最佳满足,理性能够驾驭(manage)激情。由此而观,黄百锐认为,在"弱解释"下,"心之所可"与欲望之间有着本质的相关性,作为行为的动机,"可"与"欲"之间的差别,其实只是欲望所表现出来的范围的差别,亦即一个人在"当下的口腹之欲"(immediately sensual desires)与一个人经由对长远利益的反思而产生的欲望之间的选择。① 依此解释，在荀子的主体概念中，欲望是唯一发动行为的心理状态，或者说荀子哲学所给出的对行为所可的唯一基础就是欲望，心之判断的最终的动机力量是从欲望中衍生出来的。但如果对荀子而言，仅仅在"弱解释"下，"心之所可"能够克服欲望，那么，"任何通向自我转化的途径，皆必须从人的自利的天性开始，而不是从能够独立地激发自利的心之所可的能力开始"。② 果如是，则第一个圣人是如何转化自己的问题，相比于"强解释"而言，将会变得更加困难，因为在"强解释"下，我们的道德心理学似乎至少有一个因素能够作为一种与"不可爱"的情感和"口腹之欲"相反的力量而行动，而这个因素原是我们本性中的一部分，然而，现在看来，它们只不过是各种竞争着的欲望的不同类型罢了。③ 至此，黄百锐得出结论认为，"简言之，除了弱解释外，荀子不可能允许任何意义的'心之所可'能够克服欲望。但如果荀子心中只有弱解释，那就不可能有万百安所主张的存在于孟、荀之间的主体观的戏剧性对比。"④

不过，纵观《荀子》一书，荀子言之凿凿地肯定，自利之人经由积善为学而有的道德自我转化不但是可能的，而且也是相当可观的，如荀子云："积善成德，而神明自得，圣心备焉。"⑤"涂之人百姓，积善而全尽，谓之圣人。"⑥"今使涂之人伏术为学，专心一志，思索孰

---

① David B. Wong, "Xunzi on Moral Motivation", in *Virtue, Nature, and Moral Agency in the Xunzi*, p. 141.
② David B. Wong, "Xunzi on Moral Motivation", in *Virtue, Nature, and Moral Agency in the Xunzi*, p. 142.
③ 黄百锐的这种解释颇有哲学的锐气，但也有许多学者并不同意，如克莱恩。参阅 T. C. Kline III, "Moral Agency and Motivation in the Xunzi", in *Virtue, Nature, and Moral Agency in the Xunzi*, pp. 160 - 161. 同样，亚伦·斯托尔纳克（Aaron Stalnaker）也认为，在荀子那里，"心之所可并非基于对长远欲望的满足"，而是基于心能够审查、筹划、思考可能的行动和结果，以及把相关的根本不同的感觉和观念组成一个复杂的总体，通过对特殊的目的和目标的许可，心学会驳倒追求欲望满足的自发性。参阅 Aaron Stalnaker, *Overcoming Our Evil*, Washington D. C.: Georgetown University Press, 2006, p. 77, p. 79.
④ David B. Wong, "Xunzi on Moral Motivation", in *Virtue, Nature, and Moral Agency in the Xunzi*, p. 141.
⑤ 《荀子·劝学》，《荀子集解》卷1，第7页。
⑥ 《荀子·儒效》，《荀子集解》卷4，第144页。

察,加日县久,积善而不息,则通于神明,参于天地矣。"① 对此,我们先暂且撇开已有礼义文明的社会中道德动机形成的问题不论,我们当然有理由去探究,在荀子那里,一个人在一开始时是如何由以自利的情性欲望为行为的动机逐渐转至接纳或融合他人的欲望和利益的?其最初的道德动机是如何形成的?事实上,黄百锐对学界的现有解释并不满意,在他看来,万百安虽然突出了荀子"心之所可"的力量,但即便荀子所言的"心"可以从人的自私的欲望中分离出来而具有"非自利的动机"(non-self-interested motivation),我们仍需要解释此心是如何能实际地重塑自私的欲望,并且为道德创造一个新的欲望的。换言之,欲望如何被创造并转化,而不仅仅只是被"心之所可"所克服?黄百锐认为,对于类似的问题,至少我们不能简单地把转化欲望的神奇能力归因于荀子的一个信念(亦即"心之所可"的信念),因为如此一来,会使荀子所强调的通过"礼"和"乐"来塑造(training)欲望的方法变得毫无意义。而对于柯雄文和葛瑞汉的相关主张,黄百锐也心存异见,在他看来,他们两人在人性善恶、欲望以及动机转化方面皆或多或少地混淆了孟、荀之间的差别。同样,艾文贺(P. J. Ivanhoe)虽然强调了荀子思想中的人性如热蜡一样具有可塑性,然而,这种塑造的能力来自何处却是模糊的,例如艾文贺把荀子的礼看作通过获得快乐的均衡(a happy symmetry)把人类的需求与自然的馈赠带向一个和谐的平衡之中。② 黄百锐认为,的确,像荀子一样的君子显然已将这种快乐带入礼义之中了,但重要的是要认识到,依艾文贺所说,这种快乐不仅仅建立在礼所提供的人类需求满足的事实基础上,而且这种快乐还是一种平衡,一种存在于人类所需与自然所予之间的均衡。然而,君子如何获得这种能力以便把这种快乐带到均衡之中去?当荀子试图说服我们相信人性恶时,这种能力显然超出了"通常"(mundane)的看法;同

---

① 《荀子·性恶》,《荀子集解》卷17,第443页。
② P. J. Ivanhoe, "A Happy Symmetry: Xunzi's Ethical Thought", *Journal of the American Academy of Religion*, 1991, 59 (2), p. 315.

时,也超出了荀子所强调的人性对好利的自我追逐的观点。因此,在艾文贺所谓的"均衡"中,一种具有动机效验的快乐是如何被刻进人心的问题,一个全新的动机是如何传递给人心的问题,是让人无法索解的。①

有鉴于此,黄百锐对荀子的道德动机转化提出了两种可能的解释。一种是来自穆勒(J. S. Mill)的比喻,即在穆勒看来,人们之所以会把道德本身当作目的而不是手段,其实是出于某种习惯性的联想,正如金钱原本只是获得快乐的手段,但由于金钱与快乐的恒常联结(constant association),使得金钱本身具有了与快乐一样的目的的性质。换言之,我们已习惯了(conditioned)从道德中获得快乐。② 不过,黄百锐转念就否认了这种解释,在他看来,假如我们以这种观点来理解荀子,我们就必须首先对圣王如何在道德与快乐之间创造联结有一个解释,因为只有在圣王已经把道德内化并赢得了人们的追随时,道德才可能成为满足长远欲望的工具;只有在圣王成功地转化了他们自己,并且创造了一个使道德成为快乐的社会秩序之后,快乐与道德之间的恒常联结才能产生。因此,一个人只有在乐于践行礼之后,才能体验到礼所带来的长远利益的满足,没有这种体验便难以产生把践行礼义本身当作目的的习惯性联想。另一种解释则来自倪德卫,在《荀子论人性》一文中,倪德卫曾引《荀子·王制》篇"人有气、有生、有知亦且有义,故最为天下贵也"一段,认为此中的"义"是人特有属性中的"义务感"(sense of duty)③,但这种义务感

---

① David B. Wong, "Xunzi on Moral Motivation", in *Virtue,Nature,and Moral Agency in the Xunzi*, p. 143. 黄百锐还引用了冯友兰在《中国哲学史》一书中的说法,认为对荀子而言,礼义文理、仁义法正之类的善,"人本不欲此,但却不得不欲此"。("these things are not originally desire by man, but he left no alternative but to desire them", in *A History of Chinese Philosophy*, Vol. 1, Derk Bodde, tran., Princeton:Princeton University Press, 1952, p. 294.) 冯友兰先生的此一说法虽与荀子的人性论相一致,但一个自利的人如何变得对道德热爱和喜好依然没有得到解释。

② David B. Wong, "Xunzi on Moral Motivation", in *Virtue,Nature,and Moral Agency in the Xunzi*, p. 146.

③ David S. Nivison, *The Way of Confucianism:Investigations in Chinese Philosophy*, B. W. Van Norden, ed., Chicago:Open Court, 1996, p. 206.

只是一种能使人组成等级区分的社会，并能使人将某种义务当作道德义务来加以认知的单纯的能力（a bare capacity），"然而这种能力没有积极的内容"。① 对于倪德卫的这种看法，前面我们已经做过简单的介绍，此处不赘。黄百锐认为，倪德卫的解释乍看之下似乎与葛瑞汉的看法相似，但其实不然，因为倪德卫的观点在某种程度上与荀子的自然主义是相适应的，黄百锐由此而顺从倪德卫的思路做出进一步的阐发。黄百锐认为，在荀子的思想系统中，人之有义的单纯能力如果要发展成为有道德内容的能力，必须满足三个要求，即当我们把这种能力归于人性时，必须与荀子的性恶论相一致；这种能力必须没有道德内容；当义务被产生时，这种能力必须提供动机效力。出于此一考虑，黄百锐通过荀子的文本发现，人性中存在着许多与道德"意气相投"（congenial）的自然情感，如对故去亲人思念的悲情，对仁慈心怀感戴的温情，受音乐的激发而调整行为的倾向，对和睦关系的向往及"以德报德"（return good for good）的强烈冲动等。② 这些自然情感并不直接等于道德情感，相反，是与人性的自利相关的。因此，尽管这些自然情感与道德"意气相投"，但却能与荀子的性恶论保持一致。不过，人由于这些自然情感的驱动，会主动寻求表达，而礼、乐即为这种自然情感的表达提供了充分而恰当的方式。礼、乐作用于未加工的人性的过程，即人性顺从地被塑造成对道德的爱和对礼义的喜好的过程；礼、乐通过疏导、规范人性中本有的自然情感，使之转化为道德情感。如是，人们完全被教化，并且将礼义结构内的生活看作唯一能够充分满足他们对悲、爱、乐之个人表达的生活。至此，黄百锐认为，正是这些内在于人性的自然情感为人们最初的道德义务感的

---

① David S. Nivison, "Critique of David B. Wong, 'Xunzi on Moral Motivation'", in *Chinese Language, Thought, and Culture: Nivison and His critics*, P. J. lvanhoe, ed., Chicago: Open Court, 1996, p. 324.
② 黄百锐此处未提及"圣人恶其乱也，故制礼义以起法度"的"恶乱"情感。"恶乱"情感在《荀子》的文本中与道德的起源密切相关，《王制》《乐论》《性恶》《礼论》等篇皆有论及，但"恶乱"情感是否可以作为人的自然情感，而且可以与"人之性恶"的主张保持一致？我们觉得这是一个值得认真讨论的问题。

养成提供了动机和条件。①

从上述黄百锐的论述中我们不难看到,与万百安强调"心之所可"此一侧面不同,黄百锐则紧扣着荀子人之性恶的论断,将注意力集中于作为第一个圣人如何从自利的情性中生发出对道德的喜好此一核心问题,并敏锐地注意到人类的自然情感与最初的道德之间所具有的意气相投的亲和关系,从而为性恶之人的道德的初始转化给出了合乎情理的解释。可以认为,黄氏的此一解释为荀子道德哲学中的道德动机的初始生成和解决找到了、同时也提供了一个恰当而值得肯定的线索,当然,其存在的问题也仍值得我们认真分析,对此,我们待后将会稍做交待。

五、荀子与"审慎之道"

至少可以这样认为,在许多学者眼中,《荀子》的文本所潜藏的性恶之人如何会生出行善的动机这一问题,就像一个摇曳的钟摆,让人好奇,也让人着迷。他们基于文本的不同侧面给出了各种可能的解释,在这些尝试中,柯蒂斯·哈根(Kurtis Hagen)在一篇题为《荀子与审慎之道:作为成善动机的欲望》的论文中,对荀子的道德转化问题提出了具有启发性的解释。② 依哈根,荀子最著名的口号是人性恶,意味着我们天生的性向是可恶的,然而,荀子并不是一位悲观主义者,他相信人们能够成善。但是,性恶之人如何成善?荀子认为,我们需要"伪",亦即人的智思的构成物能够帮助我们重塑自

---

① David B. Wong, "Xunzi on Moral Motivation", in *Virtue, Nature, and Moral Agency in the Xunzi*, pp. 147-151. 黄百锐的人的自然情感与道德之间具有"意气相投"的关系的看法,王国维当年也曾指出过,只不过其结论与黄百锐不同,认为荀子这样分析会导致人情与人性的自相矛盾。王国维说:"考荀子之真意,宁以为(礼)生乎人情,故曰'称情而立文。'又曰'三年之丧,称情而立文,以为至痛之极也。'荀子之礼论至此不得不与其性恶论相矛盾,盖其所谓'称情而立文'者实预想善良之人情故也。"参见王国维:《王国维文集》第3卷,中国文史出版社1997年版,第215页。然而,如果我们顺从黄百锐的解释,人的自然情感并没有预设利他主义为前提,两者之间似乎并不存在矛盾。
② Kurtis Hagen, "Xunzi and Prudence of Dao: Desire as Motive to Become Good", *Dao: A Journal of Comparative Philosophy*, 2011 (10), pp. 53-70.

己的品质，荀子相信通过努力地应用我们的心智，反对盲目地顺从我们天生的情感性向，人们就能够发展和保持与"道"的一致并获得和谐。哈根的文章较长，除"导言"与"结语"外，分七个部分讨论了相关的问题，但纵观全文，其中最重要的议题似乎主要有两个方面，其一是对荀子欲望论的分析，其二是对荀子"化性"主张的理解。

荀子主张人之性恶，故成德的手段在化性起伪，伪起而生礼义，也因此荀子通常被认为提供了一个转化欲望的方法。然而，哈根开门见山地指出，严格地说，荀子并没有为我们提供这种方法，毋宁说，荀子只是为我们发展出了一套"辅助性动机结构"（auxiliary motivational structure），当这种辅助性动机结构与我们的原初欲望发生冲突时，能够制服我们的原初欲望；当一个人成功地转化其所有的品质后，原初欲望依然保留，并获得了极大的满足。此处，哈根把荀子的欲望划分成两种不同形态，其一是"基本欲望"（basic desire）①，如"饥而欲食，寒而欲暖"等，其二是"具体欲望"，亦即对具体事物的欲望（desire for a specific thing），如"食欲有刍豢，衣欲有文绣"等。依哈根，基本欲望人生来即有，根源于天，且不会改变。基本欲望与具体欲望的关系是：基本欲望是具体欲望的基础，具体欲望包含基本欲望；而具体欲望则以经验和推理为中介。在荀子那里，基本欲望由于与可恶的性和情相连，而且也常常与感官相关，所以会有些负面的含义，但当导之以智时，这种欲望并不坏，故而在实现道德转化时，荀子并不主张改变我们的基本的自然欲望，这种欲望不能也不需要改变，但我们必须修改（revamp）我们的动机结构，以使新动机和新欲望成为激发人们合于"道"的行

---

① 在哈根的文章中，"基本欲望"有各种不同的说法，或谓"原初欲望"（original desire）（Kurtis Hagen, "Xunzi and Prudence of Dao: Desire as Motive to Become Good", *Dao: A Journal of Comparative Philosophy*, 2011（10），p. 53）、"原初自私欲望"（original selfish desire）（p. 54）、"基本自然欲望"（basic natural desire）（p. 57），或直接称"自然欲望"等，其意大体指的是人天生而有的欲望能力。

为动力。① 然而，问题在于，哈根既然认为道德转化并不要求改变我们的基本欲望，而这种基本欲望又表现为我们的自然情性，那么，作为荀子思想核心之一的"化性起伪"中的"化性"又该如何理解？对此，哈根对理解荀子"化性"的两种似是而非的解释提出了批评。一种认为，"化性"即以一种新的不同的性取代旧的性；② 另一种则认为，"化性"是"性"转化成了"伪"，化性之后，性不复存在，仅有人为的动机（artificial motivations）保留。接着，哈根详细地分析了《儒效》《性恶》篇中出现的三次有关"化性"的不同说法，最后得出结论认为，"化性"本身并没有引起性自身的改变，而这里的性主要指的是基本欲望。换言之，"化性"所改变的只是我们的具体欲望。故而哈根认为："当我们引导我们的欲望时，我们能改变我们的具体欲望，但却不能改变我们的基本欲望，或更准确地说，我们能改变我们的欲望所注意的具体对象。由于经验、知识和训练的原因，我们发现，欲望的某一具体对象，要么在考虑全局后并非真正的最值得欲求的，要么与我们'积累'起来的新的动机结构形成冲突。"③ 为此，哈根引荀子《正名》篇所谓"凡语治而待去欲者，无以导欲而困于有欲者也。凡语治而待寡欲者，无以节欲而困于多欲者也"，以证明自己的观点与荀子思想的相关性，盖依哈根，荀子此处所说的"节"明显不意味着减少欲望，它只是意味着要求修改（modify）我们欲望的作

---

① 依哈根自己的说法，道德转化并不要求转变人的基本欲望的看法，是由他自己和丹·罗宾斯（Dan Robins）独立发展出来的，而与斯托尔纳克、克莱恩、万百安、庄锦章（Kim-chong Chong）以及他自己早年的博士论文所持的观点有所不同。Kurtis Hagen, "Xunzi and Prudence of Dao: Desire as Motive to Become Good", Dao: A Journal of Comparative Philosophy, 2011（10），p. 54, note 2. 罗宾斯的论文学者可参考 Dan Robins, "The Development of Xunzi's Theory of Xing: Reconstructed on the Basis of a Textual Analysis of Xunzi 23, 'Xing E'性恶（Xing is bad）", in Society for the Study of Early China, New York: Cambridge University Press, 2015, pp. 99-158.
② 哈根为此引用了荀子《正名》篇对"化"的定义，即"状变而实无别而为异"的说法以证明新的性取代旧的性的看法，但两者在意思上似乎并不相类。Kurtis Hagen, "Xunzi and Prudence of Dao: Desire as Motive to Become Good", Dao: A Journal of Comparative Philosophy, 2011（10），p. 58.
③ Kurtis Hagen, "Xunzi and Prudence of Dao: Desire as Motive to Become Good", Dao: A Journal of Comparative Philosophy, 2011（10），p. 62.

用形态。①

然而，接下来的问题是，为何我们不可随顺我们的欲望？依照黄百锐的解释，此中原因在于对欲望的长远满足的审慎考虑限制了我们对当下欲望的满足，如荀子特别注意"长虑顾后"② 便非常能说明问题。对此，哈根认为，至少在早期阶段，儒家自我修养征途中的动机明显地来自审慎的计算。当然，荀子并不提倡日常生活中的每一个决定都基于功利的计算，只是对荀子而言，具有深谋远虑的审慎为自我修养提供了最初的动机。但当在发展出德性之后，我们可以培养出一种基于非审慎的品质，不必每个决定皆出于功利的计算，而可以出于礼义或公义等更高的标准，只不过鼓励我们走上修养之途的依然是审慎的动机而非别的东西，故荀子云："仁义德行，常安之术也。"③ 在这个意义上，哈根认为，荀子对问题的思考似乎始终是在一个以欲望为基础的后果主义的审慎范式之中④，如荀子云："人之情，食欲有刍豢，衣欲有文绣，行欲有舆马，又欲夫余财蓄积之富也；然而穷年累世不知不足，是人之情也。今人之生也，方知畜鸡狗猪彘，又蓄牛羊，然而食不敢有酒肉；余刀布，有囷窌，然而衣不敢有丝帛；约者

---

① 此句中的"凡语治而待寡欲者，无以节欲而困于多欲者也"，杨倞注为"若待人之寡欲，然后治之，则是无节欲之术，而反为多欲者所困"。北大本《荀子新注》释为"凡谈论治理好国家的道理，而想靠减少人们的欲望，这是没有办法节制欲望而被欲望太多所难住了的人"。参阅北大《荀子》注释组：《荀子新注》，中华书局1979年版，第382页。李涤生《荀子集释》解为"凡讨论治道而主张必使人民寡欲，然后可望正理平治的，都是没有办法节制人欲，而为多欲所困的"。载氏著：《荀子集释》，学生书局1979年版，第528页。诺布洛克则将此句中的"节欲"翻译成"moderate their desires"，参见 John Knoblock, *Xunzi: A Translation and Study of the Complete Works*, Vol Ⅲ, Redwood City: Stanford University Press, 1994, p. 135. 而华滋生（B. Watson）将其翻译成"desires can be controlled"，参见 B. Watson, *Hsun Tzu: Basic Writings*, New York: Columbia University Press, 1963, p. 150. 以上几个注本和译本皆未将"节欲"理解成修改欲望，"节欲"不是要去除欲望，它在某种程度上可以包含修改欲望，但主要还是节制（重在控制和减少）欲望，这从"节欲"和"多欲"的对言中可以看出。
② 《荀子·荣辱》，《荀子集解》卷2，第67页。
③ 《荀子·荣辱》，《荀子集解》卷2，第62—63页。
④ Kurtis Hagen, "Xunzi and Prudence of Dao: Desire as Motive to Become Good", *Dao: A Journal of Comparative Philosophy*, 2011（10），p. 63.

有箧箧之藏，然而行不敢有舆马。是何也？非不欲也，几不长虑顾后，而恐无以继之故也？于是又节用御欲，收敛蓄藏以继之也。是于己长虑顾后，几不甚善矣哉！"最后，哈根对荀子的"养欲"提出了他自己的看法。荀子在《礼论》篇论述礼之所起后，紧接着说："故礼者养也。刍豢稻粱，五味调香，所以养口也；椒兰芬苾，所以养鼻也；雕琢刻镂，黼黻文章，所以养目也；钟鼓管磬，琴瑟竽笙，所以养耳也；疏房檖䫉，越席床笫几筵，所以养体也。"但究竟如何理解荀子所说的"养欲"？养欲仅仅是对欲望的满足吗？庄锦章教授曾经指出，荀子认为"礼者养也，具有经由教化使自己变得优雅的意义"①，而哈根对此进一步解释说，此处的"优雅"（refinement）与其说是对旧品味的修正和转化，不如说包含了新品味的积累。换言之，养欲包含的教化及其所具有的优雅的结果，实际上是发展出了一种新的动机性向（new motivational disposition）。人们在开始时并没能发现随顺礼义的内在动机，而需要外在的刺激，然而，一旦人们因审慎的缘故开始遵守礼义后，践行礼义的经验会使人产生出新的动机结构，正如荀子所言："今使人生而未尝睹刍豢稻粱也，惟菽藿糟糠之为睹，则以至足为在此也，俄而粲然有秉刍豢稻粱而至者，则瞲然视之曰：此何怪也？彼臭之而嗛于鼻，尝之而甘于口，食之而安于体，则莫不弃此而取彼矣。"② 到那时，人们便有了内在的动机去践行礼义。如是，道德修养与转化的过程亦可说是一个"养欲"的过程，其最终结果就是使欲与礼义之道合而为一。

可以说，哈根的文章带给人的启发是多方面的，无论是他对荀子欲望的分析，还是他对荀子化性、养欲的理解，皆有其独到的看法。然而，我们似乎也不难看到，哈根对荀子道德转化的理解框架，尤其是他对荀子欲望理论的分析，虽有相当的文本根据作基础，但其方法则颇类于休谟的道德心理学，甚至可以说是从休谟那里脱胎而来的。

---

① Kim-chong Chong, *Early Confucian Ethics: Concepts and Arguments*, Chicago: Open Court, 2007, p103.
② 《荀子·荣辱》，《荀子集解》卷2，第65页。

休谟也将欲望区分为"原初欲望"（original desire）和"衍生欲望"（derive desire），哈根只是把衍生欲望改换成"具体欲望"而已。在休谟那里，人的行动的动力必定源自行为主体的原初欲望，而且这种原初欲望并不接受理性的管束，理性只能把衍生的欲望作为自己的评价对象，而哈根也认为，在荀子那里，化性之前和化性之后，原初欲望都不会改变，我们只是通过知识、经验以及训练等改变具体的欲望以形成新的动机结构等。不过，既然哈根以休谟的方法来解释荀子，那么他同时也就必须面对学者对休谟的质疑，而这种方法上的质疑显然也同样适用于哈根对荀子道德动机论的理解。托马斯·内格尔（Thomas Nagel）便明确反对休谟式的方法，认为"以源自行动主体的欲望来说明所有动机问题的模棱两可的肤浅方法应当结束了"①。人们之所以会相信每个有意识的行动背后皆有欲望作为基础，原因在于他们混淆了"有动机"（motivated）的欲望和"没有动机"（unmotivated）的欲望，以至于认为所有行动的动机效力皆由欲望所提供。当然，哈根对荀子的道德动机的形成在具体的解释方面并不完全同于休谟，而且详细评论哈根的观点并非本文的目的，学者对此也已有相关的检讨。② 尚须提及的是，近段时间以来，宋晓竹（Winnie Sung）教授发表的两篇文章对荀子的道德转化问题提出了新解。一般而言，学者大多认为，在荀子的思想中，"欲"是能引发行为的独立的推动力；也因此，"心"与"欲"的关系可以被理解为"心"是否允许"欲"作为一种引发行为的独立推动力的关系，这种看法的文本根据主要源自学者对《正名》篇相关说法的解释。然而，在《荀子思想中的欲：欲望自身能激发行为吗？》一文中③，作者却对此通常看法提出了异议。依作者，在荀子那里，"欲"依其自身并不能激发行动。为此，作者从三个方面进行了检讨，首先对"欲"被看作独立的动机

---

① Thomas Nagel, *Possibility of Altruism*, Oxford: Clarendon Press, 1970, p. 27.
② 参阅王华：《礼乐化性：从〈荀子〉谈情感在道德认知与判断中扮演的角色》，载郑宗义主编：《中国哲学与文化》第十三辑，漓江出版社2016年版，第39—67页。
③ Sung Winnie, "Yu in the Xunzi: Can Desire by Itself Motivate Action?", *Dao: A Journal of Comparative philosophy*, 2012 (11), pp. 369-388.

来源的一般假定提出了说明、质疑和批评；其次通过文本分析，作者认为只有"心"（the heart/mind）自身才能激发行动；最后作者认为，"心"与"欲"的冲突问题在荀子的思想中并不适用，并进一步推断，在荀子那里，"心"不仅始终是一种激活的力量，同时"心"也具有追求欲望对象的自然倾向的含义。果如是，则道德失败的根源在于"心"依一种特定的不恰当的方式活动。作者在发表此文后，似意犹未足，故四年后又著《〈荀子〉道德转化问题之初解》一文[1]，在思路上承续上文并有进一步的推进。依作者，荀子主性恶，同时性又可以转化，但这种人性恶在初始阶段如何转化的问题并不十分清楚，如若对此问题没有清楚的回答，我们便很难断定荀子所认为的一个人究竟能够在何种程度上真正转化成道德之人。为此，作者别出思路，与认为在荀子的思想中情与道德转化无关的传统解释或荀子的伦理学能够容纳或调节情的主张不同，作者认为，在荀子那里，道德转化的过程实际上是"心"对人的独特情感的反思过程，正是情的特性使得道德转化成为可能。因此之故，作者分别检讨了学界对荀子有关心论的三种不同解释，并提出质疑。第一种观点认为，"心"守道是出于审慎的理由；第二种观点认为，"心"在守道的初始阶段是出于审慎的理由，但通过意识活动和伪的功夫，心能逐渐把"道"看作目的本身并喜爱上"道"；第三种观点则并不预先假定"心"是出于理性的决定而追随"道"，它只是把"道"看作与特定的能够发展成为适当导引的天生的性向意气相投的东西。作者在此基础上提出，荀子的人性恶实际上应当被理解为"心"具有追逐自利的不适当的自然倾向，如荀子云"心好利，而谷禄莫厚焉"[2]，而礼通过形塑和规制人的自然情感来转化"心"的这种不适当的自然倾向，因此，"化性"问题实质上是对"心"的转化问题。惟当自然情感以一种确定的方式被形塑和规制之后，"心"才能从这种不适当的自然倾向中分离出来，成为

---

[1] Winnie Sung, "Ethical Transformation in the Xunzi: A Partial Explanation"，载郑宗义主编：《中国哲学与文化》第十三辑，漓江出版社2016年版，第69—97页。
[2] 《荀子·王霸》，《荀子集解》卷7，第217页。

守道的动机。如是，关键的问题在于，何以这种具有不适当的自然倾向的"心"能够使一个人完成从倾向自利到守道的转化？在作者看来，一个可能的解释是"心"有知的能力，"心"作为"天君"可以治理五官。依作者，通过自我反省，"心"意识到自我与他人在作为人类成员的特性中是相互关联的，并且懂得为何一种确定的道德标准是必需的。假如"心"从事于这种反思的观点足够长，那么，人的未加修饰的天然情感将会被形塑成合于道德的情感。

毫无疑问，宋晓竹教授的论文为我们从多角度理解荀子的道德转化问题提供了有益的启发，与大部分学者讨论荀子道德转化时注重对欲的理解不同，作者聚焦于荀子的"心"，"心"兼知、情为一体，所言并非无据。正如陈大齐教授所指出的："荀子所说的心应当是一切心理作用的总称。唯其为总称，故知可以称为心，情亦可以称为心。若因见其常用以称呼知虑，遂谓其专摄知而不兼摄情，则未免有失荀子用语的原义。"① 或许正因为如此，"横看成岭侧成峰"，探究荀子之道德动机转化当有综合的视野，究极而言，宋晓竹的研究提示我们，荀子思想中的"心"似尚有很大的解释空间，如必欲出于一途，则不免有使美厥灵根，化为焦芽绝港之忧。② 必须说明的是，有关荀子道德转化问题的讨论，学界还有许多学者的看法值得我们做认真的分析，如亚伦·斯托尔纳克（Aaron Stalnaker）、克莱恩（T. C. Kline Ⅲ）、庄锦章（Kim-chong Chong）、胡顿（Eric Hutton）以及罗宾斯（Dan Robins）等，文中虽间或有些引语和说明，但却远未加以详细的介绍和梳理，此一工作只好留待今后补足。

六、道德动机："现成"还是"渐成"？

按照荀子的说法，"今人之性，生而有好利焉""性不知礼义""今人之性，固无礼义，故强学而求有之也"。③ 人之性天生好利恶害，

---

① 陈大齐：《荀子学说》，第38页。
② 有关宋晓竹的研究，意欲专文加以讨论，此处不及。
③ 《荀子·性恶》，《荀子集解》卷17，第434、439页。

若无师无法,则唯利之见。果如是,对荀子而言,追问一个人行道德之事的动机,似乎在于说明作为一个行为者,如何才可能有基于其"自利"本性的实质性理由去依道德而行动。

荀子主性恶,我们暂且搁置荀子的性此一概念的复杂性不论,性恶本身至少意味着,人性在没有"伪"(礼义法度或度量分界)的矫饰时,会顺其天生的欲望无限制地发展,但在"势""物"有限的情况下,在逻辑上必然会导致"争乱穷"的结果。① 有一点可以确定,在荀子人性论的内在结构中,并不存在任何"现成"的道德倾向。② 事实上,从荀子"夫陶人埏埴而生瓦,然则瓦埴岂陶人之性也哉?工人斲木而生器,然则器木岂工人之性也哉?"③ 的比喻中不难看到,我们所谓的道德并不"现成"地内在于人性的结构之中。也正因为如此,尽管柯雄文和葛瑞汉两位学者,尤其是柯雄文教授,对荀子思想的研究精微细密,视野宽阔且著述甚丰,但当他们试图通过对《荀子》文本中某些说法的诠释来反证荀子人性思想中具有内在的欲求道德的倾向时,这种主张似皆不免有过度诠释之嫌。学者谓荀子论道德不能在人的心性上立根,没有"先天"的内在根据,今暂且撇开哲学立场的选择不论,所谓"无根",在描述的意义上,对荀子而言,可以理解为行动者"最初"在面对道德抉择时所做的实践慎思(practical deliberation)并不能保证其行动具有出于道德要求的必然性。因此,寻求对荀子的道德动机的解释,"现成"论的模式将会在文本上面临巨大的理论困难。不过,假如我们换一个视角,亦即从

---

① 参阅拙文:《荀子论"争"》,《中国哲学史》2016年第2期,第71—77页。
② 依何艾克的看法,荀子虽然常常用自私的例子,但他并没有在其他的地方"明显地排除他人导向型的欲望,也未曾宣称我们所有的自然欲望皆仅仅瞄准我们自个的利益"。举例来说,一个父亲可能会自私地爱他的儿子,但是,如果他为了他儿子的幸福,愿意做包括盗窃和杀人的任何事情,那么,我们就没有理由排除为什么荀子会不谴责这一明显的利他动机。"荀子可能会否认此类利他倾向构成了我们各种自然倾向的主要部分,然而,即便荀子认可这种利他倾向,也不会与他的人性论相矛盾。"参阅 Eric Hutton, "Does Xunzi Have a Consistent Theory of Human Nature?", in *Virtue, Nature, and Moral Agency in the Xunzi*, p. 230.
③ 《荀子·性恶》,《荀子集解》卷17,第441页。

"渐成论"（epigenesis）的角度上看①，所谓道德在人性中的生成似乎并非只有"道德直接从原初人性中现成的道德成分中生发出来"这样一种解释模式或体现方式，换言之，荀子的道德动机的形成，在理论上可以有"渐成论"或"建构论"的解释模式。如果这种看法可以成立，那么，因荀子主性恶，并进而一概断言，在荀子那里，行道德之事并不可能有任何内在动机的认识在理论上也就应该可以得到松动，否则，荀子所主张的"先义而后利"②"以义制利"③自然不得其解，而荀子所谓"仲尼之门，五尺之竖子，言羞称乎五伯。是何也……彼以让饰争，依乎仁而蹈利者也，小人之杰也，彼固曷足称乎大君子之门哉！"④ 也只能被认为是一时的"滞词"或"壅语"。⑤ 然而，我们既不能无视上述说法，也不能将这种看似与性恶论相矛盾的主张一概轻易地归诸荀子思想所带给人们的"疑难"乃至"混乱"（chaos），毋宁说，这正构成了我们在荀子思想研究中的"课题"。

假如我们把礼义理解为荀子所说的道德⑥，那么，荀子对道德产生的根源的确有其特殊的看法。劳思光先生认为，荀子的礼是出于应付现实环境的需要的产物，盖依荀子，人生而有欲，欲而不得则不能无求，但由于"欲多而物寡"，若无度量分界，其结果必将导致"势不能容""物不能赡"⑦，及其至也，"则夫强者害弱而夺之，众者暴寡而哗之，天下悖乱而相亡，不待顷矣"⑧。故圣人恶其乱而生礼义起法度。至此，礼义道德至少在根源上是出于现实的需要为人所创制出来

---

① 参阅 P. Ricoeur, *The Conflict of Interpretations*: *Essays in Hermeneutics*, Evanston: Northwestern University Press, 1974, p. 109.
② 《荀子·荣辱》，《荀子集解》卷2，第58页。
③ 《荀子·正论》，《荀子集解》卷12，第332页。
④ 《荀子·仲尼》，《荀子集解》卷3，第105—106页。
⑤ 荀子此说的意思是，五伯（五霸）虽有辞让的道德行为，但其动机却在于争夺；虽有符合仁的道德行为，但其动机却在获得实际的利益。他们是真小人，与道德君子远若霄壤。
⑥ 荀子所言的礼或礼义涵容甚广，道德无疑是其中的一项最为重要的内容。但在根源意义上，荀子言礼的首出含义是政治学的而非伦理学的。参阅拙著：《差等秩序与公道世界》第七章，上海人民出版社2016年版，第165—191页。
⑦ 《荀子·荣辱》，《荀子集解》卷2，第70页。
⑧ 《荀子·性恶》，《荀子集解》卷17，第440页。

的，而不是如孟子所说的那样是从原初人性的结构中"现成"地推演出来的。也正因为如此，今若就礼义之作为道德义来理解，其最重要的意义的确在于保证人类的生存与秩序，在于保证社会的安定和生活的繁荣，故荀子云："礼者，以财物为用，以贵贱为文，以多少为异，以隆杀为要。"① 又云："礼者，治辨之极也，威行之道也，功名之总也。"② "礼义之谓治，非礼义之谓乱也。"③ 如此等等。从这个意义上看，人们出于整体欲望的长远满足的目的而对当下的口腹之欲（sensual desires）加以必要的限制④，虽然蕴含了荀子对欲望进行规范评价的主张，但在本质上这些作为都与利益的自我关涉（self-regarding）相关。在荀子性恶论的条件下，从原始的野蛮时代发展到文明时代，荀子似乎的确相信第一个圣人的出现，或道德的最初的产生，正如艾文贺所说的，是由一群天赋异秉的个人发现的，他们是最早发展出对世界的初步的道德理解的一批人，但这种发展却需要花费大量的时间和经过反复的试错，以便理解人类的需要和欲望的复杂性及其相互关系的方方面面，并使之与大自然的宏大规划相适应。⑤ 因此，我们也可以说，在荀子那里，道德的最初产生是最早的一批圣人在漫长的历史演化中，出于生存的需要或对人类整体欲望的长远满足的目的（或谓"正理平治"的理想，或谓"群居和一"的理想生活），而不断地进行"兼权""孰计"、分析、评估、取舍，最后采取决断的结果。换言之，人们最初欲求道德的主观根据（动机）是出于审慎的（prudent）考虑，荀子对此有许多的论述，如云：

> 欲恶取舍之权：见其可欲也，则必前后虑其可恶也者；见其可利也，则必前后虑其可害也者，而兼权之，孰计之，然后定其欲恶取舍。如是则常不失陷矣。⑥

---

① 《荀子·礼论》，《荀子集解》卷13，第357页。
② 《荀子·议兵》，《荀子集解》卷15，第281页。
③ 《荀子·不苟》，《荀子集解》卷2，第44页。
④ 荀子对礼所具有的"分、养、节"三大功能和作用的看法，非常清楚地表明了这一点。
⑤ P. J. Ivanhoe, "Human Nature and Moral Understanding in the Xunzi", in *Virtue, Nature, and Moral Agency in the Xunzi*, p. 238.
⑥ 《荀子·不苟》，《荀子集解》卷2，第51页。

> 凡人之取也，所欲未尝粹而来也；其去也，所恶未尝粹而往也。故人无动而不可以不与权俱。衡不正，则重县于仰，而人以为轻；轻县于俛，而人以为重；此人所以惑于轻重也。权不正，则祸托于欲，而人以为福；福托于恶，而人以为祸；此亦人所以惑于祸福也。①

> 人之情，食欲有刍豢，衣欲有文绣，行欲有舆马，又欲夫余财蓄积之富也；然而穷年累世不知不足，是人之情也。今人之生也，方知畜鸡狗猪彘，又蓄牛羊，然而食不敢有酒肉；余刀布，有囷窌，然而衣不敢有丝帛；约者有筐箧之藏，然而行不敢有舆马。是何也？非不欲也，几不长虑顾后，而恐无以继之故也。于是又节用御欲，收敛蓄藏以继之也。是于已长虑顾后，几不甚善矣哉！②

上述所引包含的意义很广，解释的空间也很大，但如果允许我们做一个更为明白简洁的解释，那么所谓"审慎"的动机大概就是荀子所说的"长虑顾后"的考量，在这一点上，万百安、黄百锐、艾文贺、克莱恩以及哈根等学者皆在不同程度上注意到了荀子的此一主张。毫无疑问，这些研究对于我们进一步了解荀子的道德动机理论具有重要的启发作用。③

---

① 《荀子·正名》，《荀子集解》卷16，第430页。
② 《荀子·荣辱》，《荀子集解》卷2，第67—68页。
③ 冯友兰先生在1961年出版的《中国哲学史》一书中有另一种说法，即道德的最初起源乃"知者制为道德制度"说。依冯先生，荀子虽主人之性恶，但人却又有相当的聪明才力，人有此才力，若告之以父子之义，君臣之正，即亦可学而能之，"盖人有聪明才知，知人无群治不能生存，又知人无道德制度之不能为群，故知者制为道德制度，而人亦受之"。参阅氏著：《中国哲学史》，中华书局1961年版，第365页。冯先生此说有《富国》篇开篇的第一段作为根据，荀子云："欲恶同物，欲多而物寡，寡则必争矣。故百技所成，所以养一人也。而能不能兼技，人不能兼官。离居不相待则穷，群居而无分则争；穷者患也，争者祸也，救患除祸，则莫若明分使群矣。强胁弱也，知惧愚也，民下违上，少陵长，不以德为政：如是，则老弱有失养之忧，而壮者有分争之祸矣。事业所恶也，功利所好也，职业无分：如是，则人有树事之患，而有争功之祸矣。男女之合，夫妇之分，婚姻娉内，送逆无礼：如是，则人有失合之忧，而有争色之祸矣。故知者为之分也。"虽然冯先生并未紧扣道德动机而为言，也未明确说出道德的最初产生是人们审慎的动机的结果，但似乎多少蕴含了类似的意思。只不过，在人类尚未有礼义道德的情况下，知者之"知"如何从一开始就能知礼义道德？此中缺少一些必要的环节上的解释。

然而，尽管荀子有关审慎动机的说明对于理解初期阶段道德动机的转化具有相当的解释力；尽管荀子出于审慎的动机而主张节制或转化当下欲望的看法具有规范评价的功能；同时，尽管也有学者认为，"人类的动机心理学还没有表明，我们被激发起来按照道德原则行动的方式，不管是在类型上还是根本上都不同于我们被激发起来追求'日常'的目的或目标的方式"。我们之所以具有强烈的道德意识的动机，"是因为在评价他们的目的时他们赋予道德目的以最大的分量……我们看重道德目的，主要是因为我们相信，持有和实现那些目的对我们自己和对我们所生存的共同体都是好的"。① 但是，如果站在康德的立场，出于这种动机（as such）而来的道德却可能沦为"假言令式"②，即为了达到某一目的，你必须如此这般去做，盖在上述的说法中，道德的目的似乎只是人类诸多目的中的一个选项，只不过这种道德的目的经由兼权熟计、深思熟虑后，恰巧符合人类共同体的好的生活而已，因而这种道德或只具相对价值而无绝对价值，换言之，其行动的动机并不是出于道德本身，而只是在某种意义上合于道德而已。康德哲学一再教导我们，对道德的辩护，其最终的根据不能源自那些对我们来说是"好"的东西，或者说不能通过达成人们的目的、需要或欲望，甚或因满足了人们生存的共同体的福祉就证明其为道德的。因此，具有普遍性和绝对性的道德律并不能在目的—手段的因果关系中，或者在各种混杂相异的所谓"好"中找到其最坚实的基础，行为的全部道德价值的本质取决于道德法则直接决定的意志。③ 审如是，我们就有必要问，假如在荀子那里还存在"唯仁之为守，唯义之为行""畏患而不避义死，欲利而不为所非"④ 等道德动机的主张的话，那么，人们又是如何从"视道德为手段"进至于"视道德为目

---

① 徐向东：《道德哲学与实践理性》，商务印书馆 2006 年版，第 46 页。
② 参阅李明辉：《儒家与康德》，联经出版事业公司 1990 年版，第 27 页。
③ 在西方，康德式伦理学与效果论伦理学（我们也常常将它看作功利论伦理学，这种说法在中文语境中多少带有贬义的意味）可以被看作两个彼此争长竞短的流派。效果论不是我们通常所理解的急功近利的功利主义，它讲求行为之抉择要对人类的福祉有益，所以人有义务去做，换言之，我们没有义务去做对人类有害的事情。
④ 《荀子·不苟》，《荀子集解》卷 2，第 46、40 页。

的"的呢?

从人类动机心理学的发展角度看,荀子有关道德动机的观念大体可以区分为礼义文明产生之前和之后两个阶段。如前所言,在礼义文明产生之前,即从野蛮时代过渡到文明时代的所谓道德产生的最初阶段,我们所面临的问题是,一个怀抱自利情性的人在最初阶段如何能够养成奉行和喜爱道德的动机?此一问题在理论上涉及对人之情性的能塑、可塑的看法。正如许多学者的研究所表明的那样,虽然荀子与霍布斯在理论的特点上有不少相似之处,但他们两人也有一些重要的区别。与霍布斯纯粹以政治方式处理人性问题不同,荀子还特别注意到对人性和人的行为的修养与转化①,实质上,荀子自己就明确地说过,"汤武存,则天下从而治,桀纣存,则天下从而乱。如是者,岂非人之情,固可与如此,可与如彼也哉!"② 而黄百锐(David B. Wong)则认为,荀子的自然状态理论与霍布斯的不同之处在于,霍布斯从未期待过人类的自利动机在从自然状态过渡到市民社会的过程中发生改变,而在荀子那里则不同,当人们认识到他们在求取欲望满足的过程中需要有所限制后,人们不仅知道需要限制他们的行为,而且还认识到需要透过礼(ritual)、乐(music)和义(righteousness)来转化他们的品格。这样,他们就会知道他们是在兴趣上喜爱这些东西,而不仅仅是让这些东西来约束自己。③ 假如我们认同这种解释,那么,一个自利之人最初接受和奉行道德的接合点,与其基本的自然情感的关系就应当是顺与适的关系,而不应一开始便是堵和截的关系。正是在这个意义上,黄百锐所揭发的《荀子》一书中所记载的有关人类的诸多自然情感与道德具有"意气相投"的关系,以及礼、乐充分而恰当地表达了人类的自然情感的看法,显然比万百安一味强化"心之所可"的功能与作用以明荀子的最初的道德动机转化要更具解

---

① David Nivison, "Review of *The World of Thought in Ancient China*", *Philosophy East and West*, 1988, 38 (4), p. 416.
② 《荀子·荣辱》,《荀子集解》卷2,第66—67页。
③ David B. Wong, "Xunzi on Moral Motivation", in *Virtue, Nature, and Moral Agency in the Xunzi*, p. 136.

释力，同时也更切合荀子的本意。如荀子一方面认为，"礼以顺人心为本"①，"两情者②，人生固有端焉。若夫断之继之，博之浅之，益之损之，类之尽之，盛之美之，使本末终始，莫不顺比，足以为万世则，则是礼也"③，"礼者，断长续短，损有余，益不足，达爱敬之文，而滋成行义之美者也"④。另一方面荀子又认为，"夫乐者，乐也，人情之所必不免也"，"夫声乐之入人也深，其化人也速"，"声乐之象：鼓大丽，钟统实，磬廉制，竽笙箫和，筦钥发猛，埙箎翁博，瑟易良，琴妇好，歌清尽，舞意天道兼。鼓其乐之君邪。故鼓似天，钟似地，磬似水，竽笙箫和筦钥，似星辰日月，鞉柷、拊鞷、椌楬似万物。曷以知舞之意？曰：目不自见，耳不自闻也，然而治俯仰、诎信、进退、迟速，莫不廉制，尽筋骨之力，以要钟鼓俯会之节，而靡有悖逆者，众积意謘謘乎！"⑤ 按荀子之说法，"礼"因顺人情而能滋成行义之美；"乐"入人也深，故其化人也速。在乐舞之中，"人们眼看不见自己，耳听不见自己，但其俯仰、屈伸、进退、迟速，莫不合于规矩而见其裁制，竭尽全身力气，让舞步配合钟鼓俯仰会合之节奏，而没有一个人违背，原因何在呢？那是因为众人习于此舞，以致对此舞之节奏有如生命自自然然之表现了……荀子此段与其说是描述了歌舞艺术所表现的中规合节，训练有素的场景，毋宁说，它是通过'舞意与众音繁会而应节'的'隐喻'，表达着'乐'与'舞'在感人、入人方面所造就的'丰满的感觉'……人们不必借助目见、耳闻、口说，而只以其自然之身行即合于整体之节律，'歌'与'舞'使得歌舞者能对自己本身和个人的偏爱保持距离，并同时'使他返回到他的存在整体'"⑥。伽达默尔认为，音乐、舞蹈之类的审美判断虽不是以规定性的普遍理性去判断事物，然而它却是一种"健全的判

---

① 《荀子·大略》，《荀子集解》卷19，第490页。
② 依李涤生，谓吉事欢愉之情与凶事忧戚之情。
③ 《荀子·礼论》，《荀子集解》卷13，第365—366页。
④ 《荀子·礼论》，《荀子集解》卷13，第363页。
⑤ 《荀子·乐论》，《荀子集解》卷14，第379—380、383—384页。
⑥ 参阅拙著：《合理性之寻求：荀子思想研究论集》，第243—245页。

断""完满性判断",直接关系到道德共同体的共同利益,并深深地扎根于此一共同体的"共同意向"(Gemeinsinn)之中,以致所有的人都有足够的"共同感觉"(gemeinen Sinn),因而,它对于培养人们的"共通感"具有十分重要的作用,而"共通感"恰恰是公民道德存在的一个要素。① 毋庸讳言,荀子的相关论述甚多,此处不必一一赘举。依黄百锐的说法,在荀子那里,礼、乐作用于未加工的人性的过程,同时也就是人性顺服地被塑造成对德性的热爱和对礼义的喜好的过程,道德是用以表达人类特定的潜在情感的,而义、礼、乐不仅可以表达这些情感,而且可以引导和形塑它们,以使得人们原初的狭隘的自利变得更为宽广,同时也更坚实地与他人的利益联系在一起。

不过,在人类的礼义文明产生之后,亦即当人们生活和生存域已有了各种规范系统的社会之后,性恶之人的道德动机的形成似乎变得更为复杂,万百安、艾文贺、克莱恩、斯托尔纳克以及哈根等人强调认知与评价的参与对一个人新的动机的形成所具有的作用,显然又比黄百锐强调欲望之于动机的根本性更对人有所启发。我们想着重指出的是,认知、评价的参与对新动机的形成虽不排除审慎的考量,但随着积学、教化、环境和信念等因素的加入,以及上述诸多因素的积靡磨荡,新、旧欲望和新、旧动机的转化亦会有"他乡即故乡"的效果,此中原因似乎并不复杂,因为积学、教化、认知、评价和环境等综合因素将会对一个人新的欲望和动机的形成产生深刻的影响。盖按荀子的说法,人生而有欲,欲而不得则不能无求,"欲望"在此似乎被赋予了天然的正当性。但在进入礼义文明社会之后,由上述这些综合因素所形成的特定的价值信念,却会对一个人的欲望和欲望对象产生"为何去求?""如何去求?""是否可求?"的疑问和影响,"所受乎天之一欲,制于所受乎心之多"②,如是,欲望的天然正当性与价值正当性之间的矛盾,便转化成了一个人在行为抉择时的动机冲突,因为

---

① 参阅伽达默尔:《真理与方法》,洪汉鼎译,上海译文出版社1999年版,第41—48、89—90页。
② 《荀子·正名》,《荀子集解》卷16,第427页。

"化性"如何可能?

有了动机冲突,所以新动机的产生便有了现实的可能。明乎此,我们也便可以理解何以荀子强调"心不可以不知道"①"学不可以已""学莫便乎近其人""君子居必择乡,游必就士"②等言说之于一个人动机转化所具有的意义了。例如排队购物的现象,因人多之故,是采取先来后到的文明方式,还是采取胡乱插队的无序方式,抑或采用恃人高马大的强力方式?一个人在未经这些因素的影响和教化之前,可能会为了满足一己之私而采取插队或强力的方式,然而,因认知、评价及教化等而产生相关的信念后③,他会觉得,即便自己有相对紧急的事情,也不能恃强力破坏有序的文明规则,他会觉得这样做是一种可耻的行为,用荀子的话来说,"人之有斗,何也?我甚丑之"④;更有甚者,他甚至一看到这种场景即会自然而然地排队,而不会想到其他任何有违于有序规则的行为,这种"自然而然"的意识即意味着一个人的新的动机的形成。事实上,在荀子那里,经由为学去陋、慎思明辨、师法教化等熏习所产生的对某一欲望对象是否可欲、如何可欲的反省,进而产生和形成新的动机和欲望的事例,在《性恶》和《荣辱》等篇中并不难看到。黄百锐将荀子的道德心理学理解为"对行为所可的唯一基础就是欲望,心之判断的最终的动机力量乃是从欲望中衍生出来的",这种认识在我看来,在人类尚未进入礼义文明时代时有其合理的一面。然而,当人类进入礼义文明时代之后,"心之所可"的对象却并非如黄百锐所说只有欲望,甚至也并非直接就是欲望,而是"道"。正如艾文贺所指出的,在荀子那里,一个人对实现儒家社会的宏伟计划的既定行为或行为类型,必须有足够的把握,以便完全理解和欣赏其道德品质,这样一种理解反过来产生一种追随"道"的宏伟规划的承诺,这种"道"就其自身而言是善的,不仅意味着而且

---

① 《荀子·解蔽》,《荀子集解》卷15,第394页。
② 《荀子·劝学》,《荀子集解》卷1,第1、14、6页。
③ 这种信念在行动哲学看来,又可称之为"充分理由信念",它具有激发行为动机的功能。
④ 《荀子·荣辱》,《荀子集解》卷2,第56页。

其自身就是最好的生活类型的象征。① 故荀子云："心不可以不知道；心不知道，则不可道，而可非道。人孰欲得恣，而守其所不可，以禁其所可？以其不可道之心取人，则必合于不道人，而不合于道人。以其不可道之心与不道人论道人，乱之本也。夫何以知？曰：心知道，然后可道；可道然后守道以禁非道。以其可道之心取人，则合于道人，而不合于不道之人矣。以其可道之心与道人论非道，治之要也，何患不知？故治之要在于知道。"② 此处，"道"可以解释为礼义文明社会的一整套规范或规则系统③，它既是人的认知和评价的对象，也是对人的美好人生的承诺。人要"可道"，必先"知道"，"可道"后人会产生相应的信念，而此信念入于人心则能使人守道以禁非道，故云"率道而行，端然正己，不为物倾侧"。④ 人之所以认可"道"，是因为"道"本身蕴含的一套评价标准能够告诉人们对错、好坏，而且被人生经验证明了其本身就是最好的生活形式，故能合于人心。久而久之，人们依"道"而行，即习惯成自然，故荀子云："夫人虽有性质美而心辩知，必将求贤师而事之，择良友而友之。得贤师而事之，则所闻者尧舜禹汤之道也；得良友而友之，则所见者忠信敬让之行也。身日进于仁义而不自知也者，靡使然也。"⑤ 依《春秋繁露》，"积习渐靡，物之微者也，其入人不知，习忘乃为，常然若性，不可不察也"⑥。如是，人便在无形中形成了一种新的动机机制，故荀子又云："今使人生而未尝睹刍豢稻粱也，惟菽藿糟糠之为睹，则以至足为在此也，俄而粲然有秉刍豢稻粱而至者，则瞚然视之曰：此何怪也？彼臭之而嗛于鼻，尝之而甘于口，食之而安于体，则莫不弃此而取彼矣。"⑦ 荀子此段常

---

① P. J. Ivanhoe, "Human Nature and Moral Understanding in the Xunzi", in *Virtue, Nature, and Moral Agency in the Xunzi*, p. 239.
② 《荀子·解蔽》，《荀子集解》卷15，第394—395页。
③ 严格说来，"规范"与"规则"并不相同，对人而言，前者表现为义务性和可选择性，而后者则更强调人对它的遵守。
④ 《荀子·非十二子》，《荀子集解》卷3，第102页。
⑤ 《荀子·性恶》，《荀子集解》卷17，第449页。
⑥ 《春秋繁露·天地施》，载苏舆撰：《春秋繁露义证》卷17，中华书局1992年版，第470页。
⑦ 《荀子·荣辱》，《荀子集解》卷2，第65页。

为学者所引,至其言"莫不弃此而取彼"则已明显地蕴含了新、旧动机之转化。① 前引斯托尔纳克(Aaron Stalnaker)对黄百锐的批评可以表明此一点,而克莱恩(T. C. Kline Ⅲ)亦随顺万百安的思路认为:"(荀子的)'心之所可'可以理解为不同于如此这般欲望(desire as such)的动机机制。荀子将'所可'与'知'相联系,与我们描述和评价我们的内在动机以及外在情境的认知能力相系……这种经由心之指向和控制的过程将原初欲望(original desire)转化成比与生俱来的、随情感状态而涌现的特殊反应更为复杂的动机。这种动机现在可以体现在更为广泛的认知和描述之中,同时也建基于对外在因素之性质的理解和敏锐感知之上。"② 审如是,依黄百锐的说法,如果我们将这种已经转化了的动机依然看作欲望的话,那么,这种新欲望不仅会与荀子有关欲望的定义相违背,而且它几乎等于假定除了欲望,没有任何别的心理状态可以激发行为。"实际情形可能是,'心之所可'表示另一类动机,也许我们可以把它称作一种'实践判断'(practical judgment),它既有认知,又有意动(conative)的因素。"③

同样道理,另一方面我们也应看到,假如我们撇开黄百锐与哈根(K. Hagen)在具体论述脉络上的差异不论,尽管哈根强调智的引入以发展出一套辅助动机系统,但他们两人无论是黄百锐的"欲望竞争说"还是哈根的"原初欲望不变"论,其实都有异曲同工之处,即皆强调欲望之于动机的作用。④ 如果说克莱恩等人已经对黄百锐的观点提出了批评,那么,哈根的主张又存在什么问题呢?哈根将荀子的欲

---

① 荀子此段之文脉说明,人之所以只止于口腹之欲之追求,而不以笃行君子为榜样,原因在于"陋"。依《修身》篇,"少见"为陋,言其愚与塞。就旧动机之转化与新动机之形成而言,此处的"陋"我们可作散开来理解。
② T. C. Kline Ⅲ,"Moral Agency and Motivation in the Xunzi", in *Virtue, Nature, and Moral Agency in the Xunzi*, pp. 160-161.
③ T. C. Kline Ⅲ,"Moral Agency and Motivation in the Xunzi", in *Virtue, Nature, and Moral Agency in the Xunzi*, p. 161.
④ 强调欲望之于动机的作用,在理论上无疑有其根据,问题在于如何理解欲望,此一问题在休谟式道德心理学与行动哲学之间争论不休。简言之,在荀子那里,道德转化后的欲望更多地表现为一种"意动"因素或"愿力"的搜寻状态,而不是如哈根所理解的原初欲望那般,见后说明。

望区分为"原初欲望"与"具体欲望",冯耀明在论及荀子的性概念时,亦将其区分为未及物的性和已及物的性,前者是与生俱来的本能或情性,大体合于哈根的"原初欲望",后者即前者接于外物而产生的"目好色,耳好声,口好味"等之类的欲望,大体相当于哈根的"具体欲望"。① 当然,他们两人在论述的重点上并不相同。按哈根的说法,即便在人的道德转化发生以后,原初欲望依然保留,不会改变,而且获得极大的满足。不过,哈根的这一观点,如前所言,如果站在托马斯·内格尔(Thomas Nagel)的立场上看,则显然混淆了"有动机的欲望"(motivated desire)与"无动机的欲望"(unmotivated desire)。换言之,与具体欲望相区分的所谓原初欲望,不论哈根有多少不同的说法,似皆可表示某种无具体内容的或不及物的能力(但哈根对原初欲望的说法较为混杂),如果这种能力也叫作欲望的话,它是未经主体之人之思虑和决定就突如其来地出现的,如"饥而欲食"等,在内格尔看来,这种欲望虽然可以被说明,但却没有驱动行动主体有所行动的动机效力。② 事实上,在荀子那里,任何可以称得上"具体欲望"的东西,皆必定包含了认知和评价因素的加入。如果我们同意此一看法,那么,哈根区分和保留原初欲望的理论意义就必须得到有效的说明,否则就有可能落空。同时,更为直接的是,正如学者所指出的那样,在哈根那里,道德转化并不要求改变原初欲望,而是一直存在,只不过新产生的辅助动机系统能够克服和压倒原初欲望而已,果如是,则道德转化完成后所形成

---

① 冯耀明:《荀子人性论新诠——附〈荣辱〉篇 23 字衍之纠谬》,《台湾政治大学学报》2005 年第 14 期,第 169—230 页。王华教授主张将荀子对性的理解大略区分为广义和狭义两种,更有助于诠释"化性",亦即狭义的性就是指天生的官能、不具体的生理与心理驱力、倾向等;广义的性则包括狭义的性作用于日常生活经验"自然"产生,由耳目感官、心理能力与外物"精合感应"而发展出的较具体的倾向与表现。参阅王华:《礼乐化性:从〈荀子〉谈情感在道德认知与判断中扮演的角色》,载郑宗义主编:《中国哲学与文化》第十三辑,第 51 页。笔者倾向于赞同这种区分。
② Thomas Nagel, *Possibility of Altruism*, Oxford: Clarendon Press, 1970, p. 29. 依内格尔,驱动行动主体有所行动的动机应当"通过决定和思虑之后"(by decision and after deliberation)而有。

的新动机与原初欲望之间的紧张,将会使得荀子所主张的"备道全美"①"动无不当"②"不失豪厘"③的圣人理想在理论上招致松动和瓦解。④

不过,考察哈根之所以坚持道德转化之后,人的原初欲望非但没有改变,而且获得了极大的满足的原因,其根据正来源于其对荀子"化性"的理解。的确,如果我们浓缩问题的要领,在荀子那里,性恶之人的道德转化正可以以"化性起伪"来概括,而依荀子"化"是"状变而实无别而为异"的定义⑤,"化性"确如哈根所言并没有改变"性"的性质("实无别"),而只是改变性亦即第二义之性所表现出来的各种情欲的作用方式。换言之,原初欲望并没有改变,改变的只是具体欲望。然而,我们需要紧切地意识到,在《荀子》一书中,"化性"总是与"起伪"联系在一起,而荀子言"性"有二义,谓"生之所以然者谓之性。性之和所生,精合感应,不事而自然者谓之性"⑥;言"伪"也有二义,谓"心虑而能为之动谓之伪;虑积焉,能习焉,而后成谓之伪"。⑦ 如是,我们就有必要问,"化性"与"起伪"的关系是什么?"化性"本身是否可以代替"起伪"? 如果可以,荀子又何以要架屋叠床地说"化性而起伪"? 此外,关于对"伪"的理解,第一义之"伪"的意义相对较为清楚,但第二义之"伪"所说的"而后成"的"成"指的是什么?

我们先看第一个问题。有学者认为,"'化性'依赖的是'注错习俗',可是'注错习俗'实际上就是行为方式和习惯,即第一义的'伪'的积累。这样看来,'化性'和'起伪'并不是两个阶段的功

---

① 《荀子·正论》,《荀子集解》卷12,第325页。
② 《荀子·君道》,《荀子集解》卷8,第233页。
③ 《荀子·儒效》,《荀子集解》卷4,第142页。
④ 参阅王华:《礼乐化性:从〈荀子〉谈情感在道德认知与判断中扮演的角色》,载郑宗义主编:《中国哲学与文化》第十三辑,第48页。
⑤ 荀子有关"化"的定义是在《管子》的基础上发展而来的,《七法》篇云:"渐也、顺也、靡也、久也、服也、习也,谓之化。"荀子的定义明显更加哲学化了。
⑥ 《荀子·正名》,《荀子集解》卷16,第412页。
⑦ 《荀子·正名》,《荀子集解》卷16,第412页。

夫，而是同一种功夫的两个面向。"① 我们可能对此看法持保留意见，如果此说为真，那么，荀子何以要突出性、伪之分？的确，荀子明确说过"注错习俗，所以化性也"②，但此处有两点尚须辨明：其一，注错习俗固然可以化性，但化性却并不等于注错习俗；其二，注错习俗固然表现为传统、风俗和习惯对人的影响，但这些风俗习惯和行为方式并不等于第一义之"伪"的"心虑、能动"，恰恰相反，人被"注错"于特定的环境中，其传统、风俗和习惯对人的行为的影响更多地表现为某种"集体无意识"，而与第一义之"伪"所强调的"心虑、能动"相去甚远，因而我们主张不可将"化性"与"起伪"看作同一种功夫的两个面向。实际上，"化"与"起"在此处皆作动词，重点显然在于"性"和"伪"。依荀子，"不可学、不可事而在人者谓之性，可学而能、可事而成之在人者谓之伪"③，此说强调性、伪之间可学可事与不可学不可事的差别。如前所言，荀子言化性指的是第二义的性，而化性所改变的是人的情欲的表现方式，这种表现方式之改变是借由外在的礼义加以矫饰，使之合于规范，故云"状变而实无别而为异"。可是，"起伪"与"化性"不同，可以理解为"化性"功夫的进一步推进，荀子自己也强调"性之所生"与"伪之所生"有"不同之征"。④ 那么，其不同在什么地方呢？今暂且撇开《性恶》篇所言的文本脉络的道理不论，此处有两点需要指出。其一，我们说化性所改变的只是具体欲望的外在表现方式，但在荀子那里，任何具体欲望本身皆离不开认知的因素，换言之，仅凭单纯的原初欲望（此处所说的原初欲望指较为抽象的生理驱力或心理倾向）并不能成全一个欲望行动，如"我想吃"（I desire to eat）必定要知道某物可吃、好吃才能成为一个具体的欲望或欲望行动，如"我想喝可乐"，或依荀子所说的"食欲有刍豢，衣欲有文绣，行欲有舆马"为一个具体的欲望，这个

---

① 参阅邓小虎：《荀子的为己之学：从性恶到养心以诚》，北京大学出版社2015年版，第61页。
② 《荀子·儒效》，《荀子集解》卷4，第144页。
③ 《荀子·性恶》，《荀子集解》卷17，第436页。
④ 《荀子·性恶》，《荀子集解》卷17，第436页。

欲望必定是以认识了"可乐""刍豢、文绣或舆马"对我的"好"为前提的。然而,此一具体欲望之调节或改变并不是由"化性"所实现的,而是由"起伪"所实现的,故荀子云:"情然,而心为之择,谓之虑。心虑而能为之动,谓之伪。"① 其二,此处还涉及荀子第二义之伪所说的"有所成"的"成"究竟指的是什么的问题。在理解此一问题之前,我们看到,荀子言"伪"似乎特别注重"后成""后然"的结果义,如一方面云"夫感而不能然,必且待事而后然者,谓之生于伪",另一方面又云"可学而能,可事而成之在人者谓之伪"②,又云"虑积焉,能习焉而后成谓之伪"③。在此类说法中,荀子言(第二义之)"伪"可以说特别注重结果,而此结果又落在人身上。"化性"所表现出来的"状变"当然也是一种结果,但此一结果只是一种外在表现或外在形式的改变;"起伪"所表现出来的结果是通过学和事、通过"虑"的积累和"能"的熟习而有的结果,这种结果不可能只是人的某种外在形式的改变。陈大齐、李涤生皆认为,荀子第二义的"伪"所言的"成"指的是由行为积累而成的人格④,而邓小虎则认为,第二义的"伪"至少不限于人格,礼义也可以被理解为第二义"伪"的成果。⑤ 我们觉得以上两种说法皆有其道理。但是,无论是"人格"说还是"礼义"说,皆只指涉对已成的新出现的结果的描述,我们要问,何以"成之在人者"的"起伪"会产生这种结果?顺此思路,假如联系荀子"圣人积思虑,习伪故以生礼义而起法度""圣人化性而起伪,伪起而生礼义,礼义生而制法度"⑥ 的说法,那么我们有理由认为,伪起而后有成的"成"实质上已然包括了新的动机的生

---

① 《荀子·正名》,《荀子集解》卷16,第412页。无疑,荀子第一义的"伪"所表现的"心虑、能动"本身可有对错之分,也正因为如此,"起伪"本身是一个不断试错的过程,是一个权衡、比较和决断的过程。
② 《荀子·性恶》,《荀子集解》卷17,第438页。
③ 《荀子·正名》,《荀子集解》卷16,第412页。
④ 陈大齐:《荀子学说》,第35页;李涤生:《荀子集释》,第508页。
⑤ 邓小虎:《荀子的为己之学:从性恶到养心以诚》,第61页。
⑥ 《荀子·性恶》,《荀子集解》卷17,第438页。

成，因为只有基于不同于"化性"、而是基于"起伪"① 而来的新的动机，才能生"人格"、生"礼义"。② 在我们看来，理解此中的道理并不复杂，首先，从文本脉络上看，荀子言"起伪"总是与"生礼义"相连，但礼义如何生？圣人与涂之人之别不在性，而在伪。性无礼义，且倾向于自利，但化性只改变了性（指人的具体欲望）的表现方式，所以仅化性并不能生成一个新的动机，而没有新的动机也就不可能生成新的人格和礼义。其次，从荀子"化性而起伪，伪起而生礼义，礼义生而制法度"的语言用法上看，"化性"与"起伪"之间并非只是一个简单的相连关系，而是实质内容的递进关系，第一步为化性，第二步为起伪。而且我们还想进一步指出，"化性"之所以可能，其实义和根本乃取决于"起伪"。依荀子伪的两重定义，当一个人虑积、能习而后成之后，即人去除了其自利的欲望而以礼义为目的时，这时的"伪"便包含了一个新的动机的形成，而且也只有这种动机才能真正"生礼义""成人格"。换言之，能生礼义、成人格的动机不能单纯从"化性"中产生，而只能从"起伪"中产生，而起伪不仅包含了思虑、评价和信念，也包含了环境、传统和习俗等对人的影响，而这一点正构成了我们理解荀子从第一阶段过渡到第二阶段，亦即在礼义文明已经存在之后道德动机如何形成的关键。

当然，如前所言，单纯的"化性"并不能产生新的动机，新动机的产生只能来自"起伪"，然而，此一说法本身却是有待分析的，若将此一说法做过于极端的解释，则并不符合荀子的意思，盖荀子一方面强调"性伪之分"，另一方面也十分强调"性伪合然后圣人之名一""性伪合而天下治""无性则伪之无所加，无伪则性不能自美"。③ 由此而观，在荀子那里，人的新动机的产生若离开"性"而单纯依靠

---

① 考察荀子对"伪"和"起伪"的理解，其包含的内容甚广，认知、评价、思虑、选择、信念以及传统、习俗、环境等因素皆可涵容，而这些恰恰是孕育新动机的重要原因。
② 按照荀子对"化"的定义，"化性"并未改变"性"的实质，故而由"化性"也不可能产生新的动机，而依此动机而生的"人格"和"礼义"就更难想象了。
③ 《荀子·礼论》，《荀子集解》卷13，第366页。

"伪",则无论在理论上还是在文本上似乎都难有强大的说服力。① 基于此一认识,我们不难看到,尽管斯托尔纳克(Aaron Stalnaker)、克莱恩(T. C. Kline Ⅲ)、万百安(Bryan Van Norden)乃至艾文贺(P. J. Ivanhoe)等人特别强调认知、评价或"心之所可"对于一个人的新动机的产生和形成所具有的根本意义②,但此一看法在理论上似乎仍有两个问题有待说明。其一是由认知或"心之所可"而来的行动理由如何实现从其自身(理由)到动机之间的有效过渡?这大概可以看作一个"休谟式"(Humean problem)的问题,如我清楚地知道我要做什么、我应当做什么,但我却没有去做,这种"意志无力"(weakness of will)问题尚须交待,这一点对于持性恶论的荀子而言尤其重要;③ 其二是这种看法在文本上未能全面照顾到荀子"性伪合"的主张。然而,问题还在于,荀子此处所说的"性伪合"的"性"究竟指的是第一义的"性"还是第二义的"性"?许多学者倾向于认为,荀子"性伪合"之"性"是第二义之性,亦即表现为具体欲望(如"食欲有刍豢,衣欲有文绣,行欲有舆马"等)的性与"伪"的结合,然而,这种理解在理论上似乎并不合适。首先,从荀子言"性伪合"的文本脉络上看,它是顺以下理解而来的,即:"性者,本始材朴也;伪者,文理隆盛也。无性则伪之无所加,无伪则性不能自美。"此处荀子将"性"理解为原始的素材(本始材朴),与《性恶》《荣辱》等篇把"性"理解为好利恶害等具体的情性欲望颇不相同,或许正因为如此,李涤生认为"此数语与性恶说,颇有出入"④。揣度李氏因何有此疑惑,或许是由于其未顾及荀子对"性"有两种定义,假如我们将荀子第一义之性亦即"生之所以然者谓之性"的"性"理解为"性伪合"之"性",则其与"本始材朴"之间便不会有"颇有

---

① 参阅拙著:《合理性之寻求:荀子思想研究论集》,第403页。
② 此处取广义的动机概念,狭义的动机概念倾向于将认知或"心之所可"的"可"看作一种评价。
③ 在儒家性善论的传统中,所谓"意志无力"问题,大凡是把它归结为一个人所知不真、所知不深的问题。参阅拙文:《朱子论真知及其动机效力》,《台湾大学哲学论评》2016年第52期,第1—26页。
④ 李涤生:《荀子集释》,第440页。

出入"之感；其次，从"性伪合"的内容上分析，我们知道，在荀子那里，第二义之性所表现的任何具体的欲望，其之所以可表现为具体形式如"我想穿西服"，必定已加入了认知乃至评价的因素，而"伪"所表现的心之虑、能之动以及虑积、能习本身就包含了认知和评价在内。因此，将"性伪合"之"性"理解为第二义之"性"，在逻辑上便只有两种结果：当具体欲望所包含的认知与"伪"所包含的认知完全一致，则不存在化性起伪；当具体欲望所包含的认知与"伪"所含的认知相互矛盾，则不存在"性伪合"。① 审如是，我们认为"性伪合"的"性"当指第一义之性与伪的结合。前面我们已经说过，我们赞同将第一义之性理解为人天生而有的非具体的心理倾向或生理驱动力，这种性大体合于荀子所说的"生之所以然"的"性"，有学者也主张将荀子的这种性理解为"人类生命的一切天然质具"②。"质具"的另一种说法其实就是"知能"，它是人天生而有且无积极内容的能力，我们也可以将它称作"潜能"（potential capacity），或把它理解为荀无之中而必求于外的"愿力"，只不过这种作为抽象能力的"性"始终处于意动状态或目标搜寻状态之中。由于它本身并无积极的道德内容，就像一个托盘，所以它"不足以独立而治"③，而必将加入后天的"伪"才能生出新的动机，并依此新动机生出人格和礼义，而后使天下归于治而合于道，这便是荀子所言的"性伪合而天下治"的实义。

最后，我们想简单说明的是，按照社会心理学家阿伦森（Elliot Aronson）的看法，人们遵循规范的动力可以表现为三个方面或三个阶段，即"就范""认同"和"规范植入"④，这三个方面也大抵可以

---

① 此处"性伪合"之"合"可有各种不同的解释，如用"加工结合"，如是，则此性虽可取第二义之性，但却不符合前面所说的文本脉络。郝懿行将"合"释为"合一"，语意较模糊。李涤生释为性伪"两者相合"，见氏著：《荀子集释》，第440页。北大本释为"本性与人为相合"，见北大《荀子》注释组：《荀子新注》，第322页。以"相合"释"合"来解释"性伪合"，则所"合"之"性"当为第一义之性，而意思显然更为顺畅。
② 邓小虎：《荀子的为己之学》，第53页。
③ 《荀子·儒效》，《荀子集解》卷4，第143页。
④ 参阅氏著《社会性动物》《绝非偶然》等。又见张德胜：《儒家伦理与秩序情结》，巨流图书公司1989年版，第72—73页。

看作在已有礼义文明的社会之中，荀子有关道德动机形成的三个阶段的缩影。所谓"就范"（compliance）是说人们遵循规范的动机或动力完全来自外在的管束和威迫，他们的行为意识纯是自利的、不择手段的。在任何一个社会中，皆不免存在一些"言无常信，行无常贞，唯利所在，无所不倾"①，或"纵情性，安恣睢而违礼义"②乃至"心如虎狼，行如禽兽"③之人，在荀子看来，对于这些人，我们必须"立君上之势以临之""起法度以正之，重刑罚以禁之"④，目的在于通过这些外在的刑禁和赏罚使他们就范，以"使天下皆出于治，合于善"。因而，"就范"的动机完全来自外在的威慑。所谓"认同"（identification）即借由教化（为学积善的教育以及传统风俗的陶冶等）让人们自觉地遵循社会群体所奉行的规范，使人养成遵守礼义法度的动机。学者已经指出，荀子对人的理解的特色之一是将其置诸由传统、社群和社会组织所构成的意义世界之中，从此一角度上看，荀子的人也可以看作"悬挂在由他们自己编织的意义之网中的动物"⑤，故而教育、师法与环境对于人的规范意识的养成具有十分重要的作用，人性之可塑在于人可教育、可引导、可扰化，"干、越、夷、貉之子，生而同声，长而异俗，教使之然也"⑥。而对于环境对人所具有的潜移默化的影响，所谓"越人安越，楚人安楚，君子安雅"⑦，所谓"居楚而楚，居越而越，居夏而夏"⑧等，荀子论述得最为周到与恳切。

不过，我们应该看到，所谓"认同"之说，虽然人们遵守道德规范的动机来源于人的自觉的意识，但从"认同"概念本身来看，道德规范对人而言仍然是某种外在的认知对象或外在的知识形态。按照冯

---

① 《荀子·不苟》，《荀子集解》卷2，第51页。
② 《荀子·性恶》，《荀子集解》卷17，第435页。
③ 《荀子·修身》，《荀子集解》卷1，第21页。
④ 《荀子·性恶》，《荀子集解》卷17，第440页。
⑤ 参阅格尔茨：《文化的解释》，韩莉译，译林出版社1999年版，第5页。此语原为韦伯所说，为格尔茨所引。
⑥ 《荀子·劝学》，《荀子集解》卷1，第2页。
⑦ 《荀子·荣辱》，《荀子集解》卷2，第62页。
⑧ 《荀子·儒效》，《荀子集解》卷4，第144页。

契先生的说法:"道德行为,亦即合乎道德规范的行为,包含着三个要素:第一,道德理想表现于人的行为,在行为中具体化为处理人和人的关系的准则(规范);第二,合乎规范的行为应该是合理的,是根据理性认识而来的,因此是自觉的行为;第三,道德行为应该是自愿的,是出于意志自由的活动,如果不是出于自愿选择而是出于被迫,那就谈不上行善或作恶。"① 规范认同虽然不像"就范"那样以刑禁和赏罚为后盾,但此阶段中规范对人约束的外在性特点可以说明,出于认同的道德意识或道德动机本身并不稳定。换言之,经由理性认知而来的遵守规范的动机,一旦在道德规范要求与人的利益需求发生冲突时,人们就仍有可能违背规范要求,这是西方伦理学家常常讨论的"搭顺风车"(free rider)的问题,亦即如果在某种情况下,违反道德比遵守道德能给某人带来更大的好处或便利,而又不会被发现或抓到,他就没有理由不去违反道德规则。另一方面,"认同"所包含的规范的外在性在行为方式上更多地表现为"依乎法",然而,在"法教之所不及,闻见之所未至"②的情况下便只能手足无措,顾此失彼,而不能推求应变,应肆从容。由此而观,规范认同必将进至于规范"内植"(internalization),方能为人们履行道德提供一个稳定的动机机制。所谓"规范内植",从理论上看,则我们必须超越那种将规范作为一种知识考察其在历史和经验中的有效性的主张,进而反思和探求规范之所以为规范的普遍必然性的理由,换言之,荀子必须借由人的自我理解提出规范证立③,俾使言道德之言、行道德之行的动机或动力完全出自内心。的确,将历史的经验和关联着历史而完成的实在转化为哲学的反省始终是荀子措意的一个重心,但这并不意味着荀子对规范的普遍必然性没有相应的反思,否则,我们就很难理解荀子所谓的"千人万人之情,一人之情是也;天地始者,今日是也"④"与

---

① 冯契:《冯契文集》第四卷,华东师范大学出版社 2016 年版,第 41 页。
② 《荀子·儒效》,《荀子集解》卷 4,第 140 页。
③ 参阅拙著:《合理性之寻求:荀子思想研究论集》,第 47 页。
④ 《荀子·不苟》,《荀子集解》卷 2,第 48 页。

时迁徙，与世偃昂，千举万变，其道一也"①"百王之无变，足以为道贯"② 等言说。规范总是依"道"而立，而"道"的普遍性和必然性反显出规范价值的性质和特点。审如是，对荀子而言，所谓"规范内植"，简单地说，就是规范已经变成了个人之所欲，人们已然进至于"视道德本身为目的"。"礼然而然，则是情安礼也"③，情性化于礼义，礼义内植于人心，其结果即人的行为"不知不识，顺帝之则"，故荀子云："君子之学也，入乎耳，著乎心，布乎四体，形乎动静。端而言，蠕而动，一可以为法则。"④ 到此时，人的视听言动所为莫不中规合矩，举手投足之间亦堪为人之楷模。但如果这些仍可以被看作形动的外在表现的话，那么，及其至也，则一个人能够做到"使目非是无欲见也，使口非是无欲言也，使心非是无欲虑也。及至其致好之也，目好之五色，耳好之五声，口好之五味，心利之有天下。"⑤ 意思是说，一个人通过教化、学习、思考和自我反省，所产生的动机将会是使自己的眼睛不是正确的东西就不想看，使自己的耳朵不是正确的东西就不想听，使自己的嘴巴不是正确的东西就不想说，使自己的脑子不是正确的东西就不想考虑。⑥ 而到了对礼义道德的爱好至极致时，就像目之好五色，耳之好五声，口之好五味，心之利有天下之富一样，纯全如人的自然欲望般自然。正因为如此，李涤生于此下注云："孟子曰：'礼义（当为理义）之悦我心，犹刍豢之悦我口。'与此同义。"⑦ 所注传神而端的。

---

① 《荀子·儒效》，《荀子集解》卷4，第138页。
② 《荀子·天论》，《荀子集解》卷11，第318页。
③ 《荀子·修身》，《荀子集解》卷1，第33页。
④ 《荀子·劝学》，《荀子集解》卷1，第12页。
⑤ 《荀子·劝学》，《荀子集解》卷1，第19页。
⑥ 此处译文参阅张觉：《荀子译注》，上海古籍出版社2012年版，第10页。
⑦ 李涤生：《荀子集释》，第20页。

儒家传统与现代化
——论香港华人家族企业的实践经验

郑宏泰

(香港中文大学香港亚太研究所)

一、引　言

  自"亚洲四小龙"经济腾飞开始，有关儒家思想有助于刺激经济发展的讨论便先后涌现。① 到中国大陆自推行改革开放政策而呈现经济欣欣向荣、持续高速增长之势时，有关儒家文化与现代化的讨论更是此起彼伏，从未停止。② 至于支持这些经济体不断发展的中流砥柱，则是多如恒河沙数的中小企业，而这些企业绝大多数为家族企业。由是之故，深受儒家思想熏陶的无数家族③，在传承传统文化的同时，又能在操赢计奇与经营管理过程中，运用传统文化的精华与优势做出突破，达至不断壮大、发展和现代化的目标，这特别吸引中外社会的研究目光。

  本文以中国香港这个荟萃华洋、融合中西的社会的华人家族企业为例，说明这个由小渔村发展成国际金融都会的地方，是如何从扎根于传统儒家思想走向现代化的，尤其会重点探讨儒家伦理与家族文化如何促进经济发展，而现代化体制如公司制度及股票市场等，又怎样获得华人华商欢迎，同时又怎样为家族企业注入更为强大的发展动力，从而指出儒家传统走向现代化的一些实践经验。

---

① 黄绍伦编：《中国宗教伦理与现代化》，香港商务印书馆1991年版；P. Berger and M. Hsiao, eds., *In Search of An East Asian Development Model*, New Brunswick: Transaction Books, 1988.
② 李建等编：《20世纪儒学研究大系：儒家宗教思想研究》，中华书局2003年版；祝瑞开：《当代新儒学》，学林出版社2006年版。
③ 或称家庭，为统一起见，本文一律称为家族。

二、中国家族文化的特质与活力

无论是儒家思想、传统习俗，还是中国文化，基本上都扎根于被视作社会组织最底层单位的家族，并发挥了极为巨大而深远的影响。梁漱溟所引述的日本著名历史学者稻叶君山的观察，可谓讲解得十分精辟透切。他的引述如下：

> 保护中国民族的唯一障壁，就是其家族制度。这制度支持力之强固，恐怕连万里长城也比不上。一般学者都说古代罗马的家族制度精神之覆灭，是基督教侵入罗马之结果。但中国自唐代有奈思特留斯派（景教）传入以来，中经明清两代之传教，以讫于今，所受基督教影响不为不久，其家族制度却依然不变。且反转而有使基督教徒家族化之倾向。佛教在中国有更长久之历史，但谓佛教已降服于此家族制度之下，亦不为过，此真世界一大奇迹！①

所以钱穆更是一针见血地说："中国文化全部都从家族观念上筑起。"② 正因家族乃社会组织的底层单位，又具有天然的血浓于水及命运共同体关系，所以表现出高情感、高互信以及利益和目标一致等特质，当社会体制尚未完全发展成熟时，在推动政治、经济及社会建设时，尤其会充当较为吃重的角色，亦能有更好的发挥。

远的不说，就以第二次世界大战后商业经济的发展为例，先有"亚洲四小龙"的经济神话引来国际社会的啧啧称奇③，继有无数海外华人在其所居社会中的商业表现与突出经济贡献等，自然吸引了无数评论者的目光。④ 这种现象又直接反驳了德国社会学巨匠韦伯

---

① 梁漱溟：《中国文化要义》，正中书局1963年版，第36页。
② 钱穆：《中国文化史导论》，正中书局1973年版，第42页。
③ E. F. Vogel, *The Four Little Dragons: The Spread of Industrialization in East Asia*, Cambridge: Harvard University Press, 1991; S. E. Stiglitz and S. Yusuf, *Rethinking the East Asia Miracle*, New York: Oxford University Press, 2001.
④ S. G. Redding, *The Spirit of Chinese Capitalism*, New York: W. de Gruyter; J. A. C. Mackie, "Overseas Chinese Entrepreneurship", *Asian-Pacific Economic Literature*, 1992, 6 (1), pp. 41-64.

(Max Weber)所指,即只有基督新教的商业伦理才能孕育现代资本主义,包括儒家思想(他认为是宗教,并称为儒教)在内的其他宗教或信仰,由于缺乏一种追求救赎的心理焦虑和张力,难以走上现代资本主义道路的命题或论断。①

尽管有关"亚洲四小龙"乃至香港经济在第二次世界大战后取得的卓越成绩的讨论汗牛充栋,但其看法却颇为不同,莫衷一是,有学者认为乃利伯维尔场政策运用得宜之故②,有人则认为乃政府适时干预与适时自由放任的高效管治的结果③,更有分析指出是得益于冷战格局与地缘政治④。其中不容忽略的一个独特角度,则聚焦在家族这个核心单位上,尤其指出受儒家文化影响的家族企业,在促进商业与经济发展方面,其实发挥了巨大作用,因而引起了不少人的研究兴趣。

若我们进一步收窄讨论范围至香港的商业与经济发展,则不难发现在儒家思想主导下的香港华人家族企业,在第二次世界大战后香港的商业发展与经济建设,乃至社会稳定方面,做出了极大贡献。而能够带来这种重大贡献的核心因素,刘兆佳认为是"功利家族主义"(utilitarianistic familism)⑤,黄绍伦则指出与"企业家族主义"(entrepreneurial familism)有关⑥,当然亦有论者称乃"难民心态"

---

① M. Weber, *The Theory of Social and Economic Organization*, A. H. Henderson and T. Parsons, trans, London: William Hodge & Co. Ltd, 1947; M. Weber, *The Religion of China, Confucianism and Taoism*, H. H. Gerth, trans, Glencoe: The Free Press, 1951; M. Weber, *The Protestant Ethic and the Spirit of Capitalism*, T. Parsons, trans, London: Unwin Paperbacks, 1985.
② G. Pananek, "The New Asian Capitalism: An Economic Portrait", in Peter Berger and Michael Hsiao, eds., *In Search of An East Asian Development Model*, New Brunswick: Transaction Books, 1998, pp. 27-80.
③ L. W. Pye, "The New Asian capitalism: An Political Portrait", in Peter Berger and Michael Hsiao, eds., *In Search of An East Asian Development Model*, New Brunswick: Transaction Books, 1988, pp. 81-98.
④ A. Dirlik, *The Post-colonial Aura: Third World Criticism in the Age of Global Capitalism*, Oxford: Westview Press, 1997.
⑤ S. K. Lau, *Society and Politics in Hong Kong*, Hong Kong: The Chinese University Press, 1984.
⑥ S. L. Wong, *Emigrant Entrepreneurs: Shanghai Industrialists in Hong Kong*, Hong Kong: Oxford University Press, 1988.

（refugee mentality）使然①，它们共同指向社会最基本的组织——家族。

无论哪一种论述或解释较为接近事实，一个不容否定的事实是，无数香港华人家族企业不但在这个发奋图强的过程中凭双手打拼，积累了巨大财富，同时亦在很多层面上取得了重大突破：将家族企业由小做到大，再成功上市乃突破之一；将企业做大做强，并打造成驰名内外的跨国企业乃突破之二；改革经营制度，吸纳专才为其所用，又可克服跨代传承问题乃突破之三。这些家族企业为儒家传统文化走向现代化树立了良好典范。

中国家族文化与家族制度为何能产生有助于商业及经济发展的力量呢？相信血脉至上与诸子均分制度乃最为关键的原因所在。血脉至上是因为中国文化将永恒延续的希望放在血脉延续之上，没有如基督教靠救赎以得永生的信仰。诸子均分是血脉至上的一体两面，因为血脉至上，所以来自同一血脉的诸子权责与地位均等，目的是确保血脉不会因某一子孙的败亡而断绝。由于血脉至上，必然会最为重视血脉利益，并会为延续血脉做出最大努力。由于诸子均分，兄弟间必然虽有合作，但亦会在明里暗间较劲竞争。前者会滋生家族的向心力，后者却会滋生离心力，两股力量就如中国文化所说的太极般一阴一阳，既会互相牵制，又会互相转化。②

扼要地说，当一家之主仍处于强势，子女年纪尚幼时，血脉至上的向心力量盖过诸子均分的离心力量，家族企业往往能在家长的领导下，令全家上下可以同心协力地为家族的福祉、名声与不断发展而奋斗、全力以赴，因而有助于商业与经济发展。但是，当一家之主年老或去世，家长领导权威下降，子女又长大成人而成家立室后，则诸子均分的离心力量便可能会盖过血脉至上的向心力量，因而令家族企业走向分裂。③

---

① R. Hughes, *Hong Kong: Borrowed Place-Borrowed Time*, London: Deutsch, 1968.
② 郑宏泰、高皓：《创业垂统：华人家族企业发展特质思考》，香港三联书店 2016 年版。
③ 郑宏泰、高皓：《创业垂统：华人家族企业发展特质思考》，香港三联书店 2016 年版。

虽然分家问题会削弱家族的资本积累,甚至在某种程度上,当家族内部矛盾处理得不好时会影响亲人间的感情与关系,但分家后兄弟间在"分家三人显高低意识"驱使下的互相竞争和较劲,又会产生另一股发展动力,促使商业和经济发展。① 即是说,无论是向心力主导还是离心力主导,受儒家思想熏陶的华人家族企业,其实都充满发展动力,所以由家族企业作中流砥柱的经济体,自然总是表现得活力无限。

虽则如此,我们仍常会听到各种对儒家文化或华人家族企业的批评:过于重视家族利益、强调内外之别、注重人脉关系、忽略社会与团体等,不一而足。对于这些情况,梁漱溟的主要解释是由于中国人用道德代替宗教②(黄仁宇称是道德代替法制),所以便会出现过于倚重家庭而忽略了集团的情况。③ 而费孝通则指出,中国乡土社会的基层结构为"差序格局",主要是私人联系构成社会网络,因而会呈现亲疏之别,与西洋"团体格局"所展现的团体之内大家平等的情况大相径庭。④

一如事物总是各有特质,它们亦各有强弱优劣。作为世界文明古国核心文化之一的儒家思想,虽有其光辉精华,但同时亦有其未如人意的短板。判别其是否具有强大生命力或活力,可以历久常青的重要指标,其实是文化能否时刻吸纳新事物,融汇贯通,使之为我所用,从而配合与推动社会进步和发展。与世界其他文明古国的文化与思想粗略相比,儒家思想清晰地显示出自身具有这种气魄和特长,而韦伯在讨论儒家文化时提出的如下三点观察,则可以作为儒家思想走向现代化时的脚注:其一是儒家思想对人生终极意义有所关怀,其二是儒家思想有一种入世的理性化精神,其三是中国人其实容易吸纳资本主义精神,并相信此点有助于推动经济发展。⑤

---

① V. Zheng, *Chinese Family Business and the Equal Inheritance System: Unravelling the Myth*, London: Routledge, 2009.
② 梁漱溟:《中国文化要义》,正中书局1963年版。
③ 黄仁宇:《万历十五年》,中华书局2014年版。
④ 费孝通:《乡土中国》,香港三联书店1996年版。
⑤ M. Weber, *The Theory of Social and Economic Organization*, A. H. Henderson and T. Parsons, trans, London: William Hodge & Co. Ltd, 1947.

换言之，由于儒家传统将家族放在社会组织的最基本的位置上，而重视血脉与强调诸子均分又属家族文化的核心价值，所以难免产生前文提及的过于重视家族利益、强调内外之别、注重人脉关系，甚至忽略团体等问题，但这种思想与文化同时又具有入世的理性化精神，并会以开放的胸怀吸纳新事物，而非固步自封，更具有对人生终极意义的关怀，所以能在任何自由开放的社会环境中发挥积极作用，呈现发展活力，并可借文化新陈代谢及吸纳新事物走向现代化。华人家族企业于第二次世界大战之后在香港的蓬勃发展的经验，不少企业做大做强，最后成长为现代化跨国企业的例子，则是最好的说明。

三、研究目标、方法与数据源

在深入讨论之前，让我们先就何谓家族企业下个定义，然后交待研究目标与数据源等研究方法。对于何谓家族企业的问题，学术界常有不少争议[①]，本文采用国际社会较为常用的宽松标准。扼要地说，所谓家族企业，自然是指某一企业由某一家族一手创立，并由其持有超过五成股权，所以可以掌控及支配该企业的发展，既享受企业的利润，亦承担风险。[②]

但是，在现代社会，单一家族要掌控一家企业，尤其是那些上市企业，其实已经不必像那些非上市企业般一定需要持有五成或以上股权。因为对于股权分散的上市企业，国际标准是单一家族若果可以持有超过二成股权，便能获得控制权了，所以学术界将单一家族持有上市企业二成或以上股权，界定为家族企业。[③] 本文亦采用这一标准，即将那些单一家族持有二成股权或以上的上市企业，界定为家族企业。

---

① I. Lansberg, E. L. Perrow and S. Rogolsky, "Family Business as an Emerging Field", *Family Business Review*, 1988, 1 (1), pp. 1-8; J. H. Astrachan, S. B. Klein and K. X. Smyrnios, "The F-PEC Scale of Family Influence: A Proposal for Solving the Family Business Definition Problem 1", *Family Business Review*, 2002, 15 (1), pp. 45-58.
② 张忠民：《艰难的变迁：近代中国公司制度研究》，上海社会科学院出版社2002年版。
③ S. Claessens, S. Djankov and L. H. P. Lang, "The Separation of Ownership and Control in East Asian Corporations", *Journal of Financial Economics*, 2000, 58 (1-2), pp. 81-112.

由于华人家族企业往往被指：（一）规模较小，难以壮大；（二）公司管治混乱，因只聘用亲人；（三）不易吸纳专业人才，因外人难获家族信任；（四）重视人脉关系，难以走向制度化，所以很难从传统走向现代化。故本文的研究对象集中于那些能够由小公司做成大企业，尤其能充分利用现代化商业制度（例如公司制度和股票市场），从而优化公司管治、吸纳人才，壮大为跨国集团的企业。我们相信，这些成功经验最值得其他华人家族企业学习。

20世纪六七十年代，当香港股票市场迅速开放之时，虽然有数目众多的华人家族企业一拥而上，但其际遇却可谓颇为不同。为了方便讨论，我们聚集于最能利用公众资本以拓展业务的地产业，因为地产业需要庞大的资本投入，股票市场则能让其在吸纳的强大公众资本中尽情发挥，并可看到两者相辅相成的显著效果，惟分析焦点集中在1972年上市的十家家族地产公司身上。这十家能在香港股票市场急速转变时代上市的家族企业，依次为：新鸿基地产、长江实业、恒基兆业地产（子公司恒基兆业发展的前身为永泰建业）、新世界发展、合和实业、恒隆集团、信和置业（前身为尖沙咀置业）、鹰君集团、华光地产及大昌集团。①

用于分析的数据主要来自如下数个方面：（一）汤森路透（Thomson Reuters Eikon）数据库；（二）各公司上市以来的历年年报；（三）大小报纸对相关家族及企业的报道；（四）不同学术分析与评论。探讨的重点则集中于如下三大范畴：（一）企业历年的综合表现，尤其是资产及营业额的变化；（二）专业服务组织的聘用和特点；（三）企业管治，主要是管理层的家族与非家族成员组合的变化。而分析的方法则以质化为主，量化为辅，后者只包括描述式的趋势数据。

我们认为，这些数据可在不同层面上互补并反映家族企业是如何从传统走向现代化的，其中家族企业的上市，更可以极为鲜明地让人

---

① 由于各公司在香港大学图书馆特别馆藏室中所收藏的年报最早只能追溯到1972—1973年度，本文引用的资料的最早年份亦以此为界线，并为便于讨论的目的，不再另加说明。

看到其上市前后的巨大转变，例如上市后的业务不断发展、管治水平提升，以及对于公司制度与股票市场等现代商业制度的吸收与运用，从而突破传统框架，日渐壮大为跨国集团。至于目的当然是借此说明只要给予适合的环境与条件，受儒家思想及传统文化熏陶的华人家族企业，同样可以发光发热，走向现代化。

四、公司制度、股票市场与家族企业

在深入讨论华人家族企业如何利用股票市场以壮大发展力量之前，让我们先介绍作为现代商业经营核心的公司制度与股票市场。从推行时间先后的角度看，香港无疑是大中华地区最先引入西方现代化公司制度与股票市场的地方。前者在1865年因为通过了《公司法》而令此制度逐渐流行起来，汇丰银行则是首家按此法例注册的有限公司。后者虽在香港开埠十年左右已有公司集资的情况，但真正成立交易所，制度化地开展股票交易与集资，则是在1891年。[①] 两者对于香港的商业与经济发展无疑具有极为重要的里程碑作用。[②]

进一步的数据显示，由于《公司法》的引入[③]，现代商业得到了很大促进。当华资商人发现其实效之后，相继采用有限公司的标准注册登记，虽然此举会增加成本，并要接受政府较严格的监管，但因有助于降低债务风险、提升形象，故毫不犹豫地接纳了这种新制度，尤其是那些在生意上略有规模，并思考长远发展的家族。可见华人家族企业其实很容易接受现代化制度的安排，而非如坊间所贴的标签一般僵化，或是抗拒现代化。[④]

《公司法》因为较易采纳实行，包括华资商人在内的不少企业经营者，自然乐于以之作为操赢计奇的重要组织，本来被视为经营保

---

① 郑宏泰、黄绍伦：《香港股史：1841—1997》，香港三联书店2006年版。
② 郑宏泰、陆观豪：《点石成金：打造香港国际金融中心的里程碑》，香港中华书局2017年版。
③ 所谓《公司法》，主要是将公司组织区分为有限责任公司（一般称为"有限公司"）与无限责任公司（一般只称为"公司"）两类，而两者的权责及成本（费用）各有不同，所以注册及监管方式等亦有不同，股东所要承担的责任或保护自然也有所不同。
④ 郑宏泰、黄绍伦：《香港股史：1841—1997》，香港三联书店2006年版。

守、组织落后的华资商人，乃可与欧美及印巴商人一较长短。可是另一别具现代意义的商业制度，即股票市场，却因交易所——管理企业上市与股份买卖的机构——为英资商人垄断，而窒碍了他们吸取公众资本为我所用的道路，因而难以更好地发挥实力，只有极少数出类拔萃且有一定后台的华人富商巨企，才能跨越门坎，跻身股票市场。所以自香港开埠至20世纪70年代前，尽管华商已属香港经济的中流砥柱，综合实力最为强大，但绝大多数企业的规模仍相对细小，管理与结构亦难以突破传统。①

这一局面直至1969年12月，当一家由华人青年金融精英组成的交易所——远东交易所（简称远东会）——在冲破重重障碍后宣布创立，打破一直由英资商人垄断的香港证券交易所（简称香港会）后，才得到转变。随后又有同为华人商业精英创立的金银证券交易所（简称金银会）和九龙证券交易所（简称九龙会），令香港的股票市场迅即由垄断走向开放，竞争变得十分激烈，不少中小规模的企业一拥而上，争相在不同交易所中上市集资，普罗大众只要手中有余钱、想投资，均能较以前方便地参与股票市场的投资。

表1是香港股票市场开放前后按资本背景划分的上市公司数目及增长情况。不难看到的现象是：（一）在市场仍由"香港会"垄断的1968年，上市公司数目有59家，其中的大部分为英资掌控，反而作

表1：按资本背景划分之香港上市企业数量转变（1968年—1973年）

年份	华资	英资	其他	总计
1968	16	37	6	59
1969	25	42	7	74
1970	35	52	7	94
1971	42	53	12	107
1972	121	62	16	199
1973	221	65	19	305

数据源自郑宏泰、黄绍伦：《商城记：香港家族企业纵横谈》，香港中华书局2014年版，第181页。

---

① 郑宏泰、黄绍伦：《香港股史：1841—1997》，香港三联书店2006年版。

为香港最大经济力量的华资上市企业只有16家,结构明显不合比例。(二)在1969年底垄断局面被打破后,各种背景的上市公司的数目均有所增长,说明一个开放的资本市场有助于各方尽展所长。(三)华资背景的上市公司增长最为迅速,其中1972年及1973年增幅尤大,显示出经过一段时间的筹备和摸索,不少中型华资企业随即上市,因而令华资企业成为股票市场的主体,取代了英资企业的地位。

由此可见,一时间,不但香港的股票市场迅速发展起来,不少本来被排除在股票市场之外的中等企业——当中绝大多数为长期被视为传统保守的华人家族企业——更能在吸纳公众资本后茁壮成长起来,而新崛起的精明中产阶级,更能利用股票市场进行投资,而非只是如过去般把积蓄存放在银行,赚取微薄的利息而已。可以毫不夸张地说,20世纪60年代末70年代初,华人金融才俊打破香港股票市场垄断局面的这一创举,乃香港日后被打造成为国际金融中心的重大里程碑。①

尽管股票市场迅速开放后,因为竞争激烈,不久演变成股灾,给金融、经济和社会带来了巨大冲击②,但因这乃另一课题,略过不赘。而若果只聚焦于华人家族企业如何在上市后迅速蜕变,不但从股票市场中汲取了巨大发展力量,而且提升了企业管治等层面,则可十分清楚地看出其由传统走向现代化的实践过程中,既有与现代文明或现代性相适应、相协调,并令现代事物与文化为我所用的一面,同时又有将自身文化去芜存菁、自我提升,令优势和精髓可以尽量得到发挥的另一面。下文不妨引用一些具体的研究资料做出说明。

五、企业壮大与专业支持

正如前述,香港股票市场在20世纪60年代末70年代初迅速开放时,不少本来只属中型企业的华资家族企业看准时机,纷纷上市,

---

① 郑宏泰、陆观豪:《点石成金:打造香港国际金融中心的里程碑》,香港中华书局2017年版。
② 郑宏泰、黄绍伦:《香港股史:1841—1997》,香港三联书店2006年版。

其中的新鸿基地产、长江实业、永泰建业（后来被收购，蜕变为恒基兆业地产）、新世界发展、合和实业、恒隆集团、尖沙咀置业（后来被收购，蜕变为信和地产投资）、鹰君集团、华光地产及大昌集团等①，选择进军当时尚属方兴未艾的地产业，因而成为本文分析的焦点。

当这些企业上市时，虽然市场反应不错，但显然没有人会想到，它们日后能够发展成为在香港地区和大中华地区，乃至世界上举足轻重的巨型跨国企业，而相关的控股家族更成为世界级巨富。这个发展或蜕变过程究竟是怎样的呢？又有那些特质呢？表 2 是这十家企业上市后资产值转变的数据，我们从中可以一目了然地看到，除一家企业——华光地产——因为经营不善、投资失误，最后遭人吞并而除牌结业外②，其他均取得了令人艳羡的成绩，今时今日成为人尽皆知的著名企业。

表2：1973—2015 年间资产负债表上的公司资产净值（单位：亿港元）③

年份 企业名称	1973	1975	1980	1985	1990	1995	2000	2005	2010	2015
新鸿基地产	2.59	3.24	11.9	37.2	209.7	968.7	1 209.0	1 501.5	2 498.6	4 745.1
长江实业	1.65	3.87	28.4	54.8	189.1	520.0	1 593.2	1 899.2	2 695.1	5 491.1†
新世界发展	6.90	7.17	14.9	27.1	251.6	501.9	755.1	616.6	1 116.9	1 003.2††
恒基兆业地产*	0.64	0.70	3.58	31.9	107.5	433.2	581.5	667.0	1 644.2	2 512.5
合和实业	2.97	2.79	4.75	8.62	56.3	270.5	136.5	187.8	253.0	523.0

---

① 有关这些企业的背景及粗略发展，可参考冯邦彦：《香港华资财团：1841—1997》，香港三联书店 1997 年版；冯邦彦：《香港地产业百年》，香港三联书店 2001 年版。本文不赘。
② 1987 年，华光地产受母公司华光航业拖累，陷入财政危机，最后被债权银行（渣打银行）接管。创业家长赵从衍及两名儿子（赵世彭及赵世光）被摒出董事局，只有赵世曾一人留下，主席一职亦改由外号"公司医生"的韦里（W. R. A. Wyllie）出任。1988 年，公司因业绩长期没有改善而私有化，然后在 1989 年宣布结业，退出市场。参见冯邦彦：《香港华资财团：1841—1997》，香港三联书店 1997 年版。
③ 如母子两家公司均有地产业务，又皆是上市公司，则只列出母公司资料。各家地产公司的名称或有改变，此表所显示的是现时名称及其资料（下同）。例如恒隆集团（子公司恒隆地产）、信和置业（前身为尖沙咀置业）及恒基兆业地产（子公司恒基兆业发展）。

(续表)

年份 企业名称	1973	1975	1980	1985	1990	1995	2000	2005	2010	2015
恒隆集团*	3.52	3.74	5.40	32.5	134.3	375.0	192.9	228.4	971.7	1 403.0
信和置业*	0.44	0.44	1.90	1.25	40.2	239.7	135.6	289.3	611.5	1 314.1
鹰君集团	0.64	0.70	6.89	4.48	40.2	158.6	173.9	262.5	287.6	628.2
华光地产	2.33	2.40	3.89	2.92#	N.A.	N.A.	N.A.	N.A.	N.A.	N.A.
大昌集团	3.01	3.35	8.27	7.5	23.1	44.4	44.1	48.4	38.5	101.7

表中使用符号释义：
♯ 1987年起，董事局已由家族以外人士控制
† 公司重组令市值出现变化而大升
†† 公司分折部分业务另行上市
数据源自上列公司历年年报；Thomson Reuters Eikon

最能说明企业上市后不断蜕变的直接数据，非资产净值转变莫属。公司上市之初，资产净值不大，最多的（新世界发展）只有不足7亿元，最低的甚至只有5 000万元左右，这亦说明这些企业在上市时实属中等规模而已。经过大约十年的摸索前进，自20世纪80年代中期开始，它们取得了突破性发展，令公司的资产净值不断膨涨。到2015年时，这十家企业中已有六家的资产净值突破了千亿元，反映出其发展动力之巨大、步伐之急速，可以直接反驳家族企业规模小、难以壮大之说。

由此带来的关键问题是资本来源与资本规模。扼要地说，受经济水平及金融基础所限，家族企业创立时，往往只能依赖个人、家族或亲戚积蓄的支持，而且金额有限，又不易获得银行借贷，所以在发展时必然会呈现两大现象：（一）财力薄弱，发展动力自然较弱；（二）须向家人及亲戚负责或交代，因而会偏向聘用家人及亲戚。于是，这些企业便会出现发展有限、规模小，并且时常用人唯亲的负面情况。

但是，当经济水平和金融基础发生变化，尤其是当作为资本集散地的股票市场向家族企业开放后，那些上市企业的发展局面便有了截然不同的变化。最显而易见的特点，当然是上市公司由于有了强劲的资本作后盾，所以能够进行大规模投资、扩张业务，同时又会有较为

公开透明的企业管治，并受较为严格的社会及政府监督。原因当然与资本来源于大众，所以必须向社会负责，而资本源源不绝供应，金额巨大，既可发展大项目，产生规模经济效益，又可做更长远投资，带来更大回报有关。结果不但是企业能够不断壮大，而且管治较开放透明，因而可建立较好的形象。

家族企业上市后的另一突出发展，是往往会聘用高素质的专业服务公司为其所用，获得专业支持，这既有助于提升形象，又可增强竞争力，而更重要的则是可以降低发展风险，减少营运错误。表3是相关家族企业自上市以来所选用的会计或核数师事务所以及律师行的资料，从中我们可以看到如下要点：（一）被聘用的专业服务公司大多在行内名声极响，服务以高素质、有实力出名，当然亦收费不菲。（二）企业与相关的专业服务公司维持着长期关系，几乎是自上市至今一直采用着相同的专业服务公司。（三）专业服务公司其实亦经历了重要发展，其过程如那些上市企业般，不断经历合并，例如1972年时，新鸿基地产的律师行为胡关及李业广罗志能两家公司，日后则合并为胡关李罗律师行，其他的罗兵咸永道会计师行、关黄陈方会计师行和毕马域蓂曹会计师行等，大略亦是如此。

表3：主要往来会计/核数师行及律师行†（1972、1992、2012及2016年）

企业名称	1972年		1992年		2012年		2016年	
	会计/核数师行	律师行	会计/核数师行	律师行	会计/核数师行	律师行	会计/核数师行	律师行
新鸿基地产	关文伟	胡关、李业广罗志能	关黄陈方	胡关李罗、孖士打	德勤·关黄陈方	胡关李罗、孖士打	德勤·关黄陈方	胡关李罗、孖士打
长江实业	关文伟	李业广罗志能	关黄陈方	胡关李罗	罗兵咸永道	胡关李罗	罗兵咸永道	胡关李罗
新世界发展	罗兵咸、屈洪畴	孖士打、翁余阮	罗兵咸、屈洪畴	翁余阮、胡关李罗	罗兵咸永道、屈洪畴	胡关李罗、高李叶	罗兵咸永道	胡关李罗、高李叶

(续表)

企业名称	1972年 会计/核数师行	1972年 律师行	1992年 会计/核数师行	1992年 律师行	2012年 会计/核数师行	2012年 律师行	2016年 会计/核数师行	2016年 律师行
恒基兆业地产	关文伟	胡关李罗	毕马域	罗文锦、胡关李罗	毕马威	胡关李罗、罗文锦	毕马威	胡关李罗、罗文锦
合和实业	关文伟	的近、胡关	关黄陈方	胡关李罗	德勤·关黄陈方	胡关李罗	德勤·关黄陈方	胡关李罗
恒隆集团	毕马域蔑曹	的近、胡关	毕马域	N.A.*	毕马威	N.A.*	毕马威	N.A.*
信和地产投资	彬卢	N.A.*	关黄陈方	胡关李罗、孖士打	德勤·关黄陈方	胡关李罗、高伟绅	德勤·关黄陈方	胡关李罗、高伟绅
鹰君集团	关文伟	孖士打	关黄陈方	孖士打、夏炳辰	德勤·关黄陈方	孖士打、高伟绅	德勤·关黄陈方	Appleby、高伟绅
华光地产	罗兵咸	的近	N.A.	N.A.	N.A.	N.A.	N.A.	N.A.
大昌集团	关文伟	唐天燊#	罗兵咸	N.A.*	罗兵咸永道	N.A.*	罗兵咸永道	N.A.

表中使用符号释义:
*年报中未披露此资料
†部分地产商在同一年度聘用多于两间律师行,此表只罗列年报上首两间律师行
#唐天燊于1972年出任董事一职
数据源自上列公司历年年报

在没有上市之前,华人家族企业染上了多种不利色彩,如规模小、难以壮大,出现这种情况显然与其本身的发展局限有关。从上文的发展状况来看,当相关的发展局限被打破后,华人家族企业其实可以一如无数其他企业般,获得巨大的发展动力,令其不断壮大。而家族企业在聘用专业服务公司时,更不会只从低成本的角度出发,而是强调高素质,并倾向与相关专业服务组织建立长期关系,从而更好地

保障企业本身的长期发展，一些专业服务公司的合伙人在接受我们的访问时亦很强调此点。由是观之，窒碍华人家族企业发展的关键因素，不是过去常被批评的传统及文化因素，而是更为现实的资源及社会条件等，当华人家族企业能够获得同等的发展条件时，其发展力量可以极为巨大，因而必定可与其他文化的家族企业一较高下。

六、家族掌控与吸纳精英

过去，家族企业中一个令人诟病或批评的地方，是公司总是用人唯亲，不愿吸纳家族以外的精英。但是，本文所挑选的上市家族企业，则会让人对问题有颇不同的理解，其中又以进入家族企业管治核心的家族成员均有亮眼的学历与经验，且为数不少的非家族精英被委以重任，出任企业不同岗位这两点最为突出。上市后的华人家族企业，与坊间描述的刻板印象颇有出入。

具体点说，在本文所挑选的十家上市家族企业中，尽管第一代创业者学历不高，很早便投身社会，建基立业，但到他们的一代子女时，便会尽量给予充裕和优质的教育，将其培养成才，所以他们的第二代大多数拥有大学或以上的耀眼学历，而且都由英美著名学府毕业，有些甚至拥有硕士及博士学位，在学历或专业训练上十分突出。因而我们不能过于片面地以为，进入家族企业管理层的必然都是不学无术的"阿斗"之辈。

更让不少人出乎意料的是，其实那些早年负笈海外、拥有亮眼学历的接班的一代，在进入家族企业工作时，并不是立即被置于高位的。相反，他们很多时候会被父辈安排由低做起，尤其会在不同岗位或部门实习很长一段时期，跟随一些老下属熟悉企业运作，在经历多年的磨练与考验后，才会得到提升，居于一人之下万人之上的位置，并会一直等到父辈完全退下火线——例如去世或已经没有工作能力时，才可"坐正"（居于最高位）。即是说，在企业管理方面，华人家族企业其实十分重视家族内部的人才培训，亦注重在公司内部的见习和熟识，而这种观念或习惯，则与中国文化重视子女教育，强调子女必须各有本事，而且讲求接班的一代要由低做起，并要经过多重考验后才可托付重任的传统有关。①

对于任何一家上市公司而言,董事会的结构都会明显反映出管理层的能力与特质,表 4 多少可让我们看到华人上市家族企业在这方面的情况:(一)大多数企业的董事会人数持续增加,与企业不断壮大同步。(二)家族基本上必有至少一名成员在董事会内,而且必然担任主席或董事长之职。(三)董事会中的非家族成员数量增长明显,家族成

表4:公司董事组合与数量之转变(1972、1992、2012 及 2016 年)

企业名称	1972年			1992年			2012年			2016年		
	家族成员	非家族成员	总数	家族成员	非家族成员	总数	家族成员	非家族成员	总数	家族成员	非家族成员	总数
新鸿基地产	1*	8	9	4*	9	13	4*	17	21	4*	16	20
长江实业	2*	3	5	3*	10	13	2*	19	21	2*	19	21
新世界发展	3	12*	15	3*	8	11	4*	10	14	6*	9	15
恒基兆业地产	1	3*	4	5*	11	16	3*	19	22	5*	13	18
合和实业	4*	7	11	4*	9	14	4*	10	14	4*	11	15
恒隆集团	3*	7	10	3*	4	7	2*	6	8	2*	8	10
信和置业†	0	8*	8	1*	3	4	2*	4	6	2*	9	11
鹰君集团	5*	3	8	7*	2	9	7*	5	12	8*	7	15
华光地产	4*	5	9#	N.A.	N.A.	N.A.	N.A.	N.A.	N.A.	N.A.	N.A.	N.A.
大昌集团	1*	6	7	2*	2	4	2*	5	7	2*	5	7

表中使用符号释义:
＊其中一位董事为主席。家族成员包括女性成员及姻亲
† 家族的发祥地在新加坡,在香港挂牌上市时由非家族成员出任主席一职。1981 年,第二代的黄志祥来港,加入董事局,但初时并没有出任主席一职
♯ 1987 年,主席一职由非家族的韦里出任,之后公司表现欠佳,于 1988 年被私有化,后于 1989 年结业,退出市场
数据源自上列公司历年年报

---

① V. Zheng, *Chinese Family Business and the Equal Inheritance System: Unravelling the Myth*, London: Routledge, 2009.

员在董事会中的数量则大略维持不变，所以比例上呈下滑之势。（四）家族人丁众多者，加入董事会的人数便较多，而家族人丁较少者，则较多吸纳非家族精英。（五）在董事会中有较多家族成员的例子，计有鹰君集团、华光地产、合和实业等，当企业进入交接时，家族成员加入董事会的人数有所上升，例如新世界发展和恒基兆业地产等。

进一步说，有关华人家族企业抗拒吸纳非家族精英一事，在上市家族企业中明显并不成立，因为很现实的问题是，任何大企业均需要依赖众多专业及有才干之士代为献谋出力，排除有才干之士进入企业，无疑于自取灭亡。企业的最大得益者自然也是企业的最强维护者，所以无论是领导还是成员，都不应如此愚笨与不智。事实上，从各种与家族成员的访谈中可以看出，他们反复说明家族对专业人士和精英的欢迎和支持，绝不会拒诸门户以外。

但是，非家族精英难以登上家族企业的最高位——例如集团主席或董事长等，则又是十分明显的事实，因为该职位自企业上市近半个世纪以来一直均由家族成员，尤其是家长出任，非家族精英无论表现多突出，或是做出多大贡献，都实在无缘问鼎。表4亦很清楚地说明了这一特殊现象，而此点恰好支持学术界长期以来认为华人社会难以做到"管理权与掌控权分离"（separation of ownership and control）的观点，其背后的原因显然并非"代理人费用"（agency cost）较高那么简单。[①]

华人家族企业上市后能够取得突出表现，甚至脱胎换骨，由中型公司逐步成长为大型企业，甚至跨国企业，发展充满动力，其成功足以证明我们不能过于片面或过于简单地在其头上扣下"抗拒聘用非家族精英"与"用人唯亲"，或是"公司管治混乱"等帽子，这些说法不能令人信服，因为若然如此，很难想象企业可以乘风破浪，不断发展。结合以上数据来看，华人家族企业其实并不抗拒吸纳非家族精英，管理亦不如坊间所批评般混乱，惟最关键的统领家族企业的岗位

[①] S. Claessens, S. Djankov and L. H. P. Lang, "The Separation of Ownership and Control in East Asian Corporations", *Journal of Financial Economics*, 2000, 58 (1-2), pp. 81-112; W. Zhang and L. Cao, "Family Involvement, Internal Control and Agency Costs: Evidences from China's Listed Family Firms", *Perspectives in Science*, 2016, 7, pp. 45-51.

只由家族成员担任是不争的事实。这种看似自相矛盾,甚至颇为纠缠的形象,又折射了中国文化的某些特质与内涵。

七、研究发现与评论

我们应怎样理解或分析华人家族企业在适应和协调传统与现代化路途上的作为呢?碰到关键问题时的抉择又反映了中国文化的哪些独特基因呢?要回答这些问题,我们必须再回过头来看看韦伯对中国儒家文化的三点重要观察:(一)儒家思想对人生终极意义有所关怀;(二)儒家思想有一种入世的理性化精神;(三)儒家文化与资本主义精神并不矛盾,相反有助于推动经济发展。

如果基督教的人生终极意义是获得神的救赎,从而可以在天堂与神同在,得享永生,那么中国文化的人生终极意义,则是前文提及的血脉绵延不绝,香火不灭,从而达至不朽或永续。这正是中国文化特别重视血脉,讲究"不孝有三,无后为大",尤其高举血脉至上旗帜的原因所在。由是之故,中国人不但重视光宗耀祖,上连祖宗,亦强调下连后代,为家人谋生活,保障家人利益,又因子孙后代活在俗世,所以价值观念亦深具世俗化色彩,这正是韦伯所指儒家思想有入世理性化精神之故。

因为儒家思想入世,且具理性化精神,所以梁漱溟直接称中国人文化早熟、理性早启[①],中国人对于那些能够带来实利,有助于提升效率的现代化事物或制度,自然不会抗拒,在某些情况下,甚至会表现得趋之若鹜。本文所引述的公司制度及股票市场因为有助于促进商业而广受华人社会欢迎,就是一个很好的证明。即是说,儒家思想其实具备了实事求是的精神,从实利实效出发,具有包容性与务实性,与强调客观、理性的现代社会核心理念一脉相承,因而必然可以与之相协调、相适应。

进一步说,由于儒家文化强调血脉延续,将人生终极意义的不朽追求放在子孙后代身上,家族或家庭乃成为社会最吃重的组织,而家

---

① 梁漱溟:《中国文化要义》,正中书局1963年版。

族企业强调家族利益,高举家族掌控企业的旗帜,甚至会将家族企业世代相传,自然不难理解,并因此很难避免给社会侧重家族利益、用人唯亲的印象。虽则如此,我们同时不难发现,由于在中国文化中,家族与企业被视为命运共同体,休戚与共,甘苦共尝,所以一方面最能激发家人努力打拼的积极性,另一方面又会表现得不能放松对企业的掌控和主导。因为在中国人眼中,家族企业就如家人一手打下来的江山,要他们如基督文化影响下的家族般将企业的管理大权拱手让与非家族精英,或是如受日本文化影响的家族般把企业传给女婿、养子,甚至其他非血脉精英,而有血脉关系的家族成员反而放手不管,实行管理权与掌控权分离,那实在有如放在华人家族面前的一道无法跨越的门坎,因为在中国人的感情上或现实上,总会担心企业最终落入外人之手,给家族蒙羞。

由于不同文化影响下的家族对于人生终极追求与关怀的意义有所不同,因而影响了他们对于企业发展、运作、授权和前进轨迹的不同态度与抉择,儒家文化因为看重血脉,所以将延续血脉置于至高无上的位置,令家族企业中的家族影响和管控色彩突显了出来。由此产生的效果则是企业发展充满动力,成为支持无数散布在香港地区和大中华地区,乃至全球各地的华人家族企业在不同时期不断发展的力量源泉,就算是其他受到儒家文化熏陶的社会——例如新加坡和韩国等,其家族企业亦能"同蒙其利",表现出同样的发展特质。

所谓事实胜于雄辩。无论是"亚洲四小龙"、大中华地区,还是海外华人,他们在商业经济上的卓越表现,均可谓众口一声地对儒家文化传统给予了肯定,此点可以十分有力地反驳韦伯所指,非基督教文化因为缺乏一种追求救赎的心理焦虑和张力,所以难以走上现代资本主义道路的命题或论断[1],而韦伯又通过对儒家思想的敏锐观察,

---

[1] M. Weber, *The Theory of Social and Economic Organization*, A. H. Henderson and T. Parsons, trans, London: William Hodge & Co. Ltd, 1947; M. Weber, *The Religion of China, Confucianism and Taoism*, H. H. Gerth, trans, Glencoe: The Free Press 1951; M. Weber, *The Protestant Ethic and the Spirit of Capitalism*, T. Parsons, trans, London: Unwin Paperbacks, 1985.

举出了令此思想能够走向现代化的重要特质。进一步说，由于中国文化或儒家思想具入世意识，能吸纳现代事物，并可激发斗志，因而能克服种种困难，并可在现代社会中进行自我修正，实现文化的新陈代谢，然后重获活力。它不但成为推动经济发展的源动力，更是支撑民族复兴不可撼动的重要基石。

八、结　语

香港虽是中国最为西化及现代化的城市之一，但同时又是至今仍保留着最多传统习俗与制度的地方之一。重视家族（家庭）、讲求孝道、强调在慎终追远的重要时节举行祭祖仪式，是其中一些重点内容。每逢喜庆时的舞龙舞狮，太平清醮时抢包山、打醮，乃至农历新年正月初一凌晨到黄大仙庙上"头柱香"，或是正月廿六观音开库时往"观音借库"，祈求家人平安、事事顺境等，更是无数市民大众日常参与其中，同时吸引游客的传统节目。[①] 由此可见，在香港这个十分西化又现代化的国际都会中，儒家思想深入民众的骨髓，令他们在传统习俗无处不在的环境中，不但能够兼收并蓄，而且可以很好地发挥两者的精髓。这既折射了中西文化的紧密交织、水乳交融，亦显示了中国传统文化与现代文化不但可以相互适应、相互协调，更为重要的是可以产生良好的效果，促进香港的繁荣稳定和持续发展。

若果聚焦到儒家思想如何促进商业与经济发展的层面上，更不难发现，以家为本、强调血脉延续的文化基因，由于能够激发个人力争上游，追求成就，向上以光宗耀祖为己任，向下则以改善家人后代生活作担当的积极性，因而能形成一股有助于商业与经济发展的源动力。正因如此，以家族为主导的华人家族企业，尽管有着某些盲点或弱项，但当遇到合适的社会环境及条件时，确实便可很好地发挥优势，表现出强劲活力。

"亚洲四小龙"在第二次世界大战后的困难环境中的崛起，中国大陆自推行"改革开放"政策后能从一穷二白走向全球第二大经济

---

① 施仲谋、杜若鸿、邬翠文编：《香港传统文化》，香港中华书局2013年版。

体，海外华人能在不同领域中表现突出，就算是那些受儒家思想熏陶的社会经济体，近年亦表现得令人艳羡，这些不同方面的例证，都正好说明儒家思想和中国文化中确实潜藏了不容低估的发展能量，值得我们发掘，学术界日后更应多做研究。

论明代儒学与统治思想之融通

陈时龙

(中国社会科学院历史研究所)

到明代,儒学作为中国社会的统治思想已经一千余年了。尊孔、祭孔、表彰儒学经典,或者以熟悉儒学经典与否来选择官僚是儒学作为统治思想的表现形式。然而,在这一儒学与统治思想融通的过程中,仍有不合拍的情形存在。例如,一方面,统治者也会通过尊崇其他思想形态而变相地降低儒学的地位,如对佛、道的尊崇,或者宣称"王霸之道兼而用之",以宣示对儒学的不满。另一方面,儒学士人也始终将致君尧舜作为自己的目标,始终以儒学的理想人格作为帝王修养的最高境界,这表明儒学士人并不认为皇帝已经达到儒学所要求的帝王的理想状态。这种情况在思想专制的明代似乎发生了变化。虽然统治者在尊崇儒学之外,对于佛、道等思想也从不掩饰其喜爱,而士人对于帝王的要求也并未妥协,但是,明朝皇帝对儒学的尊崇超迈前代,是不可否认的。同时,在儒学士人中终归有一部分人开始把帝王的思想吸纳到儒学之中,并为帝王在道统中寻求一个位置。从这一点来说,明代儒学与统治思想达到了一定的融通。这种融通包括两个方面:一方面,儒学影响最高统治者而成为统治思想;另一方面,儒学因主动吸收统治者的思想而获得发展。

一、明代帝王对儒学的尊崇与影响

儒学自明太祖以来即被确立为主流的意识形态,而儒学通过经筵、日讲等方式也牢固地占据帝王教育的主要阵地,通过科举和《四书大全》《五经大全》等经典诠释牢牢地控制了官僚选拔,而饱受儒学训练的官僚们在章奏行事中处处贯彻儒学的思想。

明代帝王治国以儒学为本，在明太祖朱元璋时代便已经确立。朱元璋之所以选择儒术作为自己的统治思想，大概是受了浙西儒士集团的影响，更因为千余年来儒学所倡导的三纲五常一直支撑着皇帝的合法性。即便是开国的淮西集团中的徐达、李文忠等人，也对于儒学及其礼法信从不悖。朱元璋对于儒学的服信体现在三个方面：其一是广泛征用儒士，其二是确立了以儒学之经义为科举之标准，其三是崇祀孔子。朱元璋崇信儒士，是从他征讨攻取婺州并征召儒士范祖幹开始的。范祖幹面见朱元璋时，对朱元璋说，治道不出《大学》一书："帝王之道，自修身齐家以至治国平天下，必上下四旁，均齐方正，使万物各得其所，而后可以言治。"朱元璋感悟，说："圣人之道，所以为万世法，吾自起兵以来，号令赏罚，一有不平，何以服从。夫武定祸乱，文致太平，悉是道也。"① 此后他征召的儒士如宋濂、刘基等人均在其政权建设中起到重要的作用。开国之后，朱元璋则以儒学为基调，设学校，开科举，崇祀孔子。《明史·儒林传序》云："明太祖起布衣，定天下。当干戈抢攘之时，所至征召耆儒，讲论道德，修明治术，兴起教化，焕乎成一代之宏规……制科取士，一以经义为先，网罗硕学……其先圣、先贤后裔，明代亟为表章，衍圣列爵上公，与国终始。"② 明代除国子监外，府、州、县遍设学校，而学校也均以"儒学"为名。崇祀孔子，几乎也是自汉代以来历朝统治者都要做的。不过，朱鸿林先生指出，朱元璋自渡江以来即真诚尊孔，与时俱增，其表现在祀孔礼仪上的尊崇与诚敬度越前代，对儒学真能行其所信。③

自明太祖以往，明朝的历代统治者均强调儒学在治国方面的作用。永乐二年（1404年）正月，明成祖朱棣因道士献道经，便说："朕所用治天下者，五经耳，道经何用？"④ 永乐四年（1406年）三月辛卯朔，朱棣幸国子监，先期敕礼部臣云："朕惟孔子帝王之师，帝

---

① ［清］张廷玉：《范祖幹传》，《明史》卷282，中华书局1974年版，第7223页。
② ［清］张廷玉：《儒林一》，《明史》卷282，第7221页。
③ 朱鸿林：《明太祖的孔子崇拜》，载《"中央研究院"历史语言研究所集刊》第七十本第二分册，第483—530页。
④ ［明］陈治本：《皇明宝训·太宗文皇帝宝训》卷1，学生书局1983年版，第558页。

王为生民之主,孔子立生民之道,三纲五常之理,治天下之大经大法,皆孔子明之以教万世。"① 同年闰七月接见武周文等人时则说:"朕用儒道治天下。"② 朱棣还编纂《四书大全》《五经大全》与《性理大全》,为明代的儒学教育及科举设定一定的标准。朱棣用以教太子的《圣学心法》,从头到尾贯彻了儒学精神。在《圣学心法序》中,朱棣称自己"所闻不越乎六经圣贤之道",而《圣学心法》所述无非儒家敬天法祖、仁政爱民、制礼作乐、明刑弼教、选贤与能的道理。宣德皇帝朱瞻基也是自幼受儒学熏陶,即便率领幼军在外也要随儒臣胡广等人讲论经史。他后来在御制《翰林箴》中说,"启沃之言,唯义与仁,尧、舜之道,邹、鲁以陈"③,宣称他所要听的只是尧舜之道和孔孟之言。

皇帝或皇位继承人所接受的教育,一般也都是正统的儒家教育。明朝的制度规定皇位继承人要自幼跟随儒臣学习。据称朱高炽为世子时,"好学问,从儒臣讲论不辍"④。永乐初朱棣教太子朱高炽,也是命翰林院官员为讲五经,而所撰经义被要求接受内阁学士解缙等人的审查,由解缙负责《尚书》,杨士奇负责《易》,胡广负责《诗》,金幼孜负责《春秋》。宣德皇帝朱瞻基不但自幼接受儒家经典熏陶,即位后也确切可知曾有儒臣为他讲《孟子》"离娄章"和《易》"大象"。⑤ 正统以降,明代皇帝的教育形成了以儒家经史为主要内容的经筵和日讲的制度。经筵和日讲的教材除五经、四书之外,不外乎朱熹的《通鉴纲目》、真德秀的《大学衍义》以及蕴含祖宗之法的《皇明宝训》。即使历史学习,也是以结合了儒家价值判断的史书为教材的,即以朱熹的《资治通鉴纲目》或其节本为教材。这种宫廷教育制度使儒学成为帝王脑中根深蒂固的思想。不管他内心真正的喜好如何,他对外总是会公开宣称他是以儒学治国的。以圣人自居的嘉靖皇

---

① [明] 陈治本:《皇明宝训·太宗文皇帝宝训》卷 2,第 723 页。
② [明] 陈治本:《皇明宝训·太宗文皇帝宝训》卷 2,第 725 页。
③ [清] 张廷玉:《章懋传》,《明史》卷 67,第 4751 页。
④ [清] 张廷玉:《仁宗纪》,《明史》卷 8,第 107 页。
⑤ 《明宣宗实录》卷 26,宣德二年三月己酉条,"中研院"历史语言研究所校印本 1962 年版,第 689 页;卷 32,宣德二年冬十月壬申条,第 824 页。

帝朱厚熜，不仅在嘉靖五年（1526年）御撰《敬一箴》，而且诠注了范浚的《心箴》与程颐的"视听言动"四箴，不仅要创建一个儒学的经典，更要亲自注释儒家经典。在明代帝王之中，唯一比较让人难以琢磨其对儒学的态度的，可能是崇祯皇帝。他虽然同样标榜自己崇好儒学，然而，他的"宰相为何要用读书人"一问，无论起因和动机如何，都颇反映他内心深处对儒学和儒臣的蔑视，而他在一朝十七年内弈棋般地更置五十名内阁大学士的做法，除了时局的艰难和其多变的性格作祟外，或者也正是出于这种对于儒学真正能起什么作用的怀疑思想。

尊崇儒学的同时，皇帝也可以改变儒学。除了以著作或玉音的方式影响儒学外，明代皇帝还以实际行动影响儒学发展。驾幸国子监是一种形式上的对于儒学的支持，而从祀孔庙者须经最高统治者的认定，则从根本上规定了儒学的发展方向，因为从祀孔庙不仅标志着其学问得到朝廷认同，也标志着一位儒学人士及其思想进入到儒学的主流之中。

二、儒学士人对统治者思想的吸纳

帝王崇信儒学的另一面，就是将儒学视为其统治工具，积极地通过御制书或敕撰书来影响整个社会。同时，在不少帝王的内心深处，他们也期望自己的作品成为经典，进入到儒学主流之中。为此，他们通过朝廷颁书到学校或在学校中立碑的方式宣扬自己思想。但是，帝王的思想要进入儒学的叙述脉络之中，是需要儒学士人的配合的。在明朝，这种情况恰巧不少。对于投机者而言，适时地为最高统治者的作品做注，把他们的作品抬升到与儒家先贤的作品一样的位置，是获得荣升的进阶方式。对于某些虔诚的儒学士人而言，最高统治者的思想既然可以为儒学社会影响力的扩大起到保驾护航的作用，那么为何不主动地积极地将它吸纳进来，从而为儒学的进一步发展创造条件呢？投机的或虔诚的动机，共同为统治者的思想进入儒学的主流创造条件。

当然，明代儒学对于统治者思想的吸收是有选择性的，并不是所有皇帝对儒学的相关表达都能为士大夫们所接受。相对而言，明太祖朱元璋的思想更容易为大多数儒学士人所接受，而其后的永乐帝朱棣、嘉靖帝朱厚熜虽然对儒学表现出很浓厚的兴趣，但无论是前者的《圣学心法》还是后者的《敬一箴》，虽然有机会进入学校，但最终却都没能有机地融入儒学，尽管朱厚熜十分希冀能达到这样的效果。嘉靖年间，朱厚熜曾命天下所有的府县学校建敬一亭，内设碑，上刻《敬一箴》。因此，嘉靖二十年（1541年），江西进贤县的一位名叫熊恩荣（或称熊思）的普通百姓奏进其所撰《敬一箴批注》并请求颁行，朱厚熜暗喜，表示同意。只可惜熊恩荣欲求不满，竟想借此谋求当官，"以在野之人与科目并用"，结果被朱厚熜看穿其投机性，或者也认为其投机性影响了《敬一箴》的神圣，差点要了熊恩荣的命。① 万历三十三年（1605年）十二月，湖广兴宁贡士陈元旦上其所著理学书，其中就有《孝经章句》和《敬一箴注》②，但也没有信息说明当时朝廷对陈元旦《敬一箴注》的态度。可见，儒学人士将皇帝的思想加以尊崇以便使其进入儒学主流，一则容易被视为向帝王献媚，二则也不一定能得到帝王及整个儒学界的认可。然而，唯有对明太祖朱元璋思想的阐发，在整个明代都成为一种潮流，而且几乎没有引发异议。

15世纪初期始，儒学士人便开始吸纳太祖的思想以丰富儒学内容。作为明代儒学开端的重要人物，曹端（1376—1434）在其作品《夜行烛》《家规辑略》中不仅征引了四书、五经、先儒如朱子等人的著作，还征引了不少敕撰教化文书、民间劝善书，包括《大诰》《大诰续编》《大明集礼》等明太祖时期敕撰的书籍，如《夜行烛》首篇《明孝保身》就大段节引了明太祖在《大诰续编·明孝第七》中所列的孝的十六条标准。③ 这说明最高统治者朱元璋的思想是曹端丰富和发展儒学的重要思想来源。丘濬的《大学衍义补》在格式上已将太祖

---

① ［明］徐学聚：《国朝典汇》卷23，明天启四年徐与参刻本，第6页。
② ［清］谈迁：《国榷》卷80，中华书局1988年版，第4950页。
③ 黄友灏：《明初地方生员与民间教化政策的推行——以曹端及其〈家规辑略〉〈夜行烛〉为例》，《明清论丛》2016年第16辑，第40、45页。

的话与经典并列。更经典的案例则是朱元璋在洪武三十年（1397年）所颁教民榜文中的"六谕"，从15世纪末期起便开始在明末儒学中不断地被神化。"六谕"在成化年间首先被王恕注释，但到嘉靖末年著名的阳明学者罗汝芳时，开始越来越被神话。在罗汝芳那里，"六谕"不仅仅是一个皇帝用于基层教化的谕旨，更是直接孔孟道统的哲理。例如，罗汝芳说："孝顺父母、恭敬长上数言，直接尧舜之统，发扬孔孟之蕴，却是整顿万世乾坤也。"① 他认为，自《学》《庸》绝于圣没之后，"异论喧于末流，二千年来不绝如线。虽以宋室儒先力挽，亦付无奈。惟是一入我明，便是天开日朗，盖我高皇之心精独至故"②。这种论调说朱元璋"六谕"超迈宋儒，远契孔孟之传。他还认为太祖的"六谕"较孔孟的作品更精练，说："孟子曰：'人性皆善，尧舜之道，孝弟而已矣。'其将《中庸》《大学》亦是一句道尽。然未有如我太祖高皇帝圣谕数语之简当明尽，直接唐虞之统而兼总孔孟之学者也……盖我太祖高皇帝天纵神圣，德统君师，只孝弟数语，把天人精髓尽数捧在目前，学问枢机顷刻转回脚底。以我所知，知民所知，天下共成一个大知。以我所能，能民所能，天下共成一个大能。"③ 此论已将明太祖朱元璋赞颂成"兼总孔孟之学者"以及"德统君师"之人了！罗汝芳还联系明代学术，认为明太祖非但承孔孟之蕴，而且开明代心学陈献章、王阳明之先，说："我太祖高皇帝挺生圣神，始把孝顺父母六言以木铎一世聋聩，遂致真儒辈出，如白沙、阳明诸公，奋然乃敢直指人心固有良知，以为作圣规矩。英雄豪杰，海内一时兴振者不啻十百千万，诚为旷古盛事。"读到此处，同时的名儒耿定向都不由得感叹了："真能发人所未发！"④ 直到他临终前，罗汝芳仍对诸孙说："圣谕六言，直接尧舜之统，发明孔孟之蕴，汝能合之论孟以奉行于时，则是熙然同游于尧舜世矣！"⑤ 虽然朱元璋

---

① ［明］罗汝芳：《近溪子集·乐》，《耿中丞杨太史批点近溪罗子全集》，《四库全书存目丛书》集部第129册，齐鲁书社1997年版，第48页。
② ［明］罗汝芳：《近溪子续集》卷上，《耿中丞杨太史批点近溪罗子全集》，第19页。
③ ［明］罗汝芳：《一贯编·四书总论》，《耿中丞杨太史批点近溪罗子全集》，第17页。
④ ［明］罗汝芳：《近溪子集·书》，《耿中丞杨太史批点近溪罗子全集》，第14页。
⑤ ［明］罗汝芳：《明德夫子临行别言》，《耿中丞杨太史批点近溪罗子全集》，第2页。

的"六谕"思想据日本学者考证乃是源出于朱熹知漳州时之劝谕榜①，但直接将太祖的"六谕"放在儒学的脉络中来讨论，罗汝芳的做法还是很有创造性的。更进而言之，罗汝芳是晚明的重要讲学者，又由于他是晚明乡约的重要组织者与倡行者，因此他的这种将统治者的思想直接嫁接进入儒学的做法不仅影响到他的门人，如杨复所等人，而且影响了晚明众多的讲学者和乡约组织者。

众所周知，讲学是明代儒学传播与发展的主要形式。然而，到了晚明，不少讲学者强调，讲学即讲乡约。曾经在陕西关中书院、京城首善书院讲学的冯从吾每次对人言，讲乡约即讲学。明末清初的翟凤翀（1646年进士）也说："讲乡约即讲学也。讲学何为乎？不过子与子言孝，臣与臣言忠，与兄弟言爱，与族党言和。即物穷理，随事尽道，致知力行，求不失其良心而已矣。乡约六言，固人人习闻而孝友睦姻任恤之道，三物六礼七教八政之法备之。"② 其《乡约说序》中也说："予每云讲乡约即是讲学，讲学只是大家求个良心……只将此心不要昧了，遵着乡约六条，实实行之……昔书院讲学，首宣六言，次及经书、事物，讲到刺心处，所在有汗流颜赤页者。此正见讲学受益处。"③ 在这些儒者的学问脉络中，乡约的精神核心"六谕"，其实也是儒学的重要组成部分，所以才有讲乡约即讲学的说法。在这些儒学士人看来，以六谕为核心的乡约并不仅仅是愚夫愚妇所要理会的道理，而且也是儒学要理会的重大的概念与论断。

三、思想的对流与融通

明代的最高统治者规定，儒学是国家的主流意识形态。统治者对于意识形态的选择，未必一定由他的个人好恶所决定。明代的统治者，从朱元璋到万历皇帝，作为个人都对于佛教有较深的信仰，但却

---

① ［日］木村英一：《ジシテと朱子の學》，《東方學報》第22册，1953年。转引自［日］酒井忠夫：《中国善书研究》，刘岳兵、何英莺译，江苏人民出版社2010年版，第53页。
② ［明］翟凤翀：《乡约铎书序》，《涑水编》卷1，《四库全书存目丛书》集部212册，齐鲁书社1997年版，第25页。
③ ［明］翟凤翀：《乡约说序》，《涑水编》卷1，第26页。

从未对于佛教在意识形态上的地位有任何的表达。他们推崇儒学，任用儒家士大夫，是因为他们相信儒学的价值观有利于统治。但是，最高统治者通常通过科举、从祀孔庙人选的确定等手段为儒学的发展规定方向，而很少直接以理论阐述的方式进行干预。朱棣、朱厚熜都曾以撰述的形式表达自己的儒学主张，但无论是《圣学心法》还是《敬一箴》，都没有在儒学发展中留下重要的影响与痕迹。相反，朱元璋关于基层教化的"六谕"，虽然其创作的初衷是为了乡村教化，而不是要用以指导儒家士人的实践，并不欲在儒学中留下什么影响，但反而最终得到儒家士人的一致认可。这一方面固然由于朱元璋作为开国君主的影响力，另一方面也有从木铎教民到乡约教民这一系列的基层教化的制度保障的因素。不过，儒家士人在义利选择上更倾向于选择那些动机单纯的理论成果，可能也是一种因素，即便对最高统治者的思想也是这样。因此，统治者对于意识形态的掌控与影响显然不取决于他说了什么或者想说什么，而更多地是在行动和制度上做了什么。然而，对儒学而言，通过对统治者思想的吸收与再诠释，儒学不仅获得了合法性的支持，也获得了新的理论上的发展。儒家士人对最高统治者思想的诠释，虽然有投机的做法和成分，例如像熊恩荣对《敬一箴》的批注，但是更广泛地为人所接受并且获得成功的终归是那些发自本心的真诚的诠释。两种方向的思想对流，使明代儒学虽然一度发展出一些"异端"，但至晚明仍然收缩至与统治思想互为表里。

第二单元

儒学思想的现代意义

三年之丧中的君、父之义

——以早期儒家礼学为中心

孟庆楠

(北京大学哲学系)

在儒家对伦理秩序的组织与安顿中，君、父是两个非常重要的角色，以君、父为核心的人伦关系构成了整个人伦秩序的主干。而对君、父这样两个伦理角色的定位以及对相关人伦秩序的梳理，又往往是在彼此的参照下完成的。两者有各自的特点，同时也在现实的伦理境遇中存在着复杂的冲突与关联。早期儒家对君、父角色以及相关人伦秩序的思考，也体现在其对三年之丧的解释中。

三年之丧是礼学中的一个重要议题。学者们对这一丧礼中至重的仪节进行过大量研究。本文并无意对前人的研究做出全面梳理，而只是尝试从君、父角色的比照定位切入，考察这一问题在三年之丧中的呈现。

一、至尊之义

在讨论之初，我们有必要对儒家所主张的服丧规制有所了解。只有在明确了相关礼仪规定的基础上，才有可能进一步探讨这些外在的规定所承载的意义。就文献记载来看，《仪礼》中的丧礼诸篇是目前所见最早的对丧制做出系统规定的文献。而关于《仪礼》的成书，历代学者持有不同的看法。简单来说，古文学派多主张《仪礼》为周公所作，今文学派则认为《仪礼》是由孔子编订的，宋代以来的疑古派又提出《仪礼》的创作、编订与周公、孔子都没有关系，该书为战国后期甚至是汉代儒者所作。[①] 钱玄、丁鼎等现当代学者对这三种观点

---

① 参见钱玄：《三礼通论》，南京师范大学出版社1996年版，第10—15页；丁鼎：《〈仪礼·丧服〉考论》，社会科学文献出版社2003年版，第57—84页。

进行过细致的辨析。他们最终都承认，《仪礼》的成书还是与孔子有很大关系。丁鼎先生给出的结论是，该书"本来可能是孔子依据前世流传下来的古礼选编整理而成、用以教授弟子的教本，而前世所流传下来的古礼中自当包括周公制礼作乐的部分内容。其后，七十子后学也有可能续加编作与增益，以致最后形成今本'十七篇'的样子。既然'《仪礼》十七篇'成书于春秋末年迄战国之初，那么我们就可以推论《仪礼·丧服》篇所记载的丧服制度的制定和形成必定不晚于春秋战国之际，尽管这套丧服制度可能当时尚未在社会各阶层普遍推行。"① 丁鼎先生的分析以及最终的论断还是比较合理的。据此而论，《仪礼》中有关服丧之法的规定，构成了早期儒家所面对的某种重要的思想传统。

《仪礼》大体上以士礼为主，但也略及大夫、诸侯之礼。其中《丧服》篇详细规定了丧礼的服制。服制的设计旨在利用丧服、丧期等外在的形式化因素，界定服丧对象与服丧者的身份、地位及两者的关系。就丧期而言，三年之丧是最长的丧期。这一至重的仪节也标志着最重要的一些人伦关系。凡三年丧者，主要见于以下两章：

> 斩衰裳，苴绖，杖，绞带，冠绳缨，菅屦者：父，诸侯为天子，君，父为长子，为人后者。妻为夫，妾为君，女子子在室为父，布总，箭笄，髽，衰，三年。子嫁，反在父之室，为父三年。公士、大夫之众臣，为其君布带、绳屦。
>
> 疏衰裳齐，牡麻绖，冠布缨，削杖，布带，疏屦三年者：父卒则为母，继母如母，慈母如母，母为长子。②

三年之丧涉及诸多伦理角色，但大体而言，这些角色可以被归入以父子、君臣、夫妇为代表的三个大类，亦即三个人伦领域之中。父子代表了由血缘决定的亲属关系；君臣代表了由政治权力所决定的关系；而夫妇则代表了原本疏远的两姓男女及其家族，经由婚礼所结成的亲属关系。

---

① 丁鼎：《〈仪礼·丧服〉考论》，第83—84页。
② 《仪礼注疏》，北京大学出版社1999年版，第540—567页。

需要留意的是，在三年丧期的限定下，服饰的穿着、使用仍有所区别。这些细节的规定进一步标志着人伦角色及其相互关系的重要程度。在《丧服》中，分章确定了基本的丧服等级：

> 斩衰裳，苴绖，冠绳缨，杖，绞带，菅屦
>
> 疏衰裳齐，牡麻绖，冠布缨，削杖，布带，疏屦①

前者的材质与制作工艺更粗糙，因而其所修饰的人伦关系也更重要。布总、箭笄、髽、衰是因男女服饰有别而做出的变化，并不影响其所修饰的人伦关系的重要性。但布带、绳屦则是由于服丧者身份相对低微，而做出的一种降服处理。

在上述由服制等级所标示的重要的服丧关系中，《丧服传》的解读给出了一种更明确的角色定位：

> 父。传曰：为父何以斩衰也？父至尊也。
>
> 诸侯为天子。传曰：天子至尊也。
>
> 君。传曰：君至尊也。
>
> 妻为夫。传曰：夫至尊也。
>
> 妾为君。传曰：君至尊也。②

《丧服传》在解释何以服斩衰三年时，在五种服丧关系中标示了"至尊"的角色。其中，子为父、妻妾为夫的服丧关系是比较清楚的。需要略做说明的是君臣关系。广义上的君主包括天子、诸侯、公、卿、大夫。按《丧服传》及郑《注》的说法，君即是有地者。而贾《疏》做了一点补充，认为之所以用有地来界定君的身份，是因为有地则有臣。有臣也是为君的一个必要条件。士虽有地，但无臣，亦不得称君。③ 在这样的限定之下，君可以分为三等：天子是"君中最尊上"者，故在"斩衰"章中单独提出并列在诸君之前。其次为诸侯，再次为公、卿、大夫。首先，来看天子之丧。《丧服》规定诸侯为天

---

① 《仪礼注疏》，第540—567页。
② 《仪礼注疏》，第553、556页。
③ 参见《仪礼注疏》，第553—554、561页。

子服斩衰，诸侯之大夫为天子服繐衰。但孔颖达在解释《周礼》"凡丧，为天王斩衰"一句时却称："诸侯诸臣皆为天王斩衰。"① 有学者据此推断，孔《疏》所谓诸臣并不是服繐衰的诸侯之臣，而是专指仕于王朝之卿、大夫。② 这也即是说，为天子服丧之臣或包括两个系统：一是天子直属的诸臣，一是分封在外的诸侯及其臣属。直属诸臣服斩衰三年，分封在外的诸侯亦服斩衰三年，但诸侯之臣则只服繐衰，而且是既葬即除。③ 其次，是诸侯之丧。《丧服》对此虽没有明示，但郑玄在解释公、卿、大夫之众臣为其君降服的原因时，提到"公、卿、大夫厌于天子、诸侯"。④ 由此反推可知，为诸侯服丧时，不必降服，诸臣皆服斩衰、绞带、菅屦三年。再次，即是公、卿、大夫之丧。《丧服》"斩衰"章有"公士、大夫之众臣"的提法。《服传》特别针对这一提法，分疏了贵臣与众臣的意义。贵臣指公、卿、大夫的室老与士。"室老，家相也。士，邑宰也。"其余诸臣为众臣。众臣因身份较低，为其君服丧时，要在带和屦的穿戴上降等，即月布带、绳屦。贵臣则保持常态，服绞带、菅屦。大体来看，子为父、臣为君、妇为夫服三年之丧，是服丧的常态。其他诸如父为子、女子为父等，都是由常态衍生、变化而来的。

在明确了服制的相关规范之后，我们更关注于《丧服传》所标示的"至尊"的意义。这里所谓"至尊"，可以从两个角度去理解。首先，"至尊"意味着在这五组特定的人伦关系中，父对于子、天子对于诸侯、君对于臣、夫对于妻妾，都是最受尊崇的对象。其次，我们也注意到，《丧服传》既以"至尊"解释父子、君臣、夫妇的关系，就意味着尊卑关系是普遍地存在于各个人伦领域之中的，受尊崇的对象不只是父、君、夫。但是，《丧服传》以"至尊"标示的却只有上述五条。这暗示着父、君、夫在各自的人伦领域中，相对于其他受尊

---

① 《周礼注疏》，北京大学出版社 1999 年版，第 555 页。
② 参见［清］徐乾学：《读礼通考·丧期四》，文渊阁《四库全书》电子版，上海人民出版社。
③ 关于诸侯之大夫为天子服繐衰的时间长短，丁鼎先生曾有辨析。参见氏著：《〈仪礼·丧服〉考论》，第 182—183 页。
④ 《仪礼注疏》，第 561 页。

崇的对象，具有更尊贵的地位，故称其"至尊"。《丧服传》中"至尊"的讲法，明确了父、君、夫在各自人伦领域中的核心地位。

"至尊"说的意义还不止于此。更重要的是，《丧服传》在尝试用"至尊"这样一个单一的原则来定位不同人伦领域的核心。一般来说，臣对于君的尊敬之义是比较容易理解的，但父子关系的情况则比较复杂。儒家既以亲爱之情作为父子关系的本质①，也认为子对父要有敬重之心②。事实上，亲与敬这样两种不同的态度，不只影响着对父子关系的处理，还牵涉到事父与事君的转换。儒家思想中一直存在着一个倾向，即希望将君与父的角色以及事君与事父之事统一起来。从西周的政治制度来看，天子对于诸侯、诸侯对于卿大夫，往往兼具亲的身份。但随着最初分封时所依据的亲缘关系日渐疏远以及政治制度的巨大变革，事亲的态度已经难以被直接代入君臣关系中。相比之下，敬重之义更容易实现事父与事君之间的联结。敬重的一种自然表现就是顺从，在家"顺乎亲"，在朝廷即敬顺于君。而《丧服传》如此明确地以"至尊"来定位君、父，可以看作这种思路的延续与发展。

当然，在君臣与父子的联结中，《丧服》的服制设计仍然暗示着某种主次先后之分。在《丧服》"斩衰"章的规范中，服丧对象的列举次序是值得注意的：父为先，诸君随其后。贾《疏》即尝试解释为何"先言父也"。由于贾公彦给出的具体解释受到某些后世观念的影响，并不是我们考察的重点，但是他的问题意识确实在提醒我们，《丧服》"先言父"的安排，暗示着在父与君的关系中，父处于优先的地位。

---

① 《论语·阳货》："宰我问：'三年之丧，期已久矣。君子三年不为礼，礼必坏；三年不为乐，乐必崩。旧谷既没，新谷既升，钻燧改火，期可已矣。'子曰：'食夫稻，衣夫锦，于女安乎？'曰：'安。''女安，则为之。夫君子之居丧，食旨不甘，闻乐不乐，居处不安，故不为也。今女安，则为之！'宰我出。子曰：'予之不仁也！子生三年，然后免于父母之怀。夫三年之丧，天下之通丧也。予也有三年之爱于其父母乎！'"（《论语注疏》，北京大学出版社1999年版，第241—242页）
② 《论语·为政》："子游问孝。子曰：'今之孝者，是谓能养。至于犬马，皆能有养。不敬，何以别乎？'"（《论语注疏》，第17页）

二、恩理之别

《丧服》及《丧服传》以尊卑原则作为统一的考量标准,明确了君、父在各自人伦领域中的"至尊"地位,并以此作为三年之丧的依据。与之不同,《礼记·丧服四制》在服丧依据的问题上给出了另外一种解释。

如其篇题所示,《丧服四制》提出了服制所依据的四种原则:恩、理、节、权。"恩者仁也,理者义也,节者礼也,权者知也。"其中的恩与理,是针对父子、君臣关系而言的:

> 其恩厚者,其服重,故为父斩衰三年,以恩制者也。门内之治,恩掩义;门外之治,义断恩。资于事父以事君,而敬同,贵贵尊尊,义之大者也。故为君亦斩衰三年,以义制者也。①

《丧服四制》将为父服丧与为君服丧划归于两个不同的人伦领域:门内与门外。而且,门内和门外优先遵循着不同的处事原则。门内以恩、仁制,门外以理、义制。类似的讲法亦见于《孟子》:"内则父子,外则君臣,人之大伦也。父子主恩,君臣主敬。"②

我们先来看看"恩"与"理"这两条原则。这里的"恩"不能简单地理解为恩惠。君臣间、朋友间甚至陌生人之间都可以有恩惠。而"恩"既然被作为门内行事的首要原则,并以此与门外的处事之法相区别,就需要以门内关系的特点来理解"恩"。以门内最核心的父子关系来看,"恩"就是爱。《丧服四制》言:"始死,三日不怠,三月不解,期悲哀,三年忧,恩之杀也。"③ 为父服丧之法是随着时间的推移而不断变化的。三日之后不再"哭不绝声"④,三月以后始可"解衣而居"⑤,一年以后大体复于常态而心有悲哀,三年之后则不再时时忧思。这种服丧之法的变化乃是依据"恩"的衰减。很显然,这里逐

---

① 《礼记正义》,北京大学出版社 1999 年版,第 1673 页。
② 《孟子注疏》,北京大学出版社 1999 年版,第 104 页。
③ 《礼记正义》,第 1676 页。
④ 郑玄注:"不怠,哭不绝声也。"(《礼记正义》,第 1676 页)
⑤ 郑玄注:"不解,不解衣而居不倦息也。"(《礼记正义》,第 1676 页)

渐衰减的"恩"就是孔子在指斥宰我短丧之议时所说的"三年之爱"。① "恩"的原则本质上体现着对亲人的爱。又如孟子所言："亲亲，仁也。"② 因此，"恩"即是"仁"。

《丧服四制》称"理者义也"，并以敬作为"理""义"的基本要求。这与儒家的一般讲法相合。不过我们也知道，在儒家对"义"的讨论中，敬的对象是多样的。《丧服四制》论"义"是为了确立为君服斩衰三年的根本依据，因此敬重的首要对象就是君。君对臣而言，是贵者、尊者。但《丧服四制》也指出，事父与事君之"敬同"。因此，事父也包含着敬的因素。与之相关，孟子讲"敬长，义也"③，又讲"用下敬上谓之贵贵，用上敬下谓之尊贤，贵贵尊贤其义一也"④。值得注意的是，孟子强调贵贵、尊贤，"其义一也"。那么，敬长、敬上、敬贤所依据的一致的道理究竟是什么呢？帛书《五行》说文对这个问题有着更深入的探讨。《五行》言："贵贵，其等尊贤，义也。"说文解释称，这里的贵贵是指"贵众贵"。值得或应该敬重的人有很多，贤、长、亲、爵都可以成为敬重待之的对象。但无论具体选择何者为贵，是因其贤、因其长、因其亲、还是因其爵，"选贵"都遵循一个基本的道理，即"选贵者无私焉"。⑤ 这很显然是针对门内之私而发的，对"义"的强调与重视在很大程度上就是为了制衡门内之私。

"恩"与"理"、亦即"仁"与"义"之间的冲突与制衡，自战国中期开始就成为儒家关注的一个重要问题。而《丧服四制》以"恩""理"作为服丧的依据，即体现着对这种冲突的处理。该篇作者清楚地认识到，人始终处于复杂的伦理关系中，在面对具体情况时，"恩"和"理"往往是交织在一起的，彼此间甚至存在着冲突。因此，人们不可避免地要在"恩"与"理"之间做出抉择。而《丧服四制》并不

---

① 《论语注疏》，第241—242页。
② 《孟子注疏》，第359页。
③ 《孟子注疏》，第359页。
④ 《孟子注疏》，第277页。
⑤ 参见国家文物局古文献研究室编：《马王堆汉墓帛书（一）》，文物出版社1980年版，第21页。

想赋予某一原则绝对的优先性,该篇应对的做法是首先区分门内与门外,从而在较小的领域中对"恩"与"理"做出选择。这个细节的处理是很有意义的。在门内或门外这样的特定领域内,秩序与价值有着更为清晰的取向。虽然伦理的冲突仍然存在,但是在清晰的秩序与价值取向下,人们显然更容易做出取舍和选择。"恩掩义""义断恩"的说法,即体现着这种果断的抉择。一方面,在门内,既有亲亲之爱,也会遇到出于某种公义而带来的责善的问题。在这种情况下,就应"以恩掩义"。例如,匡章之所以被举国之人认为不孝,并不是因为其行为有悖于一般的孝道,而是由于他在门内父子间责善。"父子责善,贼恩之大者。"[1] 另一方面,在门外之事中也会夹杂着亲亲的私意。孔子与叶公论党中有父攘羊[2],孟子与桃应论瞽叟杀人[3],都体现着公共领域中"义"与父子之亲的冲突。为父者攘羊,瞽叟杀人,都有悖于公义。对于这样的不义之行,孔子还是在维护父子之亲的正当性与优先性,主张父子相隐。孟子虽然也认为,舜最终应保全父亲的性命,但舜也不得阻止皋陶执拿瞽叟,并要在"弃天下"、也即舍弃公职身份的前提下才能"窃负而逃"。这已经表现出了更多的对"义"的尊重。《丧服四制》较之两者,具有更加果决的姿态,强调在门外的公共事务中就应"以义断恩"。

基于这样一种对"恩""义"的理解,我们再来看为君、父服丧的问题。很显然,《丧服四制》不再像《丧服传》那样,以单一的"至尊"之义来解释君、父在各自领域的地位,并以此作为服丧的依据。在《丧服四制》的作者看来,为父服丧与为君服丧遵循着截然不同的原则。父丧属于门内之事,父子恩重,为父斩衰三年是依循于"恩"的原则;君丧则是门外之事,君臣义重,为君斩衰三年体现着"义"的原则。但需要指出的是,在"恩"与"义"的张力中,无论是"以恩制"还是"以义制",都是某种掩断、抉择的结果。为父的

---

[1] 《孟子注疏》,第 236 页。
[2] 《论语注疏》,第 177 页。
[3] 《孟子注疏》,第 370—371 页。

至亲，为君的至贵至尊，始终都在克服着伦理冲突所带来的挑战。《丧服四制》对服丧依据的解释，展现出了对复杂伦理境遇的理解与安顿。

此外，《丧服四制》还试图在事父与事君之间建构起更为明确的联系。事父与事君虽然分属于两个不同的人伦领域，且受制于不同的伦理原则，但《丧服四制》认为，两者之间仍然存在某种共通性：子对父、臣对君有着相同的敬重。这与《丧服传》以"至尊"来定位君、父的思路是相似的，都是以敬重之义来构建事君与事父之间的联系。在这种联结之中，《丧服四制》更清晰地强调了父子关系的基础性作用。该篇言"资于事父以事君"，即认为为君服丧应以父丧为参照。父子关系构成了一种被效法的模型。

三、民之父母

通过上述分析我们可以看到，对于为父、为君服斩衰三年的依据，《丧服传》与《丧服四制》有着不同的理解。《丧服传》以"至尊"这样一个单一的原则来定位君、父在各自领域中的地位。而《丧服四制》却关注于不同人伦领域的差异，以及在具体境遇中"恩"与"理"之间的冲突。《丧服四制》对于君、父的定位，是在"恩掩义""义断恩"的抉择下做出的，事父以"恩"制，事君以"义"制。父子"恩"厚，君臣"义"重。《丧服传》与《丧服四制》在这里展现出了不同的思路。不过在此之外，《丧服》《丧服传》与《丧服四制》也有一点相似之处。两者都直接或间接地承认，父子关系对于君臣关系具有某种优先性，事父构成了事君的参照。但是，荀子在有关三年之丧的讨论中进一步突破了这样一种对君、父关系的认识。

相关讨论记载于《荀子·礼论》。该篇首先阐述了礼的一般原则，之后又讨论了三年之丧的问题。其中一段是专门针对为君服丧的：

> 君丧所以取三年，何也？曰：君者，治辨之主也，文理之原也，情貌之尽也，相率而致隆之，不亦可乎！《诗》曰："恺悌君子，民之父母。"彼君子者，固有为民父母之说焉。父能生之，

不能养之，母能食之，不能教诲之，君者，已能食之矣，又善教诲之者也，三年毕矣哉！①

这条材料意在讨论为君服丧三年的依据，并为此引入了"民之父母"的观念。对于这一观念的内涵，我们稍后还会详加分析。这里需要首先指出的是，"民之父母"是用以描述和定位君主的。在这个意义上，君是对民而言的。这也即意味着，为君服三年之丧者是民。而这并不符合《丧服》所呈现的服制。《丧服》规定，庶人为国君服疏衰裳齐、牡麻绖，无受，但不言为天子。郑《注》对此补充道："天子畿内之民，服天子亦如之。"② 据此而论，王畿之民为天子服丧，诸侯之民为其君服丧，皆服齐衰，无受。所谓"无受"，即"至葬即除"，因服丧期短而不必改受轻服。事实上，《丧服》与《荀子》在丧服服制上的不一致并非只有这一处。③ 这种不一致产生的原因可能是多方面的，但最根本的恐怕还是对伦理角色及伦理关系的认识有所不同。我们知道，在《丧服》的安排中，丧期的长短、丧服的轻重，既反映着所服对象的身份，也与服丧之人的身份有关。在为天子服丧时，诸侯及直属诸臣较之庶民为贵，故其服丧之期长，且服重。为诸侯服丧也是同样的情况，诸侯之臣贵于庶民，故期长而服重。在这样的设计之下，天子、诸侯与各自属臣的关系，自然也比君民关系更为重要。而《礼论》对君丧三年的讨论，却是在君民关系中展开的。民可以为君服丧三年，特别是对比《丧服》的服制来看，民以及君民关系在荀子这里受到了更多的重视。

对于这种变化，我们或许可以将其归为一种偶然的思考方向的改变。但是，如果考虑到荀子所面对的战国以来政治秩序的剧变，这种变化的出现则可能是某种必然。众所周知，西周以来的政治秩序是以分封制度为骨干的。天子分封诸侯，诸侯代天子治理各自封国内的百姓。而诸侯国君赐予卿、大夫采邑，也是类似的性质。在这种制度

---

① "君丧所以取三年"，《荀子》原文作"君子丧"，俞樾认为"子"字为衍文，王先谦亦承此说，据改。参见［清］王先谦：《荀子集解》，中华书局1988年版，第374页。
② 《仪礼注疏》，第593页。
③ 参见丁鼎：《〈仪礼·丧服〉考论》，第315页。

下，天子、诸侯更多地是通过分封的诸臣来统治百姓。诸侯、卿、大夫在自己的封地内享有高度的自治权。因此，政治领域的首要问题是处理天子与诸侯、诸侯与诸臣之间的关系。《丧服》有关君丧三年的服制设计，即是这种政治秩序的体现。但是，随着战国后期诸国改革旧制，以郡县代封建，土地与人民归于国君直管。在这一背景下，君与民的关系问题自然也就成为政治领域的首要关切。《礼论》在丧制上所呈现的变化或与此有关。

荀子在围绕三年之丧的讨论中，对日益凸显的君民关系做出了正面的定位，同时也借由"民之父母"说将其与人伦关系中至为重要的父子、母子关系关联在了一起。"民之父母"一说出自《诗经·泂酌》的首章。从字面意思来看，所谓"民之父母"，就是要求君主像父母对待自己的子女一样对待治下的百姓。换言之，父母对待子女之法应该成为君主效法的模范。这似乎与《丧服四制》所建立的效法关系大体相近。但事实上，这一观念经由荀子的解读，其所包含的意义已经有了明显的变化。荀子认为，父母对于子女的成长发挥着不同的影响，同时也表现出了各自的缺陷。"父能生之，不能养之。"杨倞注："养，谓哺乳之也。养，或谓食。"① 另一方面，"母能食之，不能教诲之"。而君主恰恰兼具了父母的功能，且弥补了他们各自的不足，"已能食之矣，又善教诲之"。就此而论，君主固然要效法父母对待子女的方式，但效法而来的功用却超越父亲或母亲。因此，百姓为君主服丧的隆重程度也理应超越子女为父母服丧，或至少不低于父母之丧。于是，民为君服丧三年就成为一种必然的选择。

不过需要注意的是，上述表达是一种功能性的论证，即以君主对民众的教养之功作为民为君服丧三年的依据。因有教养之功，故为之服丧。这样的逻辑很容易被人认为，民为君服三年丧是出于对其教养的回报。这一情形类似于之前提到过的孔子对三年之丧的论证。《论语·阳货》载，孔子驳斥宰我短丧之议，认为人之所以要为父母服三

---

① ［清］王先谦：《荀子集解》，第374页。

年丧，是因为人之初生皆"三年免于父母之怀"①。所谓"三年免怀"，也是父母对于子女的一种养育之功。有学者即从报恩的角度来理解孔子三年丧的主张。但我们知道，儒家对于行为动机的思考，恐怕不会单纯从功用、利益的回报着眼。无论是为父母服丧，还是为君服丧，皆应出于某种内在的用心，如《丧服四制》所言"恩""仁"之爱、"理""义"之敬。事实上，荀子对于礼的依据的思考，同样强调"称情而立文"②。那么，为君服丧三年又是出于何种"情"呢？要解答这个问题，还是要回到对"民之父母"的理解。荀子虽然没有在有关三年之丧的论证中说明民众对于君主有着怎样的情感或态度，但其所引用的"民之父母"说却是当时儒家的一个公共话题，儒者们对这一观念有着某些一致的认识，或可成为我们理解荀子的参照。如《礼记·表记》引《泂酌》此句言："凯以强教之，弟以说安之。乐而毋荒，有礼而亲，威庄而安，孝慈而敬。使民有父之尊，有母之亲。如此而后可以为民父母矣。"③"凯""弟"代表了两种不同的对待百姓的姿态，一需强教之，一需悦安之。而在这样两种态度之下，民众对待君主亦生出尊与亲这样两种不同的心态，尊君如尊父，亲君如亲母。对于这条材料的理解，虽然在细节上或有分歧，但大体而言，后来的毛《传》、韩《外传》对《泂酌》的解读都承续此义。④ 由此来看，在儒家的理解中，"民之父母"绝不仅仅是一种教养之功的整合，这一观念包含着百姓对君主的既尊且亲的态度。而这种情态是在君主的教养之功下逐渐培养形成的，并构成了民为君服丧三年的依据。从这个意义上来说，对君的定位与理解虽然仍以父母的角色为参照，但其在人伦秩序中发挥的作用已超越了父母的角色。

事实上，三年之丧作为至重的丧礼，本来就是要在哀悼逝者的过

---

① 《论语注疏》，第 242 页。
② ［清］王先谦：《荀子集解》，第 372 页。
③ 《礼记正义》，第 1483 页。
④ 《毛诗故训传》："乐以强教之，易以说安之。民皆有父之尊，母之亲。"（《毛诗正义》，北京大学出版社 1999 年版，第 1124 页）《韩诗外传》："使人知亲尊。亲尊，故父服斩缞三年，为君亦服斩缞三年，为民父母之谓也。"（许维遹：《韩诗外传集释》，中华书局 1980 年版，第 228 页）

程中安顿人伦秩序中最重要的一些角色和关系。而《丧服传》《丧服四制》《礼论》对服丧依据的讨论，表现出了对人伦秩序的更深入的思考。

从以上的考察来看，早期儒家针对君、父及相关的人伦关系，着重探讨了两个层面的问题。其一，是君、父在各自人伦领域中的地位和意义。《丧服传》以"至尊"定位君、父，而《丧服四制》则强调父子"恩厚"、君臣"义重"。其二，是君与父之间的关系。早期儒家普遍以父子关系作为君臣、君民关系的参照，而《礼论》在这一基本认识之上，强调君主兼具父母的教、养之功及尊、亲之义。这些讨论呈现出了不同的思考路径，展现出了儒家内部思想的多样性。

儒家礼制的重省与深化

——以20世纪40年代中央大学学者议定国家礼制观点为借镜

孙致文

（台湾"中央大学"中文系）

一、前言

"礼"无疑是儒家重要的表征。"礼"，一方面是内在良知善性的德性，与"仁""义""智""信"等并列，另一方面又是具体实践，可以细分为"仪节""礼仪""礼器""礼制"等。在儒家概念中，内在德性又可以"仁"统摄；此一概念的"仁"，不但与"礼"不冲突，反而正是实践意义上的"礼"的内在根源。若失去这个根源，则表现在外的"礼""乐"也都不具价值。① 然而，我们不能据此认为儒家较重视内在德性（仁）而不在意外在表现（礼）。《论语·八佾》记载孔子回答林放问"礼之本"时说："礼，与其奢也，宁俭。丧，与其易也，宁戚。"② 朱熹诠解时即强调"礼贵得中"的概念。《论语集注》中说："礼贵得中，奢、易则过于文，俭、戚则不及而质，二者皆未合礼。"③ "奢、易""俭、戚"都不合于礼，孔子取后者而舍前者，只是就"礼之本"而论，而不是论"礼"最合宜的形态。孔子又曾说："质胜文则野，文胜质则史。文质彬彬，然后君子。"④ 所谓的"质"，即指内在的禀性、情感；"文"则是外在的行为、容仪。文质相称、无过、无不及，即是所谓"中庸"；而此"无过无不及"的标准，即

---

① "子曰：'人而不仁如礼何？人而不仁如乐何？'"（《论语·八佾》，《论语注疏》卷3，影印清嘉庆二十一年南昌府学刊本，艺文印书馆1989年版，第3页上）
② 《论语注疏》卷3，第3页上。
③ 《论语·八佾》，朱熹：《四书章句集注》，中华书局1983年版，第62页。
④ 《论语·雍也》，《论语注疏》卷6，第7页上。

是"礼"。然而,此"标准"如何订定?

从德性层面而言,"礼"是"人皆有之"[①]的良知,因而是普遍的;而此良知又与天道相一致,"不为尧存,不为桀亡"[②],是恒常的。但普遍、恒常之"礼"只应就内在而言,一旦落在具体实践层面,"礼"便不该言"普遍""恒常"。礼不但会随时间而"因革损益"[③],甚至还会因行礼者身份不同而有"异数"。[④] 要在"变""异"之中体现"礼"的普遍、恒常之道确实不容易,并不是人人皆能掌握,而唯有善体天道的"圣人"才能制定。在儒家的文化传统中,周公便是这样一位"有德有位"能"制礼作乐"的圣人。虽然"人人皆可以为圣人",但事实上连孔子都自谦"若圣与仁则吾岂敢"[⑤],若是,则自周公之后,礼制的变异又将由谁定夺呢?朱熹便将"圣人功夫",归因于"好问,默而识之;好古,敏以求之"[⑥],这不仅是孔夫子自道之词,也是后世儒家"君子"成己成物的必经之道。孔子言:"圣人吾不得而见之矣,得见君子者斯可矣。"[⑦] 因而,在周公制礼作乐之后,后世"君子"除了内省自修外,便同时也肩负起议礼、制礼的责任。

另一方面,在"非天子不议礼、不制度、不考文"[⑧]的既定信念下,后世多数儒者往往只能透过考证古礼以展现个人对礼制的意见,

---

① "恻隐之心人皆有之,羞恶之心人皆有之,恭敬之心人皆有之,是非之心人皆有之。恻隐之心,仁也。羞恶之人,义也。恭敬之心,礼也。是非之心,智也。仁义礼智,非由外铄我也,我固有之也。"(《孟子·告子上》,《孟子注疏》卷11上,影印清嘉庆二十一年南昌府学刊本,艺文印书馆1989年版,第7页下)
② "天行有常,不为尧存,不为桀亡。"(《荀子·天论》,王先谦:《荀子集解》卷11,中华书局1988年版,第307页)
③ "子曰:'殷因于夏礼,所损益可知也。周因于殷礼,所损益可知也。其或继周者,虽百世可知也。'"(《论语·为政》,《论语注疏》卷2,第8页上)
④ "王命诸侯,名位不同,礼亦异数。不以礼假人。"(《左传·庄公十八年》,《左传注疏》卷9,影印清嘉庆二十年南昌府学刊本,艺文印书馆1989年版,第15页下)
⑤ 《论语·述而》,《论语注疏》卷7,第11页下。
⑥ "然所以为圣人,也只说'好问,默而识之;好古,敏以求之';那曾说知了便了!"(黎靖德编:《朱子语类》(以下简称《语类》)卷60,中华书局1986年版,第1425页)
⑦ 《论语·述而》,《论语注疏》卷7,第8页上。
⑧ 《礼记·中庸》,《礼记注疏》卷53,影印清嘉庆二十年南昌府学刊本,艺文印书馆1989年版,第9页下。

只有在帝王授意之下，儒者才有机会公开议礼、制礼。于是，汉初有叔孙通订定朝仪，西晋太康年间颁定"晋礼"，唐玄宗开元年间编订《大唐开元礼》，自宋至清则分别有《政和五礼新仪》《大金集礼》《明集礼》《大清通礼》等。中华民国肇建，不但国体迥异于前，社会思想潮流也与前代不同，自民国元年（1912年）年前，袁世凯、张作霖主政时，便开始编订新礼制。①

民国十七年（1928年）北伐完成全国统一，礼制编订的工作更加积极、全面。内政部、教育部曾多次草拟、修订《礼制草案》《服制草案》。在民国三十年（1941年）的"第三次全国内政会议"上，内政部曾将《礼制草案》提付讨论；次年，内政部又将《礼制草案》"印成专帙"，以便各界讨论。② 至民国三十二年（1943年），"国立礼乐馆"在重庆开馆，由时任教育部政务次长的顾毓琇兼任首任馆长、礼制审议委员会主任委员。礼乐馆下设礼制组、乐典组、总务组；礼制组主任为卢前（冀野），乐典组主任为杨荫浏（亮卿）。开馆后，曾召开"礼制谈话会"，先对民国二十七年（1938年）内政、教育两部

---

① 民国元年八月，公布了分为男子礼、女子礼的《礼制》二章；十月又公布《服制》，共三章。民国三年（1914年），在袁世凯示意下，内务部下辖典礼司，并设"礼制编订会"，再改立"礼制馆"，由徐世昌任馆长。"礼制馆"先后编定《祀天通礼》《祭祀冠服制》《祭祀冠服图》（以上刊于民国三年八月）、《祀孔典礼》（刊于民国三年九月）、《关岳合祀典礼》（刊于民国四年五月）、《忠烈祠祭礼》（刊于四年五月）、《相见礼》（刊于四年六月）七种礼制。（以上七种合为《民国礼制七种》，台北"中央研究院"历史语言研究所傅斯年图书馆藏）其后，"礼制馆"及其所编礼制皆被新任国务总理段祺瑞废止。民国十六年（1927年），北洋政府"中华民国陆海军大元帅"张作霖下令开设"礼制馆"以修订礼制，由国务总理潘复兼任总裁，内务总长沈瑞麟兼任副总裁，聘请江瀚、王式通为总纂。"礼制馆"所拟礼制分为吉、凶、军、宾、嘉，编成《中华民国通礼草案》。

② 今查，除台湾"国史馆"有民国三十二年（1943年）八月二十五日"签请指定负责机关限期审订本部原拟礼制草案以便克日实施"签呈所附"礼制服制草案"外（《礼制服制草案》，《国民政府档案》，台湾"国史馆"藏，典藏号：001-051600-0002），中国人民大学、南京大学两校图书馆各藏有一册《礼制草案》印本。关于中国人民大学藏本，中国国家图书馆"学苑汲古——高校古文献资源库"载有该书封面、内政部长周钟岳序文及"总纲"首页书影；序及"总纲"首页皆有"北京图书馆藏"印戳。周序有"去冬第三次全国内政会议"云云，知此本系三十一年所印，"学苑汲古"书目误载出版年为"民国二十九年"。经比对，南京大学藏本与中国人民大学所藏当为一本，"学苑汲古"书目误载出版年为"民国二十二年"。又，蒙南京大学文学院张宗友教授协助，申请翻拍得南京大学图书馆所藏《礼制草案》全书三分之一。谨此申谢。

修订之《礼制草案》初步研讨修正。民国三十三年（1944年），监察委员汪东（旭初）接任馆长之职，持续搜集礼、乐资料，以作修订《中华民国礼制》的参考。其后，经汪东指示，由李证刚（翊灼）、殷孟伦（石臞）、高明（仲华）等人编成《中华民国通礼草案》一卷；① 然而，《草案》编成，未遑公布而中国大陆易帜。②

在礼乐馆成立之前，礼制的编订主要由内政部、教育部主司，但民国三十二年（1943年），在国民政府军事委员会委员长蒋中正的要求下，时任考试院院长的戴季陶成为制礼的核心人物。戴氏曾于民国三十二年（1943年）十一月三日召集官员、学者在四川北碚缙云山下的北温泉召开会议，讨论订定《中华民国礼制》的相关问题。该次会议之结论被刊印为《北泉议礼录》。③ 民国三十四年（1945年）五月十八、十九两日，礼乐馆再召开为期两日之"礼制审议会"；审议会的讨论记录刊载于民国三十四年（1945年）12月24日礼乐馆发行的《礼乐》杂志第一册中。

---

① 高明：《礼学新探·弁言》，学生书局1978年版，第1页。此草案台湾"国史馆"暨各公私图书馆竟未见庋藏。
② 关于1940年此番制礼之过程，可参看阚玉香：《北泉议礼初探——〈中华民国礼制〉的形成与评价》（华中师范大学中国近代史研究所硕士学位论文，2007年）一文。其后，阚玉香又有论文数篇：《"国立礼乐馆"》（与潘大礼、李世宇合撰），《大众科学·科学研究与实践》2008年11月号；《北泉议礼的结局及启示》，《咸宁学院学报》2009年第1期，第42—43页；《北泉议礼及其成果——〈中华民国礼制〉》，《南华大学学报》2010年第1期，第50—53页；《当时人士对"北泉议礼"的态度剖析》，《咸宁学院学报》2010年第3期。笔者曾根据台湾"国史馆"馆藏史料粗撰《议礼、制礼与践礼的当代意义——以1943年"北泉议礼"为中心的讨论》，载《儒学的理论与应用：孔德成先生逝世五周年纪念论文集》，"中央研究院"中国文哲研究所2015年版，第603—634页。文末附《国民政府"制礼"大事纪初编》。可惜当时未能查阅中国第二历史档案馆所藏卷宗，颇有未备。近时，汤斯惟所著《"国立礼乐馆"述略》则根据中国第二历史档案馆所藏文书，对"国立礼乐馆"之筹设过程、人员编制等，有更翔实的考察。除馆制外，汤文较着重考察"乐典组"之工作内容与影响。参见汤斯惟：《"国立礼乐馆"述略》，《中央音乐学院学报》2017年第1期。
③ 《北泉议礼录》由"国立礼乐馆"编辑，北碚私立北泉图书馆印行部印刷。台湾"中央研究院"中国文哲研究所、历史语言研究所傅斯年图书馆均有藏本。今据中国文哲研究所藏本。

二、中大学者与制礼

在历次制礼过程中，研治儒家经典的学者往往是关键人物。① 20世纪 40 年代国民政府有关机关邀集了许多学者参与制礼过程。在礼乐馆中任职的学者有：顾毓琇、汪东、卢前、杨荫浏、殷孟伦等人。而据卢前所撰《北泉议礼记》，出席民国三十二年（1943 年）北泉议礼会议的成员，除礼乐馆馆员、政府官员外，尚有学者柳诒徵、汪东、靳志、罗香林。而在民国三十四年（1945 年）召开的两次"礼制审议会"上，参与的学者则有汪辟疆、陈子展、鲁实先。此外，在礼乐馆编印的两种刊物《礼乐半月刊》《礼乐》杂志中，又有多位学者发表文章，包括但焘、钱基博、李翊灼（证刚）、殷孟伦、潘重规、邓子琴（永龄）、杨廷福等人。在这些学者中，靳志②为清代进士，虽曾任外交部秘书，但在礼乐馆会议期间，似乎只是以硕学耆老的身份参与。但焘（植之）时任"国史馆"副馆长。陈子展③、鲁实先④为

---

① 1927 年的"礼制馆"总纂江瀚、王式通两人均为精通传统学术的学者。又，京都大学人文科学研究所藏有油印本《中华民国通礼草案》一册，实为《通礼》中之"凶礼"部分。从该册中《中华民国通礼之凶礼草案说明书》看来，实由学者胡玉缙编写。(2015 年 8 月 20 日，蒙京都大学人文科学研究所古胜隆一教授协助，有幸翻阅该所收藏《中华民国通礼草案》一书，谨此志谢。) 胡玉缙为清乾隆十七年（1891 年）举人，光绪二十九年（1903 年）应经济特科试，获一等第六名。光绪三十四年（1908 年）礼学馆修《大清通礼》，受聘为纂修。宣统二年（1910 年）任京师大学堂《周礼》学教员。以上胡氏生平参见张咏婷：《胡玉缙及其〈许庼学林〉之经学研究》，台湾东吴大学中国文学系硕士学位论文，2016 年。
② 靳志，字仲云，清光绪二十九年（1903 年）进士，次年奉准赴法国游学，并于期间加入同盟会。民国十九年（1930 年）至民国二十二年（1933 年）两度担任外交部秘书。
③ 陈子展曾于五四运动后（1919 年）就读东南大学教育系，但民国十一年（1922 年）年便因病辍学。其后在湖南多所中学及湖南省立第一师范学校任教。民国二十年（1931 年）曾旅居日本一年，次年，受聘为复旦大学中文系兼任教师，直至民国二十六年（1937 年）被聘为专任教授，并兼任中文系主任。1950 年卸任系主任职务，任教直至 1990 年病逝。陈氏生平参见徐志啸：《陈子展先生的治学》，《上海文化》2016 年第 6 期，第 77—85 页。
④ 鲁实先中学时，即不耐课业浅易杂缓，便依梁启超"国学入门书目"、胡适"最低限度国学书目"辍学自习，且尤致力于四史。其后又用三年时间读杭州文澜阁藏书，且往北平名校旁听。民国二十六年（1937 年）撰成《史记会注考证驳议》，声闻士林。民国三十一年（1942 年）秋，受杨树达推荐，受聘于复旦大学文史系。（转下页）

复旦大学教授。杨廷福于民国三十四年（1945年）毕业于复旦大学中文系，其后曾担任同济大学讲师。而柳诒徵、汪辟疆、钱基博、汪东、李翊灼为中央大学知名教师。至于罗香林，虽曾短暂受聘于中央大学，但主要任教于中山大学。① 殷孟伦、潘重规、邓子琴、高明，则都是中央大学校友。整体而言，中央大学②学者涉入最多。

档案数据显示，礼乐馆馆长人选初由教育部长陈立夫上签呈推荐柳诒徵担任，后因柳氏谦辞，最后由教育部政务次长顾毓琇兼任首任馆长。③

柳诒徵自民国五年（1916年）起，即任教中央大学前身"南京高等师范学校""东南大学"十余年。民国十四年（1925年），虽因东南大学学潮，柳氏辞职，但于民国十六年（1927年）仍任江苏省立第一

（接上页）1949年抵台后，先后任教于嘉义中学、台中农学院、东海大学；直至1961年受聘为台湾师范大学国文系教授。鲁氏以精于历算，受聘为"国立礼乐馆"礼制审议委员。参见杜松柏：《鲁实先传》，载《"国史"拟传》第四辑，台湾"国史馆"1993年版，第289—297页。又参见陈廖安：《师大·大师——鲁实先生的学术贡献》，载《汉学研究之回顾与前瞻国际学术研讨会论文集》，台湾师范大学国文系，2006年。

① 罗香林，字符一。毕业于清华大学史学系、清华大学研究院。民国二十三年（1934年）春受聘为中山大学副教授；同年秋，改应中央大学之聘，兼在暨南大学授课。民国二十五年（1936年）任广州市立中山图书馆馆长，又兼中山大学副教授。民国三十一年（1942年）于重庆任中央党部专门委员兼中央政治学校教授。民国三十六年（1947年）辞去一切政务，返回中山大学为专任教授。1949年，迁居香港新界，任教各私立大专。自1951年起，于香港大学任教，并曾任中文系系主任及东方研究所所长，直至1968年退休。1978年病逝于香港。参见林天蔚：《罗香林》，载《中华民国名人传》第一册，近代中国出版社1984年版，第697—705页。按：此文即台湾"国史馆"拟传。

② 中央大学沿革略如下述：中央大学的前身是民国四年（1915年）年成立的"南京高等师范学校"（简称"南高"）；民国十年（1921年），"南高"改名为"东南大学"。民国十六年（1927年），国民政府教育行政委员会颁布"大学区制"，东南大学并入"第四中山大学"。及至民国十七年（1928年）第四中山大学改名"国立中央大学"，次年，"大学区制"撤消，中央大学维持校名运作。

③ 转引自汤斯惟：《"国立礼乐馆"述略》，第92页。中国第二历史档案馆藏有民国三十一年（1942年）十二月二十八日陈立夫《签呈委员长文》（全宗号五：12071），推荐柳诒徵为馆长，此案获蒋中正同意。又民国三十二年（1943年）八月三十日军事委员会委员长侍从室秘书李白虹拟签第2页中，也见"奉准以柳诒徵为馆长，后柳不愿就职"之语。参见《礼制服制草案》，《国民政府档案》，台湾"国史馆"藏，典藏号：001-051600-0002。

图书馆（后改名国立中央大学国学图书馆）馆长。民国二十六年（1937年）年中大因抗日战争迁校重庆，民国三十年（1928年）柳氏抵重庆后，担任中央大学文学院研究生导师。①"国立礼乐馆"筹设时，柳氏正任教中大；最终虽然"不愿就职"，但柳氏仍参与民国三十二年（1943年）戴季陶于北碚召集的"北泉议礼"会议②，其后，也于民国三十二年（1943年）四月至三十三年（1944年）一月任礼乐馆编纂之职。③

顾毓琇于民国二十年（1931年）至二十一年（1932年）任中央大学工学院院长。民国二十七年（1938年）任教育部政务次长，民国三十三年（1944年）被任命为中央大学校长，于沙坪坝就职。在兼任"国立礼乐馆"馆长一职时，顾氏虽未于中大任教，但任命的礼制组主任卢前、乐典组主任杨荫浏，都与中大颇有渊源。民国三十二年（1943年）"国立礼乐馆"设立"礼制审议委员会"，主任委员即由顾毓琇出任（本文主要讨论"礼制"问题，暂不涉及"乐典"）。

顾毓琇之后，于民国三十三年（1944年）二月接任礼乐馆馆长一职的汪东，民国二年（1913年）年即参与礼制修订，曾任内务部编订礼制会成员、政事党礼制馆嘉礼主任、编纂员；民国二十六年（1927年）受聘于第四中山大学（后定名为中央大学）任教，次年任中文系系主任，并为中大撰写校歌歌词。民国二十九年（1930年），顾氏任中大文学院院长。除了担任礼乐馆馆长外，民国三十六年（1947年）顾氏又任"国史馆"纂修。1963年，顾氏病逝于苏州。④

汪辟疆也是中大的重要教师。汪氏本名国垣，字辟疆，又作辟疆。民国元年（1912年）毕业于京师大学堂，民国十一年（1922年）

---

① 柳诒徵事略，参考宋晞：《柳诒徵》，《中华民国名人传》第一册，近代中国出版社1984年版，第251—265页。按，此文即台湾"国史馆"拟传。
② 卢前：《北泉议礼记》，《北泉议礼录》书前。
③ 汤斯惟著《"国立礼乐馆"述略》中载有据"国立礼乐馆"三十三年一分份请领公务员生活补助费名册》整理之职员表，参见汤文，第93页。
④ 见刘国铭主编：《中华民国国民政府军政职官人物志》，春秋出版社1989年版，第126页。又，刘长焕谓1945年"抗战胜利后汪东回南京，任'国立礼乐馆'馆长"，参见刘长焕：《汪东先生年表简编》，《贵州教育学院学报（社会科学）》2008年第11期，第60页。

任江西心远大学教授，十七年（1928年）受聘为第四中山大学教授。自此，汪氏便持续在中央大学及1949年后改名的南京大学任教，前后共38年，1966年因病逝世于南京。汪氏学问广博，不但精于目录之学，而且于古典诗词造诣尤深。礼乐馆成立后，汪氏受聘为礼制审议委员。

在"国立礼乐馆"效力最多的，当属有"江南才子"之称的卢前。卢前于民国十一年（1922年）进入东南大学国文系就读①，在求学期间师从曲学学者吴梅，曲学方面造诣极高。大学毕业后，卢前先后任教于金陵大学、（上海）光华大学、成都大学、成都师范大学、河南大学、中央大学、（上海）中国公学、（广州）中山大学、（上海）暨南大学、四川大学等校。民国三十一年（1942年）冬，卢前奉教育部指派，出任位于福建永安的"国立音乐专科学校"校长。次年暑假，他受命在重庆协助筹办"国立礼乐馆"，因而辞去"国立音乐专科学校"校长一职。民国三十四年（1945年）抗日战争结束，卢前于12月30日返回南京"为'国立礼乐馆'寻觅馆址"②，"拟租灵隐路的房屋"③。1949年以前，卢前还曾担任《中央日报·泱泱周刊》主编、国民政府国民参政会四届参议员、南京市文献委员会主任、南京通志馆馆长等职，是一位经世干才，甚得于右任等党政官员的赏识。

殷孟伦，字石臞，民国二十一年（1932年）毕业于中央大学中文系，为黄侃弟子。其后殷氏赴日本东京帝国大学深造，民国三十年（1941年）任四川大学中文系教授兼系主任，民国三十四年（1945年）又兼任中央大学中文系副教授及文科研究所指导教师，1953年任山东大学中文系教授，1988年病逝。④ 殷氏有专著《子云乡人类

---

① 卢前曾自言中学时"是以数学成绩不好出名的"，虽因数学成绩不好而落榜，但其后仍于1922年被"破格录取"进入东南大学国文系就读。参见卢前：《造境助学谈》，《柴室小品》卷2，《卢前笔记杂钞》（以下简称《杂钞》），中华书局2006年版，第90页。
② 卢前："制作基地"一则，《丁乙间四记·还乡日记》，《杂钞》第373页。
③ 卢前："二奇女子"一则，《丁乙间四记·还乡日记》，《杂钞》第375页。
④ 冯春田：《怀念殷孟伦师》，《中国语文通讯》第28期，第58—61页。

稿》① 出版，收录语言文字领域论文 25 篇。民国三十四年间，殷氏在礼乐馆任编纂职②，在礼乐馆刊印的两种刊物中，载有多篇殷孟伦的文章，如《论礼乐馆之设置及其使命》《宗法立嗣议》《释服术》《释服术（续）》《论丧服原起》《论丧服之统纪》③《丧服通说》④，大多是关于丧礼、丧服的考订，虽则展现了章、黄一派治学之功，但却较少顾及实际民情世风。在礼乐馆裁撤前，殷氏又与李翊灼、高明共同负责《中华民国通礼草案》的编纂。

在制礼过程中，对礼乐馆提出具体、深切质问的，也是中大校友邓子琴。邓子琴原名永龄，毕业于中央大学哲学系，受教于汤用彤。毕业后，邓氏辗转流离，先后任教于中大文学院及山东、四川、云南各地学府。民国三十年（1941 年）后，邓氏曾任齐鲁大学讲师、勉仁书院研究员、勉仁文学院教授，民国三十二年（1943 年）至三十七年（1948 年）间任"国立社会教育学院"教授，担任社会事业行政系礼俗行政组课程，1949 年后任教于西南师范大学历史系，1984 年因病去世。⑤ 邓氏于 1945 年发表《读北泉议礼录》一文，商讨戴季陶、顾毓琇等人所拟礼制的失当之处。次年十月一日出刊的《礼乐半月刊》第十四期，则刊有邓氏（署名邓永龄）撰写的《几种与礼有关之学问》，揭举礼与仪、礼与乐、礼与法三方面的意见。其中"礼与法"一节，实为《读北泉议礼录》一文之后续开展，为参与制礼者提出箴言。虽与礼乐馆成员意见颇有出入，但民国三十六年（1947 年）十一月一日出刊的《礼乐半月刊》第十六期便刊有冯伯华所撰《中国礼俗学纲要介评》一文，推介邓子琴于同年出版的《中国礼俗学纲要》⑥ 一书。邓氏又有遗稿《中国风俗史》，由后人于 1988 年整理

---

① 殷孟伦：《子云乡人类稿》，齐鲁书社 1985 年版。
② 汤斯惟：《"国立礼乐馆"述略》，据《三十四年度公务员战时生活费补助计算表》整理该年"国立礼乐馆"职员表。参见汤文，第 93 页。
③ 以上见于《礼乐半月刊》。
④ 见于《礼乐》杂志第一册。
⑤ 参见邓氏遗著《中国风俗通史》一书中漆泽邦所撰《前记》。
⑥ 邓子琴：《中国礼俗学纲要》，中国文化社 1947 年版。

出版。①

在制礼过程中，以单一大学师生为主力的现象，颇堪玩味。不可否认，无论是在南京时，还是迁校重庆后，中大与国民政府一向关系密切，不但是首都最高学府，而且在民国三十二年（1943年）蒋中正甚至亲自兼任中大校长。另一方面，当时中大汇集了不少优秀学者，且是主张"昌明国粹、融化新知"的"学衡派"根据地，主事者制礼时难免要借重长才。制订国家礼制的过程中，虽有不少中央大学学者效力，但中大学者学识背景不尽相同，意见未必一致。以下即以制礼过程中最根本的礼、法关系为焦点，试析中大学者在制礼、议礼时表露的立场与理念。

三、礼、法问题的讨论

"礼"与"法"两者间的纠葛，始终是古今学者探讨的难题。前者属道德领域，合于天理自然，缘本于情，本该是内求诸己，而非外责于人；但在文化熏染下，"礼"难免显出"严格""强迫"的特征。即使朱子也承认"礼是严敬之意"②，"礼如此之严，分明是分毫不可犯"③。至于"法"，则是人为制定，有明确的施用对象、适用时空，甚至有"刑"以防弊。后世论"刑法"，往往强调与"礼"的互补关系。《后汉书·陈宠传》云："礼之所去，刑之所取，失礼即入刑，相为表里者也。"④ 然而，去、取之分际如何，并不容易厘清。

（一）突破法律优先的桎梏

在编订礼制之初，官员、学者即首先意识到礼、法关系。台湾"国史馆"所藏民国三十二年（1943年）八月十六日内政部长周钟岳呈文所附《礼制草案》，及民国三十三年（1944年）二月七日教育部

---

① 邓子琴：《中国风俗史》，巴蜀书社1988年版。
② 《语类》卷22，第516页。
③ 《语类》卷22，第515页。
④ 范晔：《陈郭列传》，《后汉书》卷46，中华书局1973年版，第1554页。

长陈立夫呈文所附《修订礼制草案》,卷首所列《礼制草案原则》第一条皆为"礼制不得与法律抵触",内容为:

> 礼制、法律均导源于习俗,礼制在中国,已有悠久之历史,法典在今日,亦有较备之规模。惟礼防于未然,法禁于事后,虽同以维系人心、纳民轨物为目的,但法律条文含有强制性质,以具礼为第一义,必习俗之形态已完全具备,方可纳入。礼则求其适情近理,凡可导入于善良风俗之范围,礼制均宜顾及。故礼制与法律,应有相辅之作用,而不可抵触。①

此中主要从效用说明礼、法的异同,虽说"礼制、法律均导源于习俗",但仍要考虑两者强制性的高下,视法在礼之上。

这项概念多见于参与制礼的官员、学者的文字中。民国三十二年(1943年)十月二十日戴传贤《与同人论礼制服制书》中也有相同主张:

> 再就礼制之本体言之,今日之所谓法,在中国古代大都谓之为礼。属于国家生活之政府各种组织法,属于人生生活之民法,实为礼制之基础……历代制礼,皆以国家为主,其于众民,则示范以为教。法如何定,则礼如何立。一切仪节,亦因其意以行。现在如言制礼,其大体当不外是。②

戴氏以"法"为制礼之基础,强调"法如何定,则礼如何立。一切仪节,亦因其意以行",正在宣示"礼制不得与法律抵触"。这项前提自然也成为民国三十四年(1945年)召开的第一次礼制审议会中的首项讨论议题。

据《"国立礼乐馆"礼制审议会第一次会议记录》,主持会议的礼乐馆主席汪东所提出"讨论事项"的第一案即"礼法冲突,以礼就

---

① 参见"周钟岳、陈布雷等呈礼乐制作报告及礼制服制草案办理情形"(1943年8月21日—1944年4月1日)所附《礼制草案》、陈立夫"礼乐制作报告"(1944年2月7日)所附《修订礼制草案》,《礼制服制草案》,《国民政府档案》,台湾"国史馆"藏,典藏号:001-051600-0002。
② 戴传贤:《学礼录》卷三,台湾中国礼乐学会1971年版,第37页。

法？抑以法就礼？"首先发言的前任馆长顾毓琇说：

> 法应尊重，制礼不应与之抵触，然小处出入，亦无不可，今从俗之宜以定礼，颁礼时当交立法院讨论，届时立法院可讨论折衷之或修订法律。如妥无法律地位，但于礼则可以人情为衡量，人情既通，法所不禁，且可补法之不足。①

顾氏对此问题的态度其实并不明确。一方面强调"制礼"不应与"法"抵触，另一方面又认为"礼"可济"法"之不足，进而期待立法机关可据"礼"而修"法"。相较于此，接在顾氏之后发言的汪辟疆，就更明显地表露出重"礼"的态度。他说：

> 法，制定之物，礼则较有伸缩，有时与法相抵触之处似不能免。如牵涉不大，宜从旧有之礼，酌于国情风俗习惯相适应者，他日宪法制定，刑法、民法仍有变更，或能使法随礼而变动。②

分析这段发言时，其实也不应忽略其时空背景。"使法随礼而变动"固然是重视礼甚于重法，但也不能回避一个问题：《中华民国宪法》是民国三十五年（1946年）十二月二十五日由制宪国民大会决议通过，民国三十六年（1947年）一月一日才由国民政府颁布。"国立礼乐馆"召开此次会议时，宪法尚未完成制定，因此，"制礼"的结果，确实可能影响刑法、民法修订。或许由于汪氏没有公职在身，似较顾氏更能直陈己见。

顾、汪两人发言之后，教育部参事陈石珍、立法委员赵乃传相继发言。陈氏一方面支持汪辟疆的主张，认为今日制礼可稍稍变动法律，"以求异日法之修订"；另一方面又强调"现行法已执行多年，自当慎重为之"。赵氏则指出"法无永久不变者，此问题并不十分严重"，也明确主张不必顾虑与法抵触。主席汪东总结此项议题时说："法非不可变者，当然亦不可为制礼而故与现行法为难。"汪氏甚至直言"此种宝贵意见，至使吾人感奋"。换言之，经众人讨论，

---

① 《礼乐》第一册，南京"国立礼乐馆"，1945年，第2页上。
② 《礼乐》第一册，第2页上。

似乎已突破"礼制不可与法律抵触"的桎梏。汪氏趁此态度接着陈述：

> 吾人所以列此为议题之首者，以丧服关涉于此者至大。如《民法》规定，夫死一年妻可嫁，今礼则定为妻为夫服丧三年。又妾之地位若不于礼定之，而以事实之存在，当然亦多窒碍。又民法承认"非婚生子"有地位，而妾则不予之地位，亦觉未合。①

关于"妾"的问题，汪东在"'国立礼乐馆'礼制审议会"中有颇具个人意见之申述，大体主张对"妾"之身份应予承认，甚至认为"一夫一妻制，事实上行不通"。② 当时颁行的《民法》规定了一夫一妻制，但社会上仍有蓄"妾"的事实，而《民法》又允许以"认领"方式认可与"非婚生子女"的父子关系。汪东因此才有上述的质问。从讨论记录看来，汪东承认"妾"的身份的立场，似乎未受与会者认同；但这一则显示出汪东留意到当时社会实际的婚姻状况，再者也不认为此种婚姻"习俗"需要改正。

对于汪东指出的《民法》规定"夫死一年妻可嫁"与时礼"妻为夫服丧三年"相违的问题，较年轻的卢前直言：妻为夫服丧三年"时间太长"。③ 此议题引发与会者较多讨论，因为不仅关涉是否与《民法》抵触的问题，也涉及制礼时希望体现的"男女平等"概念。

若依《仪礼·丧服》所载，妻为夫守丧"斩衰三年"，但夫为妻只守丧"齐衰一年"。如何在守丧礼制（即所谓"服制"）方面体现"男女平等"，在民国三十二年（1943年）"北泉议礼"时，即已展开讨论。顾毓琇说：

> 夫妻之丧，北泉议礼时曾有三种主张，或主同服一年，或主同服三年，亦有主张维持旧制者。今日最好废除旧制，就三年、一年，决定一种。④

---

① 《礼乐》第一册，第2页上。
② 《礼乐》第一册，第2页下。
③ 《礼乐》第一册，第2页下。
④ 《礼乐》第一册，第3页上。

夫为妻守丧、妻为夫守丧，若要对等，皆为三年或皆为一年都是最直接的选择；若皆为一年，不但夫妻对等，且与《民法》"一年改嫁"的规定不抵触。《修订礼制草案》（1944年）便采一年之制，其说明是：

> 旧制妻对夫服丧三年，夫对妻服丧期年，此系以男性为中心之结果，与今日男女平等，夫妻共营生活之旨不符。本草案一律改为一年。①

然而"北泉议礼"的结果体现于《中华民国礼制》，则选择皆定为齐衰三年——"首尾二十七月而除"。② 据《北泉议礼录》所载说明，这首先是考虑妻在夫死之后若有遗腹子的问题，再基于夫妻之平等的原则，将夫为妻服丧，也定为二十七月。③ 讨论此问题时，顾毓琇表态支持"北泉议礼"的结论，而汪辟疆则主张"从古礼制"（即依《仪礼》服制）。卢前则称："长丧短丧问题，一般人意见，往往要短，不一定泥古。同时要顾及社会多数人之意见。"④ 至于熟读《丧服》典籍的殷孟伦，则指出了议定丧服、丧期的原则问题。他说："三年之丧，并非埋葬即了。所谓长短之说，应先决礼意问题，次制度问题，三丧服问题。"他进而又指出"礼主厚"的儒家传统观念。⑤ 殷氏触及核心问题——"礼意"，可惜却未再做申述。至此，前引顾毓琇言的"三种主张"，在礼制审议会中都有支持者。

岂料，"北泉议礼"的决议在礼制审议委员的讨论下被推翻，教育部参事陈石珍提议：

---

① 参见陈立夫：《礼乐制作报告》所附《修订礼制草案》，1944年2月7日，《礼制服制草案》，《国民政府档案》，台湾"国史馆"藏，典藏号：001-051600-0002。
② 《北泉议礼录》，第38页下。
③ 《北泉议礼录》对"夫妻之丧，齐衰三年，义服"的说明是："旧制妻为夫斩衰三年……以夫死若有遗腹，又子生必最少十四月然后免于母怀，故妻为夫服斩衰三年之丧，鞠之育之，至于二十七月服除乃他适，亦所以笃恩义、促种姓也。""旧制夫为妻服期之丧，或者逝者所遗子女，多在孩童，其势不能不再娶而有以保抱提携之耳。""今定夫妻俱用齐衰……则所以明平等也。"见该书第39页下。
④ 《礼乐》第一册，第2页下。
⑤ 《礼乐》第一册，第3页上。

> 父母之丧三年，二十七月除服。夫妻之丧二年，十八月除服。①

此议一出，两位任教于复旦大学的学者鲁实先、陈子展皆表示"有道理"，其他与会者也未见反对。汪东便以夫妻之丧，"特创一例，定二年，即十八月，亦无不可"作成结论。② 经典之中未有"二年之丧"，审议委员做此决议，其实是创了新制。汪东甚至将此制命名为"倍大功"（按：大功丧期九月）。

经众人讨论而成的结论，虽则体现了"男女平等"的原则，却与《民法》改嫁（再婚）的法条相抵触，当然也没有经典依据。这似乎显示出"制礼者"胜过"立法者"，或者更符合了学者"礼重于法"的儒家理想。然而，这种讨论在同为中大校友的邓子琴看来，却是十分荒谬的。邓氏质疑的问题，其实并不在于丧期的长短，而在议礼者的出发点。

以下，试讨论邓子琴对礼法关系的主张。

（二）礼、法无须互相隶属

刊于民国三十六年（1947年）五月的《礼乐半月刊》第六期，载有冯伯华《论礼治与法治》一文，然而此文只是重复礼能"导节于先"，而法"不足以治本"的老调，无足称述。③ 但第十四期所刊邓子琴（署名邓永龄）《几种与礼有关之学问》一文，则颇有深意。他先是直截了当地说："礼法有冲突时如何衡量。古人多右礼轻法，由今论之，须别作商略始得。"④ 在陈述礼法相济的概念后，邓氏辨析了两种错误观念：

> （一）误认法律与政治体制为一。譬如民国以来为民主政体，应注重法治固矣；但须知注重法治，系法治精神，非一切行动悉制为律令也。其所制法律，固亦有限定之范围也。准此则知非废

---

① 《礼乐》第一册，第3页下。
② 《礼乐》第一册，第3页下。
③ 《礼乐半月刊》1947年第6期，第8页。
④ 《礼乐半月刊》，第5页。

弃一切礼俗而代之以法审矣。

（二）误认礼仅仪式，而忽略其大义。因旧仪式不行，而以为礼之大义皆可废弃。譬如旧有婚礼不行，而以男女有别、有敬及共事舅姑、继承先嗣之义可废是也。更进言之，以为一切检束己身之礼不存，而信义忠恕之道可废。一切经国之礼制不行，而公忠诚、立国之纪纲可废。法之范围狭，而礼之范围又使之愈狭，则一切行为，均出礼法范围外，其弊端可胜言哉。①

此中隐约透露出他对"国家制礼"的强烈质疑。他强调，礼并非只有"仪式"，而政府所谓"制礼"，其实仅是制订其仪式；而此制订过程，又将"礼俗"法律化。如此一来，不但是"废弃一切礼俗而代之以法"，而且只会使礼的概念更狭隘，将使人"忽略其大义"。他说："今之推破旧日礼俗者非一端，法律尤其显著者也。"② 言下之意，邓氏似乎根本反对由国家主持"制礼"。

夫妻之间的服丧问题，其实正反映了这种制礼谬误。邓子琴其实并未明言反对三年、一年或两年，综合他的意见，大致有以下数点：（1）据婚姻时效问题讨论丧服，是礼、法不辨。③（2）男女情况不同，丧服制度自有差别，与平等原则无关。④（3）应让礼俗自然演变而成为社会文化的一部分，不必与"法"相拘牵。⑤

（1）（2）两项主张，大致是基于邓氏对儒家丧服制度的理解。他认为，丧期长短与丧服的轻重，是出于"称情立文"，是心中有不能已之情，才有服制加以调适，使之无过、无不及，而不是借服丧以报恩。换言之，丧服制度是亲情的维系，是"人道之至文，绝非实际报施之义"，而议礼者"乃掇拾法家论婚姻关系消灭后再婚时间之根据以论夫妻丧服"⑥，实不妥当。再者，丧服制度是儒家宗法制度、伦理

---

① 《礼乐半月刊》，第6页。
② 《读北泉议礼录》，《中国文化》1945年第1期，第28页。
③ 参见《读北泉议礼录》，第28页。又见《几种与礼有关之学问》，《礼乐半月刊》1947年第14期，第6页。
④ 《读北泉议礼录》，第29页。
⑤ 《读北泉议礼录》，第30页。
⑥ 《读北泉议礼录》，第28页。

关系的体现，若根据《礼记·大传》所言"服术"，原本便不是在"平等"的原则下制订丧服、丧期。此"不平等"不仅就男女而言，也包括嫡与庶、已嫁与未嫁等。基于此，邓氏才直言"以礼俗而论，男女情况不同，礼服自有差殊，与平等原则无关"①。言下之意，即丧服制度自有他原本形成的背景，在宗法制度自战国以来"即无其实"的情况下，只要基于伦理关系（邓氏以"伦际关系"称之）任礼俗演变即可，不必考虑是否与"法"相合，更不应将礼俗法律化。基于前两项主张，自然会有第（3）项呼吁：应任礼俗自然演变，不应由国家力量主导。但对于礼俗演变的方向与目标，学者却不容置身事外。他说：

> 不必希在位之有周公，而颇想望在野之有温公、朱子其人也。②

司马光（温公）的《家仪》与朱熹的《家礼》皆不是奉旨而作，也不具有"法"的强制力，却自宋代开始对百姓日用民生影响甚大，或拒或从，皆出自主观意愿，而其产生的教化之功，远大于政令法规。

在20世纪40年代一波议礼、制礼的声浪中，邓子琴的意见十分特别。虽然他反对国家制礼（也即反对设置"国立礼乐馆"），但却是基于他对"礼"的重视。正因此，他在《读北泉议礼录》文末疾呼：

> 世有诋余为宗法辩护者，吾当逊谢。如嗤余拥护中国伦理思想，吾弗辞矣。③

由此看来，积极参与议礼，甚至参与"国立礼乐馆"运作者，与反对国家制礼者，都可能是传统伦理思想的拥护者。邓氏激切之词，或许也对国家力量、法治效力，提出了不应忽视的警语。④

---

① 《读北泉议礼录》，第29页。
② 《读北泉议礼录》，第30页。
③ 《读北泉议礼录》，第30页。
④ 阚玉香：《当时人士对〈北泉议礼〉的态度剖析》，《咸宁学院学报》2010年第3期。阚文似乎未读出邓氏真意，而将邓氏归入"中间立场"，认为"邓子琴对制礼活动没有明确的赞成或否定态度"，恐怕失当。

四、代结语

　　本文从 20 世纪 40 年代中央大学学者议定国家礼制时发表的论点出发，一则重省 20 世纪中叶议定礼制的具体主张，再则也借此展现当日学者实际参与公众事务的用心与作为。儒者治世，自应有理性、客观、超然的立场与主张。儒家思想的体现，本由一己之身明其"明德"，进而推及家、国、天下，而"礼"既是"明德"的内涵之一，也是"明德"的具体表现形态。无论是执政者还是独立学者，都应致力于维护人人能明其明德的心灵空间，而未必须以制度导民、治民。这是对儒家的信心，更是对儒家思想的尊重。

　　参与制礼的学者们，于战时奔波流离之日、于战后百废待举之日，集思广益讨论、拟定的《中华民国礼制》终究未能定稿、颁布，但此戮力同心却又众声喧哗的制礼过程，远比一部成文的"礼制"可贵。当今华人社会，正面临"性别平等""同性婚姻"乃至"多元成家"等议题对法律、礼俗、道德等层面的冲击，有识之士皆应展现更大的包容力，不应排拒，但也不须躁进。或许如邓子琴所言，"吾人俟其自然演进，不必须为制定"才是最适切的因应之道。

　　（补记：另拟讨论学者对礼、俗关系的看法，受限于时间未能完成。俟他日当再呈请指教。）

20世纪中国的法治概念与法家思想

洪 涛

(复旦大学国际关系与公共事务学院)

法治乎? 法治乎? 我不知中国多少罪恶,将借子名以滋。

——钱穆①

我们不可避免需要一个清晰的法治观念……如果缺乏深入的精细阐述,诉诸"法治"也只是空洞的修辞。

——T. R. S. 艾伦②

一、引子

改革开放以来,一种流行的说法是,改革开放之前(尤其"文革"十年)是人治,之后则是法治。这一说法在一定程度上表达了对"文革"发生之原因的认识。于是乎,人治还是法治,似乎成了"文革"与"改开"的界分的标志。③ 但是,如果我们发现,"法治"一词的流行,并不始于"文革"之结束或者改革开放之开始,而是"文革"的后期,即始于1972、1973年之后,那么,这种以人治、法治来划分"文革"与"后文革"这两个时代的做法,似乎就不那么成立了。

---

① 钱穆:《政学私言》,九州出版社2010年版,第83页。
② 艾伦:《法律、自由与正义》,成协中、江菁译,法律出版社2006年版,第123页。
③ 王礼明《论实行社会主义法治》:"林彪、'四人帮'所以能够给我们党和国家造成那么巨大的灾难,一个重要原因,就是我们国家在相当长的一个时期里废法治、重人治,给了这帮家伙可乘之机。"刘新《人治与社会主义法治不能相结合》:"在'十年浩劫'期间,林彪、'四人帮'推波助澜,大搞造神运动,狂热鼓吹现代迷信。在一片历史唯心主义的喧嚣声中,人治也被发展到登峰造极的地步。"林欣《论政体与法治》:"林彪和'四人帮'造成的灾难已经从反面证明了社会主义国家必须实行法治。"(《法治与人治问题讨论集》,社会科学文献出版社2003年版,第89、77、203页。)

"文革"是毛泽东大破大立思想的体现。他原计划大乱三年（1966—1969）——不是十年，尽管后来官方称作"十年内乱"——然后大治。1969年的"九大"本来被设想为团结、胜利的大会，标志大治的开始。但是，1971年林彪出奔苏联并坠机于蒙古，使大治未能按预想进行。林彪事件后，毛泽东还是准备大治。问题是：大乱采用的是革命——"文化大革命"——手段，大治用的是什么？翻阅当时的文献，不难发现，林彪事件后，大治主要在两种话语主导之下进行，其一是"批林批孔"（另一说法即"评法批儒"）[1]，其二是评《水浒》与反击右倾翻案风。

"评法批儒"有破有立。破的是儒家传统，立的是什么？说来令人吃惊：法治。

笔者手头有两个文本。一个是人民出版社1974年出版的《论法家和儒法斗争》，编者为人民出版社编辑部，收入自1972年年底至1974年7月的包括北京梁效写作组[2]和上海罗思鼎写作组[3]等所写论述法家和儒法斗争的文章28篇；另一个是《论儒法斗争》，上海人民出版社1975年6月出版，收入发表于1971年9月至1975年2月的包括上海罗思鼎写作组等所写的文章47篇。这两本书在帮助理解评法批儒运动方面，应该说具有代表性。

"法治"一词在这两本文集中出现频率极高，且无一例外被归于

---

[1] 1973年5月25日，在中共中央政治局会议上，毛泽东提出要注意抓路线、抓上层建筑、抓意识形态，要学一点历史，要批判孔子。（中共中央文献研究室编：《周恩来年谱1949—1976》下卷，中央文献出版社1997年版，第595页）8月，中共"十大"后，便通令各地党、政、军、文、教各单位成立"批孔小组"，与"批林整风"结合，展开所谓"批林批孔"运动。需要说明的是，扬法批儒并不完全是由于现实政治斗争的需要，以下将证明，扬法批儒不仅是毛泽东的一贯想法，也是20世纪中国人的一个基本的思想情结。

[2] 梁效，北京大学和清华大学的"大批判组"的简称，是毛泽东借助江青搞起来的写作班子，从中共"十大"到1976年10月"四人帮"垮台，共写出文章两百余篇，公开发表的有181篇。

[3] 罗思鼎即上海市委写作组，由张春桥、姚文元直接控制，正式成立于1971年7月。1973年9月15日写作组直接控制的《学习与批判》创刊，该刊挂着《复旦大学学报》的招牌。从中共"十大"到1976年10月，共写文章156篇。

法家。① 本来，在一个以"阶级斗争为纲"和"无产阶级专政"的时代，褒扬被认为是封建地主阶级代表性思想的法家——即便把它当作新兴地主阶级思想的代表，仍然是令人吃惊的。因为，在法治话语与阶级话语之间存在着无法避免的冲突：在阶级话语下，农民起义被视作革命，是正当的；在法治话语下，统治阶级实行中央集权、加强控制（主张统一和郡县制），被认为合乎法家思想，应受到赞扬。②

如果说，中共创立直至20世纪60年代"文革"前期，占主导地位的是"革命话语"③，那么，"文革"也意味着一个话语的转换期："文革"后期有关法家和儒法斗争的讨论，意味着20世纪的中国从行进于革命之轨道，转轨到秩序之追求的另一条道路上。而"改革""法治"话语，将逐渐取代"革命"，成为政治关键词。可以看到，70年代前期，即"文革"后期，正是"革命时代"向着"改革时代"的过渡期。因此，尽管同样被视作属于"文革"十年，但是，前后两个时期应该被加以明确区分。前三四年是革命阶段，而后期毋宁说进入了一个秩序建设的阶段。

不过，革命时代和秩序时代如此紧密地衔接，当然会显示出强烈的不协调。长期以来的具有无比正当性的革命话语，与时下的秩序（法治）话语并列起来，显示出巨大的张力。看起来，这依然没有摆脱中国传统政治的一个古老问题：即"革命传统"（周期性的改朝换代，似乎是大多数朝代赢得政权的基本方式）和"反对革命的倾向"（任何朝代建立之后，都会重新走上一条强调秩序、强化中央权力的

---

① 在《论法家和儒法斗争》中，"法治"一词出现于超过半数的文章中；《论儒法斗争》的47篇文章中，有十余篇出现了"法治"一词，凡讨论先秦儒法问题或法家思想的文章都用到了"法治"一词。
② 可以发现，削弱或淡化（而非消除）两者冲突或矛盾的办法，是把法家只看作新兴地主阶级思想的代表，儒家则被看作腐朽奴隶主阶级思想和腐朽封建地主阶级思想的代表，那么，农民起义的对象或敌人主要是儒家而非法家，于是，农民起义在最大限度上被避免与法家谋面。另外，"法治"一词主要被运用于涉及先秦、秦的法家或法家政策，汉及汉之后则不大使用。显然，在当时，在"封建"王朝建立之后，镇压农民起义是否合乎法治成了一个难题。
③ 毛泽东认为，他的成就主要体现为两大革命：一是政治革命，二是文化革命。

道路）的冲突。① 这个古老问题，在现代国家中又得到了更新。

可以说，对前期的"革命"话语的削弱和转变，正是通过声张"法治"话语来实现的。为什么法家被选择来作为对秩序之追求的表达？原因似乎不难找到。一方面，这与法家好讲"法治"有关，这种"法治"服务于强化君主或中央权力的目的；另一方面，这也与法家好讲"变法""变革"或"改革"有关，既然是"改革"，就不是"革命"，不仅不会造成对最高统治权的削弱甚至颠覆，而且通常倾向于维护和强化这一权力。② 因此，法家可谓恰逢其时。

除了这两个一般原因之外，还有一个特殊原因。那就是法家的"法治"与"专政"具有亲和性。"评法批儒"的目的是追求秩序，但是，这一秩序不是由别的方式（如儒家的仁政），而是由专政来实现的。③

"专政"是一个舶来词，其规范意涵乃指法治状态的暂时中止。因此，就该词的西方含义而言，"法治"与"专政"似乎是对立的，有专政无法治，有法治无专政。有趣的是，在被收入《论法家和儒法斗争》一书的、题为《论秦始皇之法》的文章中，作者引用了列宁的"专政是直接凭借暴力而不受任何法律约束的政权"这一名言④，这一引用乍看把作者置于一个两难境地之中，但他却丝毫没有意识到这里可能存在的问题。在他看来，专政不仅不构成与法治的对立，而且

---

① "革命"是一个古老的词，中国自古以来就有革命的传统。革命是新王朝、新君主的正当性来源，但是，在以制度化方式解决"革命"难题之前，在任何一种既定秩序中，谈论革命都不是一件"明智"的事。汉景帝的"食肉不食马肝，不为不知味；言学者无言汤武受命，不为愚"（《史记·儒林列传》），是传统的对这一困境的问题性的一种中止。

② 悄然取代"革命"话语的，除了"法治"之外，还有"改革"话语：孔孟儒家与法家之间的斗争，被视作"在性质上都属于上层建筑的反改革和改革的斗争，是当时的复辟和反复辟斗争的主要内容。"（丁宝兰：《春秋战国时期儒法斗争的发展》，载《论法家和儒法斗争》，人民出版社1974年版，第31页）

③ 从发表于1975年4月25日《北京大学学报》的署名梁效的《革命的专政，还是儒家的"仁政"——试论太平天国在政权问题上的两条路线斗争》的标题中，可以看到对这一意图的直接表达。

④ 列宁此语见于《无产阶级革命和叛徒考茨基》，载《列宁选集》卷3，人民出版社1972年第2版，第623页。

可以相提并论，它们共同对立于儒家的仁政。① 作者毫不顾及"专政"一词的西方含义——按西方式的理解，法治是一种内政秩序，是与暂时的、战争状态的"专政"（"独裁"）相对立。就此而言，专政只能是法治的暂时中止，这一西方式的含义恰恰包含于列宁的那一句引文中。相反，作者通过返回中国式法家的"法治"，使得这一问题根本不存在：正是在法家式的"法治"概念中，"法治"不仅表示暴力之治，而且也表示政权统治的工具或手段，而非对政权的约束。② 因此，西方式的专政与法治对立的问题，通过对法家"法治"之含义的调用而完全得以消解。在《论儒法斗争》的另一篇文章（即《孔夫子在莫斯科》）中，我们也可以读到相似的说法："法家是讲'法治'的。'法治'者，专政也。"③ 即法家的法治完全可以等同于专政。④

如果依改革开放时代的说法，"文革"十年是人治的十年，那么，可以发现在这人治的十年中，至少后五年似乎是讲"法治"的。如果说，"文革"十年实行的是无产阶级专政，那么，我们发现至少后五年似乎也同时在讲"法治"；如果说，"文革"十年是"内乱"，是"无法无天"，那么，至少在"文革"的后五年中，是讲"法治"的。⑤

---

① 见《论法家和儒法斗争》，第124页。
② 由该文可见，作者不仅不认为法治与专政无法共处，而且认为法律可以作为专政的工具起作用。（《论法家和儒法斗争》，第125页）
③ 《论儒法斗争》，第482页。不同于西方式的"法治"概念，法家的"法治"指的是一种常态化的专制状态，尽管这种状态的形成最初也与战争状态有关。
④ 以为专政与法治互相对立，也不仅是一种西方式的理解。譬如，被称作最后的儒家的梁漱溟，在1978年5月15日政协会议上就说，凡事在头脑中要分个清楚明白，不宜模糊混淆，专政就不是宪政，宪政国家以宪法尊严至上，罪莫大于违宪，以法为治，是所谓法治。专政国家则相反，要在乎统治全国者之得人，亦即所谓人治。（《梁漱溟全集》卷7，山东人民出版社1993年版，第458页）梁漱溟对"法治"的理解，不是法家式的。由此也可见法家的"法治"观念在消解"专政"与"法治"非此即彼的对立上的作用。法家的"法治"不但不限制王权，而且强化王权，是为了使王权得到更加有效的运用。
⑤ 毛泽东在20世纪50年代末的多次讲话中都主张人治，反对法治。他引述了刘少奇的问题——到底是法治还是人治？并且回答道：看来实际靠人。毛泽东甚至讲，韩非子是讲法治的，后来儒家是讲人治的。（转引自王人博：《中国法制现代化的历史》，知识产权出版社2010年版，第142页）毛泽东似乎站在儒家的立场上。那么，70年代中期的讲法治，是否与其之前的主张相矛盾呢？一种回答是，70年代中期（转下页）

如果对此感到吃惊或不可思议，原因完全在于我们自己。因为我们一提"法治"，就从西方意义上去理解，满脑子西方思想。我们忘记了法家的"法治"对中国两千余年政治的强烈影响，"百代都行秦政法"。"文革"所讲的"法治"，完全是法家意义上的，它并非是与人治相对立，而是与儒家礼治相对立的法治。

那么，这样一种对于法治的理解，是"文革"中的一项发明吗？为回答这一问题，有必要对 20 世纪中国人所使用的"法治"一词的来龙去脉，做一点追根溯源的工作。

二、梁启超的法治概念与法家

要追究"文革"时"法治"一词的含义，离不开杨荣国的《春秋战国时期思想领域内两条路线的斗争》一文。该文发表于 1972 年第 12 期的《红旗》，在《论法家和儒法斗争》一书中被置于头篇。该文之所以重要，是因为它作为"评法批儒"运动的先声，具有明显的导向性。在该文中，作者把法、儒之间的"对立"称作"是适应新时代的发展而倡导法治，还是顽固地维护旧制度的所谓'礼治'"①，即认为儒家提倡礼治，法家提倡法治。

杨荣国对法家"法治"之定性并非当时的发明，而是有其渊源与来历的。早在二十多年前，即在他撰于 1946 年—1948 年、初版于 1952 年的《中国古代思想史》中，已经运用"法治"一词来命名法家思想。② 这部被视作马克思主义史学的著作，在 1973 年适得其时地重版了。

（接上页）所讲的不是与人治、而是与礼治相对立的法治（这与"文革"结束后所讲的主要与人治相对立的法治形成鲜明对照），所以看起来并不矛盾。毛泽东 70 年代提倡法治，是否有为身后预做政治安排之意？梁漱溟在 1978 年政协会议上发言说，在没有了毛泽东这样的领导人之后，就要多靠宪法，少靠人，从人治渐入法治。《《梁漱溟全集》卷 7，第 456 页）这说明毛泽东似乎考虑到了这一可能。

① 见《论法家和儒法斗争》，第 3 页。
② 浏览该书目录不难获得此印象。如第十一章标题为"为社会新兴者服务的法治学的完成者韩非的思想"，该章第二节标题为"韩非的法治内容的一般"。该书的基本观点在"评法批儒"运动中得以延续，如：孔子被视为奴隶主阶级的代表，法家被视作封建地主阶级的代表等。

杨荣国的说法其实也由来已久。将法家思想命名为"法治"并表同情态度的,杨荣国并非始作俑者。在 20 世纪中国,持此观点的人既不在少数,更非马克思主义史学一家。民国时期面世的有关中国古代政治思想的大量研究中,将"法治"赋予法家,是极为常见的。①

　　追根溯源,"法治"("以法治国")一语最初被用来指称西方现代立宪法治政体。如 19 世纪 80 年代,黄遵宪在《日本国志》中使用了后来被视作"法治"同义语的"以法治国"一词:

　　　　余闻泰西人好论权限二字,今读西人法律诸书,见其反覆推

---

① 除下文将讨论的梁启超的多部著作之外,尚有如下等作品:20 世纪 20 年代王振先《中国古代法理学》认为中国古代法家"对于法理剖析之精,论证之密,较之近世泰西之法学家,未遑多让。……吾国法治主义,昌明于春秋、战国间,凡能师其意而善用之,无不见效。"(见《中国古代法理学》,山西人民出版社 2015 年版,第 37—38 页)30 年代张陈卿《韩非的法治思想》认为韩非是"集法家大成的一个法治思想家",又以为天底下所讲的"法治",不出法家的范畴:"现代各国,大半都是法治的国家,国法的条文当然极为详密,少或几百,多至数千,但抽其精意,不过两条,一即'赏',一即'罚'而已!"(见《韩非的法治思想》,文化学社 1930 年版,第 5、71 页)陈安仁的《中国政治思想史大纲》以为"我国古代政治思想有两大脉流,一是法治主义,一是德治主义",并以管、商、申、慎、韩为法治主义者。(见《中国政治思想史大纲》,商务印书馆 1933 年版,第 86 页)陈启天《中国法家概论》,以法家为国家主义、法治主义、干涉主义。(见《中国法家概论》,上海书店出版社据中华书局 1936 年版影印,第 11 页)陶希圣《中国政治思想史》亦以法家为法治论者。(见《中国政治思想史》,第 1 册,上海书店出版社据中华书局 1948 年版影印,第 162 页)杨幼炯《中国政治思想史》主张"盖荀子代表礼治之终端,管子代表法治之始端","商子根据其法治主义之思想,建立富国强兵之政策","慎子主张纯粹法治主义",韩非"在政治上反对儒家之礼治而主法治"等。(见《中国政治思想史》,上海书店出版社 1984 年据商务印书馆 1937 年版影印,第 134、145、149、152 页)40 年代萧公权《中国政治思想史》视法家为法治论者,但有严肃而深入的讨论。瞿同祖《中国法律和中国社会》认为礼治与法治分别是儒、法两家为达到其不同的理想社会所用的不同的工具,又以为儒、法各代表了人治与法治。(见《中国法律和中国社会》,中华书局 1981 年版,第 286、292、298 页)林语堂《吾国与吾民》中,韩非子的"中心主张便是建立法治政府以代人治政府。他的分析人治政府之罪恶极为精确,而他所描述的当时之政治生活现象极相类似于今日的中国,倘令韩非子复生而亲向吾人口述,亦将不易一字。"(见《吾国与吾民》,陕西师范大学出版社 2002 年版,第 192 页)改革开放后,以法家思想为法治之代表性看法,可见于陈奇猷于 1990 年为《商君书·韩非子》所写的"前言":"商、韩之法,欲使上下皆以法律为衡,如此则官吏不能行其私,人主弗得肆其志,故其法治之学终难大行于世。方今中华共和,荡涤积秽,崇尚法治,然世人多道西方之法,殊不知商、韩已倡此二千余年矣。数典忘祖,得无慎乎?"(见陈奇猷:《商君书·韩非子》"前言",岳麓社 2006 年第二版,第 1—2 页)

阐，亦不外所谓权限者。人无论尊卑，事无论大小，悉予之权以使之无抑，复立之限以使之无纵，胥全国上下同受治于法律之中，举所谓正名定分、息争弭患，一以法行之。余观欧美大小诸国，无论君主、君民共主，一言以蔽之曰：以法治国而已矣。①

尽管"以法治国"一词很容易让读者想到法家②，但是，黄遵宪明确表示这一西方的"法治"不同于中国古代法家："嗟夫，此固古先哲王之所不及料，抑亦后世法家之所不能知者矣!"③

将"法治"用于中国古代法家，梁启超似乎既是始作俑者，又产生了巨大影响，故本文将以较大篇幅来讨论他的法治观。

梁启超之推崇法家和讨论法治，与20世纪初清廷立宪变法的大背景有关。④ 当时，"法治"一词已频频见诸报端，朝野上下，不论知与不知，皆谈法治，其中，"以梁启超为代表的海外中国人，成为了倡导'法治'话语的主要力量，他们创办的刊物也成为传播'法治'

---

① 黄遵宪：《日本国志》，天津人民出版社2005年版，第654页。
② "以法治国"一词出自《管子·明法》："先王之治国也，不淫意于法之外，不为惠于法之内也。动无非法者，所以禁过而外私也。威不两错，政不二门。以法治国，则举错而已。是故有法度之制者，不可巧以诈伪。有权衡之称者，不可欺以轻重。有寻丈之数者，不可差以长短。"《韩非子·有度》中也用了该词，且表述与《管子》类似："明主使其群臣不游意于法之外，不为惠于法之内，动无非法。法，所以凌过游外私也；严刑，所以遂令惩下也。……绳直而枉木断，准夷而高科削，权衡悬而重益轻，斗石设而多益少。故以法治国，举措而已矣。"显然，《韩非子》沿袭了《管子》的说法。用古已有之词（"以法治国"）对应西方的或新的事物，是西学东渐以来的普遍现象，既有其便利之处，也包含了被误解的危险。后者在"法治"一词的使用中表现得很突出。李贵连说："这种原词和翻译词有着极大差别的译法，虽然能够得到国人的认同，但是通过译词来理解的'原词'，孕育了'原词'含义走样、进而被误解的重大危险性。当我们考察近代中国人对'法治'一词的认识历程时，发现这种可能的'危险性'已经不幸成为近代中国的现实，并且直到今天还在继续'现实'下去。"（李贵连：《法治是什么——从贵族法治到民主法治》，广西师范大学出版社2013年版，第100—101页）
③ 黄遵宪：《日本国志》，第654页。
④ 1901年1月29日，慈禧太后在西安发布第一道"变法"上谕，拉开了晚清"新政"的序幕。同年，刘坤一、张之洞会奏，提出九项变法建议，次年清廷下诏变法，1904年，成立修订法律馆，以沈家本为修订法律大臣，先后制定《大清现行刑律》《大清新刑律》，法治派与礼教派的论战亦随之而起。（见王人博主编：《中国法制现代化的历史》，第13、27页）

话语的主要阵地"。①

梁启超先是在1901年10月的《清议报》上发表《国家思想变迁异同论》，指出近世西方之特点在于"完全国家"的建立。他分国家理论为两大学派：其一是以卢梭等民约论者为代表的平权派，其二是以斯宾塞等进化论者为代表的强权派。梁氏认为，法治主要与后者有关。该派把国家视作由竞争淘汰不得已而合群以对外敌者的产物，认为政府当有无限之权，而人民则有不可不服从其之义务，以"能确立法治之主格，以保团体之利益"。②

梁氏的这一区分，为他以后的"法治"概念定了基调：即他的"法治"，不属于"平权派"，而属于强权派。③尽管像黄遵宪一样以古已有之的"以法治国"来界定"法治"④，梁启超却未把"法治"理解为严分权限，而是视作一个国家为应对外敌而建构的"强权"状态。可以说，"国家主义"而非"权利主义"，构成梁启超"法治"观的重要特色。⑤

与梁启超几乎同时持国家主义法治观的尚有麦孟华。在后者于

---

① 程燎原：《中国法治政体问题初探》，重庆大学出版社2012年版，第50页。梁启超流亡日本期间，深受日本思想界的影响，其"国家主义"和透过法家来理解"法治"的倾向，可能也与此有关。梁氏本人曾自述："居日本东京者一年，稍能读东文，思想为之一变。"（《三十自述》，《饮冰室文集（点校）》，云南教育出版社2001年版，第2224页）日本自17世纪末兴起主张"脱儒入法"的新法家学派，认为日本明治维新与"新法家"的产生及其"脱儒入法"运动的展开关系甚大。（见韩东育：《日本近世新法家研究》，中华书局2003年版）中国新文化运动以留日学人为主，反儒、反孔、反礼教，却不反法家，似乎也与此相关。
② 梁启超：《饮冰室文集（点校）》，云南教育出版社2001年版，第766页。
③ 狭间直树指出，梁启超的进化史观实际上就是优胜劣汰的强权论，这明显受到加滕弘之的《强者的权利与竞争》的影响。（［日］狭间直树：《新民说略论》，载氏编：《梁启超·明治日本·西方》，社会科学文献出版社2001年版，第75页注2）
④ 梁启超在《时务报》时期（1896年7月—1897年10月）即与《时务报》创办者之一的黄遵宪相识，并写有《〈日本国志〉后序》（发表于1897年3月的《时务报》）。其在《国家思想变迁异同论》一文中的"法治"一词下以小字注曰："以法治国谓之法治。"（《饮冰室文集（点校）》，第766页）
⑤ 也就在1901年年底，梁启超在《南海康先生传》一文中指出，康有为所施行的教育的最大缺点，在于缺乏国家主义，从而"未能操练国民以战胜于竞争界也"（《饮冰室文集（点校）》，第1948页），暗示正是在"国家主义"这一点上，梁氏与其师分道扬镳。

1903年发表的《商君传》中,"法治"亦被视作一个团体或国家拥有的普遍、共同的规则,且在此规则之上形成秩序:

> 夫合一群之人以成一团体,苟不勒定一群之法而公守之,各求其欲,人竞于私,纷然绝无规则,肴然复无秩序,则其群之人,必不能一日安;而其团体,亦不能持久。一族然,一乡然,一国亦靡不然。法律者,齐一国国民之规则,而所以定其秩序者也。是以西士之言曰:能得良美法者,上也。苟无良法,则恶法犹愈于无法。①

"恶法犹愈于无法",让人想起《慎子》中"法虽不善,犹愈于无法。所以一人心也"(《威德篇》)一语。在麦孟华这里,"法治"被视作齐一国民、抟结国家之整体之工具。该书将管仲、商鞅与斯巴达的吕库古、雅典的梭伦相提并论,认为欲兴中国,惟有兴管、商。②《商君传》的主旨是:一、中西之差别(西强中弱)在于西方法治,中国人治;③ 二、在中国固有思想中,倘能找到法治传统并复兴之,则中国振兴有望。麦氏"法治"观的法家色彩是非常明显的。

《商君传》最先刊发于1903年4月26日《新民丛报》第30号④,其对梁启超的影响不言而喻。在发表于次年即1904年的《新民丛报》的《子墨子学说》一文中,梁氏表达了"温古而知新"的主张:

> 举凡西人今日所有之学而强缘饰之,以为吾古人所尝有,此重诬古人,而奖厉国民之自欺者也。虽然,苟诚为古人所见及者,从而发明之淬厉之,此又后起国民之责任也,且亦增长国民爱国心之一法门也。夫人性恒爱其所亲,而重其所经历,故使其学诚为吾古人所引端而未竟者,今表而出之,则为子孙者,若有

---

① 麦孟华:《商君》,载梁启超等编著:《中国六大政治家》上册,中华书局2014年版,第129页。
② 麦孟华:《商君》,载梁启超等编著:《中国六大政治家》上册,第130页。
③ "中国之弱于欧美者,其原因不止一端,而其相反之至大者,则曰:中国人治,欧美法治。"(麦孟华:《商君》,载梁启超等编著:《中国六大政治家》上册,第129页)
④ 后经增删而成《商君》,纳入梁启超等编《中国六大政治家》系列,后又收入《诸子集成》。

手泽之思，而研究之之心因以骤炽。近世泰西之文明，导源于古学复兴时代，循此例也。故今者以欧西新理比附中国旧学，其非无用之业也明矣。①

循着这一研究路径，梁氏首先在墨子思想中发现了"法治"的踪迹。《墨子·法仪》中"天下从事者不可以无法仪，无法仪而其事能成者无有"之说，被梁启超视作"墨子以法治为政术之要具，其恉甚明。但其所谓法者，非成文法……是其所谓法者，犹不免空漠无朕，非完全具体之法治国也。"②但是，梁启超认为墨子之思想属于"民约论派"，是"非国家主义，而世界主义、社会主义也"③，故与"法治"相抵触。这里再次验证了此时梁启超"法治"观的"国家主义"而非"民众主义"的倾向。

梁启超探索、挖掘古代"法治"传统之真正成就，首先体现于1906年刊于《新民丛报》的《中国法理学发达史论》一文。在这部后来被视作"第一次系统地阐述中国历史上的所谓'法治主义'"④ 的作品中，梁启超做了三件事情。首先，他把"法治主义"一语赋予法家，为"法家—法治"之关联做了开创性工作。其次，将"法治"与"国家主义"相关联，认为"夫法治主义与国家观念，密切而不可离者也，国家观念衰，则法治主义随之"⑤。再次，他将法家思想区分于"放任主义（无治主义）""人治主义""礼治主义""势治主义"和"术治"等，换言之，他对法家思想做了"净化"工作，以使"法治"得以被视作法家之为法家的唯一内在规定。（参见下图⑥）

---

① 梁启超：《饮冰室文集（点校）》，第327—328页。早在1896年的《〈西学书目表〉后序》中，梁启超已声称，"当知今之西学，周秦诸子多能道之"，并以此为"读子"必知的十条之一。（《饮冰室文集（点校）》，第145页）
② 梁启超：《饮冰室文集（点校）》，第320页。
③ 梁启超：《饮冰室文集（点校）》，第318、320页。
④ 程燎原：《中国法治政体问题初探》，第55页。
⑤ 梁启超：《饮冰室文集（点校）》，第371—372页。
⑥ 梁启超：《饮冰室文集（点校）》，第371页。

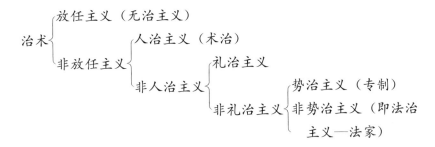

梁氏的这一处理在学理上是否站得住脚是值得探讨的,后来也的确招来不少批评。将术治、势治、人治剥离之后,法家是否依然是"法家",同样是一个值得深究的问题。然而,不论是有意误读,还是无意发生错误,梁启超以法治主义赋予法家,是为了救国难之急,对此,书中讲得很清楚:"法治主义,为今日救时唯一之主义,立法事业,为今日存国最急之事业。"① 显然,为"变法立宪"而兴法家,是梁启超的主要意图。他试图通过"净化"法家思想,使古老的、服务于君主专制与集权的思想脱胎换骨,从而服务于现代中国的"法治"建设。

1910年,梁启超发表了《管子传》。早在1902年的《论中国学术思想变迁之大势》一文中,梁氏已以"法治国"(Rechtsstat)来称管仲治下的齐国,且以管子为中国国家主义之首唱者。② 在《管子传》中,梁启超视管子为古代最理想的政治家,推崇其奉行"法治主义"。在他看来,在管子身上,法治与国家主义两者得到了最好的结合。

在《管子传》中,梁启超又修正了先前的平权派和强权派的两分法,分别改为以国民主义为基础的放任论者和以国家主义为基础的干涉论者。他认为,未来干涉论"必占最后之全胜",对于当下中国,也必须实行干涉主义。③ 重塑民众,以适应于现代国家之竞争,就是梁氏"干涉"之义,故而《管子》的"法之制民也,犹陶之于埴,冶

---

① 梁启超:《饮冰室文集(点校)》,第341页。
② 梁启超:《饮冰室文集(点校)》,第228、235页。
③ 在1903年发表于《新民丛报》的《政治学大家伯伦知理之学说》一文中,梁氏即认为至19世纪末,"干涉论复活,卢梭、约翰·弥勒、斯宾塞诸贤之言,无复过问矣"。(《饮冰室文集(点校)》,第461页)

之于金也",受到梁启超的青睐。他认为,德国以三十年塑造其民,使之皆为优于兵战之民,又以三十年塑造其民,使之皆为优于商战之民。故大政治家必行"干涉之术","其于民也,刓之使圆,砺之使方,惟其所欲,无不如意",使一国如一军队然,国家欲左则左之,国家欲右则右之,"而欲致此,则舍法治奚以哉?"① 由此出发,梁启超认为,法家较之儒、墨、道诸家,尤其合于当世,因为法家在诸家中是"纯主干涉者"②。

梁启超的"法治"是国家主义的,它主要不关乎人的权利,而关乎国家的主权。③《管子传》明确界定"法治"为主权因之而具有的至高无上的、唯一不可分的、可以反乎人民之意志而使之服从的强制力:

> 盖为国家之生存发展起见……治国家者,苟不能使人民忻然愿牺牲其一部分之利益而无所怨,则其去致治之道远矣。法治之效,则在是而已矣!④

梁启超的"法治"又是工具主义式的,它为任何一种国家所必需,不论是立宪国,还是专制国。有法才有国,有国必有法,"舍法治精神无以维持之"。⑤ 这种"法治"观,不涉及任何一种特定政体,而可以是任何一种政体的工具。

值得注意的是,梁启超并非不清楚代议制之立宪国与专制主义之君主国之间的区别。在《管子传》中,梁启超将管子与通常被认为是较纯粹的法治论者因而受推崇的商鞅做了区分。梁启超认为,《管子》主张"不为君欲变其令,令尊于君""明君置法以自治,立仪以自正也""为人君者弃法而好行私谓之乱"等,主张法对君主本人亦有约

---

① 梁启超等编著:《中国六大政治家》上册,第33页。
② 梁启超等编著:《中国六大政治家》上册,第32页。
③ 梁启超之国家主义,最早见于其1903年所论德国政治学家伯伦知理的文章中,其推崇伯伦知理,正是因为后者"以国家自身为目的",而以"务私人实为达此目的之器具也"。(《饮冰室文集(点校)》,第461页)其次可见于其1906年发表的《开明专制论》,在该文中,梁氏以法家为"注重国家利益之开明专制家"。(同上书,第1393页)
④ 梁启超等编著:《中国六大政治家》上册,第33页。
⑤ 梁启超等编著:《中国六大政治家》上册,第26页。

束力，从而"与近代所谓君主立宪政体者精神一致"①。梁氏认为，《管子》虽未提出国会制度，但精神已具，如《桓公问篇》中的"啧室之议"，又如《小称篇》中的"我有过为，而民毋过命。民之观也察矣，不可遁逃，以为不善。故我有善则立誉我，我有过则立毁我。当民之毁誉也，则莫归问于家矣。故先王畏民"，都强调以民意为本，因此，在《管子》中，"发令之权，虽操诸君主，而立法之业，必揆诸人民"。② 这使《管子》有别于只是将法视作君主约束臣民之工具的《商君书》。梁启超据此奉《管子》为"法家之正宗"③。从将《管子》区分于《商君书》中，已可见到梁启超偏离法家的端倪。

梁启超也指出《管子》的局限，即虽声张"令尊于君"，却依然无法解决如何才能使君主必奉法而勿废的问题。梁氏认为，"当代议制度未发明以前，则舍君主自禁外，更有何术以维持法制于不敝者?"④ 同样的见解也见于该年发表的《岁晚读书录》：

> 国皆有法，而无使法必行之法。……夫法而可以不必行，是亦等于无法而已，是法治之根本已拔，而枝叶更安丽也。……然则使法必行之法维何？则君民共守之宪法是已，而举其实必赖国会。⑤

故立宪国之法治，君主守法，有制度的保障；而专制国之法治，君主能否守法，只能靠贤君良相的"自禁"。

梁启超又进一步指出，法治非有法（法制）之谓，若无法治精神，有法等于无法。⑥ 立宪国之为法治国，不仅仅因为有法、有法吏，而且在于有法治之精神。故近世的"法治国"之不同于秦汉刀笔吏式的"法治"，在于：（一）君、臣、民皆有法治之精神；（二）有使民意得以落实的政制，即国会制度。前者为民俗、民风；后者

---

① 梁启超：《先秦政治思想史》，东方出版社1996年版，第187页。
② 梁启超等编著：《中国六大政治家》上册，第41页。
③ 梁启超等编著：《中国六大政治家》上册，第38页。
④ 梁启超等编著：《中国六大政治家》上册，第38页。
⑤ 梁启超：《饮冰室文集（点校）》，第2328页。
⑥ 梁启超等编著：《中国六大政治家》上册，第35页。

为民意。① 梁启超说：

> 近世之立宪国，学者亦称之为法治国。吾国人慕其名，津津然道之，一若彼国中舍法之外，即无所以为治者，不知法乃其治具，而所以能用此具者，别有其道焉。苟无其道，则虽法如牛毛，亦不过充架之空文而已。……道者何？曰官方，曰士习，曰民风而已。②

就此点而论，儒者而非法吏所务之教化，倒更合于法治之大体。

其实，民风、民俗也好，重民意也好，都与法家无关。梁启超推崇《管子》，意味着他所理解的"法治"，已多少超出了传统法家思想的范围，且暗中对法家有所批评。这一批评正蕴含于前已提及的将《管子》与另一法家著作《商君书》的对立之中：

> 管子与商君之政术，其形式虽若相同，其精神则全相反；管子贤于商君远矣！商君徒治标而不治本者也，管子则治本而兼治标者也；商君舍富国强兵无余事，管子则于富国强兵之外，尤有一大目的存焉！其法治主义，凡以达此目的而已！③

在梁启超看来，管子不以民为工具，而是将种种设施均归于化民成俗，以为"民为国本，未有民俗窳败，而国能与立者"④，故其"法治"不止于"富国强兵"，还当有助于建立民众生活之"本"。梁启超尽管言之凿凿地将《管子》视作"正宗法家"，却认为管子与儒家殊途同归，目的、宗旨均无不同，差别只在于儒家以德礼（礼治）为主要途径和方法，管子则以法治为基本途径。

在《管子传》中，梁启超一方面通过对法家思想的层层修正和剥离，将管子视作法家之正宗；另一方面，严分《管子》与商鞅，意味着梁启超"法治"思想的一个重要调整。梁氏所讲的管子思想的优长

---

① 梁氏在作于《时务报》时期（即1896年11月）的《古议院考》一文中，已以开风气、盛文学、成民智为开设议院之前提条件。见《饮冰室文集（点校）》，第3页。
② 梁启超：《饮冰室文集（点校）》，第2325页。
③ 梁启超等编著：《中国六大政治家》上册，第48页。
④ 梁启超等编著：《中国六大政治家》上册，第48页。

之处，如以民为国本，民为立法者，立国会之精神，法治之主要问题在于君主自禁，法治之目的在于使民归于礼义廉耻等，恰恰都是《管子》区别于传统法家之处。①

流亡日本期间的梁启超通常被认为是"国家主义者"，而20世纪20年代的梁启超则被认为回归了"世界主义"，但是，这一区分不是绝对的，我们在《管子传》中已能发现有超出国家主义的契机。直到1922年发表的《先秦政治思想史》中，梁氏完成了对《管子》定位的调整，认为后者"不能指为纯粹的法家言，中多糅合儒道法三家思想者"②，而其所云之"民，别而听之则愚，合而听之则圣"和"啧室之议"，则被认为绝非法家言，毋宁祖述儒家也。③

《管子传》对梁启超"法治"观的两难已有所揭示。一方面，法治被视作一种以富国强兵为目的的治国之具；另一方面，法治的目的又在于"新民""强民"。显然，法家的法治只属意于前者，而不能容纳后者。梁启超以严格地说并非法家的《管子》为法家之正宗，试图

---

① 近代推崇法家者，最后往往祖述《管子》，原因却在于后者的非法家思想。对于《管子》，刘向《七略别录》、刘歆《七略》均归之于道家，《汉志》亦列之于道家。张守节《史记正义·管晏列传》引梁孝绪《七录》："《管子》十八篇，在法家。"（通行本往往误为《七略》，《文史》第32辑中闻思的《〈管子〉原本考质疑》考之甚详。）魏刘邵《人物志·流业》以管仲、商鞅为法家。黎翔凤《管子校注》"序论"认为，对于《管子》，"刘向定为道家，深知管子；《隋书》改入法家，乃皮相者。"（"序论"，《管子校注》，中华书局2004年版，第15页）其实，在汉人眼中，管仲之政，正与秦政法家相对立，如陆贾《新语·道基》："齐桓公尚德以霸，秦二世尚刑而亡。"《管子》推崇儒家的仁恕忠信礼义廉耻孝悌慈惠等，也不同于法家的君尊臣卑，如云："君不君则臣不臣，父不父则子不子。上失其位则下逾其节。"（《管子·形势》）这种话，秦汉之后儒家尚不敢言，遑论法家。又如以礼、义、廉、耻为国之四维，亦绝非法家所能言。重民意，有"啧室之议"（《管子·桓公问》），亦不同于法家。故刘向称《管子》"可以晓合经义"（《七略别录》），即说符合儒家经义。司马迁言其"上下能相亲也"（《史记·管晏列传》），绝不同于法家的"上下一日百战"（《韩非子·扬权》）。有人认为《管子》以道家为形上学之基础，吸收儒墨思想，礼法并用，而为所谓"齐法家"。（白奚：《稷下学研究——中国古代的思想自由与百家争鸣》，生活·读书·新知三联书店1998年版，第219—220页）其实，这正是《论六家要旨》的"因阴阳之大顺，采儒墨之善，撮名法之要"的道家。《管子》与法家的关系，以萧公权之说为合宜："吾人如谓《管子》为商韩学术之先驱，而非法家开宗之宝典，殆不至于大误。"（《中国政治思想史》第1册，辽宁教育出版社1998年版，第178—179页）
② 梁启超：《先秦政治思想史》，第207页。
③ 梁启超：《先秦政治思想史》，第231页。

弥合这一矛盾，但毋宁使这一矛盾更为显豁了。

1922年，梁启超发表了讲义《先秦政治思想史》，该书是以当年春天在北京法政专门学校的讲课内容为基础编著而成的。该讲义延续了梁启超流亡日本期间的做法，以先秦法家为"法治主义者"①，甚至对法家较以往有了更高的评价：法治主义是"在古代政治学说里头，算是最有组织的最有特色的，而且较为合理的"②，秦的空间（国家规模）和汉的时间（四百年），当归功于这种"法治主义"。总体而言，梁启超依然认为，"要建设现代的政治"，还是"要采用法家根本精神"，要"把先秦法家真精神着实提倡"。③

需要指出的是，梁启超在《先秦政治思想史》中虽然依然保留了以"法治主义"之一偏（剔除所谓"术治""人治""势治"等）概法家思想之全的做法，但是与之前相比并不能算是成功的。④ 正如韩非所言，法、术、势唯有彼此配合，才能达到法家君主之目的，成为替统治者服务的手段。事实上，在中国，凡讲法家"法治"者，从不曾

---

① 在这部讲义中，梁启超以道家为"无治主义"（大致相当于《中国法理学发达史论》中的放任主义），以儒家为"人治主义"或"德治主义"或"礼治主义"（但在《中国法理学发达史论》中，梁启超将礼治主义归属于非人治主义），以墨家为"新天治主义"，以法家为"法治主义"或"物治主义"。（《先秦政治思想史》，第77—78页）
② 梁启超：《先秦政治思想史》，第278页。
③ 梁启超：《先秦政治思想史》，第280、279页。
④ 在该讲义中，梁氏不再以管子、而是以韩非为"法家中之正统派"（《先秦政治思想史》，第229页），这就使得排除"术治"和"势治"的任务更为迫切，故梁启超明言"术治主义""为法家正面之敌"，其证据是《韩非子·有度》的"奉公法，废私术"和《管子·任法》中的"任法而不任智"（上揭，东方出版社1996年版，第174页），只是这两个证据其实都无法成立。"废私术"的主语不是君主，而是臣民。（相关批评可见郭沫若：《十批判书》，东方出版社1996年版，第370页）"任法而不任智"中的"智"不是指"术"。梁氏又引《韩非子·难势》中的文字，证明韩非反对"势治主义"。该引证在《中国法理学发达史论》中已出现过。（见《饮冰室文集（点校）》，第369页）只是该证据系梁氏误以客难之言为韩非本人的思想。其实，韩非所批评的只是慎到的主张自然之势，而认为应主张人设之势，故韩非并不一般地反对势治。（相关批评可见陈柱：《诸子概论》，中国书籍出版社2006年版，第141页；亦可见郭沫若：《十批判书》，东方出版社1996年版，第373—375页）梁启超又引《尹文子》对"圣人之治"与"圣法之治"之优劣的讨论，以为法家的法治主义对立于人治主义之证，但是，《尹文子》向来被归入名家，《四库提要》始改隶于杂家。郭沫若、侯外庐将其列入稷下道家，冯友兰则将其视为墨家的一个支派。所以，《尹文子》很难说体现了法家的思想。

真正放弃过隐秘的术治。无术治,"法治"就难以实现统治者的利益,况且,严格地说,"法治"也只是统治者"术治"之"术"中比较特殊的一种。

细读《先秦政治思想史》可以发现,该书除了继续以法治主义概括法家思想,沿袭了流亡日本时期的做法之外,对一些根本问题的看法也有了细微而并非不足道的变化。

首先,法治并非有法制之谓。在经历了中华民国之建立,又于1913年出任北京政府之司法总长之后,梁启超对"法治"之事实,有了切身体会。中华民国十余年,未尝没有现代法律条文。但是,权力者于法外横行无忌,法虽密如牛毛,不过是将禁锢小民百姓之网编织得更为细密而已。回头来看"以法治国,则举措而已"一言,形同于讽刺。

故在此书中,梁启超不再将"法治"等同于依所制定和公布之成文法为治的浅表之见,这尤其表现于他对英国宪政的赞赏。梁氏视英国为最善运用宪政而闻于今世者,并无所谓"宪令著于官府",却有一种无文字的信条深入人心。在梁氏看来,这种无文字的信条就是习惯,就是习惯之合理者,儒家称之为"礼"的东西。儒家确信非养成全国人之合理的习惯,则无政治可言,与此毫无二致。①故梁氏认为英国立宪之法治,相当于儒家"礼治";不是法家"法治",而是儒家"礼治",才更接近于英国"法治"。②

在《管子传》中,梁启超已意识到法的根本问题在于民风民俗和民意制度,因此,杂糅儒、道,重视民意民俗的《管子》被视作"法家之正宗"。而在经历了十余年的民国政治之后,梁氏深悟孟子之"徒法不能以自行"、荀子之"有治人无治法"的道理,认为倘无政治

---

① 梁启超:《先秦政治思想史》,第99页。这一观念最早见于梁启超于1913年就任北京政府司法总长之时代全体内阁成员所起草的《政府大政方针宣言书》:"法治国曷由能成?非守法之观念普及于社会焉不可也。守法观念如何而始能普?必人人知法律之可恃,油然生信仰之心,则自懔然而莫之犯也。"(《饮冰室文集(点校)》,第2444页)
② 梁启超认为,法治主义类似于德、日的"警察政治",礼治主义类似于英美的自由主义。(《先秦政治思想史》,第267页)

习惯的养成、政治道德的确立，有约法亦形同于无约法。①

法家之法治观念在于视"法"为君主之成文命令。有此法可依，有此法必依，便是法家之"法治"。但是，法家之"法"若要必依，惟有依靠君主之强大执行力，即法家所谓"君尊则令行"（《商君书·君臣》）。故君主专制之力度，与法治之实行，实为彼此依赖的共生关系。法治既需要依赖君主之专制，也是君主强化其专制的手段。故法家的"法治"与君主的"专制"，是一而二、二而一的关系。法治愈完善，专制愈强；专制愈强，法治愈完善。

至于君主守法这一法家的根本难题，在君主既是立法者，又是执法者，又是废法者的情况下，构成了对于法治本身而言的一个悖论。立法、废法，皆凭君主一己之意，君主之意志与法成为一而二，二而一之事，那么，要使君主之立法、守法、废法皆能符合"物之理"，就只能如梁启超所说，"其人必尧舜也"。② 故法家之法治终究不能摆脱人治。这便是梁启超所说的法家的最大缺点，即立法权之不能正本清源。③ 在梁氏看来，在君权国家之下，断无术解决"使法必行之法"这一问题，若要解决这一问题，"最少亦须有如现代所谓立宪政体者以盾其后"④。

法家"法治"之人治性，还体现在法家其实分人为截然不同的两

---

① 梁启超：《先秦政治思想史》，第195页。比较1902年发表于《新民丛报》的《论立法权》，更能看清梁启超在这一问题上的变化："荀卿'有治人无治法'一言，误尽天下，遂使吾中华数千年，国为无法之国，民为无法之民，并立法部而无之，而其权之何属，更靡论也；并法而无之，而法之善不善，更靡论也。"（《饮冰室文集（点校）》，第925页）
② 梁启超：《先秦政治思想史》，第190页。
③ 梁启超：《先秦政治思想史》，第189、190页。人们容易被《商君书》或《管子》中的"令尊于君"一类文辞所迷惑，以为其主张人君守法。其实，既是立法者又是废法者的人君，不可能不守法，讨论人君是否守法是无意义的：因为法就是君主意志。在专制君主制下，守法就是服从君主意志。《史记》记载，杜周任汉武帝廷尉时，"……善候伺。上所欲挤者，因而陷之；上所欲释者，久系待问而微见其冤状。客让杜周曰：'不循三尺法，专以人主意指为狱。狱者固如是乎？'周曰：'三尺法安出哉？前主所是著为律，后主所是疏为令，当时为是，何古之法乎！'"（《史记·酷吏列传》）杜周很好地回答了什么叫"守法"，也解释了"法后王"的真正含义。
④ 梁启超：《先秦政治思想史》，第190页。

大阶级：具有高等人格的治者和具有劣等人格的被治者。法家以被治者（民）为"婴儿"，恒以民为"程度不足"。故法家终不能真正实现人与人的平等。梁启超又说，法家不知良治之实现，乃在全人类各个人格之交感共动，互发而骈进，使治者同时即被治者，被治者同时即治者。即此而论，法家不及儒家远矣。①

在《先秦政治思想史》中，梁启超试图使"法"不再局域于法家限度之内，故区分"法"为广义和狭义两种。广义的"法"，儒、道、墨三家都有述，是"自然法则"之义——故三家亦有法治主义；狭义的"法"，即法家所谓以国家制裁力为后盾而公布的成文法。两种"法"，以广义的法即自然法为根本。故法家为儒、道、墨三家法观念之末流②，法治主义之起源当先于法家。

梁氏揭此新说，意在弥合仅限于法家的"法治主义"的缺陷，尤其是法家之"法"源于君命而无其根本这一问题，而儒、道、墨皆云法之本高于君主——儒以先王之道、墨以天志、道以自然之道，各为法的本原，故梁氏以儒、道、墨的哲理，来弥补法家之缺陷，以成全其"法治主义"。

若由此进一步推论，则法治主义与法家思想不必重合：儒、道、墨亦有法治主义思想，而法家亦有非法治主义思想。这其实为后来胡适的无所谓"法家"，只有"法治主义"一说开了先河。但是，这一做法亦有其弊端。儒、道、墨、法思想各有其系统性、整体性，无法任意割裂和裁剪。将诸家学说割裂、拆散，再加以拼合，似乎无益于对固有思想的正确理解，也无益于对现代法治的真正理解。若要依梁氏之说，"法家应用儒道墨之哲理以成其学也"③，则法家便不成其为法家，法家自己也断不会认同梁氏的这一做法，法家与儒、道、墨三家的根本差别，恰恰在于法家之法只是源于时君之命这一点。

如果说，在流亡日本期间，梁启超溯源于中国固有"法治"传统

---

① 梁启超：《先秦政治思想史》，第192—193页。
② 梁启超：《先秦政治思想史》，第168—170页。
③ 梁启超：《先秦政治思想史》，第173页。

的做法，重点在于从法家思想中剔除"术治主义"和"势治主义"而净化之，那么，在20年代的《先秦政治思想史》中，他则试图以儒、道、墨之学说而弥补之，且将"法治"之源头追溯至儒、道、墨三家领域，这也为后来胡适、熊十力将"法治"溯源于儒、道思想开了先河。

《先秦政治思想史》的第二个重要变化，是对国家主义的态度。编撰该书时的梁启超，业已经历了第一次世界大战，且战后亲赴欧陆，目睹现代国家之种种恶果，思想遂发生了巨大的变化。狭间直树说：

> 梁启超战后访问欧洲，发现的是西方近代文明发展到了极致的"野蛮的再现"。结果，使他的国家主义思想发生了动摇。在第四阶段（引案：20世纪20年代），他再次转向世界主义。……流露着一种淡淡的回归东方的精神。①

转向世界主义，其实就是转向中国文化。梁启超认为，国家主义是欧洲近世即自14、15世纪以来才有的一种现象，是西方近代政治思想之主流，而中国自古以来即"反国家主义"，主张"超国家主义"或"平天下主义、世界主义、非向外妒恶对抗主义"，中国先哲所谈之政治，以"天下"为对象，此为"世界主义之真精神也"，故视欧洲近世最流行的国家主义为"褊狭可鄙"。② 中国当"此百数十年，乃正国家主义当阳称尊之唯一时代"，虽然"一败涂地"，但是"以二千年来历史校之，得失盖参半"，至于未来在全人类文化中占何等位置，正未易言。③

从一种更为长远的历史眼光以及更为广阔的文化观来看待国家主义问题，梁启超以为，中西在国家主义上的差异，不只是历史发展阶段先后之别——如当时流行的从宗法社会到军国社会的发展阶段的先

---

① ［日］狭间直树：《日文本序》，载氏编：《梁启超·明治日本·西方》，社会科学文献出版社2001年版，第5页。
② 梁启超：《先秦政治思想史》，第197页。
③ 梁启超：《先秦政治思想史》，第2—3、248—249页。

后不同，而是存在着文化基础上的差异，即两种不同文化性格之间的差异。在梁启超看来，西方讲"争"、讲"权"，中国讲"礼让"，其道不同。欧美政治思想谓权利观念为"唯一的原素"，而此一观念"全由彼我对抗而生，与通彼我之'仁'的观念绝对不相容"，而"权利之为物，其本质含有无限的膨胀性"，其扩张之结果只有"争夺相杀谓之人患"之一途而已。①

由于认为存在着文化上的差异，梁启超在《先秦政治思想史》中不再着重于寻求中西之互通，而是着重寻求中西之差异。在他看来，文化上的差异无法弥合，故一改早年的主张，以为中国固有的世界主义传统使"我们摹仿人家的国家主义，……不能成功"。②

与此相应，在《先秦政治思想史》中，梁启超一反当时流行的严译《社会通诠》所主张的蛮夷社会、宗法社会和军国社会依序演进的三阶段论，而援引《春秋》三世说，以为"国家观念，仅为据乱时所宜有"，而所谓"太平之世，非惟无复国家之见存，抑亦无复种族之见存"③，表明他对于国家主义态度的重大变化，这甚至也可视作对他自己从1901年起"独立"于其师的某种程度上的反省，以重新回归康有为的理想主义和世界主义。④《社会通诠》所主张的三阶段论证明了国家主义和军国社会之必要性和终极性，《春秋》三世说则毋宁指出了军国社会的暂时性和初期性。

不同的历史观给予法家以不同的评判。法家"以'富国强兵'为

---

① 梁启超：《先秦政治思想史》，第107—108页。
② 梁启超：《先秦政治思想史》，第248—249页。梁氏又说："欧洲国家，积市而成。中国国家，积乡而成。此彼我政治出发点之所由歧，亦彼我不能相学之一大原因也。"（上揭，第224页）对这一问题的看法，晚年梁启超完全不同于早年梁启超。在写于1897年春的《与严幼陵先生书》中，梁氏认为中西之别只是进化先后的差异。（《饮冰室文集（点校）》，第178页）
③ 梁启超：《先秦政治思想史》，第197页。如依《与严幼陵先生书》中的说法，据乱之世则多君为政，升平之世则一君为政，太平之世则民为政，则中国进入现代国际社会，倒成了一种退化。
④ 梁启超后来在《清代学术概论》中，反省自己在流亡日本之后，"渐染欧、日俗论，乃盛倡褊狭的国家主义，惭其死友矣"。（《梁启超论清学史二种》，朱维铮校注，复旦大学出版社1985年版，第77页）

职志，其臭味确与近世欧美所谓国家主义者相类"①，故法家之合理性与现代社会（军国社会）关系密切，一个弱肉强食、社会达尔文主义盛行的世界，是法家存在的土壤。而此种世界是否确乎为人类所追求的理想社会状态，则是一个关乎文化和价值的问题。②

第三，梁启超又认为，现代文明有其弊端，即"唯物主义"：

> 现代科学勃兴之结果，能使物质益为畸形的发展，而其权威亦益猖獗。……近代欧美学说——无论资本主义者流，社会主义者流，皆奖厉人心以专从物质界讨生活。……是故虽百变其途，而世之不宁且滋甚也。③

这一对现代之唯物主义即机械论之唯物主义的负面看法，也牵连到对法家的看法。梁启超以为，法家的"物治主义"基础正是机械的唯物的人生观：

> 法家以道家之死的静的机械的唯物的人生观为立脚点，其政治论当然归宿于法治主义——即物治主义。④

法家"物治主义"对待被治者的态度，一如现代科学对有待开发、征服的自然世界的态度。法家将富于精神的活的主体，看作仅仅是物理的死的对象，而在梁启超看来，"物理为'必然法则'之领土，人生为自由意志之领土，求'必然'于人生，盖不可得，得之则戕人生亦甚矣。此义固非唯物观之法家所能梦见也。"⑤ 故对机械论之唯物主义的批评，也延及物治主义的法家。

梁启超敏锐地看到，尽管现代社会之伸张人的自由和独立远甚于

---

① 梁启超：《先秦政治思想史》，第 200 页。
② 梁启超早年颇受社会达尔文主义影响，故执对外争竞之国家主义立场。第一次世界大战后，他的立场有所转变。在发表于 1921 年的《老子哲学》中，他认为中国举国上下，争权夺利，若发狂然，与严译《天演论》颇有关系，并认为老子的"无为"可纠正"生存竞争，优胜劣败"的社会达尔文主义的流弊。（参见《饮冰室文集（点校）》，第 3050 页）
③ 梁启超：《先秦政治思想史》，第 235—236 页。
④ 梁启超：《先秦政治思想史》，第 196 页。
⑤ 梁启超：《先秦政治思想史》，第 192 页。

古代社会，但是，现代社会之复杂和庞大，也远甚于古代社会，相较而言，其压迫人的个性的威力亦至为强大。"大规模的社会组织，以个人纳其间，眇若太仓之一粟。"① 所以，一方面，机械的社会组织并非美善；另一方面，社会日趋扩大日趋复杂，又为不可逃避之事实，故如何使日趋扩大日趋复杂的社会不为机械的，而使人之个性亦能与时势骈进，在梁氏看来，是中国人所面对的一大问题。

因此，至20世纪20年代初，梁启超所考虑的不是如何从传统中寻找资源，以单纯地适应这个西方人所造就的现代世界，他所关注的是这样的一个问题：

> 如何而能使吾中国人免蹈近百余年来欧美生计组织之覆辙，不至以物质生活问题之纠纷，妨害精神生活之向上。②

在梁启超看来，中国人似乎并不只是应该去学习、仿效这个欧美人所造就的现代社会，而是要"藉吾先圣哲之微言以有所靖献于斯世"，且以此作为中国人对于人类之责任。③

不过，在《先秦政治思想史》中，梁启超思想中的国家主义和世界主义的矛盾依然明显。一方面，该书沿袭了流亡日本期间的法家法治主义学说，尽管有修正，却依然视法家"法治主义"为"最进步"的一种学说；④ 另一方面，则对与法家思想相关的现代之国家主义、现代文明之唯物机械主义乃至现代社会有了重要的反省。尽管世界主义的色彩较其流亡日本期间要浓厚得多，但是，法治的国家主义色彩在这部讲义中也不曾得到削弱。

客观地讲，梁启超从法家的视角来理解"法治"或"法治主义"，试图通过对后者的重新阐释使之复兴，以回应这个国家主义的、列国竞争的世道的做法，在其所处时代的气氛和背景之下，是不难得到同情与理解的。而且，法家式的法治观的盛行也不能只归因于梁启超的

---

① 梁启超：《先秦政治思想史》，第236页。
② 梁启超：《先秦政治思想史》，第236页。
③ 梁启超：《先秦政治思想史》，第237页。
④ 梁启超：《先秦政治思想史》，第240页。

巨大影响力——其实，梁氏在推崇法家的同时，并未丧失对法家之法治的种种弊端的警觉。事实上，法家之法治观的盛行有其客观原因，梁启超的做法只是在20世纪的中国具有代表性。

这些原因的一方面是秦制遗产的根深蒂固。在20世纪"新法家"派看来，法家不仅是秦汉后中国政治的主流，而且，法家思想不但属于过去，更属于一切时代，因为它将为一切权力主义者所欢迎。另一方面，法家具有一种"现代性"，即与现代社会有其相契合之处。其一，法家思想合乎现代国家（军国）之世界，现代国际体系（所谓"战国"）迫使一个国家将富国强兵作为其主要目标，这与法家之主旨相契合，也是法家所以能够不择手段的正当性理由。其二，法家视民为实现国家目的的手段或资源，视之为既无自主性、又无精神生命的仅具有生产力或破坏力的物理之物，这在一定程度上也合乎现代人的世界观，即合乎现代人对身外世界（人与自然）的看法。其三，现代社会的商业与契约关系，与视人与人之关系为"敌对"，而仅以利害相联结的"天下以市道交"（《史记·廉颇蔺相如列传》）的法家思想[①]也相当契合。因此，法家思想的土壤在于权力者对权力的不懈追求，在于国与国之间的"战国"状态，在于对自然和世界的劫夺态度，在于人与人之间的永恒的敌对状态。这些因素都是法家思想存在的客观条件。

三、梁启超的后学们：郭沫若、熊十力和胡适

梁启超的影响是广泛的，他净化法家思想以建构中国固有法治传统的做法，也产生了深远的后果。本节讨论三个代表性的人物：郭沫若、熊十力和胡适。他们既受梁启超的影响，但在处理法治与法家思想之关系方面，又各有其特点和代表性。

郭沫若在《十批判书》中引人注目地指出了梁启超将"法治"与"势治""术治"切割，以将韩非归于"法治"而非"势治""术治"派的努力的不成功。但是，在根本上，他依然奉行了梁氏的做法：使术

[①] 《荀子》中屡次以齐、秦法家之刑赏为行"佣徒鬻卖之道也"。（《荀子·议兵》）

治、势治与法家"法治"分离。他与梁启超的主要差别在于，郭沫若认为韩非无法与术治、势治相切割，因而难以被算作一个纯粹法家：

> "术"是执法者以私智私慧玩弄法柄的东西，这倡导于老聃、关尹，而发展于申不害，再结穴于韩非。故如申不害与韩非，严格地说时已经不是纯粹的法家了。①

而纯粹法家的位置被留给了商鞅：

> 商君言法不言术，以国家为本位而不以君主为本位，采取责任内阁而不主张君主专制……故商君与韩非虽同被列于法家，而两人毕竟是大有不同的。②

因为寻求纯粹的"法治"，在郭沫若看来，韩非对商鞅"无术以知奸"的批评，倒是证明了商鞅的"法治"的优点或纯粹性："用法而不用术，正是初期法家的富有进步性的地方。初期法家主张公正严明，一切秉公执法，以法为权衡尺度，不许执法者有一毫的私智私慧以玩弄法柄。"③

因此，在郭沫若看来，"申子是术家，商君是法家，韩非子是法术家"④。

如梁启超、郭沫若那样，试图从法家中剔除术治、势治以保留纯粹"法治"或"法治主义"的，包含了各家各派的人物，如民国"新法家"学派中的曹谦⑤，新儒家的牟宗三⑥，以及顾准⑦等。这里既

---

① 郭沫若：《十批判书》，东方出版社1996年版，第344页。
② 郭沫若：《十批判书》，第362页。
③ 郭沫若：《十批判书》，第344页。
④ 郭沫若：《十批判书》，第359页。
⑤ "商鞅只主用法，是较纯正的法家。申不害用术，已导人君破法。"（曹谦编著：《韩非法治论》，上海书店出版社据中华书局1948年版影印，第66页）
⑥ 牟宗三区分了以商鞅（及吴起、李悝）为代表的早期法家与申不害、韩非为代表的后期法家，肯定前者的富国强兵，否定后者的君主专制，是否用术成为区分两者的标准。（《中国哲学十九讲》，上海古籍出版社1997年版，第159、164页）
⑦ 顾准在《评韩非》一文中说，在"法、术、势"三者之中，韩非的贡献在术、势两者，"从'法家立场'来说，韩非也是害君之马。说他'集大成'，起商鞅、李悝于地下，一定坚决反对。"（《顾准文集》，贵州人民出版社1994年版，第399页）

显示了梁启超的巨大影响，也显示了法家的"法治"观在一定程度上成为 20 世纪中国人救亡图存之共同意愿的一种表达。

由梁启超出发，还有向不同极端发展的两种观点，可以各以熊十力和胡适为代表。熊十力试图建构一个全新的"法家"概念，不为法家的传统内涵所束缚；胡适则几乎完全撇开"法家"一词，只谈"法治"。

熊十力认为，谈法治，不必囿于传统法家意义上的申、商、韩、李等人的思想。他在《韩非子评论》一文开篇便说："清季迄于民国，知识之伦诵言远西法治者，辄缅想韩非，妄臆其道与宪政有合也，此殆未尝读《韩非》书。"① 他从根本上否认韩非为法家，称《韩非子》"只是霸术家言，本不为法家，以其主严法，不妨名法术家耳"②。韩非不是"法家正统"，只是"法术家"而已。③ 又说："韩非为霸者权谋之术，不当列法家，汉人弗辨也。"④ "韩非亦法家外道，近商君术。"⑤

在熊十力看来，商鞅亦非法家。"《商君书》亦残缺，然玩其旨，考其行事，则今之法西斯派也，不得为法家。"⑥ "商鞅之法，用今俗语表之，可谓侦探政治（亦云特务政治）。"⑦

熊十力又以为，后世号为法家者，多不足为法家：

> 汉世号法家者，大抵注重综核名实，严督责之令，只是属于行政之方术而已。自晁错、宣帝、昭烈、武侯，以迄近世张江陵之徒，皆以法家闻，而皆不过如是。实与晚周法家无甚关系也。然则法家之亡，亦自秦始矣。⑧

---

① 熊十力：《韩非子评论·与友人论张江陵》，上海书店出版社 2007 年版，第 4 页。
② 熊十力：《韩非子评论·与友人论张江陵》，第 9 页。
③ 熊十力：《韩非子评论·与友人论张江陵》，第 5 页。
④ 熊十力：《原儒》，中国人民大学出版社 2006 年版，第 207 页。
⑤ 熊十力：《读经示要》，中国人民大学出版社 2006 年版，第 135 页。
⑥ 熊十力：《读经示要》，第 136 页。
⑦ 熊十力：《韩非子评论·与友人论张江陵》，第 12—13 页。
⑧ 熊十力：《读经示要》，第 136 页。

故韩非之类，至多不过是法家支流。① 汉人所谓法家（申、商、韩之流），皆非法家正统，非真正法家。至于法家初祖，已不可考。在熊氏看来，言法家，完全不必纠缠于申、商、韩、李之流。在将所有这些传统归之于法家的人物排除之后，熊十力给出了一个所谓"正统法家"的新看法：法家乃"原本《春秋》而发挥民主思想者"，惟在秦后皆已亡绝。②

梁启超谈"法治"，时时以富国强兵为念，故而无法摆脱申、商、韩、李的缠绕，熊十力谈"法治"，以民治为准绳，故而有使人豁然开朗之感。他在《读经示要》中说：

> 余意法家正宗，必与西洋民治思想有遥合者。考《淮南书》中所引，法原于众，及法籍礼义者，所以禁人君使无擅断也等语，其义宏远，法原于众，似与《民约论》相近。要之，法必由人民公意制定之，非可由在位者以己意立法而箝束民众，此实民治根本精神。惜《淮南》不著其说出何人，何书。余意此义当本之法家正宗也。③

梁启超的"法治"是强权派的、国家主义视角的，熊十力的"法治"是民约派的。从后者的民约、民治的角度来权衡，以黄老道家为主的《淮南子》便成了"法家正宗"。"《韩非》书不言民主，无所谓民意，其非法家正统甚明。《韩非》书于社会组织等法制及维护人民自由等宪章皆未有半字及之，是何足为法家？"④ 而《淮南子》言："法出于民众公意。又谓法籍，礼义，所以禁人君使无擅断。此区区数十字，则晚周法家要义，赖以保存。功亦钜矣。"⑤

熊十力视"法家"，不再从君主的角度，而是从民主的角度，这一视角的转换使儒、道的礼治，而非法家的法治，变成了熊十力所谓

---

① 熊十力：《中国历史讲话·中国哲学与西洋科学》，上海书店出版社 2008 年版，第 48 页。
② 熊十力：《韩非子评论·与友人论张江陵》，第 116、180—181 页。
③ 熊十力：《读经示要》，第 135—136 页。
④ 熊十力：《韩非子评论·与友人论张江陵》，第 8—9 页。
⑤ 熊十力：《中国历史讲话·中国哲学与西洋科学》，第 63 页。

的"法治"的源头。在他看来,中国固有的法治传统须从礼治中来发现,因此,法治学说毋宁藏身于儒家的学问中:

> 法家者流,自《礼》与《春秋》出。《春秋》之升平世,即寓法治思想于礼化之中,本不纯恃法也。……《周官》一书,大抵明升平之治。以德礼之精神,运法治之组织,《管子》书亦颇有此意。法家之学,盖通《春秋》升平,与《周官》之旨,将使人类离据乱之陋,而相习于法治。凡据乱世之民,不知有法守。法家故特重法。其道虽异乎儒者之言德与礼,而其思想实本之《礼》、《春秋》二经。①

《春秋》《礼》均论"礼之义"。《周官》《淮南子》均言据礼义而立法之事,因而成为熊十力所谓的"法家"。熊十力完全以"礼义"(法意),即法之合于民意,作为权衡"法家"的标准。因此,儒家的《礼》《周官》《春秋》诸经,遂为法治精神之本,"法治"之所以为"法"治,恰恰是因为不纯恃"法"而治也。以此为标准,熊十力以为传统意义上的法家全不合格,而真正与现代法治相关的反倒是儒家,是儒家的《春秋》《礼》,故儒家所推崇的"其父杀人,舜窃负而逃",倒更合于"法治根本精神"。②

总之,熊十力虽然也谈"法家",但他的法家,绝不是司马谈《论六家要旨》中的那个法家,毋宁是古代儒家。在他看来,法治思想中国古已有之,只是根源于儒家的《春秋》《周礼》,而传统法家虽然尚法,却遗忘了法的根本:

> 法家谈法治,其说不涉及义理,然其崇法之观念,实本《春秋》。但《春秋》不徒恃法,而本于仁,依于礼,以法为辅,以德为归,所以为人道之极也。法家狭小,乃欲遍尚法以为治,则不善学《春秋》之过。③

---

① 熊十力:《读经示要》,第137页。
② 熊十力:《读经示要》,第137、144页。
③ 熊十力:《读经示要》,第2—3页。

对于梁启超净化传统法家的做法，熊十力认为，传统法家的法、术、势是不可分的①，既如此，不如将之摒弃，而在整个中国古代传统中寻找更适合于法治精神的思想。因此，可以说熊十力保留了法家之名，而对法家之实给予了全新的规定。其实，这亦是将梁启超剪裁固有思想的方法发挥到了极致。

如果说，梁启超代表了法治的国家主义一派，那么，熊十力则代表了从古代思想中探寻法治思想的另一条道路，即法治是保障人民之权利的民主之路。

不同于熊十力的留法家之名、去法家之实，以《周礼》《春秋》为"法家"的做法，胡适与之相反，去法家之名、留法治之实。在完成于1919年的《中国哲学史大纲》中，胡适写道："中国古代只有法理学，只有法治的学说，并无所谓'法家'。"②

至于法理学或法治主义，胡适认为，是儒、墨、道三家哲学的产物。被他奉为纯粹法治主义者的慎到，属于道、法之间的人物；尹文子则近于墨、儒。故中国古代法理学的基本观念散见于儒、道、墨三家，并不特别地与法家相关。在胡适看来，传统的法家人物（如管、申、商之类），都不是法理学家，且法家所说的"法"（刑赏）与法理学、法治无关。③ 这样，胡适切断了自梁启超以来的法治与法家之间的关联。

胡适理解的"法治"不是法家的与儒家"礼治"相对的"法治"，而是更倾向于现代意义上的与人治相区别的"法治"。在他看来，法治主义与人治主义的区别在于前者"除去一切主观的蔽害、专用客观的标准"。④ 正是基于这一考虑，胡适把反对"舍法以身治""诛赏予夺从君心出"的慎到视作纯粹的法治主义者；他甚至将慎到的"势"

---

① 熊十力认同韩非的看法："人主必有术而后能持法，无术则释法用私，国之大柄旁出于群邪众盗之门，斯法纪荡然矣。"他又说："韩非之书，千言万语，壹归于任术而严法，虽法术兼持，而究以术为先。"（熊十力：《韩非子评论·与友人论张江陵》，第6、22页）
② 胡适：《中国哲学史大纲》卷上，商务印书馆1987年影印1919年初版，第361页。
③ 胡适：《中国哲学史大纲》卷上，第363页。
④ 胡适：《中国哲学史大纲》卷上，第377页。

的概念，解释为"政权"而非君主，认为主张势治是"推翻人治主义的第一步"；要求君主"弃知去己"，使君主成为"虚君"，以建立一种"虚君立宪"的制度。①

胡适认为，"法治"应指一种以客观标准（法）为基础、并使君主遵守不变的"立宪政体"。② 显然，他以"虚君立宪"概念为基准，建构中国古代的法治传统。这就使得他必须放弃"法治"与传统法家的关联。同样，与熊十力类似，他也不是从法家那里，而是更多地从儒、道、墨三家的思想中，发现了与法治相关的内容。从表面上看，这与梁启超始终倚赖于法家的做法不同，却也可以看作对梁启超思路的一种发展，只是梁启超始终囿于法家而无法自拔，胡适则跳出了这一窠臼，更为自由地在古代思想中选择、剪裁他所需要的"法治"理论。

自梁启超起的对固有"法治"理论的建构，不论褒之以"取其精华，去其糟粕"，还是贬之以"削足适履"③，都有因应于现实事态的因素，可谓借学论政。这不奇怪。"法治"论的兴起，或者法家的复兴，一个重要原因是应急或救世，义理并非所关心的首要问题，如狭间直树所说："时代所要求的并不是学问上的严谨的论文，而是对以中国的变革为目的的政治课题能发挥作用的文章。"④

但是，思想自身亦有其现实力量，只要深入思考法治问题，似乎就有不得不超出法家的倾向，而不论站在何种政治立场上。

不过，随着西方思想的引入，法家与现代历史主义和社会发展阶段理论逐渐结合，于是便形成了一种新的法家，一种现代的法家，它使法家思想从一种"救世""应急"的"非常状态"下的策略论，变成了关于人情世态之常的存在论和人生论。

---

① 胡适：《中国哲学史大纲》卷上，第344—345、347页。
② 胡适：《中国哲学史大纲》卷上，第378页。
③ 俞荣根：《儒家法思想通论》修订本，广西人民出版社1998年第2版，第32页。
④ ［日］狭间直树：《日文本序》，载氏编：《梁启超・明治日本・西方》，第8页。

四、法家思想的历史主义化[①]

20世纪70年代的评法批儒，是中国20世纪早期思想发展的一种延续。反儒扬法之风，自清末民初便已兴起。究其缘由，既有中国两千余年的"秦制"遗风——这种"秦制"为不论站在何种立场的权力主义者所欢迎，也有法家思想迎合于现代精神的方面，即现代的军国主义国家观和物治主义的世界观。不过，还有一个重要原因，这就是法家的历史观与现代历史主义和社会发展阶段论的结合。

在先秦诸子中，法家本来就以一种鲜明的时代意识为特征。法家的产生晚于儒、道、墨三家，与春秋、战国之际世道的剧变密切相关，法家对此亦有明确的"自我意识"，强调其思想之合理性与所处时代——"今世""今之民"——不可分离。

《商君书》划分历史为"上世""中世""下世"等。时代不同，特点亦不同："上世亲亲而爱私，中世上贤而说仁，下世贵贵而尊官。"治术亦随时势而变："民道弊而所重易也，世事变而行道异也。"治者因民之特点（或弱点）而治之，不同时代的民，其特点（或弱点）亦不同："民愚则知可以王，世知则力可以王。民愚则力有余而知不足，世知则巧有余而力不足。""古之民朴以厚，今之民巧以伪。故效于古者先德而治，效于今者前刑而法。"《商君书》中的"今世"，正是一个弱肉强食、强者横击的时代，所谓"强国事兼并，弱国务力守。上不及虞、夏之时，而下不修汤、武"。（引文皆见《商君书·开塞》）

韩非也分历史为"上古""中世""当今"三世："上古竞于道德，中世逐于智谋，当今争于气力。"（《韩非子·五蠹》）"当今"乃"多事之时""大争之世"，置身于这样的时代，是不能"用寡事之器""循揖让之轨"（《韩非子·八说》）的。故"治民无常，唯治为法。法与时转则治，治与世宜则有功。故民朴而禁之以名则治，世知维之以刑则

[①] 本文所谓的"历史主义"，系指那种将历史视作具有规律性和普遍性的分阶段演进的现代历史观。

从。"(《韩非子·心度》)

在法家眼中，世道是衰退、败坏的。商鞅见秦孝公，先说之以帝道，不合；次说之以王道，不合；再说之以霸道，最后说之以强国之术，终于中孝公之意而为其所用。(《史记·商君列传》)韩非的"上古""中世""当今"，亦合于"王道""霸道""强道"三种治道，亦是叠次递降，皆以"当今"之世，为最等而下之者。① 法家论说世道人心，均有一种悲情。其文字冷酷、客观、理性，但在冰冷的表面下，未尝没有一种令人心悸的温情。换言之，他们未必喜欢这个"今世"，不然，商鞅见孝公，何以先说之以帝王之道？他们之所以寻求等而下之之手段，似乎是出于对世道人情之无奈②，这与后世好法家者，为找到替其肆行权谋之理由而沾沾自喜不同。故而王充评论韩非说："韩子岂不知任德之为善哉？以为世衰事变，民心靡薄，故作法术，专意于刑也。"(《论衡·非韩》)③

法家的这种时代意识、迫在眉睫的紧迫感、救亡求存的意识，在清末民初得到了响应。近代法家的复兴，有浓重的应急、应时的考虑。张佩纶在《管子学》一书中说："居今日而求振兴，惟《管子》一书最切当世之用。"④ 严复于1906年出版的《法意》案语中，视斯巴达的立法者"来格谷士"为与申、商、韩、李同类。他们的相似之处在于他们的共同背景："以蕞尔国介于异种群雄之间，其势莫亟于求存，故其所为，往往而合。"⑤ 1915年因"二十一条"之故，严复

---

① 就视历史为一个由德而力的退化过程而言，法家与儒家是一致的。孟子是这样说的："五霸者，三王之罪人也；今之诸侯，五霸之罪人也；今之大夫，今之诸侯之罪人也。"(《孟子·告子下》)《韩非子·五蠹》云："文王行仁义而王天下，偃王行仁义而丧其国，是仁义用于古而不用于今也。"可见，韩非并非一般地否定仁义，只是认为仁义不合于今之世。
② 郑人铸刑书。叔向使诒子产书，表示反对。子产答复道："若吾子之言，侨不才，不能及子孙，吾以救世也。"(《左传·昭六年》)时逢"叔世"(服虔注："政衰为叔世")，故言"救世"。
③ 法家与儒家的一个重要区别，在于法家以为政治只是被动地取决于世道民情，如其持重刑论，便以为是"人情"之不堪而不得不然，儒家则以为，世道民情亦取决于政治，君子之德风，小人之德草，故"为政，焉用杀？"(《论语·颜渊》)
④ 转引自张固也：《〈管子〉研究》，齐鲁书社2006年版，第7页。
⑤ [法]孟德斯鸠：《论法的精神》，严复译，上海三联书店2009年版，第36、37页。

在《与熊纯如书》中写道:"居今而言救亡,学惟申韩,庶几可用。"① 梁启超在《中国法理学发达史论》中也说:"救世一语,可谓当时法治家唯一之精神,盖认为一种之方便法门也。"② 他又说:"逮于今日,万国比邻,物竞逾剧,非于内部有整齐严肃之治,万不能一其力以对外。法治主义,为今日救时唯一之主义,立法事业,为今日存国最急之事业。"③ 因此,"法治主义者,应于时势之需要"④。

法家在 20 世纪中国获得青睐并不令人奇怪。法家思想中的重要一面,即富国强兵,迎合了 20 世纪前期积弱积贫的中国的需要,而且,法家思想的现实性并非只是针对中国而言,同样针对这个每个国家在理论上都拥有至高无上之主权的国际体系。晚清的中国人突然意识到,他们落入了这样一种国际格局之中:这种格局很合乎法家所谓的"强国事兼并,弱国务力守"(《商君书·开塞》),"力多则人朝,力寡则朝于人"(《韩非子·显学》)的生存状态。在"新法家"看来,这是"铁一般的事实"⑤。显然,19 世纪晚期的中国人,在乍遇世界之时,肯定被唤起了与法家的同时代之感。这是法家思想广受同情的重要原因。17 世纪中叶以降的民族国家体系,正是一个靠强权说话的世界。杨度作于 1903 年的诗⑥很能代表当时人的心理:

> ……
> 于今世界无公理,口说爱人心利己。
> 天演开成大竞争,强权压倒诸洋水。
> 公法何如一门炮,工商尽是图中匕。
> 外交断在军人口,内政修成武装体。
> ……

---

① 严复:《严复集》第 3 册,中华书局 1986 年版,第 620 页。
② 梁启超:《饮冰室文集(点校)》,第 370 页。
③ 梁启超:《饮冰室文集(点校)》,第 341 页。
④ 梁启超:《中国法理学发达史论》,载氏著:《饮冰室文集(点校)》,第 340 页。
⑤ 陈启天:《中国法家概论》,上海书店出版社据中华书局 1936 年版影印,第 12 页。
⑥ 《湖南少年歌》,载杨友龙主编:《杨度墨迹诗文选集》,中国社会科学出版社 2013 年版,第 99 页。

民国"新法家"派所提出的"新战国时代"概念，是对这一状况的表达。"新法家"之代表陈启天在所编《韩非子参考书辑要》的"自序"中说："近数十年来，以西学东渐，与夫中国渐入于'新战国时代'之故，始先后有人以政治学及哲学之眼光而重新研讨之（引案：指法家学说）。"①在《中国法家概论》中他又说："清末以来，中国又入于一个新的战国时代，需要新的法家，于是成为法家的复兴时代。"② 陈启天还认为："中国如欲在此新战国时代，由弱转强，由乱转治，而获最后之胜利，则酌采法家学说之可适用于今者，兼参以欧美学说之最利于国家生存竞争者，合为条理，措诸实行，实乃今后救国与治国之急务与南针也。"③ "新法家"所敏锐看到的先秦法家与现代国家（被不无理由地称作"军国"）之间的内在关联，以及现代国家之真实本质，对我们理解何以如此之多的具有不同政治倾向的政治派别，都对法家法治深表同情的深层次原因大有裨益。

不过，在清末民初的最初的法家同情者眼中，法家思想毕竟只是为应一时之需，就好像梁启超所论的先秦法家，一旦时过境迁，在贵族阶级渐灭、天下复归一家的秦汉王朝之后，对其便不再需要，法治主义亦随之降低，而礼治主义又卷土重来。④ 法治主义被认为能救一时之敝，却于助长社会发达无益，非可久适，盖其道不惬于人心。司马谈《论六家要旨》中"可以行一时之计，而不可长用也"的表述，表达了以往人们对法家的通常看法。法家的合理性完全在于它与如下这种非常状态、极端状态之间的关联：这是一种人与人为敌、国与国为敌、国与人为敌、弱肉强食、强者横击的无天理的状态。

但是，20世纪法家思想复兴的重要特征，不只是传统法家思想的单纯再生，而且是法家所设定的特殊的"世道人情"，即一种非常状态（强者横击），向着一种被视作人情世道之常态（人与人如狼）的方向变化，即由一种被认为是衰退的"今世"，向一种在进化过程中

---

① 陈启天编：《韩非子参考书辑要》，中华书局1945年版，第1页。
② 陈启天：《中国法家概论》，第10页。
③ 陈启天：《中国法家概论》，第1页。
④ 梁启超：《饮冰室文集（点校）》，第371页。

的社会形态转化,由此,下降和堕落被常态化。在这一转化过程中,西来的历史演化论发挥了至关重要的作用。

20世纪初,严译英人甄克斯(Edward Jenks)《社会通诠》(A History of Politics)中所揭示的社会进化论,对知识界和思想界影响深远。这一进化观将社会演进划分为三个阶段:蛮夷之社会、宗法之社会、军国之社会,严复视此为"循乎天演之浅深,而五洲诸种之所同也"①,即人类不同社会发展的普遍路径。不少人很自然地将法家的三世观与之结合。如梁启超就认为,《商君书》的亲亲、上贤、贵贵的"三阶段",正合于近世社会学者的国家成立的三阶段。② 王振先在作于1924年的《中国古代法理学》一书中认为,管、商之言法之起源,与此社会发展之阶段论"若合符节"。③

这样比附的结果,是法家的强者横击的"大争之世",成了历史发展最高阶段的"军国社会"④:"今"由一种衰退的形态,变成了历史之必然;由一种非常状态,变成了常态。于是,帝、王、霸、强的高下之别,一变而为历史演化的先、后之别,再变而为落后与进步、野蛮与文明之别。⑤ 主张贵族封建的儒家成了落后的宗法社会的代表,主张君主专制的法家成了先进的军国社会的代表,前者被视为阻

---

① [法]孟德斯鸠:《论法的精神》,严复译,第278页。
② 梁启超:《先秦政治思想史》,第183页。
③ 王振先:《中国古代法理学》,山西人民出版社2015年版,第23页。
④ 甄克斯认为:"国家以军制武节而立者也。以争存为精神,为城中最大之物竞。不竞则国无以立,而其种亦亡。"(氏著:《社会通诠》,严复译,北京时代华文书局2014年版,第81页)"夫国家之治,基于军政者也,以力服人者也。"(同上,第119页)"国于天地,必求自存,此其事与一生物等耳。求自存则有二事焉,不可以不努力。一曰御外侮,一曰奠内治。御外侮以兵,奠内治以刑。"(同上,第147页)他又说,在军国社会,民众最重之义务,莫若执兵。(同上,第79页)兵、刑二者,几乎涵盖了法家外在治术的全部内容。因此,在甄克斯的"三阶段"中,第三阶段的"军国"最合于法家所谓的"国家"。
⑤ 在有关商、韩的历史变易观的现代叙述中,明显渗入了现代西方进化论的思想,商、韩两人于是变成了主张"今胜于昔"的历史进步主义者。(见张国华:《中国法律思想史新编》,北京大学出版社1998年版,第134—135、161页)其实,商、韩并不认为用兵戈的"今"就胜过舞干戚的"古",他们只是主张"世异则事异,事异则备变",在他们的思想中有变异的观念,无进步的观念。关于此点,也可参见[美]安乐哲:《主术——中国古代政治艺术之研究》,滕复译,北京大学出版社1995年版,第20页。

碍历史进步的力量，后者被视为推动历史进步的力量。以儒家为常、法家为非常的传统观念，变成了儒家代表落后、法家代表先进的新历史观：商、李之秦法家的改革，被认为推动了宗法社会向军国社会的转变，而孔、孟儒家则被视作这一转变的阻碍者。夏曾佑在为《社会通诠》所作的"序"中说，中国入宗法社会最早，却"历五六千年望之且未有崖"，以孔子儒教之故也；秦之时，"出宗法社会而入军国社会之时也，然而不出者"，亦孔子儒教之故也，"故曰：钤键厥惟孔子也。"① 吴虞说："是则儒家之主张，徒令宗法社会牵掣军国社会，使不克完全发达，其流毒诚不减于洪水猛兽矣。"② "商君、李斯破坏封建之际，吾国本有由宗法社会转成军国社会之机；顾至于今日，欧洲脱离宗法社会已久，而吾国终颠顿于宗法社会之中而不能前进。"③ 在吴虞的眼中，时间在先的（宗法社会）等同于野蛮之专制国，时间在后的（军国社会）等同于文明之立宪国④，尽管他的以家族制度为专制主义之根据的主张，考诸历史，殊难成立⑤，但是，这一新历史观却使时间的先后成为唯一的标准、一切的裁判者。

通过这一转化，法家的"今世"成了"现代"（"军国社会"）：在这个"现代"中，人与人彼此为敌，只以利益相勾结；在这个"现代"中，国家被公然承认为强权暴力，作为蛮不讲理的典范而展示于所有人面前；⑥ 在这个"现代"中，因组织手段和技术手段而变得空前强大的国家，成为相对于任何一个个人的前所未有的强权，而依这

---

① ［英］甄克斯：《社会通诠》，严复译，北京时代华文书局 2014 年版，第 22—23 页。
② 吴虞：《吴虞集》，中华书局 2013 年版，第 9 页。
③ 吴虞：《吴虞集》，第 7 页。
④ 吴虞：《吴虞集》，第 10 页。梁启超的影响不可忽视，在他的《新民说》中，部民进化为国民，已被视作由野蛮而进入文明的转捩点。
⑤ 强大的家族制度，原非中国古代所独有。古罗马共和时期，家长的权力不亚于古代中国。至于法家削弱家族的主张，绝非为了削弱专制君权，倒是为了强化之。与吴虞所说的相反，家族制度与专制君权往往此消彼长，前者对后者有制衡之作用，这也是法家反对主张"亲亲"原则的儒家的重要原因之一。到现代，国家权力直接掌控每一孤独而"自由"之个体，欲东则东，欲西则西，欲是则是，欲非则非，此种专制之力，不见于古代哪怕最专制之社会。
⑥ "呜呼！学者求欲近世国家社会之源，舍兵事之演进，则乌从而求之。此人道之可为太息流涕者也。"（《社会通诠》，第 75 页）

个世界的"弱肉强食""趋利慕势"的"法则"和"公理",统治者们便有十足的理由可以肆意妄为。

这种新历史观之于法家世态的常情常理化的作用是决定性的。儒家所提倡的"仁爱"和"良善"被看作落伍的、有害的、不合时宜的,法家的强横霸道被看作进步的或有益于进步的。现代国家不仅在事实上拥有了前所未有的强权,而且也在伦理上、价值上获得了任意运用这种强权的"权利"和"正当性":物竞天择。依恃强力而恣意妄为的国家,成为常人生活态度的无所不在的典范。而毫不掩饰地宣扬暴力和强权,正是半个世纪之后的"专政"与"法治"的特点。

问题尤其在于,"无公理"并不仅限于"外部",丛林法则也并不只体现于国际关系。当一个国家的统治者将弱肉强食、物竞天择视作"法则""公理",那么,这些率先得到启蒙的人,首先会将此作为行动原则,来对待他的臣民们。① 换言之,统治者把挨打的必然性,看作他们欺负其他弱者的必然性。强横霸道、趋利慕势的法则告诉这些统治者,对付一个小民百姓,比对付其他国家的统治者要容易得多。"无天理"尽管在对外关系中毫无掩饰,但是却也因为所具有的公开性而受到制约;而在内政中,隐秘性使之更肆无忌惮:对于强权的隐秘的残害,小民是没有证据的;旁人畏若寒蝉,即使强权者公然杀人,也是不敢吱一声的,更何况强权者有的是隐秘的、高明的、无影无形的技术;至于这些强权者的"人心",早就在利益和权力的滋润之下,成为强横霸道、趋利慕势的化身。这种现象在那些一味以国家权力之集中、强大为天然正当,而以对人民权利的保护、限制国家权

---

① 出版于19世纪末的严译《天演论》,对20世纪中国人的人心影响深远。梁启超在发表于1906年的《开明专制论》一文开头,便将无所不在的竞争,尤其外部竞争,视作人类需要"强制"的充分条件。他视那种认为自然界有调和而无轧轹(人类社会亦然)的自然科学为"幼稚","未尝见及""自然界生存竞争相续不断之一大现象"。因此,国家之目的被认为与竞争关系密切,国家以强制对内调和竞争,对外助长竞争,而调和归根结底亦是为了助长。(《饮冰室文集(点校)》,第1388、1391页)但是,倘竞争是人类乃至万物的本性,何掌控国家机器之人,不首先以之来对付身边的内部的"竞争者"呢?有了国家机器,竞争何以就得到调和而非加剧呢?何以不会如梁氏本人在《天演学初祖达尔文之学说及其略传》中所说的,"万物同竞争,而异类之竞争,不如同类之尤激烈"呢?(同上书,第401页)

力之滥用为天然错误的"法治"思想中,更为多见。好言法家者,通常以之为一种"强国之术",但是,借法家之术强大的,往往不是人民的国家,而是那些用各种手段劫取权力的各种层级和各个领域的所谓"统治者"的国家。因此,从清末到民国,从北京政府到南京政府,人们的普遍感觉是,政府一代不如一代,愈来愈蛮不讲理,且愈来愈视此种蛮不讲理、强横霸道为天经地义,为世道人心之常。因此,强盗逻辑首先在国际关系中被揭示,但是,随之且更主要地体现于国家内部,即体现于统治者对人民的行为上,也就是体现在政府的行为、官员的行为,甚至百姓自己的日常行为之中。因此,法家法治之所以为不同倾向的政府所提倡,不只是因为它是以富强为目的的,更是因为它论证了强者行为的正当性。

暴力国家观,以及利益归根结底是社会进步的推动者这一认识,它们成为20世纪中国人的普遍常识,法家有莫大的功劳。相比儒、道、墨诸家,法家彻底而果决地撕去了人与人之间的温情脉脉的面纱,从此,强权者连做表面功夫的麻烦都被免去了。在20世纪,斗争哲学的盛行不衰有各种表现:从物竞天择到阶级斗争,从暴力国家说、对秦政法家的赞美到优胜劣汰的竞争论以及权力哲学等。当然,用斗争哲学来正当化其行为的,是占有权力而拥有优势地位的那些人。斗争哲学使之不仅在事实上成了胜利者,而且在理论上也成了胜利者。

20世纪法家的复兴是与西学东渐结合在一起的。与西来的社会演化论结合而产生的新历史观,不仅论证了生存斗争的常态性和合理性,而且也在此基础上重新解释了中国历史。中国历史被划分为两大阶段:春秋之前的宗法社会和战国之后的军国社会,前者的代表是周孔,后者的代表是秦商。春秋之际被看作由宗法到军国的转化时代,战国则被视作军国社会的完成。秦以来的中国社会,统统被纳入了"军国社会"范畴。周公是秦以前封建政治的创立者,而被视作秦以后君主政治的创立者的商鞅,"用军国的社会组织改革封建的社会组织"[①],

---

[①] 陈启天:《商鞅评传》,台湾商务印书馆1995年版,第100页。

其在中国固有政治中的地位，有如孔子之于中国固有学术的地位。而法家韩非的思想也被视作中国秦汉以来社会的思想基础：

> 自有是书（引案：指《韩非子》），而后列国生存于战国时代者，有所师法矣；自有是书，而后中国由封建政治，进入君主政治之理论确立不移矣；自有是书，而后秦得依其理论，以结束战国，完成一统，为中国奠定一新基矣。①

在"新法家"常乃惪看来，先秦诸子中最晚出的法家，正因其晚出而被看作"最进步彻底"，而韩非则被视作集中国上古学术之大成者：

> 我们说法家是古中国学说之最进步者，而法家的巨子韩非尤为集上古学术之大成。犹如他的同学李斯完成了政治统一的工作一样，他也可以说完成了学术统一的工作。他们的思想不但促成秦国的统一，就是西汉二百年的太平郅治也是由法家造成的。后儒拘于迂阔之见，反要骂法家只图近功，真是冤枉古人不少了。②

陈启天在《中国法家概论》中又说："自有法家而后，战国以前列国纷争之局，易为秦汉以后一统帝国之局。赖其余绪，以撑支中国历史者，已二千有余年。我国固有学术之在政治上富有历史价值与实际效用者，盖莫法家若。"③

法家最早的推崇者之一的梁启超尚且说，"法家者，儒道墨三家之末流嬗变汇合而成者也"④，承认存在着本、末之分，而在"进步主义史观"下，本、末的问题转化成了先、后（落后、进步）的问题。

那么，如何来解释长期以来的儒家思想是中国社会的主导思想这一观点呢？新法家提出了"阳儒阴法"的见解：

> 自汉武至清末，中国政治思想的主要趋势，大概是外儒内

---

① 陈启天编：《韩非子参考书辑要》，第1页。
② 常乃惪：《中国思想小史》，上海古籍出版社2009年版，第42页。
③ 陈启天：《中国法家概论》，第1页。
④ 梁启超：《先秦政治思想史》，第170页。

法，而济之以道。换句话说，便是儒家润色政治，法家支持政治，道家调剂政治。在表面上，儒家固占独尊的优势，然在骨子里，法家仍然用事。①

由于儒表法里被解释为秦汉后中国政治思想的主流，因此开启了"礼表法里"的荀子思想被视作这一阶段（后来称作"封建社会"）的真正代表性思想的新的路径。②

"外儒内法"之说，合乎中国自秦汉以后主要是一个军国社会的历史观。既然秦汉以来的中国社会在本质上是一个军国社会，那么，儒家就只能被视作宗法的残余而存在。20世纪的反儒运动，被看作为了清除宗法残余，建立一个纯粹的军国社会的过程——主张宗法的儒家被视作中国社会进步（向着军国社会发展）的障碍，这一进程在中国（由于儒家的阻挠）极其漫长，以至于后来所谓"封建社会"的两千余年，均被视作为达到一种纯粹的军国社会而经历的发展阶段。③

这一看法派生出了一个难题：既然中国在战国时代就已开辟了一个新的军国社会（秦政法家），那么，何以在两千余年之后的20世纪，中国还没有形成一个完全的国家（军国），以至于在国际关系中受制于人？儒家这一宗法社会的残余力量何以如此强大，直到清末中国还得再次"由夹杂宗法的军国社会趋向纯粹的新军国社会"过渡？④ 这一问题在后来演变成了所谓漫长的封建社会的问题。中国之所以经历了如此漫长的历史时期，却未进化成为一个完全的军国，其根源被认为在于代表了宗法势力的儒家思想的顽固。因此，合乎常理的推论就是反儒、反宗法、反礼教，但不反代表了军国社会的法家。20世纪的儒法之争问题正由此而发生。

---

① 陈启天：《中国法家概论》，第31页。
② 譬如，杨荣国的说法是："从儒家来说，真正代表封建制度的思想的是'礼表法里'的荀子的思想，而不是孔子的思想，因为孔子的思想是维护种族奴隶制的。"（《中国古代思想史》，人民出版社1973年第2版，第2页）
③ 严复在《社会通诠》中的一段案语表达了在这一史观下对中国古代社会性质的基本判断：中国乃宗法之社会，而渐入军国者。宗法居其七，而军国居其三。（［英］甄克斯：《社会通诠》，严复译，北京时代华文书局2014年版，第23页）
④ 陈启天：《商鞅评传》，第52页。

从 20 世纪 30 年代的新法家的话语中，我们不难感受到 70 年代评法批儒中的以儒家为落后之奴隶主阶级代表、以法家为先进之地主阶级代表的原型：只要改宗法社会为奴隶社会，改军国社会为封建社会即可。① 而后来的漫长的封建社会的难题，在这里则是儒家之宗法残余始终存在于漫长的不彻底的军国社会。更重要的是，在新法家的历史观中，现代社会被看作军国社会的完成——通过彻底清除儒家这一宗法社会的残余实现，而在后来的评法批儒中，这表现为对秦政法家的赞美，以及对当代就是法家思想时代的直接暗示。

法家的"今世"与西方进步史观中的"现代"的交织，使得原先"衰退"之至的"今世"成了一种更进步、更先进的社会历史形态。这是把儒家视作保守、落后，把法家看作进步、先进的滥觞，进而为半个世纪之后的儒、法斗争奠定了理论基础。

如果说，法家代表了军国社会这一形态，而现代国家也无非使军国变得更为纯粹、更为完全，那么，法家就不仅仅是过去两千年，即秦汉之后中国历史的主要思想，而且也应该是现代社会的主要思想。这可见诸"新法家"的论述。譬如，在陈启天看来，商鞅改革不仅"支配了自秦至清的中国社会和政治经济"，而且"自清末到现在，中国社会和政治经济等方面，虽正在改变新趋向，然商鞅的改革仍间有重行酌量实行的必要。其中最值得，重行酌量实行的，恐怕就是法治主义与军国主义罢。"②

因此，在旧法家被融合于西方历史主义社会发展理论之后，"军国"就不是一种特殊时代的非常状态，而是人类社会发展的某一阶段或更高阶段，那么，以完成"军国"为目的的"法治主义"（法家）就不再是一种应急之策和"行一时之计"，而是被视作常理常道。新

---

① 随举两例说明 20 世纪 70 年代儒法斗争与 20、30 年代法家的历史主义化的关系。发表于 1974 年《红旗》第 6 期的《论商鞅》一文中就有这样的表述："以商鞅为代表的法家和反动儒家之间的两条思想路线斗争，主要表现为主张社会变革的进步历史观同主张复古倒退的反动历史观的斗争。"又如同期发表的《尊法反儒的进步思想家李贽》一文开篇便说："在我国历史上，儒法两家之间的斗争，从来是革新和守旧、进步和倒退两条路线的斗争。"（见《论法家和儒法斗争》，第 62、273 页）

② 陈启天：《商鞅评传》，第 20 页。

历史哲学一改古代的以及19世纪末严复甚至梁启超从暂时的时势的角度来肯定法家策略的做法,而将法家视作一种代表了新社会形态的进步思想。于是,法家就不再只是一种属于古代的思想——相比之下,儒家与宗法社会、与农业社会、与过去相关——而且是一种具有现代性的当代思想。

在20世纪初的中国,存在着彼此竞争的两种历史观,其中之一的代表是康有为所揭橥的三世进化论:由据乱之世到升平之世到太平之世,另一种则是严译甄克斯《社会通诠》代表的那种社会进化观:从蛮夷社会到宗法社会到军国社会。前者以当下为出发点,后者则以当下为归宿。

中国自秦以来的两千余年政治史,固然是阳儒阴法,固然是家天下,固然孔子之学说未尝一日真正行之于天下,但是,中国古代文明从未放弃过王道理想。至20世纪,这一理想依然反映在康有为、20年代的梁启超以及梁漱溟的思想中。然而,另一方面,现代的物治主义、军国主义、"天下以市道交",也愈来愈被视作天理人情之常,于是,法家在一番改头换面之后,又得以新生,骨子里法家、表面缘饰以儒术的观念,在现代性的氛围下,重新获得了生命力。

五、严格区分法治与法家思想的若干观点

20世纪中国的"法治"论,有主流,也有支流。主流的即从先秦法家发源,并结合由现代西方"军国主义"、历史主义而来的"法治观"。支流的便是从先秦儒、道传统发端,并结合由现代法治传统而来、强调与法家法治之差异的"法治观"。主流传统已大体阐述如上,关于支流的传统,以下主要从异于法家法治的一面论述。

法治(以法治国)一语,如本文开始所述,原是对西方 rule of law 一词的翻译,指的是一种西方政制。沈家本是清末立宪变法的主持者之一,对法治与秦制法家之别便很了然:

> 或者议曰,以法治者,其流弊必入于申、韩,学者不可不慎。抑知申、韩之学,以刻核为宗旨,恃威相劫,实专制之尤。

泰西之学，以保护治安为宗旨，人人有自由之便利，仍人人不得稍越法律之范围。二者相衡，判然各别。则以申、韩议泰西，亦未究厥宗旨耳。①

因此，在沈家本看来，《管子》"以法治国，则举措而已"之类的所谓"法治主义"话语，看上去"与今日西人之学说，流派颇相近"，但是"宗旨不同耳"。② 西方的"法治"指"三权分立，互相维持"③，与法家思想其实是判然两分的。

严复也深谙西方法治精神，于其著作中多次指出法家法治与 rule of law 之别。如在《法意》案语中，严复问：孟德斯鸠将专制界定为"无法之君主"，而申、韩、商、李等法家亦劝君主"任法"，难道法家之君主不可谓"专制"，或者孟氏对"专制"之界定有误？他的回答是：

此以法字之有歧义，致以累论者之思想也。孟氏之所谓法，治国之经制也。……若夫督责书所谓法者，直刑而已，所以驱迫束缚其臣民，而国君则超乎法之上，可以意用法易法，而不为法所拘。夫如是，虽有法，亦适成专制而已矣。④

在他看来，作为刑人之具的法家之"法"，与作为治国之经制的"法"，原本不是一回事。

严复又以法家的法治为无法治之君主专制，以儒家的礼治为有法治的君主制，此一观点可见于其1906年的演讲《宪法大义》：

自孟氏（引案：孟德斯鸠）言，民主精神高于独治。民主之精神在德，独治之精神在礼，专制之精神在刑。故前二制同为有道之治，而专制则为无道。所谓道非他，有法度而已。专制非无

---

① 沈家本：《寄簃文存》卷6，《历代刑法考》第4册，中华书局1985年版，第2240页。
② 沈家本：《新译法规大全序》，《寄簃文存》卷6，见《历代刑法考》第4册，中华书局1985年版，第2242页。
③ 沈家本：《法学名著序》，《寄簃文存》卷6，见《历代刑法考》第4册，中华书局1985年版，第2239页。
④ ［法］孟德斯鸠：《论法的精神》，严复译，第16—17页。

法度也，虽有法度，其君超于法外，民由而已不必由也。①

本段大意是德为民主法治之精神，礼为君主法治之精神，刑为君主专制之精神。前两者为有道之治，即有"法度"之治，最后一种为无"法度"之治。又，第二种"独治"相应于儒家的"礼治"，第三种"专制"相应于法家的"法治"，"刑"即法家之"法"。故法家"法治"，在严复看来，是一种无法度之治，即专制，绝称不上真正的法治，即便专制君主怀里揣着"法律"。严复认为，中国古代并非完全没有"法治"，但是，这里的"法"绝不是法家所谓的"法"，而是"祖宗家法"。

孙中山也好谈法治，以为"立国于大地，不可无法也，立国于20世纪文明竞进之秋，尤不可以无法，所以障人权，亦所以遏邪辟。法治国之善者，可以绝寇贼，息讼争，西洋史载，斑斑可考，无他，人民知法之尊严庄重，而能终身以之耳。"但是，他也将现代法治与法家"法治"做了严格区分，以为后者实乃败亡之道："以礼治国，则国必昌；以法治国，则国必危。征之往古，卫鞅治秦，张汤治汉，莫不以尚法而致弱国败身，然则苛法之流毒甚矣哉！"② 在学者们纷纷因"法治"而盛赞法家时，孙氏此语可谓有卓识。

民国时期辨析法治与法家思想之最清晰透彻者，莫过于萧公权。他的《中国政治思想史》大致成书于20世纪30年代，其中不乏关于法家及法治思想之关系的论述。

萧氏延续了梁启超以"法治"赋予法家的做法，却也明确指出，法家之法治与近世欧洲传来的法治完全不同：

> 管子法治之理想，虽多可取之处，然而吾人又不可持以与欧洲之法治思想并论。欧洲法治思想之真谛在视法律为政治组织中

---

① 严复：《严复集》第2册，第240页。此处严复有关专制的说法源于孟德斯鸠，后者在《论法的精神》中指出，专制国家并没有法律，只是法律"仅仅是君主的意志而已"。（见［法］孟德斯鸠：《论法的精神》上册，张雁深译，商务印书馆1961年版，第66页）

② 孙中山：《周東白辑〈全国律师民刑新诉状汇览〉序言》，载氏著：《孙中山全集》卷2，人民出版社2015年版，第300页。

最高之威权。君主虽尊，不过为执法最高之公仆而已。故法权高于君权，而君主受法律之拘束。……凡此法本位之思想无论内容如何分歧，其与吾国先秦"法治"思想以君为主体而以法为工具者实如两极之相背。故严格言之，管子之"以法治国"，乃"人治"思想之一种，与孔、墨、孟、荀诸家以君主为治权之最高执掌者，根本不异。其相异者，儒墨以人民生活之美满为目的，而管子则尊君，孟荀以仁义礼乐为治术，而管子则任法。若仅就治术一端而论，认管学为法治思想以别于儒家之德治、礼治，固无不可。①

萧公权之卓见在于不受"法治"言辞的诱惑，没有简单地将法家与儒家之别视作法治与人治之别。在他看来，一方面，法家、儒家未尝不人治也；而另一方面，就儒、法本身而论，与其说法家近于法治，不如说儒家更近于法治：

> 孔子之注重"君子"，非以人治代替法治，乃寓人治于法治之中，二者如辅车之相依，如心身之共运。后人以人治与法治对举，视为不相容之二术，则是谓孔子有舍制度而专任人伦道德之意，非确论也。②

将法家之"法治"比较于近世欧洲"法治"，是萧氏的一个特点，这并不是他食洋不化，而是一种思想上的诚实。比起那些一方面拿着比西方还西方的"术"来治民，另一方面却指责别人"全盘西化"的人来说，萧氏要诚实得多。

萧氏《中国政治思想史》探讨了就法家法治论而言，两个关乎自身的至关重要的问题。第一，法家法治何以不能使上下皆守法，即法家法治何以在根本上是人治而非法治？第二，法家法治与术治何以必然是内在关联的，即法治何以离不开术治？

先论第一个问题。萧氏以为，"法治之最后关键在君主本人之守

---

① 萧公权：《中国政治思想史》第1册，辽宁教育出版社1998年版，第192—193页。
② 萧公权：《中国政治思想史》第1册，第69页。

法",同时,臣民守法之关键又在于君主之独制,而君主独制,便不能保证君主之守法,法治便从根本上站不住脚。对这个问题,他认为,即便是最不"法家"的《管子》,"虽数言令尊于君,实无术以保证君不违法"①,遑论商、韩:

> 管子深知"法之不行,自上犯之"。故欲正本清源,教人君自身守法。所惜管子未立制君之法,故其学与欧洲之法治思想尚有可观之距离。至商韩言法,则人君之地位超出法上。其本身之守法与否不复成为问题,而惟务责亲贵之守法。君主专制之理论至此遂臻成熟,而先秦"法治"思想去近代法治思想亦愈辽远矣。②

第二个问题,即"术治"与"法治"能否分离的问题。萧公权指出,在法家的"法治"与"术治"之间存在着内在的必然联系。因为欲求"法治",就要解决商鞅所谓"国皆有法而无使法必行之法"(《商君书·画策第十八》)的问题。在专制君主制下,对这个问题的回答正是术治。君主有术,才能保证臣吏严格依法行事;君主无术,则必然奸吏横行,如所谓"奸吏因缘为市,所欲活则傅生议,所欲陷则予死比"(《汉书·刑法志》),无法保证法之必行。因此,臣民守法(法治)与君主法外的、秘密的用术(术治),实为彼此不分的一物之两面。越是要使"布之于百姓"的法必行,越是需要"藏之于胸……潜御群臣"(《韩非子·难三第三十八》)的君主之术。对于此点,韩非看得最清楚,故批评重法的商鞅,"战胜则大臣尊,益地则私封立,主无术以知奸也",富强只是"资人臣而已矣"(《韩非子·定法》),从而取申不害之术以合商鞅之法,其意在补法治之不及。因此,愈行"法治",愈要"术治",则君主之权力愈超越于法之外,也就愈无法使君必行法。正是在此意义上,萧公权把结合"法""术""势"三者的韩非之学,看作中国古代"最完备之专制理论"。③

法家的法治不仅与术治密不可分,而且术治还要优先于法治。术

---

① 萧公权:《中国政治思想史》第1册,第191、193页注5。
② 萧公权:《中国政治思想史》第1册,第225—226页。
③ 萧公权:《中国政治思想史》第1册,第235页。

治主要针对吏，法治主要针对民。法家认为，对君主而言，治吏更重要，故有所谓"明主治吏不治民"（《韩非子·外储说右下》）之说。因此，在法家那里，法是一定会坏的，因为君主用术必坏法。倘若君主不用术、不坏法，臣下就会坏法。君与臣的权力，乃是此消彼长的关系。关键在于，法家认为只有君主能够坏法。法家的君主是法治的唯一的例外。

在萧氏看来，法家的法治也好，术治也好，都服务于君主专制，以韩非的讲法，两者"不可一无"，"皆帝王之具也"（《韩非子·定法》）。它们都不是针对君主本人的，而是君主用来潜御群臣、明制民众的工具，故法家法治概念与主要在于防范政府权力之滥用的现代法治概念相去甚远。

萧公权的论证让凡试图机械地从法家理论上去掉若干部分（术治或势治），以保留所谓纯粹"法治"的做法成为不可能。有人以为，治人者（君主一人）只要靠"法"（刑赏），就能驱策数量千万倍于其个人的被治者（臣、民），使后者如奴隶般为其所役使①，这种想法实在天真之极。韩非时代的君臣，早无同族之亲，不过形同路人，臣民岂能轻易奉君主之法？君主无术，且无超人之术，何以能以一人治天下人？所以，萧公权指出，法家的法术之治实则是一种"人治"（君主专制），这种"人治"不是儒家讲的贤人之治，而是具有极高智术之人之治：

> 韩子所谓中主，就其论法术诸端察之，殆亦为具有非常才智之人。身居至高之位，手握无上之权，而能明烛群奸，操纵百吏，不耽嗜好，不阿亲幸，不动声色，不挠议论，不出好恶，不昧利害。如此之君主，二千余年之中，求其近似者寥寥无多，屈指可数。其难能可贵殆不亚于尧舜。②

---

① 张陈卿：《韩非的法治思想》，文化学社1930年版，第91—93页。
② 萧公权：《中国政治思想史》第1册，第235—236页。冯友兰在讲于20世纪40年代后期的《中国哲学简史》中也指出，君主若要做到法家所要求的赏罚绝对公正，也只有成为圣人。（《三松堂全集》卷6，河南人民出版社2001年第2版，第143页）

是故，萧公权完全否定法家思想为真正的法治，以为专制与法治不能并存："盖先秦之法家思想，实专制思想之误称。"① "法治与专制之别，在前者以法律为最高之威权，为君臣之所共守，后者为君主最高之威权，可以变更法律。持此以为标准，则先秦固无真正之法治思想，更未尝有法治之政府。"② 专制、法治适成相反之两种政体，专制与法治根本不相容。

在萧公权看来，法治只能在贵族政治或立宪政治两种情况下实现，因为只有在这两种情况下，才存在着限制君权的力量。中国春秋以前的宗法社会以礼相维，尚与法治相貌似。春秋之后，法律反成为尊君之工具，则不复有适行法治之环境。③ 故秦汉以降，中国社会殆无法治：

> 依据法家思想以建立之秦政乃专制而非法治，……夫以秦之任法犹不足以为法治。汉唐至明清诸代则并此任法之政策亦废。然则二千年中何尝一见法治之政体乎？④

萧公权反对撇开政体以讨论法治问题的做法，即反对工具主义法治观，认为法治并不是一种可以用于无论立宪制还是专制的纯粹治具，相反，它与特定政体相关。专制不管任法与否，都谈不上法治。有专制，便无法治——即使专制君主立法多如牛毛，也有成群的法吏，而且持法很严也不行。⑤

大约与萧公权同时期而对"法治"概念做深入探讨的，尚有贺麟。贺麟在发表于20世纪40年代初期的《儒家思想的新开展》中，区分了"法家的法治"和"儒家的法治"。他认为，所谓"法家的法治"即申、韩式的法治，主张由政府或统治者颁布苛虐的法令，厉行

---

① 萧公权：《中国政治思想史》第2册，辽宁教育出版社1998年版，第249页。
② 萧公权：《中国政治思想史》第2册，第250页。
③ 萧公权：《中国政治思想史》第2册，第251页及其注3。
④ 萧公权：《中国政治思想史》第2册，第252页。
⑤ 有专制即无法治的观点，也可见于陶希圣《中国政治思想史》："司法官守法，是法治的要义。但对君主负责的司法官，没有方法制止君主的不法。……因之，我们知道君主制下没有真实的法治。"（氏著：《中国政治思想史》第2册，上海书店出版社据中华书局1948年版影印，第25页）

严刑峻法，以满足霸王武力征服的野心，是刻薄寡恩、急功好利、无情无义的。现代法西斯主义的独裁便是基于这种类型的法治。所谓"儒家的法治"即法治与礼治、法律与道德、法律与人情相辅而行，兼顾共包。西方古代柏拉图、近代黑格尔所提倡的法治，以及现代民主政治中的法治，与儒家精神相近，而与法家精神相远。贺麟同时指出，认为儒家反法治，以为提倡法治即须反对儒家，乃是不知儒家的真精神、真意义的表现，因此，欲建立现代法治，不应片面提倡申、韩之术，而是应"得到西洋正宗哲学家法治思想的真意，而发挥出儒家思想的法治"。①

贺麟另有一篇专论"法治"的文章，题为《法治的类型》，写于20世纪30年代后期。在这篇文章中，贺麟首先纠正了将"法治"与"人治"相对立的流俗之见，指出法治的本质不惟与人治（立法者、执法者）不冲突，而且必以人治为先决条件。法治的定义即包含人治在内。他认为那种以儒家重人治、德治，法家重法治，欲建立法治便要重法反儒的看法，是"不知法治的真性质"。②

贺麟又指出，"法治"之类型与立法或执法之人的人格关系密切。若其人多才智而乏器识，重功利而蔑德教，则其所推行的法治便是申、韩式的（法家式的）法治；而若其人以德量为本，以法律为用，一切法令设施之目的，在于求道德的实现，谋人民的福利，则可视作诸葛式的（儒家式的）法治；若其人以法令之颁行不出于执政者之强制，而出于人民自愿之要求，法律之推动力基于智识程度相当高、公民教育相当普及的人民或人民的代表，则可视作近代民主式的法治。③ 儒家式的法治对应于政治上的训政期，而民主式的法治则对应于政治上的宪政时期。

在贺麟看来，三种类型的法治——申、韩式的基于功利的法治，诸葛式的基于道德的法治和近代的基于学术的民主式的法治——在发

---

① 贺麟：《文化与人生》，商务印书馆1988年版，第13—14页。
② 贺麟：《文化与人生》，第46页。
③ 贺麟：《文化与人生》，第46页。

展顺序上须依次递进，不容许颠倒。若教育已相当普及，人民已达相当高的智识程度，却再行申、韩式法治，便可视作开倒车或倒行逆施。①

纵览自20世纪初至三四十年代一流思想家的法治概念的发展，令人有殊途同归之观感。无论透过法家思想以见法治概念的道路，还是一开始便严格区分法家思想与法治的道路，最终或都能达到这样的一种共同认识，即法治并非有"法"（或公开的成文法）之谓，并非意味着统治者操持着作为治理工具的法以治臣民，法不应只是统治者遂行其意志的工具，仅仅把臣民视作被治对象的法治，难以成为真正的法治。

六、结语

一流思想家所影响于世人的，往往是他的二流思想。梁启超尽管首倡"法治"与法家思想的关联，但是他并非将两者简单地等同，他看到在法家思想中有远远超出"法治"的意涵，故不懈地试图将法家思想予以"净化"——尽管并不成功；他也看到在法家之外的诸家思想中，不乏与"法治"精神更相一致的方面。但是，就他的影响而论，他的思想的复杂张力和精微深远的方面远未得到足够的重视，他的后学对法治的探讨更未获得注意，相反，"法治"与法家思想之简单的等同，成为20世纪法治论的主流。②"法治"成为法家思想独有的限定词，再加之法家思想被历史主义化之后，儒家及其礼治被视作落后的奴隶主阶级意识的代表，法家及其所谓法治被视作新兴地主阶级意识的代表，这些似乎均已成为难以动摇的共识。在中华人民共和国成立后，这些观念不仅贯穿于整个"文革"期间，而且经过"文

---

① 贺麟：《文化与人生》，第49页。
② 如《中国法律思想史》以为，韩非"主张实行'法、术、势'三位一体的极端法治主义"，"系统地融合法家'法、术、势'的理论，专任法治，把法治主义推向了极端"。（栗劲、孔庆明主编：《中国法律思想史》，黑龙江人民出版社1983年版，第103、104页）他们显然忽略了梁启超的努力，后者明确意识到，势治、术治会破坏纯粹的法治，真正的"法治主义"必须将"术治"和"势治"予以排除，显然，融合"法、术、势"与现代"法治"不能两存。

革"延续到了"改革开放"时代。①

在改革开放时代,法家"法治"不仅如在"文革"中那样,被认为与儒家"礼治"相对立,而且被认为与儒家"人治"相对立。② 于是,不少论者将儒家"礼治"与"人治"相提并论,罔顾"礼治"与"人治"原非可以简单地和谐共存。③ 于是,法家不仅在"文革"中

---

① 如20世纪90年代初出版的古棣等著《法和法学的发生学》,依然以孔子的礼治思想为奴隶主阶级意识的代表、法家的法治思想为封建地主阶级意识的代表,认为"法"的观念也具有一种独特的阶级属性,即它特别地从属于封建地主阶级的思想,并且他们指出,"在中国春秋时期,哲学基本上是新兴地主阶级(如管仲、子产、范蠡、孙武)同奴隶主(如老子和孔子)的斗争"。(古棣、周英:《法和法学发生学》,中国人民大学出版社1990年版,第156、164页)这一派观点认为,法家的"法治"合乎先进的生产关系,秦国的富强及其统一的"实践"被认为是对法家思想之"真理"性的证明。(见栗劲、孔庆明主编:《中国法律思想史》,黑龙江人民出版社1983年版,第5、73、117页)

② 如栗劲、孔庆明认为:"'人治'成为儒家法律思想的一个传统,它与法家的'法治'相对立。""'人治'和'法治'的斗争……这条基本线索就象哲学史中的唯心与唯物一样,贯穿于法律思想发展史的始终。"(栗劲、孔庆明主编:《中国法律思想史》,黑龙江人民出版社1983年版,第55、4页)因此,儒、法之对立从"文革"中的主要指"礼治"与"法治"的对立,到"文革"后又有了"人治"与"法治"的对立的意涵。

③ 将"礼治""人治"同时作为对儒家思想的概括的,不乏其人。最早可见于梁启超的《中国法理学发达史论》。20世纪30年代,冯友兰《中国哲学史》和杨幼炯《中国政治思想史》均沿用梁说。(见《三松堂全集》卷2,河南人民出版社2001年第2版,第529页;《中国政治思想史》,上海书店出版社影印商务印书馆1937年版,第134页)至于"礼治"与"人治"之间究竟是怎样的一种关系,众说纷纭。或说礼治"归根到底还是人治",因为"能否施行礼与德,最后仍然取决于国君"(王礼明:《论实行社会主义法治》,《法治与人治问题讨论集》,第84页);或说礼治、德治是儒家人治的内容(《法治与人治问题讨论集》,第208—209、239、246、294页);更有论者认为,儒家的"礼治"与"人治"之间存在着因果关联,"礼治"是"人治"的前提或基础,"人治"是"礼治"的结果,故欲肯定"法治"、否定"人治",就要反对德、礼之治。(见张国华:《中国法律思想史新编》,第50页;《法治与人治问题讨论集》,第252、226页)其实,梁启超本人已注意到既以儒家为"礼治",又以其为"人治"的困难。他说:"与法治对举,则礼治、法治为别物;与人治对举,则礼治、法治为同物。"礼治与法治一样,属于"非人治主义"。梁氏又说,儒家崇拜古圣人,实因古圣人为能知自然法,能应用自然法以制人定法也,故"凡儒家之尊圣人,皆尊其法,非尊其人也"。因此,儒家"实合人治、法治以调和之者也"。(《中国法理学发达史论》,《饮冰室文集(点校)》,第359—360页)在后来的《先秦政治思想史》中,梁启超又提出:"儒家所谓人治主义者,绝非仅恃一二圣贤在位以为治,而其实欲将政治植基于'全民'之上。"故儒家的"人治",是"以'多数人治'易'少数人治'。如近世所谓'德谟克拉西'以民众为政治之骨干。"与儒家这一"人治"相对(转下页)

（甚至在"文革"后）凭借其进步性——作为新兴地主阶级思想的代表——而在这个进步观念成为当然之理的时代得到青睐，在"文革"之后，依然凭借其"法治"而在现代"法治"社会获得青睐，更因其主张"改革"而在改革时代受到青睐。① 可以说，在20世纪中国，法家几乎成为唯一长盛不衰的思想。

改革开放之后，也有不少学者意识到区别法家"法治"与其他"法治"之必要性。他们或者指出法家的"法治"被用来与"人治"相对立的不妥；② 或者指出把法家的"垂法而治""以法治国"等说成法治，是"望文生义"，"法家学说与近代意义上的法治毫无共同之处"。③

一些法学的研究者指出现代法治概念的西方渊源，这种源于西方的"法治"与法家思想实为风马牛不相及。如张警在《社会主义法治是真正的法治》一文中说："把从西方传过来的近代意义的'法治'概念，用来加之于我国战国时期法家的头上，实在是缺乏历史眼光的表现。"④ 张国华《中国法律思想史新编》认为，先秦法家的"法治"是封建君主专制政体下的"法治"，根本不同于后来西方资产阶级提

（接上页）立的，不是"法治"，而是"物治"。（《先秦政治思想史》，第101、97页）其实，彼此对立的人治、法治概念源于西方。如果说法治的关键在于与民主制的联系，那么，主张专制君主制的法家更近于"人治"，而强调民本主义的儒家则更近于"法治"。

① 如徐进主编的《新编中国法律思想史》认为，李悝、商鞅、慎到、申不害等"前期法家"，"既是改革家、法治的实践家，又是理论家。他们一边从事改革，推行法治，一边又论证法治的合理，总结实行法治的经验，研究法治的规律，充实法治的理论。"（徐进主编：《新编中国法律思想史》，山东大学出版社1993年版，第87页）

② 如何华辉等在《实行法治就要摒弃人治》一文中说："法家所提倡的法治，归根到底是为了巩固与扩大君权，实行人治。"该文又说："法家所讲的法治不是现代意义的法治，它只是在实行人治的前提下，比较重视法律的作用……不应当把先秦法家的'法治'同现代意义的法治混为一谈。"（见《法治与人治问题讨论集》，社会科学文献出版社2003年版，第49—50页）汪德迈指出，将儒家的礼治等同于人治，是法家视角的产物，从该视角出发，西方的"法"（法权）也不过是人治的变相了。（《礼治与法治》，载《儒学国际学术讨论会论文集》，齐鲁书社1989年版，第209页）

③ 俞荣根：《儒家法思想通论》（修订本），广西人民出版社1998年第2版，第34、36页。

④ 《法治与人治问题讨论集》，社会科学文献出版社2003年版，第167页。

出的与民主制相连的"法治"。① 梁治平在《"法"辨》一文中也指出：

> 法也好，术也好，说到底只是君主用来治国治人的统治术，其兴废只在君主的好恶之间。法不过是治国一器，其权威源自君主的权威，指望这种"法"能在实践中断事以一，实在过于天真。把这种"一断于法"的"法治"与亚里士多德《政治学》中甚至近代西方的法治观念相提并论，甚而等同起来岂非滑天下之大稽。②

他又说："不但儒家的'治人'不是西方人说的法治，法家的'务法''治法'也丝毫不具有法治的精神。"③ 程燎原也指出了两者的不同："法家所宣扬的法治与近现代法治思想，在'以法为治'之义、'法之必行'之义上，有一些切合的思想因素，但在整体上，它们无疑是两种不同的法治思想，即此'法治'非彼'法治'。"④

一些中国古代史的研究者也提出了类似看法。阎步克指出，"法家的'法治'肯定大不同于现代法治"，前者"与君主的独裁专制显然极易沟通，并且与现代法治划开了界限。在英语中有两个词都可以译为'法治'，它们分别是 rule of law 和 rule by law，前者指现代法治，后者则意为'用法来统治'。法家的'法治'大致就是后者。"⑤ 阎步克此说在很大程度上揭示了传统中国式"法治"与现代"法治"之区别，回答了何以一般与专政相对立的法治，在中国却恰恰可以成为专政之最有效的工具这一问题。

法家的"法治"是不是一种法治，回答可以是肯定的，也可以是否定的，关键在如何界定法治。而且，重要的也不只是名词上的辨

---

① 张国华：《中国法律思想史新编》，第 126—127 页。
② 梁治平：《法辨——中国法的过去、现在与未来》，贵州人民出版社 1992 年版，第 80 页。
③ 梁治平：《寻求自然秩序中的和谐》，中国政法大学出版社 1997 年版，第 67 页。
④ 程燎原：《中国法治政体问题初探》，重庆大学出版社 2012 年版，第 17 页。
⑤ 阎步克：《士大夫政治演生史稿》，北京大学出版社 1996 年版，第 167、177 页。王礼明在《论实行社会主义法治》一文中已提出法家的"法治"合乎英文 rule by law 之义，即"以法律来统治"。（见《法治与人治问题讨论集》，第 85 页）

析，中国自古有阳儒阴法、以儒术缘饰吏治的传统，说一套、做一套并不难。严格地说，这个问题也不关乎中西之别。法家政治并非中国特色①，尽管如法家那样，将法家政治讲得如此深入透彻，的确罕见。因此，真正的法治也并不等同于在西方的法治，其实，西方不乏主张独裁的法治理论。蔡枢衡早就指出，作为19世纪的遗产或成果的法治和独裁在20世纪彼此结合，形成了一种"独裁的法治"；于是，法治成为走向独裁的前提条件②，如希特勒的独裁正以大量立法为基础。③ 中国古代也有虽不以"法治"为名却又接近于现代法治之实的思想，如儒家的礼治，这已为不少学者所指出。④

不过，所有这些辨析都只是学者们的文字游戏，对统治者的无形

---

① 孟德斯鸠在《论法的精神》中的"老百姓应受法律的裁判，而权贵则受君主一时的意欲的裁判；最卑微的国民的头颅得以保全，而总督们的头颅则有随时被砍掉的危险"的说法（[法]孟德斯鸠：《论法的精神》I.3.9, 上册，张雁深译，商务印书馆1963年版，第27页），与法家"明主治吏不治民"以及以术治吏、以法治民等的做法，可谓异曲同工。其实，不论古今中外，君人南面之术大抵是相同的。
② 蔡枢衡：《中国法律之批判》，山西人民出版社2014年版，第45页。
③ 如1933年2月28日，希特勒借国会纵火案，依据魏玛宪法第48条，发布《国家总统保护人民和国家法令》，终止保证公民自由的魏玛宪法七项条文。3月24日，在国会以441票赞成，94票反对的超过三分之二多数通过《终止人民和国家痛苦法》（即《授权法》），政府从此无须国会同意即可通过法律；必要时可违背宪法；与外国缔约；将发布法律的权力授予帝国总理。该法成为希特勒其后12年独裁统治的合法基础。（[德]费舍尔：《纳粹德国——一部新的历史》上册，萧韶译，江苏人民出版社2005年版，第338—352页）1933年7月14日，《反对新党建立法》颁布，废除除国家社会主义工人党之外的其他政党。1934年1月30日，《国家重建法》颁布，废除各州州议会。《行政机构重建法》颁布，从行政机构中开除凡被认为政治上不可靠者（包括犹太人）。纳粹种族主义政策全以立法形式确立，如第一部《预防后裔患有遗传疾病授权法》（1933年7月通过），1935年通过第二部即禁止德国人与犹太人之间的婚姻关系和性关系的防止"种族污染"的《德意志血统和荣誉保护法》，以及第三部《德国人民遗传健康保护法》。1938年，国家刑事办公室提出"反社会的人"这一范畴，囊括乞丐、娼妓、酗酒者、吉卜赛人、无业游民等，这些人被进行"保护性的监禁"，即送往集中营。希特勒不可谓不重法。
④ 梁启超是持此观点的代表性的中国学者，他认为"儒家最崇信自然法，礼，是根本自然法制成具体的条件，作为人类行为标准的东西"。（见《先秦政治思想史》，东方出版社1996年版，第261页）西方学者如李约瑟认为儒家所讲的"礼"，就是自然法；又以中国的"礼""义"与西方的"jus""droit"等对应，以中国的"法"与西文的lex, gesetz, law等相对应。（见[英]李约瑟：《中国科学技术史》第二卷，《科学思想史》，何兆武等译，科学出版社、上海古籍出版社1990年版，第554、566页）

的实际的残害起不了任何作用,尽管自古以来仅仅从事于这种书面和文字上的抗拒,依然无法免于被压制和被残害。单从理论上讲,无论"法治"还是"法家",都已经有很多学者予以了深入探讨,很难谈出什么新意,可谓"卑之无甚高论"(《汉书·张释之传》)。当然,在实践上,这依然不失为一个紧迫和重要的问题。重要的不在于名,而在于实。权力者可以找到任何一种言辞和借口,也可以制造任何一种言辞和借口。公开说一套,秘密行一套,正是法家政治所擅长的。

近来对法家"法治"之合理性的一种辩护,是将其理解为袪价值或袪伦理的可为任何一种政体所使用的"工具"。梁启超早在《管子传》中就已经提出一种可以用于无论立宪国还是专制国的"法治"概念,认为法家"法治"正是这样一种工具主义式的"法治"。一些学者指出,西方也有与这种工具主义式"法治"概念相类似的理解,如西方的"普世主义的法治概念"[1]"形式的、浅度的"法治概念[2]等。国内学者程燎原则将这种在任何一种政体之下都可运用的"治法"或任何治者都可采用的治理方式,称作"治法型法治"。[3] 程燎原认为,法治问题与政体问题不可分离。[4] 但是,正如他所指出的,这种工具主义式的"治法型法治"的思想的影响在当代依然未见退潮,有时还很强大,可谓深入人心。[5]

20世纪中国对一种"净化"了的法家的法治概念的寻求(如梁启超那样),表明即使在阳儒阴法的情况下,一种"最低限度的法治概念"(王人博语)依然是难以企及的理想。无论如法家那样,以圣君治"奸臣",还是相反,以贤臣治"昏君",在君、臣的此消彼长的

---

[1] 王人博:"法家的'法治'概念,一定程度上可以与西方普世主义的法治概念相合。"(王人博主编:《中国法制现代化的历史》,知识产权出版社2010年版,第32页)所谓"普世主义",指的就是不与特定的社会伦理发生必然关联的作为一种纯粹治具的"法治"。
[2] 美国学者皮文睿所提出的一个概念,见陈弘毅:《法理学的世界》,中国政法大学出版社2003年版,第176页。
[3] 程燎原:《中国法治政体问题初探》,第61页。
[4] 俞荣根亦持这一观点,认为"不从民主制和以根本法为权力依据的观点出发,人治法治的界限是难以分清的"。(《儒家法思想通论》修订本,第38页)
[5] 程燎原:《中国法治政体问题初探》,第111页。

"上下一日百战"的状况下,都无法产生哪怕最低限度的"法治"。最低限度的"法治"要求君主不可"弃法而好行私"、不可"诛赏予夺从君心出",就是说,法律要公开①,或者至少刑罚的标准(法家意义上的"法")要公开,不能秘密地制定惩罚标准,秘密进行惩罚。但正如法家所见,这对掌控无限权力的人来说,正是无法实现的事!② 圣君要能治得住"奸臣",就不能仅凭公开的"法",而且还要行隐秘的"术"。而贤臣如要能治得住"昏君",隐秘更必不可少。不正是隐秘赋予了君主或者权贵以无限的自由?!君主和权贵们之所以公开反对自由,只不过是因为那是老百姓的自由。他们从不反对自己秘密行动的自由。

是否真有所谓纯粹工具性的、不涉及任何政治价值的法治概念呢?其实,法家的"法治"从来就不是一种可以服务于任何政体的祛价值的工具。司马谈《论六家要旨》说:"法家严而少恩;然其正君臣上下之分,不可改矣。"明君臣上下之分者,固然不止于法家。但法家之君臣上下之关系,有不同于其他诸家之处,这就是以臣民为敌,故言"胜民",言"知己知彼",言"上下一日百战",以兵家之道用之于君臣上下之间。在法家,兵、刑原来就不是两样东西,只是一用之于外,一用之于内,却都是对敌之具。说法家的"法治"纯粹是工具意义上的,只不过是回避了这一公开的或隐秘的而无所不在的敌我关系问题。

---

① 梁启超:《先秦政治思想史》,第 277—278 页。
② 对法家的本质,讲得最清楚、最透彻的莫过于韩非。法家的"法治"难道主要是为了惩罚罪犯、维护秩序吗?当然不是!"法"(刑赏)对法家来说,是为了"推、引、使、禁",即操纵民众,驱民于农战。因此,对法家而言,最大的"罪犯"或"敌人"莫过于不能随"刑赏"起舞的人。对这些"赏之誉之不劝,罚之毁之不畏"的人,法家的做法是什么呢?韩非说:"诛而名实当,则径(诛)之。生害事,死伤名,则行饮食;不然,而与其雠。此谓除阴奸也。"(《韩非子·八经》)韩非所建议的这些做法当然不是如梁启超那样的以"法治"归诸法家的人所主张的,却正是法家思想的核心要义。不可否认,法家的"推、引、使、禁"有提倡公开的一面,这至少使人得以知险而远害,而那种完全隐秘的"推、引、使、禁"则可以包藏任何意图,甚而至于完全以害人为职志了。当然,法家不单主张"宪令著于官府",而且也主张"藏之于胸中"的潜御之术,这在一定程度上解释了以"惨酷"见长的古代法家,依然长盛不衰的部分原因。

在法家那里,"法治"是君人南面之术中的一种,是服务于君主权力之巩固和扩张的一种手段而已。① 法治,哪怕是工具性的,也有为谁服务的问题,法家的法治是明确服务于君主臣仆的。作为一种"治法",它是政府治理与社会管理的一种工具,更准确地说,是高等的治者"征服"低等的被治者之法,其实质是一种单向的自上而下的征服关系。② 法家的"平等"至多只是臣民们在君权之下的作为奴隶或被征服者的平等。

而且,作为统治者(可以是公开的君主,也可以是秘密的权势者)的工具的"治法",不论如何"任法""重法",都是一种"人治":一种表面上为程序主义、规则主义所伪装的冰冷的秘密"人治",要比单纯的、较富人情味的"贤人之治",更令人难以忍受。

从工具主义法治观的角度来说,一切国家多多少少都实行"法治",甚至黑帮也是"法治"的:黑帮也有它的家法、帮规。只是从这一层面来谈论法治,究竟有何意义?法治的关键似乎不在于使法细密如牛毛,不在于法吏横行,不在于将社会造成对任何一个小民而言的无形监狱,使隐秘的狱吏们可以随心所欲地加害于人,而在于法的精神——"法意"。正如"西方的普世主义法治,最终还是不能离开西方法的精神"一样③,即使一种被作为工具使用的"法治",也是有其伦理和价值的,只是那种只便利于统治者(甚至还说不上是国家)统治的法治——当然也就是便利于参与其中的大大小小统治者肆意妄为的法治,永远不能被承认为真正的法治。

---

① 法家有别于儒家之处,首先在于视角的不同,法家总是站在君主的角度看问题,而先秦儒家则站在人民的角度看问题。萧公权说得好,区分儒、法之"极显明而自然之标准",在于"儒家贵民,法家尊君","儒家以人民为政治之本体,法家以君主为政治之本体"。(见氏著:《中国政治思想史》第1册,第179页)冯友兰在写于20—30年代的《中国哲学史》中也已表达了类似的看法:"儒墨及老、庄……皆从人民之观点,以论政治。其专从君主或国家之观点,以论政治者,当时称为法术之士,汉人谓之为法家。"(《三松堂全集》卷2,河南人民出版社2001年第2版,第529页)
② 程燎原:《中国法治政体问题初探》,第109、112页。
③ 王人博主编:《中国法制现代化的历史》,知识产权出版社2010年版,第33页。

孟子义利观的现代意义

杨自平

(台湾"中央大学"中文系)

一、前言

自1993年8月世界宗教议会通过并签署《走向全球伦理宣言》至今,已过去24年,但世界并未因此走向和平安定。近年来,面对气候变化及层出不穷的恐怖攻击,世界各国如何提出有效的因应对策,实为重要课题。

过去多国几为美国马首是瞻,随着欧盟的发展及中国的崛起,产生势力的消长。特朗普上任后,种种论点及做法皆渐趋保护、封闭,想借此让美国重新变得伟大,但可能因此缩减美国对世界的影响力。面对各国间错综的合纵、连横,如何化解彼此的冲突对立?对价值观的重新反省,或许是可行的治本之道。

孟子针对战国重功利的时风提出义利之辨,太史公每读至《梁惠王》篇"何以利吾国",常掩书感叹重功利是社会乱源。① 在功利价值当道的现今社会,孟子的义利观可提供重要参考。本文拟探讨孟子义利观对现今社会之意义,并以强调公利的墨子作为参照,以发掘孟子义利观的现代意义与价值。

二、论孟子对道德价值与功利价值之抉择

孟子提出著名的性善论,肯定人皆有善端,若能时时存养扩充,

---

① 太史公曰:"余读孟子书,至梁惠王问'何以利吾国',未尝不废书而叹也。曰:嗟乎,利诚乱之始也!夫子罕言利者,常防其原也。故曰'放于利而行,多怨'。自天子至于庶人,好利之弊何以异哉!"([汉]司马迁撰,[日]泷川龟太郎考证:《史记会注考证附校补》卷74,《孟子荀卿列传》,上海古籍出版社1986年版,第1430页)

便能成为君子。孟子的义利之辨，最著名的篇章莫过于孟子所说"王何必曰利？亦有仁义而已矣"这一章。孟子提出以仁义治国的理想。① 后人以义利之辨称之，但义实包括仁。在谈孟子义利之辨前，先考察孟子所说的仁义。

（一）道德性与道德实践

孟子提出人禽之辨，指出人与禽兽的分别甚微，人之所以为人，是因为人有道德性，此为上天所赋予，故孟子称为"天爵"。《离娄下》云："人之所以异于禽兽者几希，庶民去之，君子存之。舜明于庶物，察于人伦，由仁义行，非行仁义也。"②《告子上》云："有天爵者，有人爵者。仁义忠信，乐善不倦，此天爵也；公卿大夫，此人爵也。"③

出于仁义之心，人会自然表现出爱亲、敬长的行为。《尽心上》云："人之所不学而能者，其良能也；所不虑而知者，其良知也。孩提之童，无不知爱其亲者；及其长也，无不知敬其兄也。亲亲，仁也；敬长，义也。无他，达之天下也。"④

虽然孟子指出人皆有道德善端，但并非认为人人皆为圣人，圣人与一般人的差别是圣人较多数人更早自觉自知。孟子云："心之所同然者何也？谓理也，义也。圣人先得我心之所同然。"⑤ 孟子以"恻隐之心""羞恶之心"来指点人⑥，又进一步提出存养扩充的工夫，即扩充善端，提出从有所不为的基本原则扩充至所为皆合于义。孟子云：

> 人皆有所不为，达之于其所为，义也……人能充无穿踰之心，而义不可胜用也。人能充无受尔汝之实，无所往而不为义也。士未可以言而言，是以言餂之也；可以言而不言，是以不言

---

① ［宋］朱熹：《四书章句集注·梁惠王上》（简称《四书集注》），台湾长安出版社1991年版，第201页。
② 《四书集注·离娄下》，第293—294页。
③ 《四书集注·告子上》，第336页。
④ 《四书集注·尽心上》，第353页。
⑤ 《四书集注·告子上》，第330页。
⑥ 孟子云："恻隐之心，仁之端也；羞恶之心，义之端也。"（《四书集注·公孙丑上》，第238页）

餂之也，是皆穿踰之类也。①

孟子以不可偷盗的观念为例，指出不可偷盗便是羞恶之心的一种表现，并以此为基础加以扩充，发展出人自尊自重之心。正因自尊自重，人的言行便会以义作为依归，例如在与他人的言语应对上便不会出现"不可与言，而与之言""可与言，而不与之言的"的失言、失人表现。

孟子于诸德中区分本末先后，说到做到虽是美德，但不应只考虑"信""果"，而应以义作为依归。孟子又云："大人者，言不必信，行不必果，惟义所在。"② 此正合于孔子所认为"言必信，行必果，硁硁然小人哉！"而强调"行己有耻"的重要性。③ 由此可见孟子强调义的优先性。

于诸德中，孟子尤重仁、义、礼、智，可由孟子言四端见出，若再归约便是仁与义。可见孟子强调人若能自觉具有善端，并立志行仁义，存养扩充，便能充分发挥仁义之心，表现出合于仁义的行为，如此便能成为君子。《孟子》云："'何谓尚志？'曰：'仁义而已矣。杀一无罪，非仁也；非其有而取之，非义也。居恶在？仁是也；路恶在？义是也。居仁由义，大人之事备矣。'"④

孟子所说的"义"是指有所不为与为所为当为，有所不为指不合于仁、义，亦包括不合于礼之事。孟子云："非礼之礼，非义之义，大人弗为。"⑤ 且有所不为不只就行动而言，亦包括意念。孟子

---

① 朱注："穿，穿穴；踰，踰墙，皆为盗之事也……能推其所不为，以达于所为，则能满其无穿踰之心，而无不义矣。""此申说上文充无穿踰之心之意也。盖尔汝，人所轻贱之称，人虽或有所贪昧隐忍而甘受之者，然其中心必有愧忿而不肯受之之实。人能即此而推之，使其充满无所亏缺，则无适而非义矣。""餂，探取之也。今人以舌取物曰餂，即此意也。便佞隐默，皆有意探取于人，是亦穿踰之类。然其事隐微，人所易忽，故特举以见例。明必推无穿踰之心，以达于此而悉去之，然后为能充其无穿踰之心也。"（《四书集注·尽心下》，第372页）
② 朱注："大人言行，不先期于信果，但义之所在，则必从之，卒亦未尝不信果也。"（《四书集注·离娄下》，第292页）
③ 《四书集注·子路》，第146页。
④ 《四书集注·尽心上》，第359页。
⑤ 《四书集注·离娄下》，第291页。

云："无为其所不为，无欲其所不欲，如此而已矣。"① 孟子又进一步指出有所不为方可以有为。孟子云："人有不为也，而后可以有为。"②

孟子认为人内心皆有同情心、羞耻心，此为仁、义之端，若能不断存养扩充，便能不受外在环境影响，坚定地为所为当为与有所不为。为所为当为与有所不为所涉及者，包括身为人普遍该做与不该做的事，也包括因身份不同而该为与不该为之事。如前面所说，不可偷盗便是普遍该做到的；"爱亲""敬长"便是身为子弟该做的事。

袁保新曾将孟子所说的"义"归结为五项义涵，其中较重要的是前三项：一是"它是道德本心先验的理则之一"，二是"它作为一种普遍反应人性理想的自尊意识"，三是"主要表现为一种'应当''不应当'的内在裁决"。③

（二）义利之辨与具体实践

以下进一步探讨孟子的义利之辨。孟子肯定圣王以仁义得天下，曾云："行一不义、杀一不辜而得天下，皆不为也。"④ 在治国方面，孟子亦主张以仁义为本。在前面提到的"王何必曰利"章，孟子认为梁惠王"亦将有以利吾国乎"的想法是一种功利心态，直接点出功利心对治国之害在于"上下交征利而国危矣"，并提出以仁义作为治国处方，指出"未有仁而遗其亲者也，未有义而后其君者也"。由此见出，孟子主张治国应以仁义为本，而非以功利价值为重。

这样的观念同样出现在"宋牼将之楚"章中。当宋牼提出将以出兵不利说服秦楚之君罢兵时，孟子则评论："先生之志则大矣，先生之号则不可。"亦即欲说服秦楚之君罢兵的志向远大，但说服的理由却不恰当。孟子同样反对以功利价值为出发点，主张应以仁义为出发

---

① 《四书集注·尽心上》，第353页。
② 《四书集注·离娄下》，第291页。
③ 袁保新：《孟子三辨之学的历史省察与现代诠释》，台湾文津出版社1992年版，第145页。
④ 《四书集注·公孙丑上》，第234页。

点说服君王。①

对于孟子所论道德价值与功利价值的关系,有两种可能的诠解:一是只谈道德价值,不谈功利价值;二是先谈道德价值,再谈功利价值。袁保新主张后者,认为孟子表达"义"与"利"的关系是先后本末的关系,而选择"义"未必就是否定"利"。② 袁氏又云:

> 孟子认为行义是无条件的,不应该受制于现实条件、外在因素……其与"利"作为一种以一己之福祉为首出的价值观,不仅是异质的,而且是不可化约的……虽然选择"义"可能会带来大多数人的福祉,但是"义"并不是"公利",它只是与"公利"不相违背罢了。而这一点透露出孟子在"义利之辨"的思考中,并无意否定"利",只是强调"利"的追求应该以"义"为原则,亦即"先义后利"的立场。③

本段明确强调"义"是无条件的,"利"是指一己私利;进而指出"义""利"的价值观是异质的,虽然"义"可能符合公利,但义并不是公利。只要先判断符合"义","利"是可以追求的。

对于袁保新的说法,周大兴又据徐复观的看法加以补充,指出在内圣与政治的方面谈义利之辨有不同标准。周大兴云:"在政治上谋求人民的福利,它本身便是义务。"④ 周氏又云:

> 在治人的领域里讲求公利,乃是仁人君子出仕从政必须尽的义务,未必就是以功利主义作为普遍的道德法则……如果此

---

① 孟子云:"先生以利说秦楚之王,秦楚之王悦于利,以罢三军之师,是三军之士乐罢而悦于利也。为人臣者怀利以事其君,为人子者怀利以事其父,为人弟者怀利以事其兄。是君臣、父子、兄弟终去仁义,怀利以相接,然而不亡者,未之有也。先生以仁义说秦楚之王,秦楚之王悦于仁义,而罢三军之师,是三军之士乐罢而悦于仁义也。为人臣者怀仁义以事其君,为人子者怀仁义以事其父,为人弟者怀仁义以事其兄,是君臣、父子、兄弟去利,怀仁义以相接。然而不王者,未之有也。何必曰利?"(《四书集注·告子下》,第341页)
② 袁保新:《孟子三辨之学的历史省察与现代诠释》,第150页。
③ 袁保新:《孟子三辨之学的历史省察与现代诠释》,第150页。
④ 周大兴:《袁保新:〈孟子三辨之学的历史省察与现代诠释〉》,《鹅湖学志》1993年第10期,第155页。

处有所谓的先义后利，也应该是先公众幸福之义，后一己之利。①

此即在治人方面谈义利之辨，"义"是就公众利益而言的，"利"则是一己之私利。

袁保新强调无论内圣还是治人，就以"义"作为出发点来说是一致的，都是先天且无条件的。且"义"与"利"一为道德价值，一为功利价值，是异质的。周大兴依据徐复观的说法，重在指出治人的"义"是就公利而言的。对于这两种不同说法，该如何认定？到底孟子的义利之辨，该如何理解？

就袁保新及周大兴的说法来看，周大兴补充袁保新对于内圣与治人的"义"在做法上之不同，故周大兴的补充是有意义的；但周大兴的说法仅强调为民谋福利是义务，却未强调必须出于爱民之心。

因此，孟子的义利之辨一方面指出君子以仁义修身，另一方面亦强调推扩，发仁心行仁义之政。孟子所说的仁政强调基于不忍百姓受苦的爱民之心，以出于爱民之心而为百姓谋福来说明政治的"义"。故孟子曾提出"夫仁政必自经界始。经界不正，井地不均，谷禄不平"② 及"制民之产"③，强调明君应以民生为施政义务，使百姓得以温饱。亦可由孟子与齐宣王的对谈中见出，针对齐宣王声称自己好货财、好美色一事，孟子以公刘及古公亶甫为典范，开导宣王由一己之私利推扩爱民之心，使百姓富足，男女皆有归宿。④

---

① 周大兴：《袁保新：〈孟子三辨之学的历史省察与现代诠释〉》，第156页。
② 《四书集注·滕文公上》，第256页。
③ 《四书集注·梁惠王上》，第211页。
④ 《梁惠王上》云："王曰：'寡人有疾，寡人好货。'对曰：'昔者公刘好货，《诗》云："乃积乃仓，乃裹糇粮，于橐于囊。思戢用光。弓矢斯张，干戈戚扬，爰方启行。"故居者有积仓，行者有裹粮也，然后可以爰方启行。王如好货，与百姓同之，于王何有？'王曰：'寡人有疾，寡人好色。'对曰：'昔者大王好色，爱厥妃。《诗》云："古公亶甫，来朝走马，率西水浒，至于岐下。爰及姜女，聿来胥宇。"当是时也，内无怨女，外无旷夫。王如好色，与百姓同之，于王何有？'"（《四书集注·梁惠王上》，第218—219页）

由此可见，孟子所说的"义"是将内圣的"义"扩充，推己及人，从自重到爱民。虽然仁政强调养民、保民，但这些为民谋福的作为必须是出于爱民之心，即出于道德心，而非功利心。这才是孟子的重点所在，强调为政者应以爱民的道德心出发，为民谋福，这与只谈为民谋福略有不同。

回到前面所提出的孟子对道德价值与功利价值关系的两种可能诠解，从孟子的主张来看，他反对先利后义，但并不意味他一定主张先义后利，从孟子明白地提出"何必曰利"，又指出"未有仁而遗其亲者也，未有义而后其君者也"，便见出孟子重视的是出发点是否为道德心，而非功利心，即便是出于公利。人君无论治国还是军事行动皆出于仁义的爱民之心，自然会养民、保民，自然得到百姓的支持。君臣、父子、兄弟皆以仁义为行事依归，便不会出现上下争利的问题。因此，从这两章来看，孟子的意思属于第一种，只谈道德价值，不谈功利价值。

但这样的谈法易使人认为孟子过于理想，不切实际。若不能善解，恐让人排拒孟子思想，该如何理解为妥？以下将以强调公利的墨子作为对照，尝试找出解答。

三、以墨子公利观对比孟子义利观

对于当时同为显学的墨家，孟子批评墨子主张兼爱是"无父"，表面看似批评得过重，但若深入了解，则发现孟子批评的是墨子不重视人伦。岑溢成云：

> 孟子之"距杨墨"。并非由于他们的主张含有内在的矛盾，而是因为他们的主张不合孟子判别人生态度的标准。至于"父"与"君"，则无非人伦中的一环，据此，我们可以推知孟子判别人生态度正误的标准乃在于能否兼顾人伦之全体；能兼顾人伦之全体的为正，反之者为误。将前面所有的论述综合起来，可得出下列的要点："知言"即"能判别作为人生态度之反映的道德判断之正误"，所以"言"之正误即人生态度之正误；而判别

人生态度之正误的判准则在于此人生态度之能否兼顾人伦之全体。①

本段即说孟子不是从墨子思想提出内部批评，而是指出系统外的批评。墨子亦有"非儒"之作，两家立场明显不同。

墨子亦重"义"，亦有义利之辨。首先考察墨子对"义"的见解。《墨子》一书认为合于"义"便是正②，以其顺承上天的意志，合于天志则为义政，违背天意则为暴政。墨子云："顺天意者，义政也。反天意者，力政也。"③又云："天下有义则治，无义则乱，是以知义之为善政也。"④义政是指兼爱他国。墨子云："处大国不攻小国，处大家不篡小家，强者不劫弱，贵者不傲贱，多诈者不欺愚。此必上利于天，中利于鬼，下利于人，三利无所不利。"⑤能兼爱他国，便能利于人、鬼神及上天，墨子称为"天德"，且因此能从上天处得到回报⑥，不仅在当时得到圣王的美名，更能著名于典籍，为后人所敬仰；反之则为"天贼"，在当世集恶名于一身，被称为暴君、独夫，负面事迹载于典籍，为后人所警惕。⑦足见墨子从功利立场，指出上天欲人相爱，反对欺凌他国，以此称为义政、天德，能同时利于天、鬼、人，亦能得天之奖赏，即于当时及后世享有美名。

---

① 岑溢成：《孟子"知言"初探》，《鹅湖月刊》1978 年第 40 期，第 40 页。
② 墨子云："且夫义者，政也。""政"，即正政也。又云："义者，善政也。"（吴敏江撰，孙启治点校：《墨子校注·天志中》（以下简称《墨子》）卷 7，中华书局 1993 年版，第 294、302 页）
③《墨子·天志上》卷 7，第 295 页。
④《墨子·天志中》卷 7，第 303 页。
⑤《墨子·天志上》卷 7，第 295—296 页。
⑥ 墨子云："故举天下美名加之，谓之圣王，力政者则与此异……故举天下恶名加之，谓之暴王。"（《墨子·天志上》卷 7，第 295 页）
⑦ 墨子云："聚敛天下之美名而加之焉，曰：此仁也，义也。爱人利人，顺天之意，得天之赏者也。不止此而已，书于竹帛，镂之金石，琢之盘盂，传遗后世子孙。曰将何以为？将以识夫爱人利人，顺天之意，得天之赏者也……观其事，上不利乎天，中不利乎鬼，下不利乎人，三不利无所利，是谓天贼。聚敛天下之丑名而加之焉，曰此非仁也，非义也。憎人贼人，反天之意，得天之罚者也。不止此而已，又书其事于竹帛，镂之金石，琢之盘盂，传遗后世子孙。曰将何以为？将以识夫憎人贼人，反天之意，得天之罚者也。"（《墨子·天志中》卷 7，第 306—307 页）

至于《墨辩》① 对于"义",是以"利"来解释。《经上》云:"义,利也。"②《经说上》云:"义,志以天下为芬,而能能利之,不必用。"③《经上》仅简要以"利"来说明,《经说上》则进一步说明此利是指对天下人有利的"公利"。关于《墨辩》对于"利"的解说,《经上》云:"利,所得而喜也。"④《经说上》云:"得是而喜,则是利也;其害也,非是也。"⑤ "利"的相反概念是"害",《墨辩》是以人对于"利""害"的好恶心理来说明和解释的。

　　因此,《墨子》和《墨辩》皆从功利立场来谈"义",无论以"正"还是"利"解释"义",皆强调为公众谋福祉的"公利"就是"义"的表现。而"公利"便表现在兼爱的行为上。至于人为何会行"义",是因这行为符合上天的期望,同时人也希望在当时或后世享有美名。

　　根据墨家的义利观,义和利是同质的,此观念出于外在规范,透过力行兼爱来实践"义",如此则能得到时人及后人的肯定,发挥人存在的意义。

　　综观上述,孟子、墨家分别代表道德价值及功利价值的不同立场,对于这两家主张的特色及限制,以下一一探讨。

　　孟子强调无论个人修身还是治人,皆从道德心出发,只考虑是否合于"义",不考虑利害。何以见得?此可由孟子所说的"舍生取义"见出。综观天下一切的利,没有比生命更重要的,但为了尊严,为了

---

① 周富美云:"《墨辩》乃是指《墨子》书中,《经上》《经下》《经说上》《经说下》《大取》《小取》六篇而言。这六篇文章在《墨子》书中,虽分属第四十、四十一、四十二、四十三、四十四、四十五诸篇,与墨子其他篇什编靠在一起,然而,不论就文字、内容、思想、时代上看,均与《墨子》其他各篇回异。"至于作者,经周富美考证,作者并非墨子,而是相距150余年的墨家后学,虽然作者不同,但与墨子主张的功利思想仍是相承的。周富美云:"墨子与墨经作者相距约一百五十年左右,他们所处的社会环境、学术风气不尽相同,站在实用的观点,不合时的学说加以修正将是必然的趋势。"(周富美:《墨辩与墨学》,《台大中文学报》1985 年第 1 期,第 187—231、207 页)
② 谭戒甫:《墨辩发微》(简称《墨辩》),武汉大学出版社 2006 年版,第 85 页。
③ 《墨辩》,第 85 页。
④ 《墨辩》,第 104 页。
⑤ 《墨辩》,第 104 页。

维护"义",在不得已的情况下人会选择牺牲生命。他同时强调人们皆有这般的想法或这样做的可能,只是圣贤能毫不迟疑地坚定去做。孟子云:

> 生,亦我所欲也;义,亦我所欲也,二者不可得兼,舍生而取义者也。生亦我所欲,所欲有甚于生者,故不为苟得也;死亦我所恶,所恶有甚于死者,故患有所不辟也。如使人之所欲莫甚于生,则凡可以得生者,何不用也?使人之所恶莫甚于死者,则凡可以辟患者,何不为也?由是则生而有不用也,由是则可以辟患而有不为也。是故所欲有甚于生者,所恶有甚于死者,非独贤者有是心也,人皆有之,贤者能勿丧耳。①

大部分情况下"义"与生命是不会冲突的,但在不得已的情况下,人会为了义而舍弃生命,例如为了救人。孟子更以不食嗟来食为例说明,言道:

> 一箪食,一豆羹,得之则生,弗得则死。呼尔而与之,行道之人弗受;蹴尔而与之,乞人不屑也。万钟则不辨礼义而受之。万钟于我何加焉?为宫室之美、妻妾之奉、所识穷乏者得我与?乡为身死而不受,今为宫室之美为之;乡为身死而不受,今为妻妾之奉为之;乡为身死而不受,今为所识穷乏者得我而为之,是亦不可以已乎?此之谓失其本心。②

即便濒临饿死,尚能自重自爱,不接受他人无礼的施舍,岂有为了丰厚利禄而不辨礼义之理?既然在极端的处境下,为了捍卫礼义尚能置生死于度外,相较之下,岂能为了追求住宅华美,或让妻妾得以享乐,或是让穷困者感激,而不顾廉耻追求厚禄?这样的行为实令人费解。

孟子特别强调人之所以为人,与禽兽最大的分别便是人具有道德心。但一般人易受本能欲望及外在环境的影响,圣人则时时自觉本

---

① 《四书集注·告子上》,第332—333页。
② 《四书集注·告子上》,第333页。

心，以善自我提撕，不取不合礼义之物，出处进退以礼义为依归。孟子以舜、伊尹、孔子诸圣之作为为例，指出："鸡鸣而起，孳孳为善者，舜之徒也。鸡鸣而起，孳孳为利者，跖之徒也。欲知舜与跖之分，无他，利与善之间也。"① 孟子又云："伊尹耕于有莘之野，而乐尧舜之道焉。非其义也，非其道也，禄之以天下，弗顾也；系马千驷，弗视也。非其义也，非其道也，一介不以与人，一介不以取诸人。"② 又云："孔子进以礼，退以义，得之不得曰'有命'。而主痈疽与侍人瘠环，是无义无命也。"③

但有一点必须指出，"义"亦有格局大小之分，就个人立身而言，孟子曾与万章讨论陈仲子（本名陈定，字子终）的行为，万章认为陈仲子相当清高，不接受兄长不义之财，故不与母亲、兄长同住，带着妻儿在於陵过着相当清贫的生活。有一日返家，陈仲子食用母亲煮的鹅肉，当得知此鹅是他人送予其兄长的，遂将所食鹅肉吐出。④ 在孟子看来，不取非分之物，不做非分之事是义的基本原则，但人伦则是义之大者，不能偏废。故评判道："仲子，不义与之齐国而弗受，人皆信之，是舍箪食豆羹之义也。人莫大焉亡亲戚、君臣、上下。以其小者信其大者，奚可哉？"⑤ 对于陈仲子坚持小义而放弃亲情大义，孟子是予以批判的。

就治人而言，孟子亦指出格局有大小之别，曾批评子产"惠而不

---

① 《四书集注·尽心上》，第356页。
② 《四书集注·万章上》，第310页。
③ 《四书集注·万章上》，第311页。
④ 匡章曰："陈仲子，岂不诚廉士哉？居于陵，三日不食，耳无闻，目无见也。井上有李，螬食实者过半矣，匍匐往将食之，三咽，然后耳有闻，目有见。"孟子曰："于齐国之士，吾必以仲子为巨擘焉。虽然，仲子恶能廉？充仲子之操，则蚓而后可者也。夫蚓，上食槁壤，下饮黄泉。仲子所居之室，伯夷之所筑与？抑亦盗跖之所筑与？所食之粟，伯夷之所树与？抑亦盗跖之所树与？是未可知也。"曰："是何伤哉？彼身织屦，妻辟纑，以易之也。"曰："仲子，齐之世家也，兄戴，盖禄万钟。以兄之禄为不义之禄，而不食也；以兄之室为不义之室，而不居也；辟兄离母，处于於陵。他日归，则有馈其兄生鹅者，己频顣曰：'恶用是鶃鶃者为哉！'他日，其母杀是鹅也，与之食之；其兄自外至，曰：'是鶃鶃之肉也！'出而哇之。以母则不食，以妻则食之；以兄之室则弗居，以於陵则居之；是尚为能充其类也乎？若仲子者，蚓而后充其操者也。"（《四书集注·滕文公下》，第273—274页）
⑤ 《四书集注·尽心上》，第259页。

知为政"。《离娄下》云：

> 子产听郑国之政，以其乘舆济人于溱洧。孟子曰："惠而不知为政。岁十一月徒杠成，十二月舆梁成，民未病涉也。君子平其政，行辟人可也。焉得人人而济之？故为政者，每人而悦之，日亦不足矣。"①

孟子承继孔子，肯定子产为惠人，是有仁德之心的郑国执政，但对于子产以自己的座车接送溱洧河畔百姓的作为是有意见的，既知这些百姓有交通不便的问题，为何不帮百姓修建独木便桥或坚固的桥梁，彻底解决问题？

由此可见，即便立身或施政合于义，仍有格局大小之分，不可不谨慎抉择，用心找出最好的做法。

孟子所论虽是治本的观念与做法，但对一般人来说恐认为陈义过高，有违人好利天性，难以落实。但墨家的公利思想是否能取代孟子的主张？

墨子论义是以"正""利"释之，即指合宜正确的作为，此合宜正确是有功效的。若墨家重视功利价值，行事从功利心出发，即便是出于公利心，也仍有几个重要问题必须衡量：一是公利该如何认定？凡非一己之私利者皆可称为公利，如此公利便可指家庭、家族、种族、一国、宗教、天下的共同利益。二是不同群体的公利可能会出现冲突。孟子早已见出这样的困境，曾指出：

> 王曰"何以利吾国？"大夫曰"何以利吾家？"士、庶人曰"何以利吾身？"上下交征利而国危矣。万乘之国弑其君者，必千乘之家；千乘之国弑其君者，必百乘之家。万取千焉，千取百焉，不为不多矣。②

诸侯、大夫、士、庶人若各自由自己的阶级利益出发思考，便会出现互相争利、残杀的情形。

---

① 《四书集注·离娄下》，第 289—290 页。
② 《四书集注·梁惠王上》，第 201 页。

行事出于公利心虽胜于出于一己之私利,但公利的范围及公利之心的纯粹与否皆有不确定性,无怪孟子发出"苟为后义而先利,不夺不餍"的感慨。相较之下,孟子提出道德价值的优先性,强调行事出于道德心,便可使行事原则更明确。

四、结论:孟子义利观的现代实践

虽然孟子以道德价值为行事原则的理念恐招致是否适合现今及是否陈义过高的质疑,但在多元价值纷陈的现今,实为现代人提供指引明灯。

2016年6月第1544期的《商业周刊》有一篇介绍一兰拉面社长吉富学经营理念的文章,吉富学提到自1990年接下三十年老店一兰的经营,他凭借创意,与员工分享获利,十余年间扩展15家分店。但2004年,他自小学认识的好友却带领四分之一的员工离去,让他深感受到背叛。在他从深谷爬起后,他反省过去基于功利的经营理念是不足的,在2006年颁布全新经营理念:"重视员工的内心,所有目标与言行,不应从'欲',而是以'爱'为出发点。"所有正职、兼职员工都需要接受160小时的有薪训练,"一开始的80小时,学的是品格成长的道德教育,求的是贯彻做人的基本礼仪。剩下的训练,才是具体的待客之道。"①

美国总统特朗普在竞选前后,一再强调"美国优先",但上任百日后为兑现竞选承诺推出的新政,不断踢到铁板。包括针对穆斯林国家的入境美国禁令,两次被法院判定停止执行,以及为保护美国制造业、增加就业机会的提案,如针对进口外国产品的美国企业征收"边境调整税"、限制企业聘雇外国专业技术人员、要求美国基础建设承包商采购百分百美国制原材料,还没正式实施,已经引发巨大争议。② 过度强调美国利益的结果,不仅是伤害他国,而且反过来伤害

---

① 吴和懋:《战友背叛、30封辞呈:一兰社长最痛的难关》,《商业周刊》2016年第1544期,第31、33页。
② 辜树仁:《执政百日,川普变"正常"?》,《天下》2017年第621期,http://www.cw.com.tw/article/article.action?id=5082143。

美国利益。

上述两个实例可印证孟子所说："何必曰利？亦有仁义而已矣。"现今世界，在许多层面，如性别、世代、种族、宗教、国家间常出现利益冲突，若欲从公利的立场出发，恐难以真正解决问题。

孟子的义利之辨，为我们提供了很好的参考。在行事之初，便检视行事动机是否合于道德价值，去掉各种功利的想法，强调道德价值的优位性，一切行事出发点只问义不义，不问利不利。在行事过程中，亦随时检视是否合于初衷，使一切作为合于道德原则。

虽然不以功利价值作为动机和行事依据，但最终却能实现创造最恒久的大利。无论个人修身还是管理众人之事，若能本于纯粹的道德心，做应该做的事，放弃本位思维，便能彻底解决利害冲突。

但真正的难题是自利的人心，欲全面实践此理想并非易事，且可能因此有更多假仁假义的行事出现。只能从自身做起，随时检视行事动机及做法，进而如蝴蝶效应，影响更多人，方能有更大的改变。

儒家式的自我及其实践:本土心理学的研究[①]

翟学伟

(南京大学社会学系)

一、引 言

儒家式自我并不能完全概括中国人的自我,却大体上可以指代中国人自我之基本面,因为在中国思想领域中,有学者指出中国人的自我还应该包括道家与佛家。尽管后者在一定历史时期或在现实生活中同儒家有很大程度的融合,但其基本内涵还是有所不同的,尤其是对那些信仰者来说,似乎区分比融合更重要。但无论如何,就目前关于中国人自我的研究所呈现出来的特点来看,所谓中国人自我观在很大程度上约等于儒家层面上的自我。或者说,对于儒家自我观念的认识与探讨在某种程度上构成了我们对中国人的心理与行为的基本认识。但为了不引起不必要的争论,本文将这一方面的自我研究称之为儒家式的自我。

自我问题是一个人对自己的感知、反省与把控,同时也涉及与他人的交往方式。这点对所有社会里的成员来说都是至关重要的,也是各个文化信仰体系的内核。学界对于中国人自我的认识原先是放在中国思想史、哲学史、汉学、比较哲学、伦理学或者历史学中来讨论的。自20世纪80年代以来,由于心理学本土化的推进,原本由思想、道德及文化领域讨论的一些概念开始纷纷进入本土心理学的研究视野。一些中国心理学家们通过自己的专业训练对一些儒家及相关概念进行了重新的定义与探索,诸如中庸、和谐、正义、忍、缘分、孝

[①] 本文为2016年度国家社会科学基金重大项目"儒家伦理的社会化路径"(16ZDA107)之阶段性成果之一。

道、人情以及自我等①，其最主要的意图即在于借此方式强行同西方社会与行为科学的概念体系断奶，以实现中国心理学研究上的文化自觉。而当一些中国人的或儒家的概念进入心理学领域后，一个最大的转化就是需要以社会科学的视角和方法来处理这些概念，尤其是将其操作化，以便对现实中的中国人进行测评，乃至建构出本土心理学的理论。

笔者以为，中国人的自我研究是本土心理学的各个概念研究中最为核心也最为艰难的部分。虽然研究已经展开②，但收效尚不明显。因为相较于其他本土概念，自我本是一个外来语。既然是外来的，我们能否以此说明中国人的社会生活中原本没有自我呢？答案几乎是否定的。从目前大量的研究中我们看到，中国人的历史文献与生活中是有类似于自我的表述的。可是一旦肯定了中国人存在自我，那么我们如何入手进行思考？或许我们所面临的困难是可能不知不觉地沿着西方的自我定义来认识中国人的自我。也就是说，一个研究过自我问题的学者或许会发现，自我的确是一个从西方文明中孕育出来的概念，它所涉及的身体、个体、人格、灵魂、精神、意志以及个人主义等，都不是原本中国文化中所具有的，至少其内涵大不相同。显然，研究中国或儒家的自我一开始将是一个文化比较的问题。从比比皆是的西方哲学家或者心理学家那里，我们看到自我一直是被当作理所当然的人的最基本问题提出来的。但一旦进入中国人的观念与现实世界，我们究竟想表达什么样的含义？随着不同学科对此问题的展开，业已出现了相当宏大的且极为根本性的文化与思想的探源。③ 目前，已经有相当多的学者从不同的角度对中国文化中的自我进行了深入而系统的研究。从已问世的研究成果来看，有些观点极具启发性，为本文的相

---

① 杨中芳：《中庸社会心理学研究的构念化：兼本辑导读》，载《中国社会心理学评论》第7辑，社会科学文献出版社2014年版；杨国枢、黄光国、杨中芳主编：《华人本土心理学》，重庆大学出版社2008年版。
② 杨国枢、陆洛主编：《中国人的自我》，重庆大学出版社2009年版。
③ 余英时：《中国近代个人观的改变》，载氏著：《现代儒学的回顾与展望》，生活·读书·新知三联书店2004年版。

关讨论提供了思考的基础。但总体上讲，历经了各自学科领域的各种阐述，我们依然看不清楚中国人自我的基本面貌。这或许同自我概念本身带有很强的主观性和诠释性有关；又或许是因为中国历史上的先贤在一开始就经历过百家争鸣的局面，自我问题在儒家思想的内部也有其自身的演变；也或者是中国文化史上佛教的传入与融合及近代以来西方文化之决定性影响，最终导致自我研究的确成为一个复杂的问题。但无论如何，这都不应该成为我们不研究中国人自我的理由。

笔者认为，目前大量的思想与文化中的自我研究是在爬梳或诠释典籍或个案式的人格研究中完成的，而社会科学的研究取向在于，我们的研究对象主要通过现实的、经验的，或者虽在历史中发生，但在今日依然具有可感知性的方面来建立其模型性之可能。因此本文的一些讨论虽不拒绝非社会科学取向的任何有关自我方面的研究，但所需要确立的标准只有一个，那就是应该关注于留存或表现在现实社会及人们的社会行为中依然被感知到的那部分，而非某些古代的思想言论与人物品格。

二、不同的研究框架及模式

应该说，大多数对于可感知性的现实中国人之自我研究，包括本土心理学的研究，是在文化比较的框架下形成的。其中最值得重视的几个研究框架及模式发端于20世纪80年代至今。我在这里按时间顺序简要将其回顾一下。

在文化人类学与心理学中的文化与人格学派高潮逐渐退去之际，夏威夷大学的社会心理学家马通礼邀请国际上研究自我的顶尖学者合编了一部名为《文化与自我》的著作。① 著名的华裔人类学家许烺光、哲学家杜维明等均受邀参与编写。而书中关于中国人的自我研究的框架是由许烺光提出的。许烺光在文中首先希望摒弃使用心理学中的人格概念，在借鉴少部分精神分析理论的前提下提出了一个人与其所处

---

① ［美］马塞勒等：《文化与自我——东西方人的透视》，任鹰等译，浙江人民出版社1988年版。

的社会世界有七个层次的联系框架,其中最外层 0 是外部世界;1 是更广泛的社会与文化;2 是有用的社会与文化;3 是个人的社会文化,4 是可表意识,这两部分构成了他需要重点讨论的内容;然后 5 是不可表意识,而 6 与 7 属于前意识与无意识。在这样的框架中,自我处于 3 和 4 的层面,也是中国文化意义上的"做人"部分。这一区域在许烺光那里是人的心理社会稳态(PSH),而不同的文化性自我将在这一层次表现出差异。其中中国社会在此凸显的是亲属关系至上,因此家人成为这一区域的永久居民,进而导致中国人对其他非亲非故的人不感兴趣;美国人虽然也成长于家庭之中,但成人后即获得一种自由,进而在此区域一方面以扩大的方式建立人际关系,另一方面也关注自己的内心世界,并进入无意识之中;而比较日本人的自我,由于日本人的家庭生活中出现了单子继承制,引发了家庭子女无继承权的现象,导致他们很容易摆脱其家庭进入社会,建立师门组织关系。师门关系是拟亲属的关系,既不同于中国人的亲属关系,也不同于西方人比较散漫的人际关系。[①]

另一个研究框架产生于 20 世纪 90 年代初,心理学家马库斯(H. R. Markus)与北山(S. Kitayama)在比较了东西方的自我差异后,提出了"互依我"与"独立我"两个概念。[②] 这两个概念的提出大大地增加了我们对东西文化下的自我的认识。互依我是东方人的一个特征,它更多地表达了"关系"在此文化类型中的重要性,或者说,因为有这样一种文化如此重视关系的作用,所以使自我不是像西方人所定义的那样是对自己和他人进行区分方面的认知,而是双方之间的融入与重叠,也就是中国人常说的不分彼此,或者叫我中有你和你中有我。相对于东方人,西方人的自我非常强调个人的独立性,彼此关系再亲密,个人的独立性,包括自己的隐私都是需要保留的。独立性的自我在比较哲学、伦理学、文化研究的高度上其实连接着个人主义和

---

① [美]马塞勒等:《文化与自我——东西方人的透视》,任鹰等译,浙江人民出版社 1988 年版,第 31—50 页。
② H. R. Markus and S. Kitayama, "Culture and the Self: Implication for Cognition, Emotion, and Motivation", *Psychological Review*, 1991 (98), pp. 224-253.

理性主义,而互依我则同家庭主义和儒家思想有密切的关联。

差不多同一时间提出的另一种相关理论来自东西方比较哲学中的探讨,虽然这一研究在此高度上未必能直接被我们感知,但结合上述两种框架,其含义可以部分地得到理解。这就是美国比较哲学家郝大维与安乐哲提出的"焦点—区域式自我"①,这一概括虽并不仅限于儒家,也包括道家,但儒家在此自我中有其自己的特征。为了比较中西方自我的差异,郝氏与安氏首先认为西方文化中的自我具有以下特征:(1)理性的意识;(2)还原于生理(神经化学、社会生物学);(3)意志活动;(4)机体的(生物的和社会的)功能。而中国人对照下来看或许会得到"无我"的结论。但这只是从西方自我看到的一个结论。假定我们坚信中国人还有自我,那么这样的自我首先需要排除的是"无心的""无躯体的""无目的的"和非意志的,而借助于语境化方法,他们认为:

> 儒家的自我是处于环境中的,根据儒家的模式,自我是关于一个人的身份(roles)和关系的共有意识。一个人的"内""外"自我是不可分离的。就此而言,说某人是自觉的,不是说他能把他的本质自我分离出来,并加以对象化,而是说他意识到自己是别人注意的焦点。自觉意识的中心不是在于宾格的"我"[me]分离的"我"[I],而是在对宾格的"我"的意识。这种意识所产生的自我的形象,决定于一个人在社会中所得到的尊重。这是一种以面子和羞耻的语言把握的自我形象。②

在这一段表述中,我们必须注意到的几个关键点是儒家的角色与自我的关系、主观我与客观我没有分离而产生客观我的对象化以及一个人的面子与耻感与自我的外化过程。

自 20 世纪 80 年代以来,心理学的本土化受到一批华人社会与行

---

① [美]郝大维、安乐哲:《汉哲学思维的文化探源》,施忠连译,江苏人民出版社 1999 年版,第 3—48 页。
② [美]郝大维、安乐哲:《汉哲学思维的文化探源》,施忠连译,江苏人民出版社 1999 年版,第 29—30 页。

为科学家的认可与推动，而有关中国人自我的研究自然是其中绕不开的重要议题。在深入检讨和批评了中国人的自我研究过分依赖西方自我研究框架后[①]，杨国枢根据他已提出的华人社会取向理论中的四个子取向，即关系取向、权威取向、家族取向与他人取向，建立了一个"华人自我四元论"。[②] 根据其基本含义，杨氏首先接受了西方自我中的主体我与客体我的划分，只是认为彼此间的客体我不同，西方人的"客体我"是个人取向，而中国人的是社会取向，由此相应的自我也就是关系取向自我、权威取向自我、家族取向自我与他人取向自我；随着中国人的现代化进程，个人取向逐渐进入中国，导致个人取向也成为中国人心理与行为的一部分，若将关系取向与权威取向合并（我不能理解为何要将它们合并，或许只是便于在四元中讨论），便构成了现在的个人取向自我（偏西方的）、家族取向自我与他人取向自我。为了检验中国人的这四元自我，杨国枢还提出了15项心理测量，其中包括脉络化、认同目标、自我一致性、基本动机、主要情绪、自我实现、自我概念、自尊及幸福感等方面与个人取向自我的比较。在此论述中，杨国枢对独立我和互依我也有回应，认为这一自我划分只涉及他的自我四元论中的个人取向和关系取向，而华人自我的多元性应该更复杂。

　　以上讨论到的中国人自我研究框架或许只是相关研究中的几个代表，但大体勾勒出了中国人自我研究在理论上所做出的努力以及多学科性、多元化的倾向。其中许烺光的自我研究是从人类学的角度出发的，我本人很赞同他撇开人格概念来重塑中国人自我研究框架的尝试，但该探索更多的是关于自我所面对着的他人群体特征，在自我本身的面向讨论得不多。马库斯与北山的自我理论似乎抓住了东西方自我的最基本特点，只是我们在这样的框架内应该还有很多问题要讨论，而不是止步于这样的初步认识。在这一点上，郝大维与安乐哲的

[①] 杨中芳：《回顾港台"自我"研究：反省与展望》《试论中国人的"自己"：理论与研究方向》，载杨国枢、陆洛主编：《中国人的自我》，重庆大学出版社2009年版。

[②] 杨国枢：《华人自我的理论分析与实证研究：社会取向与个人取向的观点》，载杨国枢、陆洛主编：《中国人的自我》。

探讨是深入的。他们将中国人自我中所经验到的特征回溯到了与儒家自身相关的问题中去。尤其关键的是，为了反衬出儒家自我的内在特质，作者对西方自我的形成及其要素等进行了高度抽象化的凝练。只是由于这样的讨论过于思想化与概念化，应然部分凸显，进而算不上是社会科学方面的研究。华人自我四元论是从心理学角度提出来的自我理论，但我个人认为它过于复杂，想兼顾与包容的内容过多。一旦一个理论本身非常繁杂，则其背后所面临的问题是其中各要素（四种取向）所构成的逻辑关系在哪里，而不能一开始就先布好阵，或许这正是儒家式自我尚需要进一步追溯的原因。

通过以上梳理，我们发现虽然这些理论之间彼此少有交集或者相互影响，但却具有两个共同的特征：首先是无论研究者如何讨论中国人的自我问题，儒家思想都深藏于中国人的自我研究之中，其次中国人的自我问题总是同他人之间有关系构成上的意味。这点几乎是不同研究框架及模式中的共识。

三、中国人的自我：预设与矛盾

我十分赞同儒家式的自我或者中国人的自我是关系取向的自我，但问题并非如此简单。在中国人的关系研究框架内，无论将这样的自我理解成心理社会稳态中的情境中心式的、互依性的、焦点—区域式的或是社会取向的等，依然有几个内在问题没有讨论清楚，而尤为重要的是我们对儒家对自我的预设与其中可能存在的内在矛盾性尚缺乏清醒的认识。①

首先，关系取向的自我预设在哪里？很多学者都认为儒家式的自我需要放入关系中来理解。这点看起来没有问题，但如果进一步思考一下，这样的理解足够解决我们对儒家式自我的认识了吗？其实，以关系来理解自我也是符号互动论的基本观点。我们知道，符号互动论中自我确认属于一种"社会自我"的讨论，它来自杜威和詹姆斯的实

---

① 翟学伟：《人如何被预设：从关系取向对话西方——重新理解中国人的问题》，《探索与争鸣》2017年第5期。

用主义及其相应的心理学、库利的镜中我及托马斯的"情境中心"等概念。实用主义中的基本思想即人与环境相互作用的思想，是杨国枢建立其社会取向的缘起（尽管他并未直接表明这是实用主义的观点）。实用主义的来源之一是进化论，其基本含义是人如何适应环境的问题，由此杨氏指出东西方的适应模式不同。西方的适应是自主性的，中国的适应是融合性的，前者产生个人取向，后者产生社会取向。而詹姆斯的"自我"划分启发了乔治·米德对自我的再讨论，得出了个人自我的最终形成是在社会互动中完成的。[①] 在以上这些关于中国人自我的讨论中，了解符号互动论的学者都倾向于认为该理论是最接近儒家学说的理论。虽然其中仍有一些微妙的差异，但是在大框架下，用符号互动论来开启儒家自我的形成有诸多合理之处，于是主观我与客观我也就经常被套用。

但我认为，依照符号互动论的基本观点，虽然自我是在社会互动中产生的，但处于互动中的个人存在却是从其生物性——身体、动作、姿势开始的。这是米德的理论与行为主义心理学相通的地方。其区别在于符号互动论没有将个体停留在生物水平上，而是指出人有了意识（即心灵），然后通过与他人的交往，自我便从中形成了。这样的理论逻辑是首先预设一个个体的存在，然后才可以在其社会关系中逐步发展出自我。可是，儒家对此问题的预设应该是反过来的。也就是说，儒家思考的自我形成与实践，是先有关系的存在，然后才有人之自我的出现。对于这一问题的不同思考，主要源于东西方社会对人本身不一样的解读。我们知道，对于西方人来说，人首先是作为一种身体或者生命体而存在的，这一点已经决定了一个人的生物性；西方"文化"的词根本是"耕作"之意，也就是指人的文化性旨在改变外部世界的同时也改变了自己，进而构成并分享了人所创造的物质世界及非物质的世界。换句话说，人间活动都是有文化的活动，文化生活才是人的生活。但儒家对文化的理解却不是这样的。人对世界的改变

---

① ［美］乔治·H. 米德：《心灵、自我与社会》，赵月瑟译，上海译文出版社2005年版，第246页。

当然是事实，但这里尚没有文化，只是劳作。儒家定义的文化在于教养，一个生命有机体唯有通过教化才能变成文化人。《论语·为政》云："子游问孝。子曰：'今之孝者，是为能养。至于犬马，皆能有养。不敬，何以别乎？'"① 孟子曰："人之所以异于禽兽者几希，庶民去之，君子存之。舜明于庶物，察于人伦，由仁义行，非行仁义也。"② 由此，在中国人的生活世界中，人被分为有文化和没文化的，有教养和无教养的。这就是"礼"对个人的重要意义。至于无教养和无文化之人，在儒家之人的归类中相当于畜生：

> 鹦鹉能言，不离飞鸟。猩猩能言，不离禽兽。今人而无礼，虽能言，不亦禽兽之心乎？夫唯禽兽无礼，故父子聚麀。是故圣人作，为礼以教人，使人有礼，知自别于禽兽。③

畜生在汉语中是一个贬义性极强的名词，如果人及其自我的讨论从这里开始，那就意味着人无法与动物划清界限，也无法成为儒家所希望看到的那种人。但在西方关于人的知识分类中，人的基础就在于动物（畜生）。这是西方心理学最基础的部分。很多心理学研究，包括当代最前沿的心理学研究都想借此得到对人的最根本性认识，这是西方心理学家进行大量的白鼠或其他动物实验的理由。但在儒家关于人的框架中，讨论人的动物性即是贬低人的价值④，或者说，人的价值唯有在关系中才能得到确认和体现。回到自我形成的层面来看，西方的自我是可以还原为生理性的，比如詹姆斯曾将自我逐级提升为"生理自我""心理自我"和"社会自我"。可在中国人的语境中，人性中虽有原始的、自然的一面，但这时的人性尚处于有待耕耘的时期，儒家所要求的人尚没有建立。此即孟子所期待出现的"几希"。可见，自我在儒家的观念里从头到尾都是一个社会性的和文化性的概念，自然，由此获得的对自我的预设也不会从个体性开始。没有了个

---

① 《论语·为政》，[宋]朱熹：《四书章句集注》，中华书局1983年版，第56页。
② 《孟子·离娄下》，《四书章句集注》，第293—294页。
③ 《礼记·曲礼上》，[汉]郑玄注，[唐]孔颖达正义：《礼记正义》卷2，上海古籍出版社2008年版，第19页。
④ 余英时：《中国近代个人观的改变》，载氏著：《现代儒学的回顾与展望》，第68页。

体性的自我，也就没有可能抽象出个人之自由、理性、情感及意志。或者说，当关系作为人的讨论前提时，自我的含义及运行从一开始就将沿着关系的限定来运行。这一点我在下文还要继续讨论。

其次，即使从关系的视角来研究中国人的自我，共识中也还是存在一些结论上的矛盾。比如梁漱溟认为中国文化的基础是伦理本位，也就是关系本位，但关系本位的自我是什么样子的呢？他在《东西方文化及其哲学》中曾说：

> 西洋人是有我的，中国人是不要我的。在母亲之于儿子，则其情若有儿子而无自己；在儿子之于母亲，则其情若有母亲而无自己；兄之于弟，弟之于兄，朋友之相与，都是为人可以不计自己的，屈己以从人的。他不分什么人我界限，不讲什么权利义务，所谓孝弟礼让之训，处处尚情而无我。虽因孔子的精神理想没有实现，而只是些古代礼法，呆板教条以致偏倚一方，黑暗冤抑，苦痛不少，然而家庭里，社会上，处处都能得到一种情趣，不是冷漠、敌对、算账的样子，于人生的活气有不少培养，不能不算一种优长与胜利。①

费孝通在《乡土中国》中对应着西方的"团体格局"，提出了中国社会是"差序格局"，此概念的本身也是关系性的。可他所得到的自我却是：

> 在这种富于伸缩性的网络里，随时随地是有一个"己"作为中心的。这并不是个人主义，而是自我主义。个人是对团体而说的，是分子对全体。在个人主义下，一方面是平等观念，指在同一团体中各分子地位相等，个人不能侵犯大家的权利；一方面是宪法观念，指团体不抹煞个人，只能在个人们所原意交出一分权利上控制个人。这些观念必须先假定了团体的存在。在我们中国传统思想里是没有这一套的，因为我们所有的是自我主义，一切

---

① 梁漱溟：《东西方文化及其哲学》，商务印书馆1987年版，第153页。

价值是以"己"作为中心的主义。①

我们一旦明白这个能放能收,能伸能缩的社会范围,我们可以明白中国传统社会中的私的问题了。我常常觉得:"中国传统社会里一个人为了自己可以牺牲家,为了家可以牺牲党,为了党可以牺牲国,为了国可以牺牲天下。"②

请注意费氏这里借用了儒家的修身、齐家、治国、平天下来反推他的自我主义结论。这意味着他所观察到的差序格局与中国人自我主义一方面同儒家思想有紧密的联系,另一方面中国社会存在的很多现实与我们经验到的社会现象却是儒家的反面。

现在的问题是,我们如何来认识关系取向的自我?

四、关系取向自我的再认识

对于如何理解关系取向的自我预设与如何化解其中的矛盾,或许有不同的解决方案。是跳出关系取向的自我分析框架以寻求更好的理论,还是依然在其框架内部找到答案,也许是见仁见智的。我本人寄希望于在关系取向内部找到合理的解释。

为了解决中国人自我研究中的种种困境以及西方自我概念中的主观我与客观我能否套用于中国人自我研究的问题,本文将先从中国文字入手,就如同西方的自我其实也是借助于其文字 I 和 Me 来建构的一样。

在中文里,用来表达"我"的字很多。如《尔雅·释诂》列举:卬、吾、台、予、朕、身、甫、余、言,我也。随着汉字自身的发展与不同朝代的使用差异,我们现在用来表达自我含义的是身、吾、我和己。"身"作为自我,不是指自己的肉身,而是指自己,比如"自身",而"修身",也就是自我修养,自我修行、修道的意思。如《论语·学而》"曾子曰:'吾日三省吾身'"中说的"身"就是自我。至于"我"和"吾"的区别,本文不做讨论,很多情况下两者同义,另

---

① 费孝通:《乡土中国》,生活·读书·新知三联书店 1985 年版,第 26 页。
② 费孝通:《乡土中国》,生活·读书·新知三联书店 1985 年版,第 27 页。

外"吾"在现代汉语中用得也极少。我们现在最需要讨论的问题是在理解中国人的自我时,是讨论"我"的概念,还是讨论"己"的概念。众所周知,"我"和"己"都有自我的含义,但究竟有何不同,需要看一看儒家经典中什么时候用"我",什么时候用"己"。

  子曰:"君子不重则不威;学则不固。主忠信。无友不如己者。"①

  子曰:"我未见好仁者,恶不仁者。"②

  子曰:"道不行,乘桴浮于海。从我者,其由与!"③

  子四绝:毋意,毋必,毋固,毋我。④

  子曰:"吾未见好德如好色者也。"⑤

  颜渊问仁。子曰:"克己复礼为仁。一日克己复礼,天下归仁焉。为仁由己,而由人乎哉?"⑥

  子曰:"出门如见大宾,使民如承大祭。己所不欲,勿施于人。在邦无怨,在家无怨。"⑦

  子曰:"其身正,不令而行;其身不正,虽令不从。"⑧

  子贡问曰:"何如斯可谓之士矣?"子曰:"行己有耻,使于四方,不辱君命,可谓士矣。"⑨

  子曰:"君子求诸己,小人求诸人。"⑩

从《论语》关于"我""身""己"等的用法中,我们大致可以发现,中国人在表达代词的自我时都是用"我"或"吾",意思是说话人自己的看法、遭遇或者感受,而在表达"身"或者"己"的时候,

---

① 《论语·学而》,《四书章句集注》,第50页。
② 《论语·里仁》,《四书章句集注》,第70页。
③ 《论语·公冶长》,《四双章句集注》,第77页。
④ 《论语·子罕》,《四书章句集注》,第109页。
⑤ 《论语·子罕》,《四书章句集注》,第114页。
⑥ 《论语·颜渊》,《四书章句集注》,第131页。
⑦ 《论语·颜渊》,《四书章句集注》,第132—133页。
⑧ 《论语·子路》,《四书章句集注》,第143页,
⑨ 《论语·子路》,《四书章句集注》,第146页。
⑩ 《论语·卫灵公》,《四书章句集注》,第165页。

则表示一般性的自我，也就是每一个人都会有的自我。对于每个人都可能具有的自我，孔子有他的期待和要求，他希望每一个人都能实现这样的自我，比如"克己复礼"中的"己"，"己所不欲勿施于人"中的"己"或者"其身正"中的"身"等。这时，我们还可以发现，"我"和"己"之间的关系可能是互相关联的，也可能是各自独立的。如果一个人的"我"按照"一般我"的要求去做，那么两者就关联上了；如果"我"只是表示我的个人情况，那就和"己"无关。由此，我们大致得到的结论是在儒家式的自我中，先有一个被建构出来的伦理化的或者道德化的自我，然后每一个具体的自我都尽可能去遵循或者实现这个自我。正如杜维明所说："在中国社会……对于家庭及社会的理解，乃至对人和天的关系的理解，都基于一种既定的 given，是不可改变的建构。"① 具体而言，一个具体而生动的自我是有欲望（比如个人的喜怒哀乐）或者动物性的（食色，性也），这些欲望和动物性都很容易将人停留在一种低级的、与动物无法分清的层面上。如果一个人要做一个真正的人，那就需要摆脱这样的欲念，按照"仁"和"礼"的要求规范去做，诸如"非礼勿视，非礼勿听，非礼勿言，非礼勿动"②。因此，我认为，儒家式的自我所关注的自我张力不在"主观我"与"客观我"的关系中，而应该在"现实我"与"伦理我"或"欲望我"与"道德我"的张力中。主观我与客观我的关系是在个人与他人的互动中形成而分离出来的两种自我，而现实我与伦理我则是在关系取向中个人与他人关系中被事先预定好的一套设定，也就是说儒家文化预先在关系上建立一套共享的关系法则（此法则开始是礼制的，后来演化成内在的、有境界高低的，而非仅仅是典章的），然后再把现实的我放进去，看看谁能够达到并将自我融合进去，由此而分出君子和小人的区别。

也正因为有了这样的现实我与伦理我，当两者合一时，"我"也可以表达为"己"。比如在孟子的表述中，"我"和"己"有时难以区分：

---

① 杜维明：《现代精神与儒家传统》，生活·读书·新知三联书店1997年版，第83页。
② 《论语·颜渊》，《四书章句集注》，第132页。

孟子曰："人皆有不忍人之心……恻隐之心，人之端也；羞恶之心，义之端也；辞让之心，体之端也；是非之心，智之端也。人之有是四端也，犹其有四体也。有是四端而自谓不能者，自贼者也；谓其君不能者，贼其君者也。凡有四端于我者，知皆扩而充之矣，若火之始然，泉之始达。苟能充之，足以保四海；苟不充之，不足以事父母。"①

这里的"我"既有"我"的含义，又有"己"的含义，或许表明伦理的我与现实的我在这里合并了。

现在需要思考的问题是现实我与伦理我之间的张力是如何形成的。我想这个问题不是精神分析理论中讨论的"本我"和"超我"的关系，即不是一种"自我的挣扎"，而是一种被放入关系中的自我所受到的束缚。我在前面已经预设了关系取向中的自我是以关系为前提的，那么儒家对于自我的设计就不是自我优先，比如生理优先、欲望优先、自由优先、意志优先或者理性优先，而只能是关系优先。为何要关系优先？因为自我优先的最大危险在于它或许会摧毁人人共享的关系法则，或任性地建立事先未被设定的关系，至少会改变关系的规范性，这将导致人道乃至天道消失殆尽。那么，儒家需要建立的关系究竟是什么样子的？虽然学界对此有很多讨论，也有本文上面提出的几个研究框架，但我认为这样的自我应该在两条主轴上呈现：一条是纵向轴，一条是横向轴（见图1）。

图1中的纵轴指各种观念和社会等级上的关系连接，横轴是各种亲疏远近构成的关系连接。请注意，这里的两条轴线构成的不是一个平面，而是一个立体面。它旋转起来应该是一个球体，而不是一个平面的同心圆圈。此时的自我位于这个球体的中心，但这不意味着自我如费孝通所谓是自私的，而只意味着它与周边关系的位置及其处理这些关系的视角。换一句最通俗的话来讲，就是中国人常说的上有老，下有小，两边还有兄弟姐妹甚至七大姑八大姨。这样的自我有一个可参考的图示就是中国传统上的"五服"图。显然任何一个位于此间的

---

① 《孟子·公孙丑上》，《四书章句集注》，第237—238页。

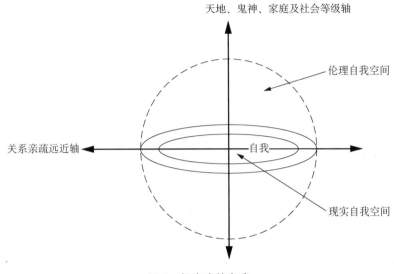

图1：儒家式的自我

中国人都很难走到他"很自我"（只顾自己）的方面去。虽然他作为一个真实的自我有他个人的打算和欲念，这本来也恰恰就是中国字"我"的含义，只是这样的"我"被"己"限定住了，无法我行我素，他本人也愿意有所依靠。由于上下左右的人的关系是相对固定的，其伦理又被设定好了，此时此刻的现实我所面临的处境将很难是自己的内心选择，而是身不由己地同伦理我之间进行调和，也即伦理我与现实我之间的张力关系。

现在，我们来检讨一下在这两个主轴上所建立的自我与前面所介绍的几个自我框架的异同。首先，虽然在生物学意义上自我的构成具有生理性、自主性或者欲望及个人意志等，但这些自发性的自我几乎是被规定性的关系所锁定，由此造成此时的自我是一个要考虑方方面面关系的自我，其自我表达时的情境中心倾向是不言而喻的。需要加以补充说明的是，在天人合一的思想架构中，中国人的自我不单是社会关系，而且还有被构念出一种天人之际的思想，进而导致中国人的自我也不是理性占上风，而有对命理和命运的敬畏与遵从，也有对神仙鬼怪的认识以及寻求逝去的祖先的庇护或为其争光等含义。费孝通在他建构差序格局的概念时也曾考虑到了这一点，比如他说：

伦重在分别，在礼记祭统里所讲的十伦，鬼神、君臣、父子、贵贱、亲疏、爵赏、夫妇、政事、长幼、上下，都是指差等。"不失其伦"是在别父子、远近、亲疏。伦是有差等的次序。在我们现在读来，鬼神、君臣、父子、夫妇等具体的社会关系，怎能和贵贱、亲疏、远近、上下等抽象的相对地位相提并论？其实在我们传统的社会结构里，最基本的概念，这个人和人往来所构成的网络中的纲纪，就是一个差序，也就是伦。礼记大传里说："亲亲也、尊尊也、长长也、男女有别，此其不可得与民变革者也。"意思是这个社会结构的架构是不能变的，变的只是利用这架构所做的事。①

也就是说，在费氏的理论建构中本来是有对鬼神与等级的考虑的，但是一旦用水波纹来形容他的差序格局，上述等级便没有了安放之处，或者说两条不同的轴合并成了一条只表示亲疏远近的轴。差序格局模式的另一个大问题是，在讨论儒家式的自我之际，为了建立他的"自我主义"概念来解释中国人的"私"，竟然一下子跳到了儒家的反面——杨朱那里去寻求思想依据，甚至认为儒家思想内部也存在着"私"的一面。显然，费氏自己没有意识到，一旦差序格局中的自我中心没有关系作为自我的前提预设，"私"的概念就没有了依托，也就是说这里的私只是个人的欲望，不再可能被解读成占他人的便宜。而梁漱溟据此认为中国人是无我的，只能说他看到的是中国人的伦理我，而忽略了现实我的存在、膨胀及活跃。

现在再来看上面提及的"互依我"和"焦点—区域式自我"。虽说这两种研究框架仍然在我建构出的儒家式的自我轴心中，但我这里表达的比互依我更加明确，并深化了互依我的理论前提，也比焦点—区域式自我更具有经验性和现实性。至于杨国枢提出的自我的四元论，因为关系的亲疏远近轴将可以概括其中的关系取向自我和他人取向自我，纵向的等级轴可以概括权威取向自我，所以两个轴的共同建立可以将家族取向自我完全包含其中。最后来简要回应一下许烺光提

---

① 费孝通：《乡土中国》，第25页。

出的中国人自我是在一种相对稳定的人际关系中建立的观点。这是我近来在关系向度理论中指出的固定关系向度①，其含义特征已经在这两条纵横轴中建立起来。

五、余论：儒家式自我的实践

儒家式自我的实践是一个非常复杂的话题，本需要另文讨论，只是当我们在此将关系取向的自我研究框架建立起来之后，便可以借此模式对几个中国人自我的重要概念做重新的探讨和认识。

首先在此框架内部，我们已经看到了儒家所期待的自我实践活动。这点可以借助于上述的两种关系取向中的矛盾结论来加以认识。根据我在上面提出的伦理我与现实我的差异，我们看到梁漱溟所讨论的中国人"无我"是在伦理我的层面上论述的，"无我"实际上也就是中国人所谓的"大我"或者"公我"。在这一层面上，讨论中国人自我的表现，主要是讨论中国人应然的或儒家言说的一面，当然在现实生活中也有中国人会身体力行来实现这一点；而费孝通看到的自我主义属于"现实我"，由于现实中的自我无不透露着个人的欲念和利益诉求，便出现了同儒家思想格格不入之处，也就常被称为"私我"或者"小我"。在儒家式的自我观念中，私我要服从公我，小我要成全大我，因此在儒家伦理及其实践中，总是大我压制小我。可费氏所研究的是乡土中国，或者说，社会学的主要研究目标是现实社会，而非价值体系。乡土中国的主要对象是农民群体，在小农经济的作用下，一家人的生存永远是第一位的。这很容易导致人们站在"公我"的角度考虑问题，而对于这一点的治理，恰恰是读过儒家典籍的乡绅群体需要考虑和维护的，他们经常成为地方上主持公道的人。还有一个相关问题是，关系取向中的自我是不能放在西方个体取向自我中的完整性上来理解的。也就是说，无论是精神分析理论中的本我与超我，还是符号互动论中的主观我与客观我，都是在自我的完整性内部

---

① 翟学伟：《中国人的关系向度及其在互联网中的可能性转变》，载拙著：《中国人的关系原理》，北京大学出版社 2011 年版。

来建立自我结构的，可是关系取向的自我不具备个体完整性。中国人的自我本身与他人之间有较大的一块分享的余地。儒学的重要方法便是"忠恕"，而推己及人的含义就是因为关系自我之间具有重叠、交流甚至替代的可能，才会出现将心比心的识人途径。

上述问题很容易带出一个相关问题，即中国学界始终争执不下的"公"与"私"的划界及其关系问题。研读儒家思想史的学者都知道，整个儒家思想长期以来一直把"崇公抑私"看作其思想的基本内容，到了宋明理学则已经变成了"存天理，灭人欲"，乃至于到了明代，一些学者开始调和两者的关系①，但也始终未能在儒学内部真正化解彼此的矛盾性，而此议题也经常被具体化为义利之辨。虽说差序格局概念的提出已从儒学内部走了出来，可也基本上被两者关系所困。其实回到关系取向的自我研究框架来看，这只不过是一个现实我与伦理我的斗争场域：私心重一点，中国人的表现就是侵占，而公心重一点的就是谦让。对于这个话题儒家的态度是鲜明的，只是在现实中，任何时代的中国人都免不了出现私欲的膨胀，也导致孔子说出"一日克己复礼，天下归仁焉"和"君子喻于义，小人喻于利"。也就是说，这样的斗争和挣扎总是在自我与他人之间进行的。假如个人取向的自我构成了一个完整体，那么公共领域与私人生活的关系就会泾渭分明，不存在关系上的牵扯。

其次来讨论"耻"的问题。耻是几乎所有人类文明的共同特征，比如害羞、耻辱、羞愧、腼腆、不好意思等，但不同文化对"耻"均各有自己的理解。在西方文明中，羞耻通常联系着身体暴露的问题，当然也有自我对罪恶的感知问题。从文化比较上看，若将耻作为一种文化类型，那么美国人类学家本尼迪克特对日本人的研究极富启发。她在考察日本国民性时看到该文化特征中有大量的耻感问题，而比较于自己的社会，她得出了这样的结论：

> 真正的耻感文化依靠外部的强制力来做善行。真正的罪感文

---

① 翟学伟：《中国人的"大公平观"及其运行模式：兼同日本的"公私观"做比较》，载拙著：《中国人的关系原理》。

化则依靠罪恶感在内心的反应来做善行。羞耻是对别人批评的反应。一个人感到羞耻，是因为他或者被公开讥笑、排斥，或者他自己感到被讥笑，不管是哪一种，羞耻感都是一种有效的强制力。但是，羞耻感要求有外人在场，至少要感觉到有外人在场。罪恶感则不是这样。有的民族中，名誉的含义就是按照自己心目中的理想自我而生活，这里，即使恶行未被人发觉，自己也会有罪恶感，而且这种罪恶感会因坦白忏悔而确实得到解脱。①

耻感问题在儒家经典中也大量出现，我们可以认为它应该是儒家讨论人性与自我的核心概念。但本尼迪克特的这番议论让我们看清楚了一个耻感文化的出发点，即它是由关系取向而得到的一个自我意识，由此不但在文化含义上区分出了它与罪感文化的表现性差异，而且看到其背后的关系取向中的自我与个人取向中自我所发生的情感与自控的面向。正是中国人的这种面向，使关系或者社会网络在实践上成为中国人控制自我的主要方式，获得一个好名声的问题得到凸显。② 当然，耻感所产生的行为方式也不仅是负面的，诸如没脸见人、无地自容、怕被人笑话等，而且还有积极的一面，也就是个人的成就不仅是他自己的成就，也是关系性的成就，诸如光大门楣、为国争光，即本土心理学研究中提到的中国人成就动机上的社会取向。③

当我们讨论完"大我"与"小我"、"公"与"私"及耻感文化在儒家式自我中的处境时，人情和面子等问题也就可以得到合理的解释了。我们说，所有关于人情和面子的运作，都是在纵向的等级轴和横向的亲疏轴中发生的，而不是像戈夫曼的戏剧理论那样是在个体身上发生的。从社会学的角度来讲，人情和面子为关系取向的自我运行的外在化表现。它保护了权威者的自尊，保证了一个人不能自以为是，并强化了个人的内在需要，即与相关他者之间必须维系感情和社会交

---

① [美]鲁思·本尼迪克特：《菊与刀（增订版）》，吕万和等译，商务印书馆2012年版，第202页。
② 翟学伟：《耻感与面子：差之毫厘，失之千里》，《社会学研究》2016年第1期。
③ 余安邦：《成就动机与成就观念：华人文化心理学的探索》，载杨国枢、黄光国、杨中芳主编：《华人本土心理学》，重庆大学出版社2008年版。

换，当然也造成一个人顾及着他人感受，也常被他人的意愿所左右。而一旦我们从自我的构成中抽去这两条轴，那么自我将变得自由而完整起来，一切讨论将回归到西方的自我研究中去，包括从中所看到的社会互动与自我形成的关系。可惜，儒家式的自我不是这样的自我，唯有给出这两条纵横轴线，中国人随处可见的自我表现才能得到合理的解释。

容受与体情：儒学与当代伦理

林明照

（台湾大学哲学系）

一、前　言

在当今多元文化快速而频繁地互动的情境中，虽然人类的生活样貌显得丰富而多样，但同时却又与本位、封闭、误解、排他的思维及情绪相互交缠。换言之，多元的国际社会却不必然具有健全的多元、宽容与相互理解的态度及智慧。儒学作为中国传统思想的核心，当我们试着从中探询其与当代社会的对话、引导意义时应当思考，对于此多元与封闭之间的张力，儒学能够引导我们做出何种反思？本文将以此问题意识作为探讨儒学与当代社会论题的切入点。本文的讨论将间接呈现此观点，容受与体情是面对多元文化处境时，儒学可以提供给我们反思的重要观念之一。

儒学似乎有着严格的价值区别，也包含着对于不符合其价值原则者的严厉批判。如孔子所谓的"攻乎异端"，对于学术真理的坚持毫无含混的空间；孟子所论及的人禽、王霸及义利之辨，更是在人的本质、理想的政治形态以及伦理原则上深具批判精神。但是，在严格的价值区判中，儒学却也同时具有宽怀异己、容受多元的信念及思维。对于儒学在择善固执与多元容受之间看似具有的矛盾或张力，学界已多有讨论，并尝试梳理其间的联系及一致性。不过本文所关注者并不在其间看似矛盾的关系如何化解，因为这两个面向本就不必然具有矛盾的关系。本文关注的论题在于，儒学容受多元的思维，是蕴含着将多元容纳入预先存在的同一性原则下，还是将自身消融于多元性的辐射中？或者是一种透过容纳多元性来转化、更新与丰富自身的历程性思维？本文要论证的是，儒学看似具有的择善固执的同一性坚持，与宽怀容受的多元开放性之间的张力，实际上较接近于一种透过容纳多元性来丰富、发展自身的历程性思维。关于此，本文将先讨论儒学的人性观点，指出其所具有的发展的人性观；接着将讨论人性发展与多元容受的关系，对此将分别就"从学习观来看人性发展与多元容受"以及"伦理关系下的人性发展与容受性"两个层面来加以讨论。

二、发展及历程性的人性观

在进入儒家容受性思维的讨论前，可以先讨论其人性思维。当代知名儒家学者安乐哲（Roger T. Ames）近年提出"角色伦理学"（role ethics），强调儒家的伦理学具体展现在关系脉络下的"角色"意义中，尤其是从家庭关系下的角色来展开。安乐哲认为，儒家的伦理学既不能从德行伦理学，也不能从规范伦理学的角度来确切了解，两者虽有在人格内涵与主体理性、行为规范上的不同侧重，但都建立在去关系及角色的独立"个体"或"主体"的前提下，这与儒家重视各种关系、角色的伦理思维有着根本的差异。

除此之外，安乐哲也凸显儒家与西方传统伦理学脉络下对于人性的不同理解，并对 human becoming 与 human being 两者做出区别。后者是一种静态的人性观，从恒常实体、本质的形上角度来理解人性，同时以"超越的来源"来解释价值的基础；前者则是一种动态、发展的人性论，将人性视为在与家庭、友朋、君臣甚而与宇宙的关系互动中不断展开的可能性，而此关系中展开的人性意义也就是价值的来源。对此，安乐哲论及：

> 如何成为（become）一完善的人？这是儒学长期追问的问题，并鲜明地在《论语》《孟子》《大学》《中庸》四书中加以探问。从孔子时代开始，答案即涉及道德、美学以及终极的宗教面向。个人透过在构成人的原初特质及设置出人的生活常轨的深厚内在关系中，包含家庭、社群、宇宙等以进行修养，而成为完善的人（become human）。[1]

---

[1] Roger T. Ames, *Confucian Role Ethics: A Vocabulary*, Hong Kong Chinese University Press, 2011, p. 87.

个人透过家庭关系的投入而拥有关系性的美德，同时是个人、社会及宇宙意义的出发点及终极来源。①

安乐哲从在家庭、社会及宇宙关系中生成、发展的面向来理解儒家的人性观，既可以在先秦儒学中找到相应的说法，也可以在后世儒学，如王船山对于儒学人性论的理解中获得呼应。前者如孔子言"我欲仁，斯仁至矣"，孟子以"才""端"到"存养扩充"的发展脉络来理解人性的实现及实践过程；后者如船山则以"日生日成"来理解人性的特质。

但不论是安乐哲还是王船山，纵使能把握儒学生成、发展的人性观，却未能凸显儒学在重视人性发展时，同时强调人性发展与兼纳、容受多元的一体性。也就是说，人性发展是纵向的，但其中又同时蕴含着横向的多元兼容与融摄。安乐哲虽同时强调纵向的人性发展与关系性的横向互动，但是两者的一体性并未被凸显；船山则在纵向的人性发展中，仍内含同一性的道德原则②，展现了对于他异性（alterity）③较为拒斥的面向。

若回到先秦儒学，人性在对于德性的欲求、发展及完成的整体图像中，本就在一即多、一即发展的关系中展现。也就是说，在德性的稳定及恒常特质中，同时蕴含着多元性以及发展性。关于德性恒常与发展特质的联系，孔子言："性相近也，习相远也。"④ 对于孔子而言，人性尽管有相近之处，但"习相远"一语则说明二义：一是孔子将人性视为一段发展历程，而非给定、既存；二是人性的发展关键地由学习状态决定。换言之，孔子的思想已暗含将人性视为"成德"历程，而学习则是此一历程的演进动力。进一步言，在这演进动力中，人性展现出一个循环维度：人性给出演进的动力，而演进的动力又增进了人性。对此孔子言："仁远乎哉！我欲仁斯仁至矣。"⑤ "我欲仁"的

---

① Roger T. Ames, *Confucian Role Ethics：A Vocabulary*, p. 91.
② 船山思想中严厉的华夷之辨展现出其对某种道德同一性的坚持。
③ "他异性"（alterity）是借用列维纳斯（Emmanuel Levinas）的说法。
④ 《论语·阳货》，朱熹：《四书章句集注》，中华书局1983年版，第175页。
⑤ 《论语·述而》，《四书章句集注》，第100页。

"欲"虽关涉道德意志,但此意志必须与具体的学习活动相联系,方具有推进人性、成就德性的演进动力义。此"欲仁"之"欲"虽可由学习强化,但亦源自人性本身。而当"欲"与学习相联系而为动力时,人性也逐渐转化出仁德的特质,即"斯仁至矣"。可见,"我欲仁"源自人性,同时又在与"学而时习之"的相结合中,朝"仁"的德性内涵发展人性。

孟子的人性思想同样具有发展、演进的面向。当孟子以"端"及"存养扩充"来解释人性内涵时,发展与历程便成为人性的核心特质。而孟子所关注的人禽之别,从人性的角度来看,也不是一种本质上的区别,而是透过发展而呈现出差异性,亦即从人之所以异于禽兽者,具有"存"与"去"的可能来看,人性正是一个有待发展、完成的历程性整体。[①] 安乐哲结合"关系"的面向,对于孟子此发展、历程的人性论,有着清楚的解释。其言:"'性'之所在并不是某种孤立的自身,而是作为关系之中心的人之自身——终其一生,这种关系随着善的变化而被加深、培养和扩充。正是在培养这些联结中的这种努力,维持着作为人之为人和在本质上把人提高到动物世界之上。"[②] 安氏在其近著中一方面将关系与角色密切连接,另一方面也视关系优先于角色。对于安氏而言,孔、孟所论的人性内涵不能独立于关系与角色来理解。但是对于人性与关系,以及角色之间相互增进、丰富的关系,安氏所论尚未见深化此点。

三、发展的人性观与多元容受

(一) 从学习观来看人性发展与多元容受

儒家发展的人性观同时蕴含着多元容受的特质。就孔子而言,其立基于"我欲"的情感及意志性,以及学习之实践性的人性发展中,多元性同时与人性的发展紧密结合,这一点亦可从孔子对于学习的观

---

① 艾兰从"端"的隐喻意义分析孟子发展性的人性观点,参见艾兰:《水之道与德之端:中国早期哲学思想的本喻》,张海晏译,商务印书馆2010年版。
② 参见[美]江文思、安乐哲编:《孟子心性之学》,梁溪译,社会科学文献出版社2005年版,第107—108页。

点中看出。相对于"性相近也",当孔子说"习相远也"时,习与人性发展之间的关系,即蕴含多元容受性于其间。孔子说:"三人行,必有我师焉。择其善者而从之,其不善者而改之。"① 孔子此语的重点不仅在"师",还在"无不可师"之上。对于他人的良善之处,理当加以学习;而对于缺失、过错之处,亦可从中学习如何惕励自身。于此,荀子亦言及"见善,修然必以自存也;见不善,愀然必以自省也""非我而当者,吾师也"以及"好善无厌,受谏而能诫,虽欲无进,得乎哉"等②,既呼应孔子,认为人之无论善恶,皆有可学之处;也肯定虚怀学习以惕励、精进自身的精神。这种多面向学习以促进人性与德性的发展,已具有宽阔容受的精神,与《老子》所言"善人者不善人之师,不善人者善人之资"③ 意义相通。

孔子强调的这种多面向学习的精神,也体现在其自身"无常师"的多元学习态度中。孔子时刻戒慎自身做到"毋意,毋必,毋固,毋我"④ 以及"无适也,无莫也。"⑤ 其中,"毋固""毋我"力求避免固持己意及本位专断;"无适""无莫"则意在惕励自身避免受主观好恶主导。凡此皆已具有反思自身,向他者开放的容受精神。也正因为此,孔子能宽阔地觉知多方学习的价值及意义,故而能"无常师"地无所不学,无不可为师。《论语·子张》便记载卫大夫公孙朝问子贡曰:"仲尼焉学?"子贡回答曰:"文、武之道,未坠于地,在人。贤者识其大者,不贤者识其小者,莫不有文、武之道焉。夫子焉不学?而亦何常师之有?"⑥ 所谓"莫不有文、武之道焉"正反映价值坚持与多元容受的一体观。一方面"文武之道"正是孔子思想或儒学中的核心价值,另一方面"莫不有文、武之道"的"莫不有"说明,学习、领悟甚而实践"道"之核心价值,其道多端,无所不在,应当多元容受而不必固执、局限于某处。"识其大"正体现此既本于核心价值,

---

① 《论语·述而》,《四书章句集注》,第98页。
② 《荀子·修身》,王先谦:《荀子集解》卷2,中华书局1988年版,第20—21页。
③ 楼宇烈校释:《老子道德经注校释》第27章,中华书局2008年版,第71页。
④ 《论语·子罕》,《四书章句集注》,第109页。
⑤ 《论语·里仁》,《四书章句集注》,第71页。
⑥ 《论语·子张》,《四书章句集注》,第192页。

又能多元容受的学习、探索态度，而相异于"识其小"之狭隘而拘泥。前述记载虽为子贡追述，但契合孔子的态度。

由上述来看，当孔子言"下学而上达。知我者其天乎"① 时，"下学而上达"一方面呼应人性的"习相远"，也就是发展的人性观；另一方面，"下学"也即"毋固""毋我"的"无常师"之学。依此，"下学而上达"也意谓了多元容受之学习、实践以发展人性于极致。

（二）伦理关系下的人性发展与容受性

正如安乐哲的阐释，儒家将人性的发展置于关系中展开。然而不应忽略的是，在规范的意义上，关系本身正具有多元容受的价值及要求。而关系中所具有的容受性则至少包含两个方面：其一是和谐关系虽为理想的伦理要求，但必须以容受个体的独特性及差异性为前提；其二是无论事实上还是规范上，自我人性的发展必然涉及与他人之间的相互影响，容受性则表现在彼此以体情与恕道来感受及接纳彼此独特的生命脉络。而此二容受面向，又皆须个体以"毋意，毋必，毋固，毋我"② 及"无适也，无莫也"③ 弱化主观本位与固执的修养为前提。以下分别就此二面向加以讨论。

1. 和谐关系与容受差异

关于和谐与容受差异的关系，可从几个面向来了解。首先，孔子言："君子和而不同，小人同而不和。"④ "和"本意指多样事物之间的和谐状态，"同"则意指无差别或一致。如《左传》言："五声和，八风平，节有度，守有序，盛德之所同也。"⑤ "五声和"之"和"指不同声调所形成的和谐关系；而"盛德之所同"之"同"则意谓"一致""无差别"。其他如"济五味、和五声也"⑥ 中的"和"亦指差异状态下的和谐关系。《左传》中更有"和同"一词，表达出多元差异

---

① 《论语·宪问》，《四书章句集注》，第157页。
② 《论语·子罕》，《四书章句集注》，第109页。
③ 《论语·里仁》，《四书章句集注》，第71页。
④ 《论语·子路》，《四书章句集注》第147页。
⑤ 《左传·襄公二十九年》，杨伯峻编著：《春秋左传注》，中华书局1981年版，第1164—1165页。
⑥ 《左传·昭公二十年》，《春秋左传注》，第1420页。

之间的和谐与合作关系。如《成公十六年》即言及:"神降之福,时无灾害,民生敦庞,和同以听,莫不尽力以从上命,致死以补其阙,此战之所由克也。"①"和同以听"意谓众民得以各尽其独特能力,共同地听从、效命于上位。

孔子所言"和"与"同"的意义大抵与《左传》相同,因此"和而不同"透过"君子"而展现的规范义,即在"礼之用,和为贵"的和谐理想下,同时尊重差异、容受多元。此相对于"同而不和"在一致、无差别的要求下,失去了多样人格与生命特质在"如切如磋,如琢如磨"下的活力互动与人性发展。

除了在多元前提下形成和谐互动,孔子或儒学对于和谐与容受差异间的联系,还具体表现在政治层面。《左传·襄公三十一年》记载,郑大夫然明因当时郑国臣民聚集于乡校议论、批评朝政一事,建议毁废乡校。子产对此提出反驳而言:"夫人朝夕退而游焉,以议执政之善否。其所善者,吾则行之;其所恶者,吾则改之,是吾师也。若之何毁之?我闻忠善以损怨,不闻作威以防怨。"② 子产认为,对于众人之议论朝政,为政者不应在维持政治及社会秩序的前提下,遽以威势强力制止;反而应客观审视诸般评议的虚实与价值,自省己身。缺失处则改之,有价值而可行者则从之。子产之论,正体现了为政上的自省与容受的态度,尤其是对于异己的差异性容受,这样的观点正契合《论语》中的思想。《论语》中记载子张可能听闻于孔子的说法:"君子尊贤而容众,嘉善而矜不能。我之大贤与,于人何所不容?我之不贤与,人将拒我,如之何其拒人也?"③"君子"在这里亦包含为政者的角色,而"尊贤容众"不但具广纳众才之义,更具有不拒异己、虚己师众的容受胸怀。也因此,《左传》在这则事件中同时记载孔子听闻子产之言后,赞以"以是观之,人谓子产不仁,吾不信也"之语。

---

① 《左传·成公十六年》,《春秋左传注》,第881页。
② 《左传·襄公三十一年》,《春秋左传注》,第1192页。
③ 《论语·子张》,《四书章句集注》,第188页。

对于政治层面和谐、秩序与容受差异的联系，荀子在论及宽怀容受的"兼术"时，亦曾延伸及此。其言："故君子之度己则以绳，接人则用抴。度己以绳，故足以为天下法则矣；接人用抴，故能宽容，因众以成天下之大事矣。故君子贤而能容罢，知而能容愚，博而能容浅，粹而能容杂，夫是之谓兼术。"① 所谓"度己则以绳，接人则用抴"即律己以严，待人以宽之义。② 不过，对于荀子而言，君子如此修养实具有政治上的意义，即能够因其"贤而能容罢，知而能容愚，博而能容浅，粹而能容杂"的多元宽容，而"因众以成天下之大事"，凭借众人的多元才能及力量，而成就大功。换言之，荀子容受差异的要求，已不仅是在和谐、秩序的前提下，而是在如何最大化政治成效的考虑中。

政治上多元兼用人才的容受性，对于儒学而言，同时也具有使人能各尽其性，各通其志的意义。如《中庸》言："唯天下至诚，为能尽其性；能尽其性，则能尽人之性；能尽人之性，则能尽物之性；能尽物之性，则可以赞天地之化育；可以赞天地之化育，则可以与天地参矣！"③《中庸》此段话蕴含治天下的面向，至诚精一之人不但能实现自身的生命潜质，同时也能透过仁恕精神，尽可能尊重并让人们各自实现其特质及才能，进而让万物也能各安其生，以此展现助天地之化育，与天地并立的精神高度。换言之，荀子所谓的"兼术"不仅具有政治效果的意义，还有让人们不失其性、各适其能的"立人""达人"之义。

就德行内涵而言，为政者能使人各尽其性，本身必须具有开放、虚怀的精神，如此方能真切地通晓他人的才能特质及情感意向，也才能知道如何使其各尽其性，各适其能。对此，《易·系辞》言："《易》无思也，无为也，寂然不动，感而遂通天下之故。非天下之至神，其孰能与于此？夫《易》，圣人之所以极深而研几也。唯深也，故能通

---

① 《荀子·非相》，《荀子集解》卷3，第85—86页。
② 李涤生：《荀子集释》，学生书局1991年版，第87页。
③ 《中庸》第22章，《四书章句集注》，第32页。

天下之志；唯几也，故能成天下之务；唯神也，故不疾而速，不行而至。"《易》所体现的为政之道正凸显着无专意、无专为，"宽裕温柔足以有容"① 的开放、虚怀精神。在此开放性中，"通天下之志"地真切感通他人的心志情感，并辅之以尽其性。

无论是尊重差异、特性的和谐观，还是政治层面广纳多样人才的"兼术"与各尽其性、各通其志的参赞化育精神，此中体现的容受性，正是《易传》"天下同归而殊途，一致而百虑"及《中庸》所言"万物并育而不相害，道并行而不相悖"的一、多兼容的意蕴。

2. 体情与容受

正如前文所论，无论事实上还是规范上，自我的发展必然涉及与他人之间的相互影响。就此层面而言，容受性表现在以体情来感受及接纳彼此独特的生命脉络上。关于自我与他人互动层面的容受性，首先可从儒家的恕道及仁道中看出。

孔子重视恕道，视其为人当终身力行者，而其意旨为："己所不欲，勿施于人。"② 也就是《大学》所言"所恶于上，毋以使下；所恶于下，毋以事上；所恶于前，毋以先后；所恶于右，毋以交于左；所恶于左，毋以交于右"的"絜矩之道"。而我们通常会将孔子"己所不欲，勿施于人"之语，和其与子贡论及仁的提点配合而论，即"夫仁者，己欲立而立人，己欲达而达人。能近取譬，可谓仁之方也已"③。如果我们仔细联系两者来看，至少可以发现有如下的层面值得讨论。首先，两者都以自身作为衡量如何对待他人的标准，也就是都"能近取譬"，透过自身感受、好恶来譬拟如何对待他人。其次，两者虽都透过"能近取譬"来衡量如何对待他人，但是"己所不欲，勿施于人"的恕道强调对自身欲望的约束，也就是对于"施于人"欲望的约束。恕道强调约束自身的面向，在儒家诸多论述中均有表现。如孔子言："躬自厚而薄责于人，则远怨矣！"④ "躬自厚"即意指严

---

① 《中庸》第31章，《四书章句集注》，第38页。
② 《论语·卫灵公》，《四书章句集注》，第166页。
③ 《论语·雍也》，《四书章句集注》，第92页。
④ 《论语·卫灵公》，《四书章句集注》，第165页。

格地要求、约束自身，此相对于宽怀对待他人。前述亦已言及荀子强调严以待己："君子之度己则以绳，接人则用抴。"度己以绳即严以约己，相对于"接人则用抴"之宽厚待人，甚而助人。此外，《大学》亦言："君子有诸己，而后求诸人；无诸己，而后非诸人。所藏乎身不恕，而能喻诸人者，未之有也。"这也是以自我之自省、约束及要求为基础，来作为对待他人的标准，以此为"恕"道的核心内涵。

相对于恕道，"己欲立而立人，己欲达而达人"的为仁之方，则强调了放大或扩大欲望或欲望对象的特质，是将"立己"与"达己"的欲望同时扩及到"立人"与"达人"的欲求上。可见，恕道强调"约束自身"的特质，而仁道则凸显扩大自身的面向。不过需要补充的是，孔子或儒家言恕道，虽强调约束自身的一面，却也具有厚待他人的面向；同样的，仁道在强调厚待他人的同时，也具有自我约束的面向，只是侧重强调者不同。

若结合前两点来看，在对待他人上，无论是强调对自我欲求的约束，还是扩大欲求，都是"能近取譬"地以自身感受为基础的。也就是说，对于"施于人"的欲望限制，正是以自身的"所不欲"为依据；而对于"立人""达人"的欲求，也是以己身的情感，亦即对"立"与"达"的欲求为基础。不过，这就涉及另一层值得讨论的问题，即以自身感受作为如何对待他人的衡量基础，一方面具有流于主观而未能真正容受他人的疑虑，另一方面也会面临人、我心灵的同异问题。而这即涉及"能近取譬"是否为判断如何对待他人的合理标准。对于此问题，需要就孔子所言"能近取譬"的意涵进行讨论。

有一种解释不从"自身感受"的面向着眼，而是将"能近取譬"的"近"解释为身边的经验，进而将"能近取譬可谓仁之方也已"理解为从身边的经验出发来逐步实践仁。① 这样的解释虽亦可通，

---

① 如杨伯峻解释道："能够就眼下的事实选择例子一步步去做，可以说是实践仁道的方法了。"见氏著：《论语译注》，中华书局2015年版，第95页。

但却丢失了仁、恕之道中涉及对待他人的规范原则中的心理机制面向。

朱熹的注解则涉及此面向,只是并未清楚说明。其解释"能近取譬"的意义为:

> 近取诸身,以己所欲,譬之他人,知其所欲亦犹是也。然后推其所欲以及于人,则恕之事而仁之术也。与此勉焉,则有以胜人欲之私,而全其天理之公也。①

所谓"以己所欲,譬之他人,知其所欲亦犹是",虽然朱熹言中之"所欲"主要是指仁心之欲,而非私欲,但是为什么能由一己所欲而"譬之他人",即能知他人之所欲与己同,进而应当"推其所欲以及于人"?其间是否合理,朱熹并没有进一步说明。换言之,朱熹虽论及"譬之他人"此一心理机制,但究竟是一种怎样的心理机制,朱熹并未有所解释。

直到黄式三对"能近取譬"的解释,仁、恕之道所涉及的心理机制才有所点明。其解释言:

> 仁者之于人,分有所不得辞,情有所不容遏,相感以欲而婹责于己焉,所谓能近取譬也。②

在黄式三的解释中,"能近取譬"所涉及的对他人的理解,不是朱熹所论及的"知",而是"感"。朱熹以不清楚的"譬"作为从自身之所欲到知他人之所欲的联结,并以此作为推己之所欲以及于人的基础。但正如前述,如何从己之所欲得以知他人之所欲与己同,对朱熹而言,由于其中关键在"譬",而譬的意义并不清楚,因此其间的联结是不清楚的。与朱熹不同,黄式三强调的是"相感以欲"而不是"相知以欲",换言之,我们对于他人的欲求,不是如朱熹所言,是由我们对自身欲求的反身感知来推得的,而是在情感中"感受到"他人的欲求。换言之,他人的情感或欲求,不是推论或联想的对象,而是

---

① 朱熹:《四书章句集注》,台湾汉京文化事业1983年版,第216页。
② 黄式三:《论语后案》,转引自程树德:《论语集释》,中华书局1990年版,第430页。

要真确地感受或体受之,亦即体情。对于黄式三而言,能近取譬之所以为仁之方,亦即能近取譬之所以可以解释道德动力,不是由于如朱熹阐释的知识型的解释,而是情感性的动力。按照黄氏的阐释,仁者之所以愿意立人、达人,乃因为"情有所不容遏",也就是真切地感受到他人提升自我、发展人性的渴求。换言之,在黄氏的解释中,我们之所以愿意协助他人发展自身,是因为我们在感受他人的欲求时,被这情感性感受召唤。也就是说,"能近取譬"虽强调了行为者自身,但行为者并非主导者,他实际上是被他人的情感召唤着;而在朱熹的解释中,以己之所欲来譬知他人之所欲,并以此解释立人、达人的道德动力,则似乎就有了行为者较为主动的一面。相较而言,黄氏解释的角度也就有了较为明显的容受精神。

黄式三从"相感以欲"的体觉他人感受面向来解释"能近取譬",并说明在仁恕之道中,自我如何理解他人的环节实际上也呼应了孟子对仁、恕之道的阐释。孟子对于四端之心,也就是仁政基础的阐释,最鲜明的即透过孺子入井之例。在这个例子中,孟子指出人乍见孺子将入于井,将"皆生怵惕恻隐之心"。[①] 这怵惕恻隐之心在当下是必然也是自然而有的,孟子又称此心为"不忍人之心"。无论是怵惕恻隐之心还是不忍人之心,虽然我们可以较为明确地了解孟子视之为普遍而必然的情感反应,但是对于此情感的特质,却仍有厘析的空间。

当代伦理学家斯洛特(Michael Slote)在休谟(David Hume)道德情感论的基础上,发展以情感为本位的德行伦理学及关怀伦理学。其中,他区分了"同情"(sympathy)与"移情"(empathy)两者。前者是一种怜悯感,是对于他人的痛苦感受到的一种不舍与遗憾之情。后者则是指感同身受,也就是指感受到他人的感受(to feel others' feeling)。对于别人遭受的痛苦,我们内心也感受到这种痛苦,而不只是对之同情与怜悯。对于斯洛特而言,两者的差异不尽在心灵情感特质,而且在人我关系上。"同情"的背后仍蕴含同情者的"自

[①] 《孟子·公孙丑上》,《四书章句集注》,第237页。

我",然而"移情"在感知他人感受的同时,却意味着走出自我,进入到他人的脉络,也就是让他人的情感充满我的内心。因此,"移情"的发生又意谓自我必须给出开放性(openness),进而具有接纳他人脉络,特别是情感感受的容受性(receptivity)。①

对于孟子来说,究竟怵惕恻隐之心或不忍人之心是"同情"还是"移情"?同样的,黄式三所谓的"相感以欲",亦即对于他人的感欲之情,是"同情"还是"移情"?若仔细分析,无论孔子还是孟子的说法,应该两者都包含,但是移情的意义更为关键。如果按黄式三"相感以欲"的解释,孔子"能近取譬"之说就具有感同身受的移情意义。实际上,在伦理互动上,感同身受确实是孔子所凸显的情感基础。例如《述而》言及:"子食于丧者之侧,未尝饱也;子于是日哭,则不歌。"孔子之所以在丧者身边饮食从未饱足,一天中若曾于丧礼中哭过,便不再讴歌,并不只是遵守礼的要求,而是因为感受到丧者哀戚之情。也就是这哀切的感受让孔子有此等作为或受到此等约束。相应于《述而》的记载,《礼记》中也论及:"邻有丧,舂不相;里有殡,不巷歌。"② 在邻里中有丧家的情况下,舂米及巷居时应避免讴歌。作为礼仪的规范约束,其核心精神也是立基在对丧家哀戚之情的同情共感上。

至于孟子所言的不忍人之心或是怵惕恻隐之心,虽有怜悯的"同情"成分,但是更为核心的亦是移情同感的特质。对于孟子所谓乍见孺子将入于井而生怵惕恻隐之心,赵岐注曰:"凡人暂见小小孺子将入井,贤愚皆有惊骇之情,情发于中,非人为也。"③ 赵氏解怵惕之义为"惊骇之情"当合孟子之意,纯是观者内心的情感反应,无斯洛特所谓移情之义;但是"恻隐"则不必然。焦循据赵岐解释《梁惠王》"隐其无罪"之"隐"为"痛",以及《说文》言"恻,痛也"等,而

---

① Michael Slote, *From Enlightenment to Receptivity: Rethinking Our Values*, New York: Oxford University Press, 2013, p. 196.
② 《礼记·曲礼上》,[汉]郑玄注,[唐]孔颖达正义:《礼记正义》卷第 4,上海古籍出版社 2008 年版,第 101 页。又见于《礼记·檀弓上》卷第 8,第 235 页。
③ 焦循:《孟子正义》,中华书局 1987 年版,第 233 页。

释"怵惕恻隐之心"为"惊惧其入井，又哀痛其入井也"①。"恻隐"作为哀痛之情，就不仅是观者的怜悯同情。所谓恻隐之"痛"，已具有同感孺子入井之痛的情感特质。

孟子另言："万物皆备于我矣，反身而诚，乐莫大焉。强恕而行，求仁莫近焉。"②"万物皆备于我"并无神秘主义之意涵③，而应与"强恕而行"联系。焦循的解释正能从仁恕之道来解释孟子"万物皆备于我"之义。其释曰："我亦人也，我能觉于善，则人之性亦能觉于善，人之情及同乎我之情，人之欲及同乎我之欲，故曰万物皆备于我矣。己欲立而立人，己欲达而达人；己所不欲，勿施于人，即反身而诚也，即强恕而行也。"④ 孟子之所以言"万物皆备于我"，确如焦氏所释，是以仁恕之心作为人得以与他人良善互动的基础，亦即个人只要能反身自察，就能体觉对待他人的普遍原则。不过，焦循的注解仍过度集中在以己推得他人心理的认知面向，实际上，孟子联系强恕而行与万物皆备于我，更有着人能与他人移情共感的情感基础在。也正是立基于移情共感，我们才能进入、容受他人的心灵及思维脉络，这也是孟子"万物皆备于我"的容受精神。也就是说，"万物皆备于我"并不是在自我的规定下同化他人，而是让自身透过移情共感，具有接受他人真实而特殊情感特质或思维脉络的容受性，并在此容受性中发展人性，成就人格。

四、结 论

从人性角度来看，儒学有着发展、增进的人性观，而人性的发展正是道德人格的成长及完善的历程。在此完善的历程中，儒学强调关系脉络的必然性及规范性。一方面，人在关系中多元学习，增进德行；另一方面，人在关系互动中学习以仁恕之心，开放而柔软地体察

---

① 焦循：《孟子正义》，中华书局1987年版，第233页。
② 《孟子·尽心上》，《四书章句集注》，第350页。
③ 冯友兰即认为，孟子"万物皆备于我"之说"颇有神秘主义倾向"，是"以'爱之事业'去私，无我无私而个人乃与宇宙合一"，参见氏著：《中国哲学史》，第165页。
④ 《孟子正义》，第883页。

甚而同感他人的情感及认知脉络，达致真切地相互主体式互动，发展、实践人性的价值。以仁恕之心为基础的关系互动，不仅在人我关系下具备相互体情与容受关系，对于儒学而言，能"和而不同"地拥有差异又具有和谐性的社群，更是儒学肯定的群体性关系。在这样的关系中，尽己之性与尽人、尽物之性不相冲突，彼此增益。

第三单元
传统文化与当代社会

阳明心学的"心态"向度

李承贵

(南京大学哲学系)

"心态"是人们对自身及现实社会所持有的较普遍的态度、情绪情感体验及意向等心理状态，也是反映特定环境中人们的某种利益或要求并对社会生活有广泛影响的思想趋势或倾向。由于反映了情感和利益的要求，因而必然呈现出阴晴交织、正邪轮替之状，其中的阴邪"心态"则是人与社会的致害者。那么，以"心学"名世的阳明学说对"心态"问题有怎样的关注和思考呢？

一、"心态"：阳明心学的根本关切

任何成形的学说必有其根本关切，这个根本关切即其解决的核心课题，并由此构建其学说体系。那么，阳明心学的根本关切是什么呢？

1. "心态"问题的现实关切

哲学问题产生于对社会现实的反思，阳明心学的"心态"关切即缘于社会现实引发的思考。王阳明尚处于镇压叛乱的艰苦战争状态时，就在与杨仕德、薛尚谦的信函中表达了对"心态"问题的关切："即日已抵龙南，明日入巢，四路兵皆已如期并进，贼有必破之势。某向在横水，尝寄书仕德云：'破山中贼易，破心中贼难。'区区剪除鼠窃，何足为异？若诸贤扫荡心腹之寇，以收廓清平定之功，此诚大丈夫不世之伟绩。"[①] 这里所说的"山中贼"应该是叛乱的"贼寇"，而"心中贼"应该是心理的、精神的"贼寇"。阳明认为消灭肉体的

---

① [明] 王守仁：《王阳明全集》上，上海古籍出版社1992年版，第168页。

贼寇是比较容易的，而扫荡"心腹之寇"极为困难。因此，大丈夫无不以"扫荡心腹之寇"为最大成就。可见，阳明之所以将"破心中贼"视为超级难题，缘于其平定叛乱的切身体验。这里所谓"心腹之寇"或"心中贼"，就是"心态"问题。平定叛乱的经历使王阳明体验到"心态"问题的严峻，而混乱、腐朽的学术环境更让他意识到解决"心态"问题的紧迫性。阳明说："后世学术之不明，非为后人聪明识见之不及古人，大抵多由胜心为患，不能取善相下。明明其说之已是矣，而又务为一说以高之，是以其说愈多而惑人愈甚。凡今学术之不明，使后学无所适从，徒以致人之多言者，皆吾党自相求胜之罪也。"① 按道理，学术应该愈辩愈明，愈辩愈接近真理，但阳明发现其时的学术状况是动机不纯、过程无序、目标模糊的，而其中的原因就是"胜心"。所谓"胜心"就是逞强好胜之心，就是不能容人在己上之心，就是忌妒人优秀之心，因而说"胜心"导致"学术不明"。此"胜心"即"心态"问题。无疑，阳明对"胜心"的关切正是缘于对"学术不明"现状的体验与思考。

2. "心态"问题的认识论分析

那么，阳明所关切的"心态"问题是怎样发生的呢？阳明说："身之主宰便是心，心之所发便是意，意之本体便是知，意之所在便是物。"② "意"是"心"的延伸，"意"的本体是"良知"，"意"之所在便是"物"。那么，"心态"问题出自哪里呢？阳明说："意与良知当分别明白。凡应物起念处，皆谓之意。意则有是有非，能知得意之是与非者，则谓之良知。"③ 此即说，"意"是应物而起的"念"，而"意"有是有非，因而"意"之是非与"物"的接触有关联。但阳明认为，"人心"是不得其正者，"道心"乃得其正者。他说："心一也。未杂于人谓之道心，杂以人伪谓之人心。人心之得其正者即道心，道心之失其正者即人心，初非有二心也。"④ 既然杂于人伪之"人心"是

---

① 《王阳明全集》上，第207页。
② 《王阳明全集》上，第6页。
③ 《王阳明全集》上，第217页。
④ 《王阳明全集》上，第7页。

不得其正者,那么"有是非的意"便可能成为"人心",即成为不健康"心态";既然未杂于人伪的"道心"是得其正者,那么"有是非的意"也可能成为"道心",即成为健康"心态";这取决于"良知"对"意"的监督状况。既然"心之所发便是意",而"意"有是非,即意味着"心"无不正,阳明说:"盖心之本体本无不正,自其意念发动,而后有不正。"① 概言之,"意"是"心"之"应物起念",即在与事物的接触中产生"心态",这种"心态"在性质上的表现是不稳定的,方是方非,方正方邪,此即"心态"问题;但是,"意"发于"心",因而"心"是体,"意"是用,即"意"受制于"心";同时"心"明觉精察之"良知"是"意"之本体,负责监督"意"的任务,逼使"意"遵循"良知"回归心体,这正是"心态"问题的解决,亦即"诚意"。此即阳明心学关于"心态"问题发生的观念逻辑。质言之,阳明不仅分析了"心态"问题的认识论原因,而且预设了解决"心态"问题的路径。

3. "心态"问题的学脉根据

可见,"心态"问题不仅是基于社会现实的思考,而且是对人心是非善恶原因的认识论追问。那么,圣人之学是否关切"心态"问题呢?是否以解决"心态"问题为任务呢?这是阳明心学必须回应的课题。因为只有证明圣人之学是心学,才能使心学获得道统上的合法性,只有说明"心态"问题是圣人之学的内在课题,才能名正言顺地利用儒学资源以处理"心态"问题。无疑,阳明非常智慧地处理了这个问题。阳明说:"圣人之学,心学也,尧、舜、禹之相授受曰:'人心惟危,道心惟微,惟精惟一,允执厥中。'此心学之源也。中也者,道心之谓也;道心精一之谓仁,所谓中也,孔孟之学惟务求仁,盖精一之传也。"② 圣人之学就是心学,尧、舜、禹三圣相授的"人心惟危,道心惟微,惟精惟一,允执厥中"是心学的源头;"允执厥中"的"中"就是"道心","道心"精一就是"仁",因而孔孟之学就是

---

① 《王阳明全集》下,第971页。
② 《王阳明全集》上,第245页。

三圣之学的嫡传。阳明说:"夫圣人之学,心学也,学以求尽其心而已。尧、舜、禹之相授受曰:'人心惟危,道心惟微,惟精惟一,允执厥中。'道心者,率性之谓,而未杂于人。无声无臭,至微而显,诚之源也。人心,则杂于人而危矣,伪之端矣。"① 这里除了继续强调"十六字心诀"之心学源头地位外,对"道心"与"人心"的内涵也做了解释与规定,并明确了"人心"之为心学难题的性质,而"人心"是杂于人者,因而心学的任务是"求尽其心",即充分显发"道心"以抑制"人心"。既然圣人之学就是心学,那么阳明心学自是圣人之学的传承,从而解决了心学在道统上的合法性问题;既然尽显"道心"以抑制"人心"是心学的核心任务,那么"心态"的健康就是心学的课题;既然"惟精惟一"是使"人心"回归"道心"的精神诉求,那么心学就获得了解决"心态"问题的方向与方法。

4. "心态"问题乃君子之学要务

既然"心态"问题属于圣人之学内在的学术使命,那么它自然是圣人之学传承者阳明心学所必须思考和解决的课题。阳明说:"君子之学以明其心。其心本无昧也,而欲为之蔽,习为之害。故去蔽与害而明复,匪自外得也。心犹水也,污入之而流浊,犹鉴也,垢积之而光昧。"② 在阳明看来,"心体"本善,光亮透明,一尘不染,只是由于利欲的遮蔽和陋习的伤害而形成邪恶"心态",从而使本善之"心"不能发用流行,不能润泽万物。因此,除去"蔽"与"害"便成为恢复本心的前提,而除去"蔽"与"害",必除去好利欲之心,必消灭不良的习性,因而君子之学的任务就是"明心",就是将消极的"心态"转变为积极的"心态"。阳明说:"君子之学,心学也。心,性也;性,天也。圣人之心,纯乎天理,故无事于学。下是,则心有不存而汩其性,丧其天矣,故必学以存其心。学以存其心者,何求哉?求诸其心而已矣。求诸其心何为哉?谨守其心而已矣。"③ 由于"人

---

① 《王阳明全集》上,第256页。
② 《王阳明全集》上,第233页。
③ 《王阳明全集》上,第263页。

心"不存"天理"而使其天性遭到伤害，因而君子之学的任务就是使人们"存心"，所谓"存心"就是反身向内，就是谨守其心以扬善抑恶，恒为"道心"。概言之，"明其心""求其心""守其心"都是要将丧失的"善性"恢复，使"心"光明以回归"道心"，从而呈现健康的"心态"，此即君子之学的任务。

概言之，"心态"问题的社会现实关切反映了阳明心学的经世特质，"心态"问题的认识论原因分析反映了阳明心学的哲学品格，"心态"问题的圣人之学定位反映了阳明心学的道统诉求，"心态"问题的君子之学担当反映了阳明心学的人文情怀，如此，"心态"问题便自然地成为心学面对的课题。

二、"心态"问题的把脉

可见，"心态"问题的确是阳明心学的根本关切。基于这种关切，阳明对"心态"问题的状况、危害以及原因等展开了思考与分析。

1. "心态"问题的普遍性

所谓"凡应物起念处谓之意，意则有是非"，即"心态"是主体对客体反映过程中出现的心理现象；而主体对客体的反映是人类的基本行为方式之一，因而如果说"心态"生于"应物"，那其必然是普遍而多样的。王阳明的观察也证明了这点。

有所谓"好胜之心"。阳明说："议论好胜，亦是今时学者大病。今学者于道，如管中窥天，少有所见，即自足自是，傲然居之不疑。与人言论，不待其辞之终而已先怀轻忽非笑之意，訑訑之声音颜色，拒人于千里之外。不知有道者从旁视之，方为之疏息汗颜，若无所容；而彼悍然不顾，略无省觉，斯亦可哀也已！"① 对于圣人之道，不少学者坐井观天，虽距悟"道"尚远，却自信满满；与人交谈，却无视他人的存在，不能给人以尊重。此即弥漫于学者中的"好胜之心"。

有所谓"骄傲之心"。阳明说："人生大病，只是一傲字。为子而傲必不孝，为臣而傲必不忠，为父而傲必不慈，为友而傲必不信。故

---

① 《王阳明全集》上，第270页。

象与丹朱俱不肖，亦只一傲字，便结果了此生。"① 身怀"傲心"之人，为子不能孝，为臣不能忠，为父不能慈，为友不能信，因此，"傲"是人生大病，是万恶之原。"今人病痛，大段只是傲。千罪百恶，皆从傲上来。"② 此即头脑发胀的"骄傲之心"。

有所谓"虚诳之心"。阳明说："后世大患，全是士夫以虚文相诳，略不知有诚心实意。流积成风，虽有忠信之质，亦且迷溺其间，不自知觉。"③ 所谓"虚诳之心"，就是毫无诚意、尔虞我诈，其具体情形是："世之儒者，各就其一偏之见，而又饰之以比拟仿像之功，文之以章句假借之训，其为习熟既足以自信，而条目又足以自安，此其所以诳己诳人，终身没溺而不悟焉耳！"④ 身怀"虚诳"之心者，以修辞比拟、章句假借以文饰、阻碍对"圣人之道"的觉悟，却自以为得"道"，如此诳己诳人而不能自觉。

有所谓"耻非当耻之心"。阳明说："今人多以言语不能屈服得人为耻，意气不能陵轧得人为耻，愤怒嗜欲不能直意任情得为耻，殊不知此数病者，皆是蔽塞自己良知之事，正君子之所宜深耻者。今乃反以不能蔽塞自己良知为耻，正是耻非其所当耻，而不知耻其所当耻也。"⑤ 人若以言语不服人为耻、以意气不陵轧人为耻、以愤怒嗜欲不能任情为耻，其心理概为病态，概是"耻非其所当耻"者。

有所谓"妒忌之心"。阳明说："古之人所以能见人之善若己有之，见人之不善则恻然若己推而纳诸沟中者，亦仁而已矣。今见善而妒其胜己，见不善而疾视轻蔑不复比数者，无乃自陷于不仁之甚而弗之觉者邪？夫可欲之谓善，人之秉彝，好是懿德，故凡见恶于人者，必其在己有未善也。"⑥ 不能容忍他人之善，心胸狭窄，见善便妒忌，见不善而轻侮，使自己陷于不仁不义之境，此即"妒忌之心"。

---

① 《王阳明全集》上，第 125 页。
② 《王阳明全集》上，第 280 页。
③ 《王阳明全集》上，第 205 页。
④ 《王阳明全集》上，第 206 页。
⑤ 《王阳明全集》上，第 220 页。
⑥ 《王阳明全集》上，第 272 页。

有所谓"放荡之心"。阳明说:"昔在张时敏先生时,令叔在学,聪明盖一时,然而竟无所成者,荡心害之也。去高明而就污下,念虑之间,顾岂不易哉!斯诚往事之鉴,虽吾子质美而淳,万无是事,然亦不可以不慎也。"①"荡心"就是远离高明而追逐污下,就是没有理想,就是得过且过,就是不思向上向善,此"心态"烧身,必一无所成。

有所谓"谋计之心"。阳明说:"立志之说,已近烦渎,然为知己言,竟亦不能舍是也。志于道德者,功名不足以累其心;志于功名者,富贵不足以累其心。但近世所谓道德,功名而已;所谓功名,富贵而已。'仁人者,正其谊不谋其利,明其道不计其功。'一有谋计之心,则虽正谊明道,亦功利耳。"② 志于道德的人才能坦然面对功名利禄,不能志于道德,而是整天谋利计功、算计他人,此即"谋计之心"。

如上即是阳明涉及"心态"问题的部分描述,已可用"泛滥"形容之。那么,消极"心态"为何如此普遍呢?阳明说:"故凡一毫私欲之萌,只责此志不立,即私欲便退;听一毫客气之动,只责此志不立,即客气便消除。或怠心生,责此志,即不怠;忽心生,责此志,即不忽;懆心生,责此志,即不懆;妒心生,责此志,即不妒;忿心生,责此志,即不忿;贪心生,责此志,即不贪;傲心生,责此志,即不傲;吝心生,责此志,即不吝。"③ 在阳明看来,人皆有私欲,此私欲若不能做安全的处理,便会转化为社会危害;而勿使不健康"心态"萌发并转化的武器就是"立志"。如果不能立志,那么怠心、忽心、懆心、妒心、忿心、贪心、傲心、吝心等消极"心态"就会"破土"而出,泛滥成灾,遗害无穷。概言之,阳明所涉及的"问题心态"有:怠心、忽心、懆心、妒心、忿心、贪心、傲心、吝心、刻心、陋心、伪心、过心、胜心、算计心、得失之心、好高心、耻心、荡心等。可见,阳明对"心态"问题观察之仔细、体验之真切,是难

---

① 《王阳明全集》下,第984页。
② 《王阳明全集》上,第161页。
③ 《王阳明全集》上,第260页。

以想象的。

2."心态"问题的危害性

"心态"问题之普遍恐怕是出乎阳明预料的,更让阳明忧虑的是"心态"问题对社会和个人造成的严重伤害。此仅列数案。

其一,蒙蔽聪明。阳明认为,消极"心态"会导致人耳目蒙蔽。他说:"故凡慕富贵,忧贫贱,欣戚得丧,爱憎取舍之类,皆足以蔽吾聪明睿知之体,而窒吾渊泉时出之用。若此者,如明目之中而翳之以尘沙,聪耳之中而塞之以木楔也。"① 正常的人耳聪目明,但若被慕富贵、忧贫贱、患得失、尚爱憎的"心态"充斥,必导致其耳聋眼花。此亦证阳明所谓"身之主宰便是心"。

其二,制造争端。阳明认为,消极"心态"会导致人人相争相轧。他说:"盖至于今,功利之毒沦浃于人之心髓,而习以成性也几千年矣。相矜以知,相轧以势,相争以利,相高以技能,相取以声誉。其出而仕也,理钱谷者则欲兼夫兵刑,典礼乐者又欲与于铨轴,处郡县则思藩臬之高,居台谏则望宰执之要……是以皋、夔、稷、契所不能兼之事,而今之初学小生皆欲通其说、究其术。其称名僭号,未尝不曰吾欲以共成天下之务;而其诚心实意之所在,以为不如是则无以济其私而满其欲也。"② 如果人人充斥功利之心,势必导致花样百出的争端:有人好炫耀知识,有人好以势排挤,有人好争权夺利,有人好吹嘘技能,有人好沽名钓誉等,整个社会陷于无休无止、刀光见影的争夺倾轧之中。主管钱粮的还想兼管军事和司法,主管礼乐的则想插手官员选拔,身为郡县官的则梦想提升为藩司臬司,身为御史的却盯着宰相要职等,无不是私心作祟。

其三,破坏伦理。阳明认为,消极"心态"会导致伦理的破坏,引发恶行频现。他说:"傲则自高自是,不肯屈下人。故为子而傲,必不能孝;为弟而傲,必不能弟;为臣而傲,必不能忠。"③ 如果有人

---

① 《王阳明全集》上,第211页。
② 《王阳明全集》上,第56页。
③ 《王阳明全集》上,第280页。

持"目空一切"的骄傲心态,那就意味着他不能居人之下,意味着其为人子必不能孝、为人弟必不能悌、为人臣必不能忠,直至导致伦理的颠覆。而且这种祸害难以估量,阳明说:"是故以之为子,则非孝;以之为臣,则非忠。流毒扇祸,生民之乱,尚未知所抵极。"① 傲心、胜心则是罪魁祸首,阳明说:"人之恶行,虽有大小,皆由胜心出,胜心一坚,则不复有改过徙义之功矣。"② 人的恶行有大小,但都缘于好高之心、骄傲之心。

其四,伤害学术。阳明认为,消极"心态"也会给学术带来灾难。他说:"后世学术之不明,非为后人聪明识见之不及古人,大抵多由胜心为患,不能取善相下。明明其说之已是矣,而又务为一说以高之,是以其说愈多而惑人愈甚。凡今学术之不明,使后学无所适从,徒以致人之多言者,皆吾党自相求胜之罪也……若只要自立门户,外假卫道之名,而内行求胜之实,不顾正学之因此而益荒,人心之因此而愈惑,党同伐异,覆短争长,而惟以成其自私自利之谋,仁者之心有所不忍也……盖今时讲学者,大抵多犯此症,在鄙人亦或有所未免,然不敢不痛自克治也。"③ 在学术研究中,即便道理已说得很清楚,但某些人为了证明自己的高明,偏偏要提出所谓新的学说,如此越说越繁,使学者更加糊涂。其背后的原因就在于不能相互取善、不能甘居人下的"好胜"之心。如果"好胜"之心不去,人人自立门户,党同伐异,以私己为目标,学术只能每况愈下。

概言之,消极"心态"必导致耳目的蒙蔽、伦理的破坏、争斗的频发和学术的堕落,也就是"恶念"变成了"恶行"。可见,"心态"问题给社会和个人造成的危害是全面的、深重的。那么,"心态"问题发生的原因在哪里?

3."心态"问题的根本原因

可见,"心态"问题的确给个人与社会造成了严重危害,所以阳

---

① 《王阳明全集》上,第205页。
② 《王阳明全集》上,第1183页。
③ 《王阳明全集》上,第207页。

明必须破这个"心中贼",必须打一场心灵的战争。但如何"破心中贼"以夺取最后的胜利?必须找到"心中贼"产生的真正原因。依阳明心学,"应物起念谓之意,而意有是非",此即说"问题心态"出在"意"上。可是,又是什么原因使"意"转为"非"而成为"问题心态"呢?显然与那个"物"有关。但那个"物"只是诱因,并非主因,因为发出意念者是"心",所以"意之非"即"问题心态"也由"心"发出,而这个"心"就是私利私欲之心。兹举例言之:人之学问为什么会从"为己"转向"为人"?阳明说:"君子之学,为己之学也。为己故必克己,克己则无己。无己者,无我也。世之学者执其自私自利之心,而自任以为为己;溺焉入于隳堕断灭之中,而自任以为无我者,吾见亦多矣。呜呼!自以为有志圣人之学,乃堕于末世佛、老邪僻之见而弗觉,亦可哀也夫!"① 在阳明看来,君子为学本来都是为了"克己","克己"就是为了实现无我境界以成圣成贤;但由于学者执其私欲而陷于断灭之相,致其学蜕变成"为人之学"而不自知。人心为什么会表现得"傲慢""尖刻""粗陋"?阳明说:"君子之行,顺乎理而已,无所事乎矫。然有气质之偏焉。偏于柔者矫之以刚,然或失则傲;偏于慈者矫之以毅,然或失则刻;偏于奢者矫之以俭,然或失则陋。凡矫而无节则过,过则复为偏。"② 就人的气质而言,有偏于柔者、有偏于慈者,有偏于奢者,人于此气质之偏不得不加以矫正,如以刚正柔、以毅正慈、以俭正奢等,但在此"矫正"过程中会因为过失而流于"傲心""刻心""陋心"等心态。而之所以有过失,缘于人之"偏私",所谓"偏于柔者矫之以刚,然或失则傲",就是指在"以刚正柔"时由于人之偏私而生出"傲心"。因此,"傲心""刻心""陋心"等亦皆由私利私欲所致。人为什么总是等到犯错才想到修身养性?陆原静认为人未犯错时无须修养、无须自律,故无物可格、无知可致。阳明指出是其私利之心作祟:"圣人致知之功,至诚无息;其良知之体,皦如明镜,略无纤翳。妍媸之来,随物见形,而

---

① 《王阳明全集》上,第272页。
② 《王阳明全集》上,第263页。

明镜曾无留染。所谓'情顺万事而无情'也……病疟之人，疟虽未发，而病根自在，则亦安可以其疟之未发而遂忘其服药调理之功乎？若必待疟发而后服药调理，则既晚矣。致知之功，无间于有事、无事，而岂论于病之已发、未发邪？大抵原静所疑，前后虽若不一，然皆起于自私自利、将迎意必之为祟。此根一去，则前后所疑，自将冰消雾释，有不待于问辨者矣。"① 阳明提醒陆原静，圣人致知的功夫无时不在、无处不在，从无间断，因而陆氏之所以有"病发方服药"的心态，正源于其私利私欲。即便是"闲思杂虑"，也是由好色、好利、好名等私欲所致。有学生问为什么"闲思杂虑"也算"私欲"？阳明说："毕竟从好色，好利，好名等根上起。自寻其根便见。如汝心中，决知是无有做劫盗的思虑，何也？以汝元无是心也。汝若于货色名利等心，一切皆如不做劫盗之心一般，都消灭了，光光只是心之本体，看有甚闲思虑？"② 阳明认为，人之所以有"闲思杂虑"之心，是因为其执着"好色、好利、好名"等私欲私利，私欲私利是"闲思杂虑"的根。如果人心中没有抢劫偷盗的念头，只有"心之本体"，哪里有"闲思杂虑"的时间？因此，是私欲私利促成了"闲思杂虑"之心的生长。总之，"心"之本体廓然大公、晶莹剔透、往来无碍，发用流行而泽润万物，只是因为私欲私利的遮蔽与侵袭，才生出诸种消极的"心态"。阳明说："人心是天渊。心之本体无所不该，原是一个天。只为私欲障碍，则天之本体失了。心之理无穷尽，原是一个渊。只为私欲窒塞，则渊之本体失了。如今念念致良知，将此障碍窒塞一齐去尽，则本体已复，便是天渊了。"③ "心"本是透明的、深邃的、慈祥的、阳光的"天渊"，因为私欲私利的侵袭才变得污浊、浅薄、狰狞、阴暗，因而必须剪除私利私欲以回到心之本体。那么，如何回到心之本体呢？

三、"致良知"：根治"心态"之方

如上所述，"心态"问题不仅普遍，且危害极大，阳明谓之"心

---

① 《王阳明全集》上，第70页。
② 《王阳明全集》上，第22页。
③ 《王阳明全集》上，第95—96页。

中贼"不为过。因此，阳明恨不得立刻彻底消灭"心中贼"，他说："其疾痛郁逆，将必速去之为快，而何能忍于时刻乎？故凡有道之士，其于慕富贵，忧贫贱，欣戚得丧而取舍爱憎也，若洗目中之尘而拔耳中之楔。其于富贵、贫贱、得丧、爱憎之相，值若飘风浮霭之往来变化于太虚，而太虚之体，固常廓然其无碍也。"① 将负面"心态"当作目中之尘、耳中之楔，欲除之而后快，足见阳明的焦虑。不过，阳明对化解"心态"问题似乎成竹在胸。

1. "心态"问题在"心"中解决

阳明说："心外无物，心外无事，心外无理，心外无义，心外无善。吾心之处事物，纯乎理而无人伪之杂，谓之善，非在事物有定所之可求也。"② 既然万物万事都在"心"中，即意味着人所遭遇的所有问题只能在"心"中解决，因而"心态"问题也只能在"心"中解决。这就给心学解决"心态"问题确定了基本原则和方向。那么，"心态"问题由"心"解决有怎样的学理根据呢？

第一，"心态"问题源于"心"。"心态"问题究竟源于何处？依阳明心学，"心"发出者为"意"，"意"之所在便是"物"，既然"意"之所在便是"物"，即谓有怎样的"意"就有怎样的"物"，或谓有怎样的"心态"就有怎样的人或社会，所谓"凡意之所用无有无物者，有是意即有是物；无是意，即无是物矣！"③ 因此，"意"是"心"所发出之观念形式，或是"心"的外在表现，因而"意"与"心"是贯通的。阳明说："指心发动处谓之意，指意之灵明处谓之知，指意指涉着处谓之物，只是一件。"④ 可见，"心""良知""意"是一体。阳明又认为，"应物起念谓之意，意则有是非"，即谓"意"之是非善恶与接触的"物"有关，或谓负面"心态"的产生与接触的"物"有关。不过，"应物起念"乃"心"所为，因而"应物起念"而产生的"心态"问题仍然源于"心"。阳明说："君子之学以明其心。

---

① 《答南元善》，《王阳明全集》上，第211页。
② 《与王纯甫二》，《王阳明全集》上，第156页。
③ 《传习录二》，《王阳明全集》上，第47页。
④ 《传习录下》，《王阳明全集》上，第91页。

其心本无昧也，而欲为之蔽，习为之害。故去蔽与害而明复，匪自外得也。心犹水也，污入之而流浊；犹鉴也，垢积之而光昧。孔子告颜渊'克己复礼为仁'，孟轲氏谓'万物皆备于我''反身而诚'。夫己克，而诚固无待乎其外也。"①"心"本是圆融无碍、晶莹剔透的，但由于过度的欲望与不良的习性，"心"的善性被遮蔽，因而去除过度的欲望与不良的习性就可以回到无昧之本心，而由于过度的欲望与不良的习性皆生于人心，因而复明本心、挺立心体即可。换言之，"明心"而使"心态"健康，完全是"心"内的事情，即所谓"克己"。

第二，善恶在"心"不在"物"。"应物起念谓之意，意即有是非"，那么，"意之非"即"心态"问题源自哪里？据前面所论为"私欲私利"。可是，这个"私欲私利"究竟是外在的还是内在的？请看阳明的回答：

> （侃）曰："去草如何是一循于理，不着意思？"曰："草有妨碍，理亦宜去，去之而已。偶未即去，亦不累心。若着了一分意思，即心体便有贻累，便有许多动气处。"（侃）曰："然则善恶全不在物？"曰"只在汝心，循理便是善，动气便是恶。"（侃）曰："毕竟物无善恶。"曰："在心如此，在物亦然。世儒惟不知此，舍心逐物，将格物之学错看了，终日驰求于外，只做得个义袭而取，终身行不著、习不察。"②

阳明以除草为例，说草若妨碍到人，按理宜除去，但偶尔未去，也不会累于心，若总是念着去草之事，便是着意，着意了心体就累，便有客气相侵。因此，善恶不在物，而在于"心"。心循天理即是善，即是健康"心态"，动气则是不健康"心态"。许多儒者不明白这个道理，放弃本心去逐物，终日忙碌于外，疲惫不堪，虽能行一时正义，但终身不能践行、不能体察。因此，解决心态问题只在"心发动处"。阳明说："然至善者，心之本体也，心之本体，哪有不善？如今要正心，本体上何处用得功？必就心之发动处才可著力也。心之发动不能

---

① 《别黄宗贤归天台序》，《王阳明全集》上，第233页。
② 《传习录上》，《王阳明全集》上，第29页。

无不善，故须就此处著力，便是在诚意。"① 就是说，"心之本体"是至善，即无是非善恶，是非善恶出现在"心发动处"，也即"心态"问题出在"意念"处，而"意念"处的"非"或"恶"乃是因为"心之发动不能无不善"，所以是非善恶不在"物"，而在"心"。

第三，"良知"乃"心"之本体。依阳明心学，"良知"是监督、引导"意"的道德理性，他说："尔那一点良知，是尔自家底准则。尔意念着处，他是便知是，非便知非，更瞒他一些不得。"②"意"之是非或"心态"之善恶，瞒不过"良知"，因而"良知"是"意"的本体，阳明说："知非意之体乎？意之所用，必有其物，物即事也。"③ 而"良知"也是"心"的本体，阳明说："良知者，心之本体，即前所谓恒照者也。"④ 作为"心"之本体的良知，虽有隐显之时，但"良知"无时不在、无处不在，从无绝灭，而人失去良知时，便是消极"心态"登场的时候。这样，"良知"既是"意"的本体，又是"心"的本体，因而"良知"与"心"一体，是"心之虚灵明觉"。就是说，作为心学核心观念的"良知"并不是外于"心"的，"良知"与"意"都是"心"之所发，但它们代表不同的内容与性质，"良知"是绝对的善，而"意"有善恶，因而对"意"的监督作用不在心外。阳明说："心之虚灵明觉，即所谓本然之良知也。其虚灵明觉之良知，应感而动者谓之意。有知而后有意，无知则无意矣。"⑤ 这样，阳明将"应物而动"分成了两个路径：一是全善的路径，即"良知感物而动谓之意"，这是强调"意"完全受良知的控制；一是可善可恶的路径，即"凡应物起念处皆谓之意"，但良知知得"意"之是非。概言之，"良知"被安排在"意"身边以发挥监督、引导作用，以培育圆善的、积极的、健康的"心态"。既然"心态"问题源于"心"，既然善恶在"心"不在物，既然解决"心态"问题的根本法则——良知在"心"

---

① 《传习录下》，《王阳明全集》上，第119页。
② 《传习录下》，《王阳明全集》上，第92页。
③ 《传习录中》，《王阳明全集》上，第47页。
④ 《传习录中》，《王阳明全集》上，第61页。
⑤ 《传习录中》，《王阳明全集》上，第47页。

中，那么,"心态"问题当然是"心"中的事情。诚如阳明所说:"心无体,以天地万物感应之是非为体。"①"心态"即"天地万物感应之是非"在"心"中的呈现,因而"心态"必须收归于"心"解决。阳明说:"是故君子之学,惟求得其心。虽至于位天地,育万物,未有出于吾心之外也。"②

2. 随所遇而生的治"心态"之法

虽然"心态"问题源于心,但不同"心态"问题各具特殊性,有着不同的相状,这意味着应根据"心态"问题的特殊性设计解决方法。急于"破心中贼"的阳明,在这方面也进行了努力。

其一,以"务实之心"对治"务名之心"。人皆好名,有"务名之心",如何医治？阳明说:"名与实对。务实之心重一分,则务名之心轻一分；全是务实之心,即全无务名之心；若务实之心,如饥之求食、渴之求饮,安得更有工夫好名？"③就是说,"务名之心"的敌人是"务实之心",若人能务实,则"务名之心"自行散去。如果一个人整天为穿衣吃饭而忙碌,哪来工夫去追求名声？因此,治疗"好名之心"最好的办法就是确立"务实之心"。

其二,以"淳朴之心"对治"虚诳之心"。社会上充斥着吹嘘与欺骗,尔虞我诈,此即"虚诳之心",该怎样救治呢？阳明说:"今欲救之（虚诳之心）,惟有返朴还淳是对症之剂。故吾侪今日用工,务在鞭辟近里,删削繁文始得。然鞭辟近里,删削繁文,亦非草率可能,必须讲明致良知之学。"④阳明认识到,虚文相诳、相互欺骗已是社会的一大心病,就连忠信之人也难免迷溺其中,只有以"返朴还淳"之心救治才能收获积极效果,因而他鼓励人们以"诚"为品性、以"朴"为品质,长此以往,"虚诳之心"自行消失。

其三,以"谦卑之心"对治"骄傲之心"。人有了骄傲之心,便作恶不断,给人与社会带去极大伤害。阳明说:"诸君常要体此人心

---

① 《传习录下》,《王阳明全集》上,第108页。
② 《紫阳书院集序》,《王阳明全集》上,第239页。
③ 《传习录上》,《王阳明全集》上,第30页。
④ 《寄邹谦之三》,《王阳明全集》上,第205页。

本是天然之理，精精明明，无纤介染着，只是一无我而已；胸中切不可有，有即傲也。古先圣人许多好处，也只是无我而已，无我自能谦。谦者众善之基，傲者众恶之魁。"① 人若"有我"，以我为上，目空一切，便是"傲心"。如何去此"傲心"？以"谦卑之心"治之。阳明说："汝曹为学，先要除此病根，方才有地步可进。'傲'之反为'谦'。'谦'字便是对症之药。非但是外貌卑逊，须是中心恭敬，撙节退让，常见自己不是，真能虚己受人。故为子而谦，斯能孝；为弟而谦，斯能弟；为臣而谦，斯能忠。尧舜之圣，只是谦到至诚处，便是允恭克让，温恭允塞也。"②"傲心"的对立面是"谦心"，因而人能"谦"，不仅外貌谦逊，而且内心恭敬，虚怀若谷，包容他人，如此"谦到至诚"，骄傲之心也自行散去。

其四，以"克己之心"对治"私己之心"。"私己"就是跳脱一切约束与限制以满足一己的私欲，这种"心态"可以说人人有之，伤害极大，所以需要治疗。阳明说："人若真实切己用功不已，则于此心天理之精微日见一日，私欲之细微亦日见一日。若不用克己工夫，终日只是说话而已，天理终不自见，私欲亦终不自见。如人走路一般。走得一段，方认得一段；走到歧路处，有疑便问，问了又走，方渐能到得欲到之处。今人于已知之天理不肯存，已知之人欲不肯去，且只管愁不能尽知，只管闲讲，何益之有？且待克得自己无私可克，方愁不能尽知，亦未迟在。"③ 人若真实切己用功，必能识得心之天理，也能识得私欲，若不用克己功夫，既不能见天理，也不能见人欲。因而君子之学应提倡、推行"克己"工夫，阳明说："故君子之论学也，不曰'矫'而曰'克'，克以胜其私，私胜而理复，无过不及矣。矫犹未免于意必也，意必亦私也，故克己则矫不必言，矫者未必能尽于克己之道也，虽然，矫而当其可，亦克己之道矣。行其克己之实而矫以名焉，何伤乎？古之君子也，其取名也廉，后之君子，实未至而名

---

① 《传习录下》，《王阳明全集》上，第125页。
② 《书正宪扇》，《王阳明全集》上，第280页。
③ 《传习录上》，《王阳明全集》上，第20页。

先之,故不曰'克'而曰'矫',亦矫世之意也。方君时举以矫名亭请予为之说。"① 就是说,君子的行为若能顺"理"而为,便不必"矫",最好的办法是"克己",克己胜私即天理复,阳明说:"克己须要扫除廓清,一毫不存方是。有一毫在,则众恶相引而来。"②"克己"就是彻底歼灭私意,就是回到廓然大公的"天渊"。

其五,以"道心"对治"人心"。阳明认为,"道心"杂于人伪即"人心",其意谓"人心"非邪即恶,因而"人心"绝不可容存于世。他说:"道心者,率性之谓,而未杂于人。无声无臭,至微而显,诚之源也。人心,则杂于人而危矣,伪之端矣……惟一者,一于道心也;惟精者,虑道心之不一,而或二之以人心也。道无不中,一于道心而不息,是谓'允执厥中'矣。一于道心,则存之无不中,而发之无不和。是故率是道心而发之于父子也,无不亲;发之于君臣也,无不义;发之于夫妇、长幼、朋友也,无不别、无不序、无不信,是谓中节之和,天下之达道也。"③ 可见,阳明所谓"人心"就是杂于人伪之心,也就是私心,所以是危险的。那么怎样消除它呢?阳明用的是"还原法"。既然"人心"是"道心"杂于人伪者,那么直接有效的办法就是使"道心"挺立而不陷于人伪之中。具体而言,就是"惟精惟一",就是"精深专注于道心",就是"允执其中",培植心体,从根本上铲除"人心"滋生的土壤。总之,对于不同的"心态"问题,王阳明提出了具体的治疗方案,这些方案具有"兴此灭彼"的特点,所谓"谦虚之功与胜心正相反"④,只要能够将这些具体的方案落实、挺立,那么相应的"心态"便不能兴风作浪。不过,对阳明而言,这些具体的方式或手段都不具有关键意义,因为无论是"务实",还是"淳朴",无论是"谦卑",还是"克己",抑或是"精一道心",都必须以"良知"为基础、为源泉,都必须讲明"致良知"之学。那么,"良知"对于"心态"问题的治疗究竟有怎样的根本性意义呢?

---

① 《矫亭说》,《王阳明全集》上,第263页。
② 《传习录上》,《王阳明全集》上,第20页。
③ 《重修山阴县学记》,《王阳明全集》上,第256页。
④ 《王阳明全集》下,第1183页。

3. "心态"问题的根治："致良知"

"心态"问题萌生于"意",而"良知"是"意"之本体,唯有"良知"才能规范"意";私欲私利乃"心态"问题的根本原因,而私欲私利缘于"良知"的丧失。因而解决"心态"问题必须依靠"致良知"。那么,"良知"又有哪些神奇的功能可化解消极的"心态"呢?

其一,明察心态之微。"人心惟危",消极"心态"既是微妙的,也是危险的,潜伏不露而变化莫测,有隐微之性。阳明说:"心一而已。静,其体也,而复求静根焉,是挠其体也;动,其用也,而惧其易动焉,是废其用也。故求静之心即动也,恶动之心非静也,是之谓动亦动,静亦动,将迎起伏,相寻于无穷矣。故循理之谓静,从欲之谓动。欲也者,非必声色货利外诱也,有心之私皆欲也。故循理焉,虽酬酢万变,皆静也。濂溪所谓'主静',无欲之谓也,是谓集义者也。从欲焉,虽心斋坐忘,亦动也。告子之强制正助之谓也,是外义者也。"① "心"有动有静,静是体,动是用,皆"心"之本有者,因而求静之心、恶动之心都是不可取的。因此,求静之心实际上是躁动,而恶动之心并不是真正的静,动中有静、静中有动而往复无穷。"心"依"理"而行就是静,从"欲"而行则是动,因此,并非有声色货利等外诱才叫作"欲",只要有"私心"便是"欲"。而有了从欲之心,即便是心斋坐忘,也还是躁动。足见"心态"的变化莫测。那么,谁能明察"心"之动静变化呢?阳明说:"须教他省察克治。省察克治之功,则无时而可间。如去盗贼,须有个扫除廓清之意。无事时将好色好货好名等私逐一追究,搜寻出来,定要拔去病根,永不复起,方始为快。常如猫之捕鼠,一眼看着,一耳听着,才有一念萌动,即与克去,斩钉截铁,不可姑容与他方便。不可窝藏,不可放他出路,方是真实用功。方能扫除廓清。到得无私可克,自有端拱时在。虽曰'何思何虑',非初学时事。初学必须思省察克治。即是思诚。只思一个天理。到得天理纯全,便是何思何虑矣。"② 即谓"良

---

① 《王阳明全集》上,第182页。
② 《王阳明全集》上,第16页。

知"的省察克治没有时间、空间限制，能将隐匿的私利私欲寻找出来，时刻盯防，没有任何疏忽，一旦发现私念萌起，立刻下手，绝不姑息，直至无私可克，如此才是真正的实功。

其二，管控心态之恣。消极"心态"之不可测性也表现在为所欲为、肆无忌惮上，有恣意之性。那么，谁能管制、约束它呢？阳明说："良知犹主人翁，私欲犹豪奴悍婢。主人翁沉痾在床，奴婢便敢擅作威福，家不可以言齐矣。若主人翁服药治病，渐渐痊可，略知检束，奴婢亦自渐听指挥。及沉痾脱体，起来摆布，谁敢有不受约束者哉？良知昏迷，众欲乱行；良知精明，众欲消化，亦犹是也。"① 这段话说得形象生动。正常情形下，奴婢对主人都是唯唯喏喏、百依百顺的；但如果主人患病在床，奴婢就不老实了，就会伺机为非作歹；若主人病愈，奴婢马上又变得温顺、规矩，听从主人指挥。"良知"好比主人，只要健康，就可以管理好消极"心态"，不给它机会胡来。因而"良知"精明而众欲消化，其"心态"必廓然大公。"良知"的管控功能也表现在对"感官欲"的跟踪限制上。阳明说："人君端拱清穆，六卿分职，天下乃治。心统五官，亦要如此。今眼要视时，心便逐在色上；耳要听时，心便逐在声上；如人君要选官时，便自去坐在吏部；要调军时，便自去坐在兵部。如此，岂惟失却君体？六卿亦皆不得其职。"② "心"不能跟着感官走，因为感官逐物而不能自已，便会生出好色、好利、好名等消极"心态"。因此，"心"有责任主宰感官。此"心"即孟子所谓"大体"，即阳明所谓"良知"。

其三，照射心态之阴。消极"心态"无不偷偷摸摸、遮遮掩掩，见不得阳光，有鬼祟之性。那么，谁能使其原形毕露呢？阳明说："凡人言语正到快意时，便截然能忍默得；意气正到发扬时，便翕然能收敛得；愤怒嗜欲正到腾沸时，便廓然能消化得；此非天下之大勇者不能也。然见得良知亲切时，其工夫又自不难。缘此数病，良知之所本无，只因良知昏昧蔽塞而后有，若良知一提醒时，即如白日一

---

① 《王阳明全集》上，第1167页。
② 《王阳明全集》上，第22页。

出,而魍魉自消矣。"① 阳明认为,一个人讲到快意时而能有隐默之心,意气风发时而能有收敛之心,愤怒嗜欲到高潮时而能有克制之心,这需要强大的精神力量,而这种精神力量唯"良知"能提供。因为"良知"如光芒万丈的太阳,可穷尽一切寓所,可穿透所有黑暗,让鬼祟之心无处可藏。因此,若能恒守"良知",便是"心态"光明。阳明说:"喜、怒、哀、惧、爱、恶、欲,谓之七情,七者俱是人心合有的,但要认得良知明白。比如日光,亦不可指著方所;一隙通明,皆是日光所在;虽云雾四塞,太虚中色象可辨,亦是日光不灭处,不可以云能蔽日,教天不要生云。七情顺其自然之流行,皆是良知之用,不可分别善恶,但不可有所著;七情有著,俱谓之欲,俱为良知之蔽。然才有著时,良知亦自会觉,觉即蔽去,复其体矣。"② 阳明认为,"情"是"心"动而有,若顺"理"而行,就是"良知"的发用,就是"善";"情"虽为人本具之性,但不可执着,执着即会偏至,偏至的"情"便是"欲",即生阴暗之心。不过,即便"情"有所执着,"良知"亦能立刻发觉,如阳光出而阴云去,"情"即合乎心之本体,回归健康的"心态"。

其四,诚纯心态之垢。消极"心态"无不藏污纳垢,肮脏卑劣,有卑污之性。那么,谁能去其污洗其垢呢?阳明说:"人心本体原是明莹无滞的,原是个未发之中。利根之人一悟本体,即是功夫,人己内外,一齐俱透了。其次不免有习心在,本体受蔽,故且教在意念上实落为善去恶。功夫熟后,渣滓去得尽时,本体亦明尽了……人有习心,不教他在良知上实用为善去恶功夫,只去悬空想个本体,一切事为俱不着实,不过养成一个虚寂。此个病痛不是小小,不可不早说破。"③ 人心本体原是明莹无滞的,但由于不良的习性,心之本体被尘埃盖住,被渣滓堆压,从而转变为消极"心态"。因而只有洗去掩盖在心体上的污垢,才能恢复本心。所谓污垢,即指意念上有"恶"或

---

① 《王阳明全集》上,第219—220页。
② 《王阳明全集》上,第111页。
③ 《王阳明全集》上,第117—118页。

"非",因而洗去污垢以复本体的过程就是"诚意"。阳明说:"意之所发,既无不诚,则其本体如何有不正的?故欲正其心在诚意。工夫到诚意,始有着落处。然诚意之本,又在于致知也。所谓人虽不知而已所独知者,此正是吾心良知处。然知得善,却不依这个良知便做去,知得不善,却不依这个良知便不去做,则这个良知便遮蔽了,是不能致知也。吾心良知既不能扩充到底,则善虽知好,不能着实好了,恶虽知恶,不能着实恶了,如何得意诚?故致知者,意诚之本也。"①"意"有是非善恶,即谓"意"可能转变为阴暗的心态,"意"若转变为阴暗的心态,便需要"诚意"。因而"诚意"就是去除意念上的污垢,而去除意念上的污垢必须"致良知"。"致良知"就是监督"意"的动向,引其为善去恶,所以是"正其不正以归于正"。因此,"致良知"就是"正心",就是回到心之本体,使"心态"重现光明。

其五,融释心态之郁。消极"心态"如水中凝结的冰块,如天上聚集的乌云,闭塞沉闷,有郁结之性。阳明说:"世之高抗通脱之士,捐富贵,轻利害,弃爵录,决然长往而不顾者,亦皆有之。彼其或从好于外道诡异之说,投情于诗酒山水技艺之乐,又或奋发于意气,感激于愤悱,牵溺于嗜好,有待于物以相胜,是以去彼取此而后能。及其所之既倦,意衡心郁,情随事移,则忧愁悲苦随之而作。果能捐富贵,轻利害,弃爵录,快然终身,无入而不自得已乎?夫惟有道之士,真有以见其良知之昭明灵觉,圆融洞澈,廓然与太虚而同体。太虚之中,何物不有?而无一物能为太虚之障碍。盖吾良知之体,本自聪明睿知,本自宽裕温柔,本自发强刚毅,本自斋庄中正文理密察,本自溥博渊泉而时出之,本无富贵之可慕,本无贫贱之可忧,本无得丧之可欣戚,爱憎之可取舍。盖吾之耳而非良知,则不能以听矣,又何有于聪?目而非良知,则不能以视矣,又何有于明?心而非良知,则不能以思与觉矣,又何有于睿知?然则,又何有于宽裕温柔乎?又何有于发强刚毅乎?又何有于斋庄中正文理密察乎?又何有于溥博渊

---

① 《王阳明全集》上,第119—120页。

泉而时出之乎？"① 就是说，人皆有慕富贵之心、忧贫贱之心、计得丧之心、持爱憎之心，且忧愁悲苦、意衡心郁，而化解的办法也是"致良知"。因为"良知"本无富贵可慕、本无贫贱可忧、本无得丧可欣戚、本无爱憎可取舍，因而可以做到聪明睿智、宽裕温柔、发强刚毅、斋庄中正、文理密察，并且如溥博渊泉而随时喷射，温暖且睿智，从而融释郁闷的"心态"。用牟宗三的话就是："凡此皆须凭藉内在道德性之本心以及本心所自给之普遍法则（天理）以消除之或转化之。"② 所谓内在道德之本心就是"良知"，以之融释郁结在"心态"上的乌云。

其六，平和心态之躁。消极"心态"患得患失，斤斤计较，有狂躁之性。谁能平和此狂躁之心？阳明说："诸君只要常常怀个'遁世无闷，不见是而无闷'之心，依此良知忍耐做去，不管人非笑，不管人毁谤，不管人荣辱，任他功夫有进有退，我只是这致良知的主宰不息，久久自然有得力处，一切外事亦自能不动。"③ 阳明认为，一个人若能做到"遁世无闷，不见是而无闷"，哪里还会在意功名利禄？哪里还能生出趋炎附势之心？而要做到这点，必须依"良知"而为。"良知"何以能"平和"计较而躁动的心态呢？阳明说："义者，宜也，心得其宜之谓义。能致良知，则心得其宜矣，故'集义'亦只是致良知。君子之酬酢万变，当行则行，当止则止，当生则生，当死则死，斟酌调停，无非是致其良知，以求自慊而已。故'君子素其位而行'，'思不出其泣'。凡谋其力之所不及而强其知之所不能者，皆不得为致良知；而凡'劳其筋骨，饿其体肤，空乏其身，行拂乱其所为，动心忍性以增益其所不能'者，皆所以致其良知也。"④ 所谓"义"，就是适宜、平和。而"致良知"就是行其所行、止其所止，就是生死自然。相反，那种谋其力所不能、强其知所不及者，皆不得称为"致良知"。因此，"致良知"本质上就是将迎自然、宠辱不惊，不

---

① 《王阳明全集》上，第 210—211 页。
② 牟宗三：《心体与性体》上，上海古籍出版社 1999 年版，第 560 页。
③ 《王阳明全集》上，第 101 页。
④ 《王阳明全集》上，第 73 页。

为物所累，就是"得意淡然、失意坦然"，从而养成"八风不动"的"心态"。这样，"良知"不仅是善体，更是一种智慧。

其七，培植功心态之体。依阳明心学，心体本善，有了本善的心体，就拥有了无穷的善力，但心之本体常被声色名利所遮蔽，而不能发用流行，不能显其光明，因而需要"良知"的供养，以培植心体。阳明说："是故至善也者，心之本体也。动而后有不善，而本体之知，未尝不知也。意者，其动也；物者，其事也。致其本体之知，而动无不善。然非即其事而格之，则亦无以致其知。故致知者，诚意之本也；格物者，致知之实也。物格则知致意诚，而有以复其本体，是之谓止至善。圣人惧人之求之于外也，而反覆其辞，旧本析而圣人之意亡矣。"① 这就是说，只要至善的心之本体在，"心态"问题便迎刃而解。而养护心体依靠"诚意"，"诚意"依靠"致良知"，"致知"则"意诚"，"意诚"便"心正"，即回到心之本体，从而可抵御一切外来诱惑。因此，"致良知"就是反身向内，知善守善行善，就是养育坚固的、光明的、智慧的心体。阳明说："凡鄙人所谓致良知之说，与今之所谓体认天理之说，本亦无大相远，但微有直截迂曲之差耳。譬之种植，致良知者，是培其根本之生意而达之枝叶者也；体认天理者，是茂其枝叶之生意而求以复之根本者也。然培其根本之生意，固自有以达之枝叶矣；欲茂其枝叶之生意，亦安能舍根本而别有生意可以茂之枝叶之间者乎？"② 即是说，"心体"如没有问题，就不会发生"心态"问题，因而悉心培植心体之善便是歼灭消极"心态"的终极方法。阳明将"致良知"视为培其根本之生意而达之枝叶，将"体认天理"视为茂其枝叶之生意以复之根本，两者相以为用而成就"光明之心"。

不难看出，阳明对"心态"的诸种特性有较仔细的考察和较准确的把握，并相应地提出了处理"心态"问题所需要的功夫，而这个功夫就是"致良知"。对于阳明而言，"良知"是万善之源，亦是众智之

---

① 《王阳明全集》上，第243页。
② 《王阳明全集》上，第219页。

源,融于"心"即为心之本体。由于"良知"对任何问题都怀慈悲之心,其愿力的表现就是应所遇而显其用,明察、管控、照射、诚纯、融释、平和等功夫正是应对"心态"诸种特性而生的。

四、作为治疗"心态"的阳明心学

上述讨论表明,阳明心学对于"心态"问题有过系统、深入的思考,此种思考不仅在儒学史上具有独特地位,而且对于检讨、培育当世人的"心态"具有现实意义。基于这样的认知,我们或有必要做如下引申。

1. 阳明心学初步完成了"心学心态学"的建构

自孔子始,儒家从来就没有停止对"心"的关注和讨论,但的确没有从"心态"角度思考并提出较为像样的理论或学说,这个工作在阳明这里得到了落实。诚如本文所示,阳明对"心态"问题做了非常系统、细致、深入的分析与研究,并提出了相应的解决方案。从宏观架构上说,阳明不仅探讨了"心态"问题发生的原因,而且归纳了"心态"问题的种类;不仅揭示了"心态"问题的特点,而且分析了"心态"问题的危害,并提出了解决"心态"问题的根本原则与方法。如此,阳明心学俨然成了关于"心态"问题的原因、类型、特点、危害及解决方法的学说。不仅如此,就微观分析而言,阳明将"心态"分为"心"与"意"两个层次,"心"是"心态"的基本层次,是"静止"的层次,"意"是活动的层次,即"心"的外在表现。而就"心"而言,又分为两个面向。一是纯于"理"的心之本体,或曰道心,因而"心"是无善无恶的天渊,"心"所发出的"意"必为"善";二是纯于"气"的人心,人心可善可恶、可是可非。就"意"而言,是"心"与"物"接触者,其善恶是非的产生须与"物"接触,但是非善恶与"物"无关。由于"良知"是"心"之本体,因而对由其发出的"意"有完全的掌控,所谓"知是意之本体",即"良知"是"心"监督"意"的裁判。可见,阳明不仅将"心态"视为一种由"心""良知""意"等要素构成的心理结构,而且将"心态"视为一种动态的心理活动,既有对"心态"发生、展开、变化和结束的描述，也有对不同性质"心态"的互动与矛盾的分析，其"心"类似"潜意识"，其"良知"类似"前意识"，其"意"类似"意识"。因而可以说，阳明心学对"心态"问题的确有了令人惊讶的觉悟和认知，不仅形成了宏观的理论架构，而且提出了微观的智慧思考，从而成为处理"心态"问题的学问，由此构成了中国儒学史上第一个"心态儒学"，即"心学心态学"。

2. "心学心态学"是孔孟儒学新的传承与发展

虽然先秦儒家并没有系统地思考"心态"问题，更没有提出关于"心态"的学说，但孔子、子思、孟子等都不同程度地涉及"心态"问题。比如，孔子说："众恶之，必察焉；众好之，必察焉。"① 对于人们的喜好厌恶之心必须有准确的了解和把握。《大学》说："所谓修身在正其心者，身有所忿懥，则不得其正，有所恐惧，则不得其正，有所好乐，则不得其正，有所忧患，则不得其正。"② "心态"决定人的行为，因而端正"心态"具有根本意义。孟子说："存乎人者，莫良于眸子。眸子不能掩其恶。胸中正，则眸子瞭焉；胸中不正，则眸子眊焉。听其言也，观其眸子，人焉廋哉？"③ 眼睛是心灵的窗户，观察和把握一个人的心态，可通过观察他的眼睛实现。总之，心正则身正，心斜则身歪，因而必须正心。这样说来，"心态"问题实际上是儒家关注的重大课题之一。另外，如果按照阳明的逻辑，圣人之学即心学，而心学的精神就是"人心惟危，道心惟微，惟精惟一，允执厥中"，任务就是化"人心"为"道心"，方法就是"惟精惟一"，那么，阳明心学不仅是儒家"心态"思想的传承者，更是光大者。再者，由于阳明心学不仅探讨了"心态"问题发生的复杂原因，不仅归纳了"心态"问题的类型，分析了"心态"问题导致的危害，揭示了"心态"问题的特点，尤其探讨了"心态"的结构，而且提出了解决"心态"问题的方法，使阳明心学成为儒家思想不折不扣的传承与发展

---

① 《论语·卫灵公》，[宋]朱熹：《四书章句集注》，中华书局1983年版，第167页。
② 《大学》第7章，《四书章句集注》，第8页。
③ 《孟子·离娄上》，《四书章句集注》，第283页。

者，阳明从道统上追求的合法性也得到了证实。所以阳明将"致良知治心态"之法视为圣人之学的正法眼藏，是名副其实的："但知得轻傲处，便是良知；致此良知，除却轻傲，便是格物。致知二字，是千古圣学之秘，向在虔时终日论此，同志中尚多有未彻。近于古本序中改数语，颇发此意，然见者往往亦不能察。今寄一纸，幸熟味！此是孔门正法眼藏，从前儒者多不曾悟到，故其说卒入于支离。"① 我们似乎没有理由否认阳明在"心态"问题上与孔孟心灵的相契性。

3. "心学心态学"视域中"心态"问题的性质

所谓"心态"问题的性质，是指"心学心态学"处理"心态"问题的专业属性，即应当作什么性质的问题进行处理，是心理学问题？认识论问题？情感问题？还是道德伦理问题？我们的答案是道德伦理问题。因为其一，关于"心态"问题的论述，阳明或说"心之所发谓之意，意之本体便是知，意之所在便是物"，或说"凡应物起念处皆谓之意"，无论是"意之所在便是物"，还是"应无起念谓之意"，都表明"意"或"心态"问题发生于主观与客观的接触，无主客接触就不会有"心态"问题，从这个意义上讲，"心态"问题应该是认识论问题。但其所谓"意之有是非"指"意之善恶"，因为"诚意"就是将不善的念克去；而且意之所在或事亲，或事君，或仁人爱物，概是伦理问题，而不是主观与客观相符不相符的问题，这样，"心态"问题一开始便归为道德伦理问题。其二，关于心态问题的原因，阳明认为可分主次两个：一是私欲私利，二是良知的丧失，这两个原因都是道德问题，而不是情感问题、心理问题或知识问题。其三，关于心态问题的解决，阳明虽然提出了许多具体的办法，但所有办法的根本力量都来自良知，而良知是善体，不是真知，是道德理性，不是科学理性，良知就是通过"善体"解决"心态"问题。特别值得注意的是，所谓"意之本体便是知"，由于这个"知"是良知，被用于监督或引导"意"的行走轨迹，使其由"非"转"是"、由恶转善，从而完全改变了"意"的认识论性质，成为一个伦理学问题。这样，阳明心学

---

① 《王阳明全集》上，第199—200页。

关于"心态"现象的发生、"心态"问题原因的分析、"心态"问题的解决方法等,都做了道德伦理问题的处理。因此可以说,阳明心学视域中的"心态"问题就是道德伦理问题。此特点亦足使吾人三思矣!

4. "心学心态学"处理"心态"问题的境界

阳明处理"心态"问题表现了一个怎样的境界?诚如上述,对于"心态"而言,"良知"可以明察心态之状,可以管控心态之恣,可以照射心态之阴,可以诚纯心态之垢,可以融化心态之郁,可以平和心态之躁,可以培植心态之体,如此,人的"心态"便能"遁世无闷,不见是而无闷",便能不为声色所诱,不为名利所累,超越一切而"与天地万物为一体"。不过,这种境界并非直接去除"心态"问题而得,而是"非礼勿视、非礼勿听、非礼勿言、非礼勿动",即任凭声色名利诱惑,其心往来由自。而之所以能呈现如此境界,并非无所作为,而是有所作为,此作为就是建立以"天理"或"良知"为内核的心之本体。阳明说:"夫心之本体,即天理也。天理之昭明灵觉,所谓良知也。君子之戒慎恐惧,惟恐其昭明灵觉者或有所昏昧放逸,流于非僻邪妄而失其本体之正耳。戒慎恐惧之功无时或间,则天理常存,而其昭明灵觉之本体,无所亏蔽,无所牵扰,无所恐惧忧患,无所好乐忿懥,无所意必固我,无所歉馁愧怍。和融莹彻,充塞流行,动容周旋而中礼,从心所欲而不逾,斯乃所谓真洒落矣。是洒落生于天理之常存,天理常存生于戒慎恐惧之无间……戒慎不睹,恐惧不闻,是心不可无也。有所恐惧,有所忧患,是私心不可有也。尧舜之兢兢业业,文王之小心翼翼,皆敬畏之谓也,皆出乎其心体之自然也。出乎心体,非有所为而为之者,自然之谓也。"① 就是说,洒落的、自由的、阳光的"心态"出乎心体之自然,即所谓"是洒落生于天理之常存"。诚如熊十力所说:"儒者言克己,若不反求天理之心,天理之心即是本心或本体。将仗谁去克得己来……没有天理为主于中,凭谁去察识己私?凭谁去克?大本不立,而能克去己私巨敌,无是事也。船山平生极诋阳明,于此却归阳明而不自觉。阳明良知,即

---

① 《王阳明全集》上,第190页。

天理之心也，即先立大本也。"① 因此，"心学心态学"对于"心态"问题的处理所表现的境界，是通过将"良知"或"天理"种植于"心"而生长为心之本体，化德性为智慧，此"智"即"善智"，也即"良知"，从而变化"心"的性质，使"心"回归道心，其"心态"自然灿然、圣洁、慈爱，浑然与万物一体。因此，"心学心态学"处理"心态"问题的境界，是善体与心理的融合，心理的活动同时是善体的呈现，没有良知，就不会有健康的"心态"。

"心态"问题无疑是当今社会中的重大问题，人们对于公共事件的反映或表达，即是其"心态"的表现。遗憾的是，我们的社会中仍然充斥着阳明所批评的阿谀的、卑躬的、愚昧的、狂傲的、贪婪的、无耻的、邪恶的、丑陋的"心态"，这说明当今的我们仍然需要继续植"良知"于"心"之事业，以培植健康向上的"心态"。吾人坚信，经由大家的不懈努力，人们将自信而毫无心理障碍地重复阳明先生的话："此心光明，亦复何言？"②

---

① 熊十力：《熊十力全集》第三卷，湖北教育出版社2001年版，第416页。
② 《王阳明全集》下，第1324页。

"晚明"时代、中国"近代"与阳明学的文化理想

张志强

(中国社会科学院哲学研究所)

"晚明"是中国历史上的一个特定时期,这个时期中国社会发生的许多变化,在一定意义上,可以概括为中国"近代性"的发生。阳明学在一定意义上正是这个时代的产物,它一方面是这个时代的精神表达,另一方面也尝试提供了一套解决这个时代所面临的问题的方案,包括如何塑造一种新的主体状态和伦理生活,如何编成一种新的社会秩序与政治形态。不过,无论这些方案具有何种适应时代的"新"意,它们都具有一种基本的趋向,都尝试着重新激活固有的伦理价值,试图让新的时代能够再次安顿于中国固有的价值观基础之上。

一、作为一个大时代的"晚明"

有学者将明代历史分成四个阶段:"正德、嘉靖后为之一变,万历为之再变。"而实际上明代的变化早在成化(1465—1487)、弘治(1488—1505)时代就已经开始,是"明朝社会变迁的第一次萌动"。[①] 在中国历史上,朝代末期以"晚"称之者,只有晚唐、晚明和晚清。"晚明"之为"晚明",并不仅仅是明代末期,而是特指一个具有自身独特历史内涵的时代。一方面,它是元、明历史长期发展的结果,特别是蕴涵于基层的历史力量突破明代前期历史局面之限制的结果;另一方面,不能将它视为明清之间的过渡阶段,它具有为清代前

---

① 商传:《走进晚明》,商务印书馆2014年版,第18页。

期历史所不能说明的内容，有着更丰富的历史潜能。如果把"晚明"当作中国历史上一个完整且特定的历史阶段的话，那么，"晚明"应该是指整个明代后半期。

日本学者岸本美绪提出了一个从世界史视野理解明清历史转折的问题框架，即"后16世纪问题"，指的是1500年以后，在所谓现代世界体系形成的过程当中，被现代世界体系卷入其中的不同地区所面临的大致相同的问题，这些问题可以概括为人、商品、货币流动活跃化带来的问题。"晚明"，正是所谓"后16世纪"的历史，包含着从中国出发的另一种"近代"的可能，这种可能性是蕴藏于中国历史内部的发展大势。

这是一个新时代的开端。随着白银作为货币的广泛流通，以及赋役折银的制度创新，社会各阶层全部被卷入到白银货币体系当中，带来了社会的全面变化，有学者综述说："明初形成的旧的社会等级结构出现了明显的分化和整合，推动了人们的社会关系从对人的依附关系向对物的依赖关系——也就是经济关系的转变。从事多种经营、投身工商业和手工业的人增多，脱离土地的人也日益增多，以往一般认为农民脱离土地的社会危机是土地兼并、赋役沉重，官吏贪酷、高利贷盘剥所造成，实际上，白银货币化无疑也是促成农民脱离土地的重要因素之一。货币化极大地促进了农业商品化程度的提高，以及农民非农民化的趋势。与日益增多的社会各阶层人们卷入白银货币经济之中有着直接联系的，是一个专业商人阶层的兴起和发展壮大。晚明贾人几遍天下。"[①] 对于这种社会变化，以往称之为"资本主义萌芽"，这个模式不仅是对一种新的经济、社会和阶级关系的总体性揭示，也是对变化中的精神状况、价值世界乃至文化思想性格的一种说明，"欲望的解放"成为时代的主题。

晚明历史变迁中最为突出的新因素当然是商品经济的长足发展和生产关系的重构，特别是雇佣自由劳动的大量涌现，但正如不少学者已经论述过的，这一切并不必然带来资本主义的社会形态。经济领域

---

① 万明：《明代中外关系史论稿》，中国社会科学出版社2011年版，第768页。

的变化毕竟是人与人关系的重构，这种重构最终会采取何种文化和政治形式，取决于更为复杂的社会和文化状况。商品经济的发展和雇佣自由劳动的涌现是否一定带来一种纯粹由欲望、利益和资本所支配的经济社会，还要看我们是否能够创造出一种新的看待欲望、利益和金钱的价值观，来重新组织这种新的人际关系，以构造出一个适应时代的新秩序。这种新的价值观和社会政治理想的创造，应该出自传统社会的价值观与欲望、利益、金钱所代表的价值观之间的冲突与融合。

晚明历史变迁的另一个突出因素是人口的暴涨。如果说"白银"是明代中国与世界最为重要的纽带，那么，另一项得自世界体系的重要物品就是玉米和甘薯等农作物了，这两样东西也如同白银一样改变了中国的历史。玉米和甘薯这两种高产作物在16世纪自美洲传入中国后，在中国北方普遍种植，促进了明后期人口的迅速增长，这些暴涨的人口逐渐成为明中叶以来随着土地兼并而出现的流民的重要来源。大量脱离土地的农民进入手工业，进入商业市镇，成为市民；还有大量流民涌向湖广荆襄山区，组织屯种；又有大量流民进入矿山成为采矿工人；也有大量东南沿海的流民成为有组织的海盗。流民运动带来了某种自组织色彩的流民社会，在工商业集中的市镇就成为市民社会，而在山区屯种地区则成为移民社会。这种经由流民运动而形成的新的社会，我们可以称之为"庶民社会"。无论是市民社会还是移民社会，都是一种从旧的社会秩序中脱序出来的、新的社会组织方式。在中国历史上，每到王朝末期总会有大规模的流民，这基本上成为王朝循环周期律的基本内容，但晚明的流民运动却有着前所未有的性质，晚明的流民已经不能简单地用农民与土地之间的关系来理解，而是成为工商业发展中自由劳动力的来源，因此，这个时期的流民运动也就不再能够通过国家再次的编户齐民而得以缓解，而是最终导致了"庶民社会"的形成。

二、"庶民社会"与礼教再编成的需要

"庶民社会"表现出某种程度的自组织性，在这些组织形式当中不可避免地有着宗教性结社的存在。例如明代中期在土默特部地区形

成的从事"板升"农业的汉族移民社会，就是白莲教徒有组织的移民行动，而在城镇工人中关帝信仰和帮会则是不可缺少的社会组织。这种"庶民宗教"与原有的民间宗教不同，民间宗教是儒教社会的组成部分，与宗族社会共同承载基层教化，通过神道设教实现基层社会与主流价值的沟通。庶民宗教则大多具有一定程度的弥赛亚性格，而弥赛亚信仰的超越程度越高，其社会连带的范围越广，组织规模越大。庶民宗教的存在，是流民社会中孤绝化的个体建立互助连带关系的重要精神纽带和组织资源。

庶民宗教的另一种表现形式是佛道两教的转化，这与市民文化的蓬勃发展相适应。明代的城镇逐渐具有了更为强烈的商业经济中心意味，开始形成市民社区。在这里，宗法关系薄弱，血缘纽带不起什么作用，人们往来便利，信息传播迅速，拥有经常化的公共娱乐场所和市场消费活动，有更有效的公共秩序维持系统，有趋于发达的公共生活设施，有大量流动人口。与此同时，晚明社会出现了大批不能入仕的过剩文化人，这些文化人本身即成为市民的一份子，他们的文化创造开始成为市民社会的文化表达，有着欲望解放的意味。在这些庶民文化当中，佛道两教开始承担过去儒教曾经承担的社会功能，在"百姓日多一日"的前提下，在"宗法""党正""族师"无所应其需要之际，"分儒家之劳"，而使"穷汉"有所"依托以就活"。晚明时期，佛道两教成为组织庶民生活的精神和伦理资源，佛教进入丧礼是一个重要的文化现象。佛教丧礼中为死者忏悔罪业以超度的态度，与儒教丧礼中慎终追远、敬祖收族的态度之间，终将发生冲突。不论是庶民宗教的组织伦理，还是佛道两教的庶民宗教化，都向儒教体制提出了挑战。

晚明庶民社会的形成，并非仅仅表现在基层生活层面，更是表现于传统精英阶层"士"的庶民化。晚明士人徐芳曾著《三民论》，对士人"逐末"之风有深刻的洞察。所谓士人之"逐末"，并非仅仅指士"流为商者"，而是指士人不再以圣贤之道为己任，不以仁义道德、忠孝廉让为自身的价值认同，而是奔竞成风、富贵利达是求，在精神层面上已经与商人无异。"故今天下之士，非士也，商也。"士农工商

"四民"变而为"三民",不仅瓦解的是士阶层的认同,实际上也意味着原来存在于四民之间的身份结构的松动,社会等级逐渐平等化,这种更加扁平化的社会正是庶民社会的特质,但庶民社会平等性的加强,却是以社会风气的功利化为代价的。

晚明士人阶层自我意识的深刻变化突出地反映于所谓"江南士大夫"问题。李洵指出,江南问题始自明初,由于该地区豪强大族与张士诚集团关系紧密,成为明朝立国的反对势力,因此在明朝建国后受到打压。最重要的打压政策是迁徙富户,将富户田产充没为官田并收取重赋,还特别规定苏州、松江、浙江、江西人不得为户部官员等一系列政策。16世纪以来,江南经济获得长足发展,形成了新的乡绅阶层,这个阶层的子弟在科举考试中获得优势。这些江南出身的士大夫开始针对"江南问题"进行政治斗争,出现了以东林党为代表的江南士大夫集团。在东林党的一系列政治主张中,相当一部分是呼吁改变江南地区被打压的现状,争取有一个减轻赋役、解除束缚、得以充分发展的环境。这种要求或愿望基本上代表了当时江南地区大多数阶层的利益。①

从根本上说,"江南士大夫"问题是适应江南地区庶民社会成长而出现的政治模式及其带来的问题。顾炎武和黄宗羲对此问题都有论及,但出发点却有所不同。黄宗羲从一种新的政治模式的角度,高度评价了所谓"缙绅士子"的政治作用,将其视为监督上至朝廷下至乡里的政治力量,并把"学校"作为参政议政的场所。这与顾炎武所设想的代表"天下"共同体的士大夫传统参政模式截然有别。顾炎武在《生员论》里指出"今日之生员"的五大害:"出入公门,以扰官府之政者""倚势以武断于乡里者""与吏胥为缘,甚有身自为胥吏者""官府一拂其意,则群起而哄者""把持官府之阴事,而与之为市者"。从中可以看出,所谓"生员"即地方知识分子利用自身特权干预地方政治,已经成为一种左右政令的地方政治势力。对此,顾炎武完全持批评态度,主张"废天下之生员"。原本"为天地立心,为生民立命,

---

① 李洵:《下学集》,中国社会科学出版社2006年版,第199页。

为往圣继绝学，为万世开太平"的士人阶级，如果仅仅变成某种利益集团的代言人，甚至是只为自己的阶级代言，那么应该说是士人阶级的堕落。但正如黄宗羲所揭示的，这也反映出士大夫政治可能具有的其他面向，即士大夫如何在新的历史社会格局下找到自己的政治角色和政治功能。在"强化了的一君万民体制"之下，在一个社会结构日趋扁平化的历史状况下，在庶民社会形成、民众地位上升的前提下，在旧的社会身份等级日益模糊的趋势下，当"一君"与"万民"直面的冲突日益加剧，如何有效地理顺"一君"与"万民"之间的关系，促使上下之间沟通顺畅，这是新时代对士大夫阶级的新挑战。由于"一君"与"万民"之间的对立日趋紧张，晚明时代也日益暴露出了君主集权的问题，当权力高度上收集中的同时，权力也同时变得弱小，弱小而集中的权力总是走向暴虐化和忌刻化，这是晚明政治逐渐走向堕落的一个重要原因。因此，在加强上下之间政治沟通的同时，仍然要设法克服权力集中与权力弱小之间的悖论，从而进一步深化政治合理性的发展，这也是新时代对政治担纲者的新挑战，也是晚明知识界需要认真面对的思想任务。

庶民社会的形成是晚明历史的主题。社会流动性的增强，社会身份等级的松动，民众力量的上升，功利化、欲望的解放导致的社会风尚的奢靡化，道德的沉沦感和人情之硗薄……这一切正是"晚明"之为"晚明"的历史特质。其发展前途究竟是资本主义，还是具有其他的可能性，这一问题其实并不能仅仅从庶民社会的发展本身获得解释，而是要从更大的中国政治、文化格局着眼来看。中国政治文化的一个重要特点就是政治的发展始终要比社会的发展慢半拍，这是由天下政治的格局决定的。"天下"包含着不同质、不平均，地域发展是不均衡的，文化也是多元的。在经济发展上总是会有某些"先进"地区，但政治上却不可能仅仅根据经济发达地区的状况来想象来规划，而必须照顾全局。在晚明，江南无疑是全中国经济发展和社会发展的先驱者，但若中国的政治仅仅随着先进地区经济社会的发展而变动，那么，中国将早已不是中国了。因此，中国的学术思想总是从中国之整体或天下之大局出发来面对历史的新挑战，学术思想和政治规划总是具有自身的价值逻辑和政治考量，而不会直接受制于先进地区的经济、社会发展。那么，如何从固有的传统价值世界当中引申出一种适应新时代的价值秩序，来导引这个新的社会，为其赋予一个既来自传统又符合时代需要的新秩序，是关乎庶民社会发展方向的大问题。我们可以将之概括为庶民社会的"礼教再编成"问题。

三、阳明学：新的人性理想与社会理想

宋明道学六百年的发展史，是在阳明学的创发中达到顶点的。在我看来，阳明学的重要性更在于它是中国"近代"哲学的发端，阳明心学呼应着中国"近代"的某种历史品格。我们今天这个时代的起源应该可以上溯到阳明所处的那个时代，这样来理解当今中国，会有一种特别的历史纵深。同时，如果把阳明学作为中国"近代"哲学的起点，也会对中国现代思想的品格有一种特别的把握。我们不会轻易地认为，所谓"现代中国"是一个简单接受西方刺激、挑战的产物，"现代中国"来自中国的"近代"，而中国"近代"的历史，有它自己的特别性，正是在这种特别性下，产生了阳明学这种中国"近代"哲学。也就是说，中国的"近代"看起来跟西方又像又不像，而这种特别性恰恰是理解我们自己的特别重要的思想资源，我们可以把阳明学当作探究、理解我们自己的一个重要的哲学根据，这是从思想史的角度来看阳明学所具有的重要意义。从阳明思想中发展出一整套构想、一个新的社会的理论方案，这些理论方案在中国现代历史和思想中，其实不断地被以某种方式加以落实，但从其落实情况看，都未能充分实现其全幅图景和精神内涵，因此，我们有必要再次回到阳明的人性理想和社会理想中去，重新思考当下。阳明学的心学形态，尤其是相对于程朱理学的创发性所在，对于理解当代中国人的精神生活来说，也是很重要的，我们今天看起来好像前无古人，但实际上很多因素在阳明哲学、阳明的精神世界里已经都有所呈现。

钱穆先生说过，像阳明学这样的学问形态，一定要从他的人生出发来理解。阳明生于明宪宗成化八年（1472年），卒于明世宗嘉靖七年（1529年），祖籍浙江余姚（今浙江省余姚县），青年时随父迁居山

阴（今浙江山阴县）。其父王华于成化十七年（1481年）状元及第，官至南京吏部尚书，阳明出生成长于一个条件优渥的官宦世家。阳明生活的时代正是明代社会发生巨变的时代，阳明的学问正是对这种历史巨变的敏感和回应，我们要从他对于晚明问题的回应中来理解其思想的近代性格。

从孔子的思想里面可以总结出两个概念，即"天命"与"义命"。孔子在中国文化上一个重要的精神地位在于，他提出，虽然"天命"是无常的，可"义命"是必须要实现的，我们个人都有必须要尽的伦理的、价值的义务。宋明儒把"义命"的必然性上升到"天理"的高度，他们有一种信念，认为"义命"的达成其实就是天道本身，所以"天命无常"这层含义就被淡化了。我们知道，唐代的士人基本上还是要面对"无常"的，所以唐代士人在尽人生义务的同时，还需要从佛、道教里面去寻找个人生命意义的完满。到了理学的阶段，"义命"的实现本身就意味着生命意义的完整实现，这使儒学的价值具有真正的整体性和笼罩性。"天命"和"义命"的合一带来一种道德乐观主义的精神气质，对"天理"在历史中的完成和实现抱有信心。可是，世界是不断复杂化的，特别是"现代世界"的形成带来了前所未有的挑战。晚明以来，中国内部的社会动能得到极大的释放，中国社会的复杂性高度增长，用哲学术语来表述它，就是"在者膨胀的世界"。在这个"在者膨胀的世界"中，"义命"对人的约束性越来越低，这种道德乐观主义也就越来越悲观。个体的欲望被激发出来，在这个复杂的世界里却越来越得不到恰当的安排。在"义命"和"天理"合一的社会，有一个通过基层的社会秩序来牢笼个体生命并赋予之以意义的过程，而在庶民社会的形成中，这个秩序崩坏了且难以安排，"义命"和"天命"之间的矛盾便又再次出现了。原有的社会秩序和价值秩序再无法安顿个体生命并赋予其意义，从这个角度来说，庶民社会是由孤绝的个体组成的。理解"个体性"是理解阳明学的一个重要前提，对于阳明来讲，他要面对的一个重要问题是，我们是否能够把这样一个孤绝的个体再次编入既有的伦理秩序当中去，这个既有的秩序当然要有所变化，可是它的价值原理却没有根本的变化。也就是说，当我们身处一个"在者膨胀的世界"中,我们意识到原有规范的约束性越来越小了,那么,我们如何再找到道德的可能性条件?在什么样的条件下规范能够被我们所接受,并使得道德的实现不再出自外在秩序的要求,而是来自内心中某种更深刻的动力?阳明学就是阳明的人生经历了种种挑战之后,他在自己身上发现的这种道德动力。在一定意义上,他就是一个晚明时代的"新人",一个在庶民社会的文化氛围中出现的"个体",但这样的个体却最终成长为一个圣贤。阳明学为我们展现了阳明从儒家固有价值出发而创生的一种新的人格状态和生命境界,阳明的人生与思想昭示了一条道路,即晚明的"新人"如何在欲望的解放中重新落实伦理的价值,亦即晚明的庶民社会如何实现礼教的再编成。

在阳明成学的过程中,有几个重要的节点。其中第一个节点是阳明在12岁时,经一个异人勉励后对自己的老师说,读书及第并不是"第一等事","第一等事是读书做圣贤"。每一个最终成就自我的人,其内心一定会有一个枢纽似的"轴心",这个"轴心"就是使得人生具有某种统一性和整体性的力量,它表现为追寻某种人生意义的方向感。理解一个思想人物的时候,在一定意义上就是寻找其"回心之轴"。阳明12岁立志做第一等人、做第一等事,这是他寻找自己人生轴心的开始。问题在于,他在有了这样的觉悟之后,并不懂得什么是第一等事,什么是第一等人,所谓"五溺""三变",他人生中发生的种种变化,都可以理解为他在求索过程中所经历的种种尝试。这些曲折的尝试,实际上都不是人生的弯路,而是不断接近"回心之轴"的过程,每一次表面的曲折都会进一步向内转化和沉淀为更强大的向外投射的力量。那么,阳明的求索过程具有怎样的"近代"的精神史意义呢?

阳明特别强调"立志"的重要性,并说"立志是无中生有的工夫"。为什么说"立志"是"无中生有的工夫"?"无"与"有"分别意味着什么?又如何理解"生"的意义?在阳明学中,"无"与"有"的辩证是一种核心的关系,"无中生有"换句话说即是"体无用有","体无"并不是说"无是本体",而是说本体是任何"有"都无法说明的，因此，"体无"恰恰是一种面对"有"的态度，是对"有"的可能性的最大开启。"体无"实际上是对某种人生契机中体悟到的生命边界意识的说明，是对生命有限性的展现，这种觉悟恰恰使我们对自己的人生产生了一种整体性的把握。"无中生有"就是在对人生有了整体意识的同时，承担起对整体人生的责任。只有从我们自己人生的有限感出发，只有在"体无"中立志，才是真正的创造生命整体性意义的"立志"，才真正具有"圣贤气象"。"无中生有"意味着在创造自己生命的整体性意义的同时，也就是在创造一个世界——一个道德的价值的世界。这样的"立志"，是把芸芸众生中的个人，转变为一个能够创造价值世界的伟大的个人。"立志"的根本性意义不只是给我们的人生定立一个方向，同时也是给我们自己的世界定立一个方向，个人如何行动直接关乎世界如何生成。"无中生有"意义上的"立志"，是对自己和世界负起整体性道德责任，而不是谋求高人一等意义上的自我实现。阳明曾说"持志如心痛，一心在痛上"，如果我们立一个"必为圣贤"的志向，那基本上我们就会承担起整个世界的责任，这个承担是关乎自己痛痒的，须臾不能忘，这叫"真切"，正是经由这种真切性，建立了道德的真正可能性，虚伪的道德不是道德。如果我们能够在"无"和"有"的辩证关系之中真切地看待自己，那么每个人都有可能成圣成贤，每一个对自己的人生有了整体性理解的人，都可能是圣贤，这就是"满街尧舜"的本义。"立志"的权能存在于我们每个人自己身上，只要我们对自己的人生和世界负起责任来，那我们就有可能成为圣贤。

所谓"立志是无中生有的工夫"，是在"无"所展现的人的有限性基础之上，重新奠立了"有"的整体性意义，其意义是极其深远的。"无"一方面呈现了人的有限性，但另一方面却并未导致虚无主义，而是确立了"有"的整体性意义，开放了"有"的更大可能性，"体无"才能创生更大的"有"。正是这种张力揭示了"道德实践"作为一种边缘处境的全部紧张感，同时也彰显了"道德实践"的价值创造意味。"立志是无中生有的工夫"，一方面是对"现代性"之精神基础的深刻揭示，另一方面则是对这种具有虚无底色的精神基础的克服，是在"现代性"的精神基础之上，重新安立了儒家的核心价值，这正是阳明学作为中国"近代"哲学开端的意义。阳明开示了一条道路：由"无"所开显的孤绝化的虚无个体，实际上是可以包容整个世界的，虚无的个体可以在充实起自我的同时充实起整个世界，有限的个体能够在真实地承担起自己责任的同时承担起世界的责任。

"立志是无中生有的工夫"也彰显了一条从佛道两教中创造性地转化出儒家基本价值的可能之路。在寻求圣贤之学的道路上，阳明对佛道两教曾深入其内而非玩弄光景，"龙场悟道"时期，他可以在石棺中静坐，可见佛道两教的功夫很深。可是这两种功夫最后都没有让他满足，他有两个念头不能破除：一个是思祖母的念头，一个是思父亲的念头，这两个念头把他拉住，使他不能出离人间世界，他顿悟到"思亲"的本性是无法否定的，是与生俱来的。当他通过"无"的功夫把所有的烦恼念头都放下，却使得一个念头真切地凸显出来，这就是"思亲"的念头。"无"把所有东西都剥离，却更真切地凸显出来情感的价值。如果说"无"是否定世界的虚无的力量，那么"思亲"情感的凸显则表明"体无"并非断灭，而是"用有"，是"无中生有"，通过"无"建立起来的恰恰是"有"，恰恰是"生"而不是"死"这一环节。如果我们从"无"所开显的"生"之整体性出发来理解生命，那么伦理价值就都能够被建立起来。阳明从佛教的前提出发，却安立了此世的价值，在佛教的基础之上，而安顿了儒家的价值。

在晚明"近代性"视野下，佛道两教"无"的工夫是充分适应个体孤绝化情境的，佛道两教成为表达个体有限性的重要载体，同时也成为解脱有限性的重要途径。阳明学不但通过佛道两教"无"的功夫重建了人伦价值，更重要的是，它还表明，只有建基于个体有限性情境之中的"有"的价值，才是更加真切真实的，而不再是一个伦理的说教。正是经由"无中生有的工夫"，阳明学找到了伦理价值在个人情感当中的基础，因此，"思亲"情感是理解"良知"的起点。

"良知"并不是一个玄妙的概念，它就是"好恶"，是价值原则在情感方面的体现。"良知"以思亲为起点，生天生地的"良知"之所以可能，就源于思亲的情感。也就是说，"孝"或者有差等的爱，其实是"天地万物一体之仁"的起点。从功夫论的角度讲，它是功夫的起点；从"情本体"的角度讲，所谓"天地万物一体之仁"的情感本身，其实与思亲的情感是一种情感，只有大小的区别、扩充与不扩充的区别。发于"孝"的情感，扩充开来，才会成就"天地万物一体之仁"的境界，如果停留于对父母的情感而没有扩充出去，它当然就是狭隘的了。可是，我们恰恰是从对父母的情感当中才真正了解情感是什么，正是这种对情感的了解，让我们对"天地万物一体之仁"的情感具有了真实的体会，而不是一种抽象的原则。

阳明对思亲情感的发现，设定了从情感出发来理解良知、理解价值的方向，天理/人欲和性/情二分的理学架构，在阳明这里转变为"情感本身就具有价值性"的一元架构。

"良知"的发明是一个具有文明史意义的事件，它是中国文明突破了某种历史和精神困局的结果。晚明社会的变化使得程朱学"天理"世界观面临一种深刻的挑战，这一挑战来自"个体有限性"的现代处境，这是情欲的解放带来的对原有价值秩序的挑战，是庶民社会的形成对旧的宗法社会秩序的瓦解。佛道两教在这个时期都发挥了作用，特别是佛教通过因果报应，成为制约情欲个体极度膨胀的有效力量。不过，佛教只能用一个惩罚性的来世约束此在的人生，而"良知"不依赖天理，不依赖上帝，从"个体有限性"内部去发现价值创造的根源。良知不是规范性的道理，它其实就是"情义"。情与欲的区别仅在一线之间，"欲"如果与价值原则相合，它就是"情"。"情义"是价值原则在情感里面的实现。"良知"的发明，是在"个体有限性"的现代精神基础上重建中国传统价值原理的努力。

"良知"是可以生天生地的，这个能够生天生地的良知，已经不能简单地用情感来描述了，它其实是对人的精神存在的一种表达，为作为情感的良知奠定了一个更高的基础。所谓"良知"可以生天生地，是从一种存在感应的意义上来讲的，当个体与世界处于一种存在的感应关系之际，个体与世界之间便相依相赖。只有建立起"良知"作为存在感应的意义，良知在情感意义上的价值感应才是可能的。作为存在的感应，是"无"和"有"之间的感应关系，不是在我们的世界当中、在我们情感之间的价值感应，而是在一个更高层次上，是我们与世界之间存在的感应关系，个体与世界通过存在的感应而具有了同体性，这就是"天地万物一体之仁"的本体论基础。

阳明的主体性哲学不遵从西方式的主体建构方式，不是从"我就是我"的自我同一性出发建构"我思故我在"的"我"。"良知"的主体其实是容纳了整个世界的，是通过存在的感应不断创生着的主体，它不是个人主义主体的起点，不是西方近代哲学意义上的主体，而是中国文明的价值原理在一个现代个体身上的展现，它充满了情义，充满了对世界感应的情感，是鲁迅所说"无穷的远方、无穷的人们都与我有关"意义上的主体。

我们有无可能设想一种以"良知"为基础的社会？阳明晚年在《拔本塞源论》里提出了他的社会理想，这种理想是在《礼运·大同篇》、朱子《大学章句》序的基础之上引申发挥而来的，由于"良知"的发现而更深刻也更全面地表达了传统中国的社会理想。这种社会理想首先是在"德"与"才"之间加以区别，"良知"的发明就是把德性看成与人的有限性相伴随的能力，这种能力不分阶层，是人人平等具有的能力。德性的平等，不是抽象的平等主义，而是个体相对之际彼此尊重意义上的"对等"——即使你的良知没有展现出来，我也深信你有良知。当然，人与人之间存在着能力大小的差别，但差别反而是合作互助的前提，社会的构成是"同心一德，集谋并力"的结果。这是阳明学一个深入人心的观点，而且是导引中国社会发展的一个基本价值方向。德性得到尊重才是个体真正得到尊重，能够尊重德性的社会才是好社会，一个好社会应该是能够激发人的"向上一机"的，这是深入中国人心的社会理想。"良知"的发现不是阳明个人的思想而是文明的事件，这样的社会理想也是中国文明的新的自我创造。

"良知"的发现是对庶民社会中个体身心问题的解决，是重建伦理脱序的庶民社会的价值秩序，通过"良知"的发现所树立的个体是一种适应新时代的"新人"。"同心一德，集谋并力"的社会理想，则是在社会阶级逐渐扁平化的趋势下，顺应民众力量的上升而提出的平等理想，基于这一理想所建设的"新社会"，正是庶民社会未来发展的方向。阳明学所开辟的道路，成为阳明之后庶民社会"礼教再编成"的精神基础和思想资源。阳明后学直至明末清初的学术思想，都是在不同理路上对阳明学问题的深化和调整，这些学术思想成为应对庶民社会"礼教再编成"问题的重要资源，也在一定意义上成为清代学术思想史的前提，代表了中国"近代"思想发展的潜流和趋向。

钱穆论文化学与教育之洞见

——从三则反儒案例谈起

徐圣心

(台湾大学中文系)

一、引言

　　思想有无古今之别呢？当牟先生以一心开二门之架构作为会通中西哲学之模型，则此模型虽居古亦适今；然而思想有无新旧之别呢？当怀特海说西方哲学都只是柏拉图的脚注，则几千年的发展似新亦旧。古今新旧本是语汇上的反义词，未必能对上事实或独立为价值判准。然而我们的思考太胶着于此等反义词，或以为崇古胜于适今，或以为趋新必优于念旧，便会对事相做出不合宜的判断。本文先举三个现当代反对儒学的个案，皆因率意视此为过时封建之物，以说明儒学在近代中国所遭遇的困境与误解。然后借钱穆先生的几本论著，说明他的学问重心的移转，即从历史学转至文化学，移转后的文化分析架构，以及如何据此架构探讨教育体制中的种种问题及其可有解决的新措施。其中见地，既能返古又能开新，才是吾人可以取法的方式，使当代与传统得有最佳的接轨与熔铸。

　　关于这三个案例，我们的取材原则乃其分属：时潮趋向、学界意见、社会动态，由此较能见其风气之全，并非孤例，亦即用三个层次领域不同的案例来观察近代儒学面临的困境。在我们这时代，中国人讨论中国文化问题时，常见的缺误族繁难备，举其大者有四：只问立场，不问是非；先扣帽子，依帽辨质；言行不一，自相矛盾；自卑惶荏，挟洋自重。四者分别关涉四个面向：以近代中西交涉中的势力强弱为根本外缘，遂生在此强弱下任意选边而屈己媚外，在内部则因倚强而结党排异、亢己卑人，及以此任意性揣想他人，对以上三种又不反躬自省，以至四者常交错成局。而其根本原因又只出于任一诠释者的心术而已。

在进入下节案例之前，先举一个更小而不值一晒的故事。有一位专业为中国文学的台湾教授在公开演讲场合以闽南语说着："歹势（对不起），我这马（现在）较不会讲华语。"此处华语指的是北京方言、普通话。像这样的欺心之论，便是言行不一的佳例。闽南语在他应有的知识中，仍是华语的一支，不会因其掺杂了日语这等外来语且为台湾多数人使用，便改变其体质。故当其"说闽语"实即无异于"说'华'语"了。而借由欺心而以名乱实，在近代的学术与社会中屡见不鲜，以下便先说明这几则案例。

二、三则可悲案例

说其可悲，是因为这些言论的发生，一半由明知故犯的自欺欺人，一半则由无知不畏的血气之勇，触犯上述四种过失。

第一则案例是关于经典诠释的。近代关于《论语》的误读曲读之例不胜枚举，今但语一与西方观点相关之例。原文如次：

> 叶公语孔子曰："吾党有直躬者，其父攘羊，而子证之。"孔子曰："吾党之直者异于是。父为子隐，子为父隐，直在其中矣。"①

近代议者多释为："此乃孔子只知家庭伦理，侧重父子亲情，护短徇私，不知法治之明征。"② 而今，我们知道西方法律并不如是，至少在最低限度上，亲人之间能保有缄默权。③ 简言之，即使是今日"最先进"的法治（国家）也认为孔子所言有理，至少与孔子见解暗合。于是孔子之说不仅合理，更具先见之明。关于《论语》此章解释的前后变化，正显示了今日我们在诠释儒学经典时的困境与悲哀。其可悲之处在于："当我们'认为'西方人认定是错的，就是错的；当

---

① 钱穆：《论语新解》，东大图书公司1988年版，第471页。下文若有相关引文，皆出自此书，但标篇名、章次，不另出注。
② 一般通俗说法的代表可参看李敖《师道与是非》："从名分传统来讲，孔子显然牺牲了是非……'直'并不是依靠在对'是'（真理）的固执上，而是一种对名分的屈服。"载氏著：《一个学阀的悲剧》，远流出版公司1988年版，第17—18页。
③ 关于缄默权，可参看李明辉。

我们知晓西方认为这事是对的,于是又变成对的了。"对于一事之判断,全无自主权,自甘任人摆弄,这种可悲的屈辱,发言者曾不惭愧?延伸与此章解释相关的问题,即儒家所造成的政制是人治,而西方之优越即在其法治。① 此说之谬有三:其一,这是一组不具实质意义的分析架构。因为不会有一种法是自己执行的,背后一定有人,因此要说人治全是人治。但若然则无以区分双方差异,因此不如用法治与礼治,或法治与德治之别。其二,原区分仿佛说儒家只知人治而不知法治。此亦全然无稽。孔子说:"道之以政,齐之以刑,民免而无耻;道之以德,齐之以礼,有耻且格。"(《论语·为政》)这是很清楚地说明有法治一项,且在法治之外还有别的可能,而选择了不同的可能。因此,此乃因更高的标准而选择礼治或德治。而这礼治、法治也一直是中国政治的两大主流,非仅偏居其一。其三,原区分又仿佛法治高于人治,并以种种西方社会现况为例。这又只胶着于技术层面,同时只在其选取的事件上符合其想望,而非从其根本上看。在孔子的对较中,很明显是将"人民良好品格之培养"看成第一要务。本来没有一种治法可以达到完全的效果,是以当从理想上看。鼓吹法治者,未必真了解西方。即使在西方,若我们只以法治为基准看,同样会出现各式反例,显见法治也不能达到"平治"。像芬兰电影《爱国者之血》(*ISÄNMAALLINEN MIES*;*A Patriotic Man*)② 及蓝斯·阿姆斯特朗(Lance Armstrong,1971—)这种案例③,这种国家、团队或个

---

① 此已是近代惯用法,即如钱穆先生亦引此说,唯其认为中国实尚法治,西方方属人治。见氏著:《政学私言》上卷之七,《人治与法治》,台湾商务印书馆 1962 年版,第 76—87 页。
② 2013 年的芬兰电影,导演为 Arto Halonen。故事大纲:排字工人托沃失业后,妻子鼓励他做点有用的事,于是他决定去捐血。他的血液样本让医院护士大为吃惊!接着,芬兰国家滑雪代表队雇用托沃为人体血库,明星选手艾诺因而一路晋升到世界冠军。节录自欧洲经贸办事处 Facebook,https://www.facebook.com/euintaiwan/posts/1015629608496405,最后浏览日期:2017 年 8 月 11 日。
③ 此人于罹癌治愈后,勇夺七次环法自行车赛冠军。但后来他承认使用禁药,被撤回所有奖牌、奖金。在访谈中,他道及用药当时的心态。问:"使用禁药让你觉得不安吗?"答:"不,不,不。我当时并不觉得不好,也不觉得这是错,更不觉得这是作弊。"参见《苹果日报》2013 年 1 月 19 日,http://www.appledaily.com.tw/appledaily/article/sports/20130119/34780635/,最后浏览日期:2017 年 8 月 11 日。

人以作弊方式取得冠军或夺牌的策略，此等视规则与公平性如无物，岂是法治之所欲达至的目标?！双方都会出现反例，不应径以选择性实例证明优劣之所归。

第二则案例则关于吴虞（1872—1949）、胡适（1891—1962）等人。吴虞曾在分述孝之各样弊病之后，又以三例讽刺中国因讲片面的孝，故未发现美洲、（朝鲜）闹独立、南北极探险、科技发明等事，反衬孝乃中土独有的负面文化现象。① 这表面似只是对孝立论，实则正全盘否定儒学，否则胡适便不会许他为"四川省只手打倒孔店"的巨掌。而胡适推许吴虞的同篇文章以隐喻的手法对孔学给予三个怪称：孔渣、孔滓、孔尘。② 简言之，依吴、胡两人的见解，即儒学不适于时流。他们发表这些见解的时间是在 1920 年前后，然而我们看看日本近代化的银行与实业之父——涩泽荣一（1840—1931），正好比吴、胡两人早约半世纪出生——是如何撰书的。《论语与算盘》最主要的论点是"士魂商才"。所谓士，非中国古义之士（君子），而是武士；然而士魂的培养，却以《论语》最植其根柢。商才，表面上看好像是涩泽自己补充拼贴于士魂之上的，与《论语》无关，实则不然。他也说："偏离道德的诈骗、浮华、轻佻等乃属小人行为，绝不是真实的商才。因此商才与道德是不可分离的。当然商才可由探究道德的论语来养成，这是不可置疑的，人生处世之道是极为困难的，不过熟读论语、玩赏论语之后，你必然会感到有意想不到的好处。"③ 这并非给与儒学相关的士魂硬凑接上儒学所不重的商才，而是士魂商才此日本传统与现代接轨者，无不应以《论语》为其根柢之意。

涩泽并非闭门造车、专以己意偏解《论语》的解读者。他为了精

---

① 吴虞：《说孝》，载氏著：《吴虞文录》，民国丛书第二编，第 96 册，上海书店出版社 1990 年版，第 14—23 页。
② 胡适：《吴虞文录序》，载氏著：《胡适文存》第一集卷 4，远东图书公司 1985 年版，第 794—797 页。此文成于 1921 年。后来胡适曾辩称他反对的是孔子之后历史上的儒学，仍尊重孔子，但若以其《中国古代哲学史》所表述，对孔子的了解也仅止于常识，谈不上有何可尊。
③ 以上均见［日］涩泽荣一：《论语与算盘》，洪墩谟译，正中书局 1988 年版，第 3 页。

读此书，先后师从了当时的学者佐藤一齐（斋?）、中村敬宇、信夫恕轩、宇野先生（?）等。① 涩泽不仅立说如此，重要的是，我们欲借其人对比上述吴、胡之谬说。当其人建立起近代日本将近五百家各类型实业时，谁人能不惊叹其伟力?! 然而此伟力之全幅凭借，据其自言，即是《论语》。②

第三个案例，我想选择以"本土化呼声/去中国化"为当今主流的台湾。笔者在台南旅行时，曾注意到府前路上的"永华宫"。之所以如此取名，乃为纪念奉祀陈永华。陈永华是何许人？永华宫的由来又如何？据连横的《台湾通史》记载：

> 陈永华，字复甫，福建同安人。永华闻父丧，即弃儒生业，究心天下事。时成功延揽天下士，接见后，与谈时事，终日不倦。大喜曰：'复甫今之卧龙也。'授参军，待以宾礼。③

陈永华乃明郑智将东宁总制。据说陈永华于明郑永历十六年（1662年）④，为奉祀由泉州南安奉来之广泽尊王金身，建庙于"山尾"（今台南女中附近），原名"凤山寺"。乾隆十五年（1750年）寺庙重修，为纪念"陈永华将军"恭迎尊王来台及建设地方之功，遂改定庙名为"永华宫"，并奉祀将军的金身于后殿文物馆，至1925年则迁今址。⑤ 然而所谓功绩为何？此可分两面说。一是其神化之迹，黄叔璥《台海使槎录》云："伪郑陈永华临危前数日，有人持柬借宅，永华盛筵以待，称为池大人。池呼陈为角宿大人，揖让酬对如大宾。永华亡，土人以为神，故并祀焉。"⑥ 可见陈永华殁后即受台南士庶的

---

① ［日］涩泽荣一：《论语与算盘》，洪墩谟译，第7—10页。唯书中自言师从五人，而其详指不明。
② 以涩泽为例，并不表示日人皆一径与涩泽同调。如村松暎：《儒教之毒》，吴昆鸿译，东初国际1992年版。但其说之无谓不必深判。蜂屋邦夫也否定儒学与经济发展的关系。倒是当日本放弃儒学时又是怎样一番景况？近代有不少对竹内好的反省，正可以说明这点。
③ 连横：《台湾通史》，台湾省文献委员会1994年版，第586—588页。
④ 一说永历十八年。
⑤ 以上同时参看维基百科，https：//zh. wikipedia. org/wiki/%E9%96%8B%E5%9F%BA%E6%B0%B8%E8%8F%AF%E5%AE%AE，最后检索日期：2017年7月2日。
⑥ 黄叔璥：《台海使槎录》，台湾省文献委员会1999年版，第45页。

崇信。二是兴学育士，今名"台南孔庙"的"全台首学"，也是陈永华奠定台湾教育之远见与功绩。

以上说法尽管真伪难辨，但是重要的是在此宫的重建碑志上确实明白写着，因陈永华对当地教育的贡献而为人纪念。那么笔者最好奇的是：他们究竟因何而奉祀呢？此人引入孔子，所授的中国四书五经，离"经"叛道，其人照理应为乡绅所诋，其庙照理应为乡绅所毁。2011年，台湾地区教育主管部门重议恢复高中"中华文化基本教材"课程，虽名列选修，但仍排入至少一学分，形同必修。此议一出，多有哗然嚣声抗议者。① 问题正在于：若四书有助于人民奴性之养成，则前后之倡议者皆在可议之列。不独今之政府所行应废，即古之引进者亦当驳正，若然，所以感念与祀奉陈永华的理由又何在？

以上三个案例，我们都举出正反方的看法。也许这些言论当初并不以彼此为对话对象，但我们仍可以使成一对峙之局。虽然台湾地区在社会成员构成上具有多样性，但两岸在文化上是同源的，在语言、文字、生活、信仰大体上是一脉的。即使台湾远有原住民同胞，近有大量东南亚移工，其社会之结构仍归属汉语文化圈。况一体不碍分枝散叶，分枝仍融入一体。那么作为汉语文化圈的一份子，究竟应如何看待上述三个故事中的案例呢？换言之，三个案例所透显的三方面问题：经典诠释、学术立场、社会现况，应以何为归？综上所述，三个案例分言固有其分属，合言之则和文化与教育息息相关。教育，是陈永华为人纪念之要迹；教育，固有其所诵读之经典；而经典之抉择，又源于经典乃此文化之共命慧之故。我们转至阐明钱穆在上述相关问题已发未发之际的预发卓见。

---

① 如颜厥安、范云、祝平次等学者即撰公开信反对此事。见《尊重多元，拒绝中华文化霸凌》，《自由时报》2011年6月29日，http://talk.ltn.com.tw/article/paper/504450，最后检索日期：2017年8月11日。稍晚台大文学院长陈弱水亦撰文反对，其中有不少平实的见解。其所反对乃其此举隐藏的偏侧信仰与特定意识型态，而未必是相关内容。但有一论证颇为可议："儒家的'经'形成于西汉，四书则是在南宋，如果四书的价值真是绝对的，亘古不变，何以儒者花了一千三百年的时间才'发现'？"见《'中华文化基本教材'问题在哪里？——一个局内人的观点》，《人籁论辨月刊》2011年第86期，第54—59页。

三、文化学之倡议

在上述三个案例中，关于第一则，钱穆先生在其早期著作中已孤明先发。倒不全是维护"儒家传统"，议者实先犯"只问立场，不问是非；先扣帽子，依帽辨质"两重缺失。钱先生曾于《四书释义》中说：

> 直者，由中之谓，称心之谓。其父攘人之羊，在常情，其子决不愿其事之外扬，是谓人情。如我中心之情而出之，即直也。今乃至证明吾父之攘人羊，是其人非沽名买直，即无情不仁；父子之情，不敌其个我之私，故至出此。①

钱先生又曾于《新解》中说：

> 隐恶而扬善，亦人道之直。何况父为子隐，子为父隐，此乃人情，说理即寓焉，不求直而直在其中。②

两说各有侧重。在《释义》中专重在人心人情，此固孔子言直之真意。然叶公本将私情与理或法相较而言直，故《新解》中特以此人情即寓理之说回应叶公。不论何说，当更"先进"的西方法律知识尚未东传或广为人知之前，钱穆先生已能先言其理。吾人说其能"先言其理"，乃钱先生真能见孔子立场之特殊处而道其所以然，由此人于此"直"道乃顺适而可从，并借以区别于面对传统唯有一意维护的做法。后者不论有理无理，只因其为（吾所属意之）传统即可行。③但钱先生在此真能超时见而上，既能见孔子立言之真意，又能点出孔子所倡真意之常情。更值得注意的是，我们现在认为孔子的说法并没有错，是因为"西方人认为这样并没错"，以及"西方法律包容了家族亲人间不互证的权利"。但在这些观念尚未为吾人所知之前，钱先生所肯定的，并不只是说"法律可以保障这种特殊风俗"，而是"原生

---

① 钱穆：《四书释义》，学生书局1990年版，第86页。
② 钱穆：《论语新解》，第471—472页。
③ 如辜鸿铭的文化理论，有时在这方面迂固难通，如一夫多妻制的保存。

于家庭，以及原生于人性的自然情感，其中即寓有真理；实不待法律之规定与保障，甚或有不为法律所能规范者"。换言之，能不依傍于西方人之论述与肯否，同时又能识别真理不为法律所拘所束。即使法律不订定缄默权，孔子所言仍为独立之真理。这才是钱先生慧识之所在。①

至于第二则案例，其根本原因可承前而来。正因儒学之精神屡待阐释，而阐释之文仍需慧识方通，是以其精义罕为人所识。故各时代每有倡议废弃乃自然之事，自墨子《非儒》与韩非《显学》《五蠹》已然，后世之非儒大抵皆属此类。然而钱先生之看重儒学，显然自有洞识在，与涩泽之单言"士魂商才"之间仍颇有差异，此意将于其后论文化与教育时详释。

至于第三则案例，既关联于社会风气，也关联于儒书当读与否。其中，儒书被认为不当读的原因又与第一、第二则案例相关，即因读解上的问题或意识形态，遂以为其不当读，如以《学而》第二章为准，主张儒家教化出奴化人民；或谓高中生或更关心两性教育……②然而今人却不自承其不能读古书，不知《学而》第二章与"奴化人民"之间究竟如何产生关联?! 又高中生对性启蒙之需要，又如何与文化基本教材之间产生排挤效应，或互斥效应？今固不可谓四书即中华文化（因内涵不等同故），然同样不可谓四书非中华文化（既有隶属关系，亦具代表性）。玩弄文字游戏全无意义。若谓四书非中华文化而不当习，则亦应谓汉语亦非中华文化而不当习。经典研习固不止于四书，然以四书为经典教育之内容复何可非议？此在驳议阻议论者，却皆未就此深论。或谓纯是选修则乐观其成，则又非

---

① 由此尚多有可深阐者，如公私问题、集体与个人之间的分寸等。今人率简化为公为正、私为谬，不悟德亦有私，私即在己也；公也不过是个约数，岂是公便尽了是非？
② 参看祝平次：《为什么高中生不需要读〈四书〉》，台哲会论坛，2011 年 10 月 13 日，http://juichung.pixnet.net/blog，最后检索日期：2017 年 8 月 4 日。文中从个人经验、历史事实、思想理论三方面论证此事之不可行。类似意见可参看祝平次：《软性基质主义与文化基本教材》，《苹果日报》2011 年 7 月 6 日，http://www.appledaily.com.tw/appledaily/article/forum/20110706/33507121/，最后检索日期：2017 年 8 月 4 日。其中以《论语》有不少不合时宜的观念，不宜充作教材云云。

以四书为一凝聚共识的教材，是必将以他物相代，试问以他物即不具任何意识形态？若必具某一意识形态，是则五十步笑百步，未见其为高明。

以上以三个案例略见儒学在今日之困境，既难明其深义，复难推为教材，更难蔚为风气。凡此皆与儒学作为文化精神表征一事究竟应如何判定、如何推广密切相关。那么钱穆倡议文化学的契机又为何？其内容又为何？依其著作次序，钱穆在撰成《国史大纲》之后，即写成《中国文化史导论》，后书修订版序说：

> 本书写于民国三十年中、日抗战时期，为余写成《国史大纲》后，第一部进而讨论中国文化史有系统之著作，乃专就通史中有关文化史一端作导论……本书虽主要在专论中国方面，实亦兼论及中西文化异同问题。①

此书内容断续写成，成书刊行则在 1948 年。然此仅标出时间，而其学转变之机均未见谈论，实则别见于《湖上闲思录》之《再跋》：

> 余自对日抗战期间，在云南宜良写成《国史大纲》一书以后，自念全部中国史之大纲大节，已在书中揭举……余之兴趣，遂从历史逐渐转移到文化问题上。
>
> 余之研治国史，本由民初新文化运动对国史多加诟詈，略有匡正。执其两端，用其中于民，庶于世风稍尽补偏救弊之功。但自世界第二次大战开始，确信欧西文化亦多病痛，国家民族前途，断不当一意慕效，无所批评抉择，则盲人瞎马，夜半深池，危险何堪设想。又历史限于事实，可以专就本己，真相即明。而文化则寓有价值观，必双方比较，乃知得失。余在成都始写《中国文化史导论》一书，此为余对自己学问有意开新之发端。②

---

① 钱穆：《中国文化史导论》，台湾商务印书馆 1993 年版，第 1 页。
② 钱穆：《中国文化史导论》，第 7 页。

此即吾人所谓钱穆治学的"文化学转向"。但此转向仍有深意可说。简言之，文化问题本自钱先生幼时既困心衡虑①，而其治文化问题却在国史粗成之后，正因治历史与文化都不能枵腹之故。而文化问题之讨论，尤应奠基于历史之事实。此一。② 文化间之差异性乃文化研究之首要问题。若不明此，无以进言更重要的文化独特性。此二。不明文化之独特性所生之问题为何，将谓文化终趋一同，而唯有步履之先后而已。是则心态若异，则必尽弃己有，而慕效他方，或将如邯郸学步，恐至进退失据之窘境。此三。由历史言文化，又须知两者之别。言历史宜就己而明，亦可就己而明，此亦由历史言文化差异之初阶。然论文化宜互较而明。此互较法若不基于前述诸项之认识，亦绝不能有真了解。此四。以下即续论其文化学转向后之成绩与观点。

四、文化的特征及分析架构

要谈钱穆先生的文化分析架构，以下几种著作必列入讨论：其一，《中国文化史导论》和《文化学大义》。这组是钱穆初从《国史大纲》转至文化学讨论时完成的著作，并在《文化学大义》倡导新学科。此书成于1952年，距梁漱溟《东西文化及其哲学》（1919/1921?）约三十年，与《中国文化要义》（1949）约莫同时。

其二，《灵魂与心》。此书乃钱穆较少为人所注意的著作，但其中

---

① 见《师友杂忆·壹果育学校》，载《八十忆双亲·师友杂忆合刊》，东大图书公司1986年版，第33—34页。其大意谓："余十岁进新式小学，体操先生为余同族伯圭先生，一日问余：'闻汝能读三国演义，然否？'余答然。伯圭师谓：'此等书可勿再读。此书一开首即云天下合久必分，分久必合，一治一乱，此乃中国历史走上了错路，故有此态。若如今欧洲英法诸国，合了便不再分，治了便不再乱。我们此后正该学他们。'余此后读书，伯圭师此数言常在心中。东西文化孰得孰失，孰优孰劣……从此七十四年来，脑中所疑，心中所计，全属此一问题。"

② 钱穆一生都不承认自己属于"当代新儒家"，部分原因也与路向有关。钱穆曾如此评论梁著："文化本身固是一部历史，但研究文化则是一种哲学。全部历史只是平铺放着，须能运用哲学的眼光来加以汇通和合，而阐述出其全部历史中之内涵意义，与其统一精神来……但文化并非即是一套哲学……若认为文化即是一套哲学，此实大误。近人如梁漱溟著有《东西文化及其哲学》一书，彼似乎只根据哲学观点来讨论文化，亦嫌不足。"见《如何研究文化史》，载氏著：《中国历史研究法》，东大图书公司1988年版，第116—117页。

洞见昭然。容后详论。①

其三，《中国思想史》与《双溪独语》等专论中国思想的著作。此等书看似与文化比较无关，然而钱先生总能在更大的文化比较之域中撰写，非单纯传授知识。而且，一般思想史写作多意在回溯既往，而钱先生诸作则不止步于此，同时意在开辟将来。

其四，《晚学盲言》。此书乃钱穆的晚年定论，综合地讨论中西文化异同中的各分题。②

当然，在钱先生治学的文化学转向之后，几乎所有的著作全集中于此题，我们很难说哪一部与此题无关。但其中总有表现其奠基意义者，呈现其洞见所在之专著者，或表陈其分析之架构或纲领者……余则只是此等之衍绪，意义自可分先后。今先说倡明文化学研究之必要者。1950年底，钱穆在台湾省立师范学院做四场演讲，而集成《文化学大义》。演讲伊始，钱先生即提出：

> 今我为什么在此紧张时期来作这一番讲演呢……今天的中国问题，乃至世界问题，并不仅是一个军事的、经济的、政治的、或是外交的问题，而已是一个整个世界的文化问题……最近两百年来的整个世界，都为近代的西洋文化所控制、所领导……近代的西洋文化，实在已出了许多毛病……今天我们已急切需要有一门文化学，而此学科尚未正式产生、成立……③

此语甚明晰，不待繁申。但结合吾人所举案例，仍有几义可说：（一）所谓文化学，实即一整体观法。而当今文化学的倡兴，又非纯是为开发一学科，而是为积极解决人类当前极迫切的问题而然。（二）提倡文化学之当下，并非只成立一学科，而是要真切认识不同文化，并为当前风靡全球的西方文化诊其病，不当以其势盛而唯盲从。是以关联第一案例，并没有孤立的经典诠释，而是必须从文化认同的意识

---

① 如梁淑芳专论钱先生的文化学，但从分章上完全看不出此书的观点。作者到2012年才有论文讨论钱先生的灵魂观。
② 此书序亦自道夫子之志。
③ 钱穆：《文化学大义》，正中书局1983年版，第1、3页。

形态出发。但解者讲者、听者受者未必能透于此，是以仅以一己之好恶立论，或以一时之风尚腾口。若能有文化差异的观点，那么在诠释方面或更能有同情而切实的理解。

次说在文化比较中，何者为要？在文化比较之前，还应知与谁相比较。比如方东美经常用以相较者有三：中国、希腊、近代欧洲；① 钱穆则用中国、印度、中东、西欧。② 唯此中最常对较的还是西欧，以根本观念及如何安顿天人为要。而要同时响应这两项要求，便是《灵魂与心》撰写的契机。其背后所预设的是另外两个观念：一是不同民族的观物方式，用现在的话来说就是深层的思维模式；二是面对生死时的存在有限性如何安置。灵魂是基于什么观物方式而显现为西方人的核心观念的？是"实体"（substance）观念，在物之后或之下有一永恒不改之物作为其存在之根柢。然而实体观又源于什么思维模式？是对人、物的"我"的假定。此"我"乃取佛学之规定，乃对任一存在物采取其是否具"常、一、主、宰"等义的定性观法，而不知此本非存在物可有之性质。至于中国，其与印度同不以"实体义的灵魂"以求人之不朽，但中国又独以"心"为人存在之核，此心非肉心，非脑所表之认知或智性，乃是植根于人群社会、渊源于传统的文化精神。

而自《中国思想史》开始迄《晚学盲言》为止，钱先生都明标了西方文化貌离而神合的三支架构，此即"科学、哲学、宗教"。貌离者，科学相信唯一的真实，而哲学每每颠覆前说。宗教信仰单一的上帝，此乃无可征验；而科学则求植根于经验事实。科学求其知于自然，神学则求其知于上帝，对象亦似有别。然三者之异乃不胜其同，先论宗教与科学之对象：

无论上帝或自然，同样"超于人类自身之外"。③

---

① 方氏通常只取三组，可参看《哲学三慧》《生命情调与美感》等，载氏著：《生生之德》，黎明文化公司1985年版，第111—158页。
② 参见钱穆：《理想的大学教育》，载氏著：《世界局势与中国文化》，东大图书公司1985年版，第304页。
③ 钱穆：《中国文化史导论》，第139页。

这里涉及两大主题，一是钱先生论文化比较的数个比较架构之一，即内与外。所谓外，即此处"超于人类自身之外"，用今语表示，类于超越性，或离于人类自身。此超越性的特征，据钱先生的看法，并非在其所表现的崇高向度，因为人所崇仰而得其优越地位；反之，正因其超越性构成了对人的否定，而可质疑其立场。其二是钱先生对西方文化之分析，上帝之非经验对象，与自然之为上帝之所产生且为吾人之所对标，说明其间似乎位阶有别。且近代之进化论与上帝之创世论，其间亦似科学之知与宗教之信有性质之绝异。然钱先生却将与此两者相关之宗教与科学归为一类，亦自有其洞见，不可谓无识。况且这两者，又恰恰是中国文化之最弱处。① 故非项目之异，实乃文化特性之异。非惟宗教科学貌离而神合，加入哲学亦然：

> 无论为宗教、科学、哲学，此三者，其对人类文化所以有大贡献，因其皆有一共同精神，似乎皆求揭举一理性所窥以悬为领导情感之目标。而对于人类情感本身，则似乎都采一种不信任不重视之态度。②

钱先生一生之阐释原有多方，此处专就此三系与儒学对扬处申说。需进一步申言者，是此中之"理性"乃一贬义词，乃谓自康德批判后之纯粹理性，已为人类理性之运用划出限度。而此三支犹不能取汲于此而慎用，仍务用此非全知全能之理性，欲以抑人之真实情感。此意态并不全非，故以"贡献"表示。但此说中大有可商，故其文后申之以儒学之重情感、重征验，复知理性之审慎运用而有应具之恭逊谦抑，较之西方文化更近于当代科学哲学之启示。③ 以上乃将西方文化之成就以三大系标出，复言此三大系背后有其形态共通处，并进言其得失。

再者，由文明、文化等词的发生学论文化特性。

---

① 钱穆：《文化学大义》，第71页。
② 钱穆：《中国儒家思想对世界人类新文化应有的贡献》，载氏著：《世界局势与中国文化》，第147页。
③ 参见钱穆：《中国儒家思想对世界人类新文化应有的贡献》，第150页。

> "文明"、"文化"两辞，皆自西方迻译而来。此二语应有别。…大体皆指人类群体生活言。文明偏在外，属物质方面。文化偏在内，属精神方面。故文明可以向外传播与接受，文化则必由其群体内部精神累积而产生。①

钱先生也从 civilization 和 culture 两词产生之先后，及分别渊源于英、德之异，说明了两者的区别。两者又有整体与散殊、内外之别，遂有国家形态之异。

> 人们好以罗马与古中国相拟，其实罗马立国……是由一个中心展扩出来……征服四围而加以统治……所辖的疆土虽大……内部的重心，则很狭小。中国的立国形势……是由整个国家全体各部凝合而成……是由四围来共同缔造一中心……民族文化影响立国规模，立国规模亦影响民族文化。②

值得注意的是，钱先生屡言中国历史上的外族关系，或为同族而不同生活方式之逐渐融合，或为异族而其生活化入中原华夏，而严格地说，"在中国人观念里，本没有很深的民族界线"③。是以在民族方面与文化方面，中国不仅摄纳印度的佛教，而且钱先生也注意到对伊斯兰教、回族民俗的吸纳。④

综上所论，钱穆对文化所提的文化学可简分为两面：一是体系面，如对于西方文化，钱先生一直以"科学、哲学、宗教"三支为其构成之主干；至于中国，则是政治与道德。此种体系性架构已不是一般将文化平列分项式地展开，实则隐涵着对文化特征的见解下，对其文化项目或特长的归纳。但我们分析文化所需的不仅是一般性概念，而且要分析其模式究竟如何形成。因此钱先生又发展了成组的对比架构：内/外、道/艺、心/灵魂、整体/殊异、人（本位）/天（本位）……而

---

① 见钱穆：《弁言》，载氏著：《中国文化史导论》，第1页。
② 钱穆：《建国三路线》，载氏著：《文化与教育》，三民书局1976年版，第97—98页。引文为简括节录。
③ 钱穆：《中国文化史导论》，第133—138页。
④ 钱穆：《文化与教育》，第18、91—92页。这个时期长达约六百年。

对比于此"外向性"之宗教所扮演的角色，其在中国文化中的相应项为何？正因其为"人本位"，是以在表现上的核心即教育。

> 全部中国思想史，亦可谓即是一部教育思想史……教育与宗教不同。宗教固亦教人作人，但宗教先重起信，教育则重开悟。信在外面，悟在己心。①

教育，是教人如何做人，正是钱穆所理解的中国文化之重心。由此我们可以进论其如何据此文化理念谈论教育之诸义。

五、文化与教育制度

基于以上观点，中国传统文化与教育的关联性已极密切，至于其详目为何，先看此则：

> 欲考较一国一民族之文化，上层首当注意其学术，下层则当注意其风俗。学术为文化导先路……风俗为文化奠深基。②

此从考察比较的方面来说。若转而从其关联言，则学术之建立与风俗之形成者，皆系乎教育。上文已道及当今的中国与世界问题皆可归于文化问题。但文化问题之所以纠结难解，在今日又因何而成？

> 中国近六十年来的国家社会种种部门种种方面的一切顿挫与失败的历史，一言以蔽之，可以说是一部教育失败史。更要的，是大学教育的失败。任何一个国家，所以能存在而达于兴盛，必然有它一段立国精神。一种立国神之养保持与宣传，则必待于国家之教育……③

此文成于1950年，此前六十年正是清末维新自强运动以来的这段历史。那么在上述中国文化的独特性观点之下，钱穆先生亦应有对当代教育的论述，其中包含应有之理想及相应的制度。

---

① 钱穆：《中国教育制度与教育思想》，载氏著：《国史新论》，东大图书公司1989年版，第232、235页。
② 钱穆：《序》，载氏著：《中国学术通义》，学生书局1984年版，第3页。
③ 钱穆：《序》，载氏著：《中国学术通义》，第3页。

首先，最先当问者，即人即是人，人类何以须有"教"？

> 人类何以必受教育？自西国观念言之，大端不越乎三者。曰为上帝意旨故，曰为国家目的故，曰为个人乐利与现世幸福故……若问中国人以人类何为而有教，则必不曰为上帝，亦必不曰为国家，更必不曰为个人现世之权力与福利。中国传统教育思想，乃为人性之发育成全而有教。…教育贵于尽性，层层扩充，层层包络……超乎上帝国家与个人之外，而亦融乎上帝国家与个人之内。而此种种理论，独以孔门儒家思想为得其全。①

此仍是钱先生此前之内外之辨之转申。为了上帝、国家，皆是外，即使说是为了"个人"，亦当审其实质，不可径许其为中国意义上的"内"。若仅为了个人的现世权力与福利，仍是外，何故？前已释所谓"外"表述着超越性或离于人类自身，此所谓"外"，既承上义亦包含着"与个体生命不相干"之义。因此即使貌似聚焦于个人，亦当审视其究竟关于个人之何种面向，方可断言其"切近于'人'与否"，何故？因为"人"并不总是以"人"的样态被看见，"人"并不总是以其自身为最切要者，故存在主义方有属己/不属己之辨。近代率谓中国传统不重个人，此皆耳食浮掠之谈，无以与谈文化之深境。"成性"即个体之真为个体。唯此方为内，且为唯一之内。而最早洞悉此教育之关钥，并能整全其体系者，正是儒学，以其能超出西方之格局，又能将其要目统括在内。除此尽性成人、聚群成国、上达合天之外，教育能否有其他目标呢？自是可以。但此中目标能否再拈出必要性呢？自也是可以。

> 人类所以需要教育，不仅为的是传授智识与训练技能，更要的，该是为的真理之探讨。②

传授智识与训练技能也可以是教育的目标，此乃今日的主要观

---

① 钱穆：《中国传统教育精神与教育制度》，载氏著：《政学私言》下卷之五，第153、155页。

② 钱穆：《极权政治与自由教育》，载氏著：《历史与文化论丛》，东大图书公司1985年版，第272页。

念。但是否唯一的目标，甚或可列为重要的目标，或待斟酌。引文中语势稍缓，只说"不仅"表其在教育中可有之功能，然其真价值则不在此。此中"真理"也须加界定，钱先生同篇文章仅说"宇宙人生的真理"，但这却是集人类群体之力不断探索向前的，而非归属于任一人。①

其次，若必教之，则顺钱先生之说，续问之首即什么是教育理想。换言之，教育普及之后，我们需要培养什么样的人才？知道理想之所在，制度才能响应此理想而配合建构。这理想当然仍与儒学一开始所奠定的理想一致，而且承上所论，如此说断非我们一无进步，至今依旧乞灵于孔子，相反，我们正见得人文学中竟有千古不移的指引，端视后人能否瞻见灯塔而已。关于"通才"，我们正可与涩泽之说做一对照，他曾如此解释士魂的两个要件，一是立志，一是常识。其中立志乃与学问合言，出自孔子之自道，唯其更为具实之引导；但"常识"则别有界义：

> 做事不顽冥不化；是非善恶应分明；利害得失要辨别；言行宜中规中矩是也。如从学理上去解释，我认为"智、情、意"三者不但要保持均衡，而且要平行发展。如能做到这个地步，就具备有完全的常识了。②

此指应看重人心智的健全发展，并将此心智切实与人交流，切实合宜地处理，将此等收摄于一己之志气，可见主要仍从人之整体人格及其行动立论。两者的结合正与钱先生的"通才"有异曲同工之趣。然而钱先生的通才有更深广的意蕴，容后详述。今先论其对教育之进阶次第之见。先自中学始。

首先应知中学与大学教育之别，在中学，"知识课业之传授，并不当占最高之地位"。实施于中学的应是什么样的教育？若衡以现状，钱先生在1931年已有惊人之语：

---

① 钱先生乃针对当时共产主义席卷的国际局势而发，以为古往今来的真理不当只归于马克思一人。
② ［日］涩泽荣一：《论语与算盘》，第53页。

> 各阶段之教育，本各有独特之任务，中学校非专为投考大学之预备而设。①

此应视为钱先生论中学教育的第一等见解。此下之种种安排与议论，皆由此独立之中学教育发端。亦正因有此独立之观点，方能更清晰地安立不同阶段的教育目标。此言在今日以升学为主的中学教育中有颇难思通之处。但钱先生所指之要点，主要还是从青年生命的独立性着眼，故即使某种伟大的理想，也不宜过早地用以揠苗。若伟大之理想尚不宜过早灌输，那么知识之填塞尤不可能成为钱先生的主张。由此生命之独特性故当有教育之相应独特性以为导。若依此新见，则如何施以救当时教育？欲知其新革，先知其所见之病兆：

> 今日国内有一至可悲观之现象，厥为知识分子体魄与精力不够标格……大学毕业，而少年英锐之气已销磨殆尽。非老成，即颓唐。②

正因不独立，又以教育为知识之传授与技能之养成，故重书本，并以获取之知识为下一阶段入学之跳板。而整体教育理想之谬设，与教育制度之误引，使此等青年经学校一番历练，验其所成之时，已成半枯之木，精神再难振清。此病之显虽多年后方见，然其积渐则自中学而始，因失其理想与良策而累致。故中学教育之理想当别有在，其简洁列项可如次：

> 青年期之教育，应以锻炼体魄，陶冶意志，培养情操，开发智慧为主。而传授知识与技能次之。③

说来还是以"人成其人"为首出，而人之为一职业之载具乃其次。就其理想而针其时弊，故其改革之方，殆惟如是：

> 窃谓今日中学教育，当痛惩旧病，一变往昔偏重书本之积染，而首先加意及于青年之体魄与精力。当尽量减少讲堂自修室

---

① 钱穆：《改革中等教育议》，载氏著：《文化与教育》，第72页。
② 钱穆：《改革中等教育议》，载氏著：《文化与教育》，第72页。
③ 钱穆：《改革中等教育议》，载氏著：《文化与教育》，第72页。

> 图书馆工作时间，而积极领导青年为户外之活动……自然启示之伟大，其为效较之书本言说，什百倍蓰，未可衡量。①

> 知贵乎个别之钻研，行贵乎共同之协调……尚知乃诗书之教，尚行则礼乐之教也。……以今日学校课程言，体操唱歌即犹礼乐。大抵初级中学应以乐为主而礼副之。高级中学则以礼为主而乐副之。②

明白可见，钱先生这套主张是孔子"兴于诗，立于礼，成于乐"（《论语·泰伯》）一说的活用。主要着眼还在陶养人格，而不在吸收或灌输知识。两者的差别有二，一者人格确实是更根本者，诚如陆象山所言，"即某不识一个字，亦当还我堂堂正正做个人"，在极端状况下，若必于两者间有所取舍，定是舍知识之增广而取人格之挺立。二者即使今不设此极端，两者仍当有本末先后。自中学的教育言，知识之学习亦当本于人格之陶养，最后当再申辨。钱先生虽主中学教育当还其清通活泼，以发扬学子之志趣与情操，然非可若今日只成一种迁就之教育。

> 今日中国学校中对于本国文字之教育，我无以名之，名之曰迁就之教育。夫教育宗旨本在悬一高深之标格，使低浅者有所向往而赴。迁就教育则不然。教育者自身无标格，乃迁就被教者之兴趣与程度以为施教之标格。③

此中所谓"今日"原指1942年，距2017年正好75年，而其所指陈之病犹在。且此病不止在中学，在大学亦因新近美其名为"以学生为主体"观念兴起，而使教育逐渐浅碟化，今复救之以"深碗型"。要之，左摇右摆，皆因标格不立之故，但所谓"深碗型"，也还在知识上做工夫。

以上略言中学。不止中学不应以知识传授为主，在大学亦然。那么"成人之性"这样的理想，实施于大学，又会是什么样？大学又有

---

① 钱穆：《改革中等教育议》，载氏著：《文化与教育》，第71页。
② 钱穆：《改革中等教育议》，载氏著：《文化与教育》，第71页。
③ 钱穆：《从整个国家教育之革新中等教育》，载氏著：《文化与教育》，第82页。

何异于中学的目标?

> 一国的大学教育,乃是这一国家文教大业之所寄。由文教而培植出士风。士风所播,乃在全国社会各部门各方面发生一种领导力量……是这一个国家的立国精神之中心集散点。必明白这一层,乃算明白了大学教育在整个国家中的真任务。①

从表面上看,其与涩泽荣一的论调颇为相近,其实仍大有别。涩泽的论点及其实绩主要在于:儒学不碍于实用。此点正可对着那些打倒孔家店的当代学人一棒喝。然而钱先生所言之领导力量等,并非专在实绩上,而是别在立国精神。当然这也是钱先生主就大学教育之理想言,从中国传统来。钱先生曾辨析中国传统教育的主要意义,其不为传授知识,更不专为训练职业,然而这些都正是目前大学的主要功能。钱先生偶评西方式的大学,着眼在其分科过细过专,而以知识之传与受、职业之训与就为能事。此层钱先生另交与职业学校,大学之理想断不在此。引导钱先生做此等立论之根基,正是儒学。儒学的引进,若依近人的观点,就是一种意识形态,应与诸子百家平起平坐,钱先生恐不离古代的窠臼。然而这恐是妄将平等精神误用于此。不可否认,诸子百家各有所长。然而价值总能分出优劣,否则《庄子·天下》篇便不会以节节升高的笔法,写古代道术之传承。是以关键只在吾人能否识取儒学义理之特殊性,申明其义之不共处。儒学论教育之灼然处,正是前文所言教育在使人成人,此义乃儒学首倡。有人谓此义人人皆知,无甚奇特,实则不然。当法家主张"以吏为师"时,也在谈教育,但并不是以"人如何成为人"为其要义,甚至完全否定此意义。基于此,钱先生在当时对制度的建议是:

> 私意以为现行大学制度,实有根本改革之必要。而改革大纲不外两端。一曰缩小规模,二曰扩大课程。缩小规模……应以单独学院为原则。其主干曰文哲学院,理工学院,其他如农学院……等诸学院,不妨各就需要择地而立……次言扩大课程。窃

---

① 钱穆:《理想的大学教育》,载氏著:《世界局势与中国文化》,第285页。

谓每一学院之课程，应以共同必修为原则，而以选课分修副之，更不必再为学系之分列。①

此所言虽与现行大学之规模相去甚远，欲将现有大规模学校再分散亦势不可能。但其中所言非全迂远，且有其承前理想而来的配套。如其曰"文哲学院""理工学院"显然是将当今截分的院、系再融合，这是让学问基础扩大的构想；如其曰"共同必修为原则"，也与目前不少改良学制，使大学前段不分系想法略近。至如其他专业知识则亦有学院开办，且或有应在文哲、理工两院毕业之后方修者。若然，则当回答两个问题：这能否应付当今知识爆炸的专精时代呢？而谋职之事又当如何安排？先答后者：

> 只有撇开一个人的必需遇到的职业和出路问题之外，才始有他真正远大的前途。②

这才是真正尊重在其目前具体个人之回复。此说看似将人之谋食谋生看得轻，直似置其人于死地。然若人必得成其人，必得有其生命之自由与成长，那么目光只在职业，便是舍弃了自由与成长，而将自己直接放进现成的模铸中，再不求新求变，求自成与成物。因职业总是那些，但事业却可无穷。故先成己，方有新事业；只求职业，则永远只是旧职填位而已。既不以谋职为先虑，方可再答前者：

> 虽不能以专门名家，然其胸襟必较宽阔，其识趣必较渊博。其治学之精神，必较活泼而真挚……各面之智识，交灌互输，以专门名家之眼光视之，虽若滥杂而不精，博学而无可成名，然正可由是而使学者进窥学问之本原，人事之繁赜，真理之奥衍，足以激动其真情，启发其明智。较之仅向一角一边，汲汲然谋学成业就，有以自表见者，试问由其精神影响其事业，其为用于国家社会者孰大。必学术丕变，而后人才蔚起。③

---

① 钱穆：《改革大学制度议》，载氏著：《文化与教育》，第66—67页。
② 钱穆：《在现时代怎样做一个大学生》，载氏著：《历史与文化论丛》，第402页。
③ 钱穆：《改革大学制度议》，载氏著：《文化与教育》，第68页。

最后的归宿仍与中学教育所言略相当：还是谈胸襟、识趣、真情与明智。这样一种通学与通人，究竟是将知识全部包揽的不可能理想吗？自然不是。钱先生是如此解释的：

> 所谓通学，即是从文化大原来辨认学术分野。

他又说：

> 昔人论学，每言博约。博不即是通，必博而有统类而能归于约之谓通。专不即是约，约如程不识将兵，有部勒约束。又如满地散钱，以一贯串之……而今之专业，则偏寻孤搜，或不待于博。①

这两则足以说明钱先生所谓通之意义，以及尤为重要者：何以必主通学与通人。今之所谓通，常仍以知识面之广博而无所不包为通，此意即在孔门亦不能免。当孔子若有所试地探问"赐也，女以予为多学而识之者与"时，已透露着孔子知晓着弟子们的困惑与猜想，而子贡竟未及醒觉地浑答："然。非与？"（《论语·卫灵公》）亦以为孔子所长在此。这些都是对"通"的误解。是以钱先生画蛇添足式地释"通/通学"，正是由于其深刻明白常人的误解。生而知之或中人以上，勉其能而从以上诸说，若对照西方大学而言，则有何相异处？

> 西方大学从历史渊源言，一种宗教精神、与自由组合、与职业训练三者配合而来。②

宗教精神乃言其渊源于教会而必附有礼拜堂；自由组合乃言其原为私人团体，扩大为学院，后方整并为大学；职业训练乃言大学之重职业，或在教堂中服事，或出教堂能谋生。③ 若然，则其大学虽独立于国家，却必依附于教会或宗教；倘不依附于教会，则转向依傍于一

---

① 钱穆：《改革中等教育议》，载氏著：《文化与教育》，第71页。
② 钱穆：《对西方文化及其大学教育之观感》，载氏著：《历史与文化论丛》，东大图书公司1985年版，第330页。
③ 钱穆：《对西方文化及其大学教育之观感》，载氏著：《历史与文化论丛》，第326—328页。

种职业。若是必与现实联结,那么钱先生认为当以何为要呢?

> 今日大学教育有一至要之任务,厥为政术与学术之联系。

这便不是为一人谋出路,而是为全国人、全民族、全文化谋出路。此文成于1940年,但至今仍是掷地有声。综上所说,若将儒学、文化与教育三端密切联系贯通而言,则当如是:

> 中国传统教育精神,以儒家为代表……《大学》言修身齐家治国平天下,而曰"自天子至于庶人,壹是皆以修身为本",而修身又本之正心诚意致知格物,引而归之于个人之心意,固无为国家抹杀个人之弊。《中庸》言"能尽其性则能尽人之性,能尽人之性则能尽物之性,能尽物之性则可以赞天地之化育,而与天地参。"亦引而归之于自尽己性,亦未尝有为天地将来而蔑视现世之病……故儒家重个人现世,而亦不陷于个人权利现世享乐之狭窄观念。①

此处立论,仍是在与西方文化的教育对较中,呈现中国传统教育的特殊性。其中几组关键词是:个人、现世、个人权利、现世享乐。以下我们将按层次剖析,作为对上文的总结。(一)教育不应带任何目的。西方教育总带有某种目的性,而这样的目的都导向某种功能,即使是为教会之执事以荣耀上帝,仍是一外在目的。若不为上帝,也不为国家,为着个人仍是现实之目的,如人之幸福感等。儒家教育则不然,只为着成就每一个体使其尽其性。固有理想,但因回目光向己向内而成就自身,故非可径以现实目的视之。(二)虽不带目的性,但并非在现实中无所作为。胶着忧心于职业之不得,乃将生命先局于一己之生存与享乐而后然。看似实际,实则拘锁生命之大囚牢。故儒学之主张,一方面成己,一方面成就世界,所以能治国平天下,能尽物性尽人之性。此乃职业之外,贴近现实可有之更大事业与前途。(三)因此,世界图像也随之而改观。在宗教信仰之中,现世不过是一段过渡,人的存在不过是一种附庸。上帝的应许与接纳,才使人的

---

① 钱穆:《政学私言》下卷之五,载氏著:《中国传统教育精神与教育制度》,第153页。

存在得光荣；此世之生命全为进天国而做的预备，遂若一手段。但若依儒学之教，生命唯在成己、成物、成一完善世界，则此生命与此世界尽不美好，却正成吾人美成之修养所贯注。此亦教育与宗教之绝异处。

简言之，不通文化学，就不可能办好教育。不办好教育，则学术不能振兴，士风不能清远，习俗不能更新，文化上便会无法进步。

六、结语

以上所论，虽谈近代社会、学术的怪现状，谈钱穆先生的文化学转向，及其对当代学术与社会风气之见解，但环环相扣，都离不开儒学，也离不开文化与教育。

当胡适、吴虞等人狂呼儒学与孝道如何阻碍着中国人的进取时，涩泽荣一早已以其著作与实绩，以《论语》精神为基石，建构当代全新的日本国家。那么究竟是《论语》的问题，抑或是不能解读以至发挥《论语》效用者的问题？不知当读、不愿读、或读而不能解，而将自己的无能掩盖起来，而必诿过于孔子、《论语》与儒学，这样的知识分子究竟是那一种类型呢？

相较于对传统的质疑与全无余地的非毁，钱穆先生的主张反而很深地植根于儒学传统，不论从文化学的立论，抑或由此引申的教育理论皆然。但此又不得视为暖暖姝姝于儒学所致，而应视为一忧切于世局，尝患于国难，综览于历史，复深情于国族而不容易之见地。我们从其治学历程中的文化学转向谈起，正因为要说明其文化学植基于其深厚的历史智识，与枵腹谈文化者相较，自高明不止万倍；与从哲学论文化者，亦有取径之别。又如其论文化首言之三阶层，可视为脱胎于孟子的人性、仁政与保民养民之理论，又能对应至哲学的三大议题：人对物、人对人、心对人，非漫立三阶而已。而其论文化的理论架构，已解析于前，此不复赘。

对比于西方的宗教在其文化中的角色，中国文化的特性正在教育。而教育之理想与精神又以儒家为代表。由儒学精神主导之教育，首在成人、成通人与通学，亦在此文化理论的洞识中得以标出。由是而有其对中学教育及大学教育之构想，与制度改革之刍议。简言之，教育应培养富情感、有志趣、心思活泼、体魄健跃的全人；由是再有大学之扩大课程，以使其具通学之识，融贯新知，且通晓己国文化精神，最后能结合学术与政术，为一国开新运。兹再做简括如次：中国文化的重心在于教育；教育理想之开发，奠基于儒学；儒学之精神在育人成人。是以述钱先生对当代教育理想之见解，乃以修礼乐为基架，以学成人为道贯，以培通才为指标，以修政术为经济，以成性天为至善。均见其在时流之外之洞识卓然不群。

附记一语，撰文之际，台湾复有中学课纲中文言白话比例之争议。若无通盘之构想与设计，实则刨根教育之更彻底，迁就教育之再沉沦。回顾钱先生七十年前之议论，既惊国族认同之歧于今犹然，而鄙薄国族文化之思于今尤烈。抚今忡然，追昔穆然，思来向然。

始推阴阳、为儒者宗：
董仲舒"春秋决狱"的"忍杀"一面

——西汉中期淮南、衡山之狱探微

武黎嵩

（南京大学历史学院）

一、前　言

汉武帝元狩元年（前122年）十一月，淮南王、衡山王谋反事件相继爆发。淮南王刘安自刭，淮南王后荼、淮南王太子刘迁及参与谋反者皆族诛。淮南国除为九江郡。随即衡山王刘赐也因谋反自杀，衡山王后徐来因蛊杀前王后乘舒、衡山王太子刘爽因衡山王告发其不孝，皆弃市；参与衡山王谋反者皆族诛。衡山国除为衡山郡。"所连引与淮南王谋反列侯、二千石、豪杰数千人，皆以罪轻重受诛。"① 淮南衡山之狱，被认为是汉初加强和巩固专制主义中央集权制度过程中爆发的中央与封建诸侯的一次矛盾。随后，在元鼎五年（前112年），汉武帝以酎金为借口夺列侯封爵106人；又颁布《左官律》和《附益法》，前者规定王国官为"左官"以示歧视，后者限制士人与诸侯王交游。② 也有学者认为，淮南王刘安并未下决心谋反，"其志只在学术的研究……但汉武帝……内心特为忌毒。左右承其旨意，便构成一大冤狱。"③

据《汉书·五行志》的记载，淮南衡山之狱所造成的株连甚广的

---

① 《史记·淮南衡山列传》，[汉]司马迁：《史记》卷118，中华书局1982年版，第3093页。
② 田余庆：《秦汉史》，中国大百科全书出版社2011年版，第57页。
③ 徐复观：《汉代专制政治下的封建问题》，载氏著：《两汉思想史》，九州出版社2014年版，第165页。

后果，与董仲舒若干年前的一次关于灾异的论述有关。过去我们研究董仲舒春秋公羊学的思想时，往往关注于"天人感应""阴阳""灾异"等范畴，而忽略了其思想内核中秉承法家严刑苛法传统的"忍杀"一面。而这一"忍杀"思想，我们在《荀子》《韩非子》的文本中都可以寻找到踪迹。故而，本文也试图揭示出董仲舒"春秋决狱"思想中饱含着的法家成分。

二、吕步舒、张汤：淮南衡山之狱的两个关键人物

淮南王谋反案件爆发后，汉朝中央派出宗正和廷尉处理该案，又命令沛郡也参与审理。但这些官员之中，有一个人身份比较特殊，据《汉书·五行志》所载，汉武帝令董仲舒的"弟子吕步舒，持斧钺治淮南狱，以春秋谊颛断于外，不请。既还奏事，上皆是之。"① 而吕步舒这一出手，所造成的后果便是淮南王一案"党与死者数万人"②。而汉武帝之所以派吕步舒前往，恰因为"思仲舒前言"。

时任廷尉的张汤，在淮南、衡山之狱爆发后，也是一副赶尽杀绝的姿态。伍被以才能见知于淮南王刘安，任淮南国中郎。因劝谏刘安放弃谋反的计划，其父母被刘安囚禁三个月。在反复劝谏刘安的过程中，伍被分析秦末和当时不同的形势，又在刘安谋反后主动告发刘安。汉武帝"以伍被雅辞多引汉之美，欲勿诛"③。而廷尉张汤则主张："被首为王画反谋，被罪无赦。"④ 显然，张汤难逃陷伍被于死地的嫌疑。而除了伍被之外，因淮南之狱被张汤排陷致死的还尚有其他人。

侍中庄助，在汉武帝即位之初，因救助东瓯和南越，出使时途经淮南国，与淮南王刘安有交往，后淮南王来朝长安，曾以厚赂遗助，两人之间有对于朝局的议论。及淮南王谋反事件爆发，株连庄助。汉武帝有心回护庄助，"薄其罪，欲勿诛"。而"廷尉张汤争，以为助出

---

① 《汉书·五行志》，[汉]班固：《汉书》卷27上，中华书局1982年版，第1332页。
② 《汉书·武帝纪》，《汉书》卷6，第174页。
③ 《史记·淮南衡山列传》，《史记》卷118，第3094页。
④ 《史记·淮南衡山列传》，《史记》卷118，第3094页。

入禁门,腹心之臣,而外与诸侯交私如此,不诛,后不可治。助竟弃市。"① 可见,庄助也是被张汤排陷致死。又因为张汤排陷庄助,被朱买臣记恨,终致殒命。

那么狱吏出身的张汤,他的思想资源来自哪里呢?我们看酷吏张汤与董仲舒的关系,最后任胶西王相的董仲舒,在老病致仕之后,朝廷每有政议,"数遣廷尉张汤亲至陋巷,问其得失。于是作《春秋决狱》二百三十二事,动以经对,言之详矣。"② 从张汤与董仲舒的交往可以推测,张汤的决狱,其思想资源来自董仲舒,以上文排陷庄助,说其"外与诸侯交私",就是源自"春秋学"的"人臣无外交"的经义。

淮南衡山之狱后,胶东王、江都王先后死于非命。"胶东康王寄以孝景中二年立,二十八年薨。淮南王谋反时,寄微闻其事,私作兵车镞矢,战守备,备淮南之起。及吏治淮南事,辞出之。寄于上最亲,意自伤,发病而死,不敢置后。"③ 江都王"建亦颇闻淮南、衡山阴谋,恐一日发,为所并,遂作兵器……及淮南事发,治党与,颇连及建,建使人多推金钱绝其狱……积数岁,事发觉,汉遣丞相长史与江都相杂案,索得兵器、玺、绶、节反具,有司请捕诛建……有诏宗正、廷尉即问建。建自杀,后成光等皆弃市。六年国除,地入于汉,为广陵郡。"④ 董仲舒曾任江都王相,险些遭到江都王的中伤。胶东王、江都王被牵连进淮南、衡山谋反事,是否有董仲舒暗示吕步舒,尤其是暗示张汤穷追的因素,我们不能妄下猜测。但是,史称:

> 自公孙弘以春秋之义绳臣下取汉相,张汤用峻文决理为廷尉,于是见知之法生,而废格沮诽穷治之狱用矣。其明年,淮南、衡山、江都王谋反迹见,而公卿寻端治之,竟其党与,而坐死者数万人,长吏益惨急而法令明察。⑤

---

① 《汉书·严朱吾丘主父徐严终王贾传》,《汉书》卷64上,第2790—2791页。
② 《后汉书·应劭传》,[宋]范晔:《后汉书》卷48,中华书局1965年版,第1612页。
③ 《汉书·景十三王传》,《汉书》卷53,第2433页。
④ 《汉书·景十三王传》,《汉书》卷53,第2416—2417页。
⑤ 《史记·平准书》,《史记》卷30,第1424页。

由此可知，淮南、衡山、江都三王被卷入谋反案件，确实是有朝廷对于诸侯王的赶尽杀绝之意。而三王谋反，株连甚广，西汉中期近千分之一的人口因牵涉其中而被杀，不可谓不酷虐。

三、阴阳灾异之说：辽东高庙灾、长陵便殿火

汉武帝建元六年（前135年）可谓多事之秋。五月丁亥，太皇太后窦氏过世，丞相许昌、御史大夫庄青翟被借口"丧事不办"而罢免。汉武帝启用舅父田蚡为丞相，韩安国担任御史大夫，在政治上羽翼逐渐丰满。六月丁酉，辽东高庙灾。四月壬子，高园便殿火。在今人看来，这不过是意外事件偶然的接连发生。而在当时看来，这是上天的某种警示。刚被举贤良、对策不久的董仲舒，尝试利用阴阳、灾异学说，解释儒家传统的春秋学，以期影响现实的政治取向。

然而说阴阳灾异之说，几乎让董仲舒身临险境，史称"先是辽东高庙、长陵高园殿灾，仲舒居家推说其意，草稿未上，主父偃候仲舒，私见，嫉之，窃其书而奏焉。上召视诸儒，仲舒弟子吕步舒不知其师书，以为大愚。于是下仲舒吏，当死，诏赦之。仲舒遂不敢复言灾异。"① 那么这篇文章是如何作的呢？《五行志》记载了这篇曾被主父偃"窃其书而奏"并被弟子吕步舒"以为大愚"的文字。

首先，董仲舒提出："《春秋》之道举往以明来，是故天下有物，视《春秋》所举与同比者，精微眇以存其意，通伦类以贯其理，天地之变，国家之事，粲然皆见，亡所疑矣。"② 尽管《经解》曰："属辞比事，《春秋》教也。"③ 这里的"属词比事"是从修辞学角度而言的，乃是整齐其事的意思。但董仲舒将"春秋学"解读为"天地之变"与"国家之事"可以"举与同比"，"通伦类以贯其理"④，也就是将天变与人事比附起来诠释。他列举"定公二年五月两观灾""哀公三年五

---

① 《汉书·董仲舒传》，《汉书》卷56，第2524页。
② 《汉书·五行志》，《汉书》卷27上，第1331—1332页。
③ 《礼记·经解》，[汉]郑玄注、[唐]孔颖达正义：《礼记正义》卷58，中华书局2008年版，第1903页。
④ 《汉书·五行志》，《汉书》卷27上，第1331—1332页。

月，桓宫、厘宫灾""哀公四年六月亳社灾"①，认为"两观、桓、厘庙、亳社，四者皆不当立，天皆燔其不当立者以示鲁，欲其去乱臣而用圣人也。"② 对于既然"不当立"，为何当初不于初立之时降灾警示，董仲舒解释说"不时不见，天之道也"③，也就是认为，天会选择一定时机来警示。

接着，董仲舒认为"高庙不当居辽东，高园殿不当居陵旁，于礼亦不当立，与鲁所灾同。其不当立久矣，至于陛下时天乃灾之者，殆亦其时可也。"④ 因汉武帝承接"亡周""亡秦"之弊，又赶上"多兄弟亲戚骨肉之连，骄扬奢侈恣睢者众"的"重难之时"⑤，故而降下天灾。

那么，如何应对天灾的警示？董仲舒开出以"太平至公"的药方来治理。而所谓的"太平至公"，乃是"视亲戚贵属在诸侯远正最甚者，忍而诛之，如吾燔辽（东）高庙乃可；视近臣在国中处旁仄及贵而不正者，忍而诛之，如吾燔高园殿乃可。在外而不正者，虽贵如高庙，犹灾燔之，况诸侯乎！在内不正者，虽贵如高园殿，犹燔灾之，况大臣乎！"⑥ 董仲舒以辽东高庙远而贵比之于诸侯；以长陵便殿近而贵比之于大臣。他建议汉武帝选取诸侯及大臣中最为不法者，"忍而诛之"，以儆效尤。

这是一篇教汉武帝借天灾杀人立威的文章，难怪其弟子吕步舒认为这篇文章"大愚"。宋代的洪迈对于董仲舒此文就评价说："以武帝之嗜杀，时临御方数岁，可与为善。庙殿之灾，岂无他说，而仲舒首劝其杀骨肉大臣，与平生学术大为乖剌，驯致数万人之祸，皆此书启之也。然则下吏几死，盖天所以激步舒云，使其就戮，非不幸也。"⑦

---

① 《汉书·五行志》，《汉书》卷27上，第1332页。
② 《汉书·五行志》，《汉书》卷27上，第1332页。
③ 《汉书·五行志》，《汉书》卷27上，第1332页。
④ 《汉书·五行志》，《汉书》卷27上，第1332页。
⑤ 《汉书·五行志》，《汉书》卷27上，第1332页。
⑥ 《汉书·五行志》，《汉书》卷27上，第1332页。
⑦ ［宋］洪迈：《董仲舒灾异对》，《容斋续笔》卷7，载上海师范大学古籍整理研究所编：《全宋笔记》第5编第5册，大象出版社2012年版，第305页。

十余年后,淮南、衡山、江都、胶东四王因谋反大狱,相继死于非命。而汉武帝派去"持斧钺治淮南狱,以春秋谊颛断于外"的吕步舒正是熟悉这篇文章的,也必然深谙董仲舒文中之意,才大开杀戒,株连甚广。

四、集比其义,卒用董仲舒

关于"春秋公羊学"的经义确立过程,《汉书·儒林传》记载:

> 瑕邱江公受《谷梁春秋》及《诗》于鲁申公,传子至孙为博士。武帝时,江公与董仲舒并。仲舒通《五经》,能持论,善属文。江公呐于口,上使与仲舒议,不如仲舒。而丞相公孙弘本为《公羊》学,比辑其义,卒用董生。于是上因尊《公羊》家,诏太子受《公羊春秋》,由是《公羊》大兴。太子既通,复私问《谷梁》而善之。①

这里《公羊》《谷梁》的优劣,表面上看是由于董仲舒学问精湛,江公言语不清,不善辩难,故而《公羊》家略胜一筹。又因为当时丞相公孙弘为《公羊》学派胡毋生的弟子,左袒《公羊》,故而《公羊》家得以胜出。以上这种推论,虽然由具体的偶然事件出发,但也符合历史的真相,甚至今天仍有治《谷梁》学的学者坚持这一看法。②

那么有没有更为深层的本质性的区别,导致《公羊》和《谷梁》两个学派的分歧呢?假如只是学术流派的不同,公孙弘"比辑其义"主要是在哪些《春秋》大义上寻求符合现实意义的说辞?这些都是在考虑《公羊》《谷梁》升降的内层因素的需要加以考量的。

戾太子在接受父亲的诏令,从董仲舒学派学习《公羊春秋》之

---

① 《汉书·儒林传》,《汉书》卷88,第3617页。
② 文廷海《学术与政治的内在互动:两汉春秋谷梁学的命运演替》一文认为:"从该史料来看,《谷梁传》败于《公羊传》,原因有二:一是《谷梁传》经师自身学养之亏缺,与公羊大师董仲舒相比差距较大。二是公羊家有占据高位的丞相公孙弘施以援手,必能歆动汉武帝,给予《公羊传》春秋学正宗地位,从此,习公羊学者俯拾青紫,坐至公卿,更能推动学派的发展;而谷梁学在政治"失语"的情况下,习者寥寥,成为在野学派。"(《求索》2004年第1期,第238—240页)

后，又私下学习《谷梁春秋》，并且认可《谷梁春秋》，这一行为无疑是没有得到汉武帝允许的。上引《武五子传》说："（戾太子）及冠就宫，上为立博望苑，使通宾客，从其所好，故多以异端进者。"① 显然这里的"异端"应当包含《谷梁春秋》。

相对于《公羊春秋》大一统、大义灭亲、九世复仇等观念，甚至可以说是本质性的观念，《谷梁春秋》不但不与之相似，甚至完全相反。《谷梁传》主张："诸侯不首恶，况天子乎？君无忍亲之义，天子诸侯所亲者唯长子、母弟耳。"② 对于《春秋》第一事，"郑伯克段于鄢"，《谷梁》评述曰：

> 段，郑伯弟也。何以知其为弟也？杀世子母弟目君，以其目君，知其为弟也。段，弟也而弗谓弟，公子也而弗谓公子，贬之也。段失子弟之道矣。贱段而甚郑伯也。何甚乎郑伯？甚郑伯之处心积虑成于杀也。于鄢，远也。犹曰：取之其母之怀中而杀之云尔，甚之也。然则为郑伯者宜奈何？缓追逸贼，亲亲之道也。③

同胞兄弟、自己的长子都是至亲。《谷梁》对于天子、诸侯杀死母弟和世子采取的是完全批评的态度，认为"缓追逸贼"，放过属于至亲的政敌，才是"亲亲之道"。回看景、武之间的政治，多为"认亲"，即残忍地杀害至亲。

先看汉景帝。在汉景帝的打压下，母弟梁孝王刘武逼仄终身，《汉书》称："孝王慈孝，每闻太后病，口不能食，常欲留长安侍太后。太后亦爱之。及闻孝王死，窦太后泣极哀，不食，曰，帝果杀吾子。"④ 汉景帝又任用酷吏，逼杀长子临江王刘荣。

> （刘）荣行，祖于江陵北门，既上车，轴折车废。江陵父老流涕窃言曰，吾王不反矣！荣至，诣中尉府对簿。中尉郅都簿责

---

① 《汉书·武五子传》，《汉书》卷63，第2741页。
② 《谷梁传·襄公三十年》，[晋]范宁集解、[唐]杨士勋疏：《春秋谷梁传注疏》卷16，北京大学出版社1999年版，第273—274页。
③ 《谷梁传·隐公元年》，《春秋谷梁传注疏》卷1，第4—5页。
④ 《汉书·文三王传》，《汉书》卷47，第3210页。

讯王，王恐，自杀。葬蓝田，燕数万衔土置冢上。百姓怜之。①

临江王征诣中尉府对簿，临江王欲得刀笔为书谢上，而（郅）都禁吏不予。魏其侯使人以间与临江王。临江王既为书谢上，因自杀。窦太后闻之，怒，以危法中都，都免归家。孝景帝乃使使持节拜都为雁门太守，而便道之官，得以便宜从事……窦太后乃竟中都以汉法。景帝曰："都忠臣。"欲释之。窦太后曰："临江王独非忠臣邪？"于是遂斩郅都。②

关于临江王刘荣的一生善恶，历史未有记述，从"临江折轴"，"江陵父老流涕"，临江王葬蓝田，"燕数万衔土置冢上"，"百姓怜之"可知其绝非荒淫无道之诸侯。汉景帝任用酷吏，逼死亲子刘荣，其后又保护逼死刘荣的郅都，可见郅都逼死刘荣必得景帝授意。《汉书》作者不敢指斥景帝，乃借窦太后之口，先言"帝果杀吾子"刘武，再言"临江王独非忠臣邪"。景帝处心积虑逼杀母弟、长子之行径，昭然若揭。然而正是有了汉景帝逼杀刘武、刘荣，才为汉武帝顺利即位扫清了道路。这也是汉武帝对于父亲政治行为认可和模仿的重要心理原因。《容斋随笔》称汉景帝"考其天资，则刻戾忍杀之人耳"③。此论人，而未论其人之道术，此又为洪氏史识浮泛之处。

再看汉武帝。汉武帝之弟，河间献王"好儒学，被服造次必于儒者。山东诸儒多从之游。"④ 而汉武帝心嫉之，"献王朝，被服造次必于仁义。问以五策，献王辄对无穷。孝武帝艴然难之，谓献王曰：'汤以七十里，文王百里，王其勉之。'王知其意，归即纵酒听乐，因以终。"⑤ 据《史记·汉兴以来诸侯王年表》，河间王刘德以"孝武元光五年辛亥来朝"⑥，又据《汉书·武帝纪》，"元光五年春正月，河间

---

① 《汉书·景十三王传》，《汉书》卷52，第2412页。
② 《史记·酷吏列传》，《史记》卷122，第3133—3134页。
③ ［宋］洪迈：《汉景帝忍杀》，《容斋随笔》卷11，《全宋笔记》第5编第5册，第149页。
④ 《史记·五宗世家》，《史记》卷59，第2093页。
⑤ ［宋］裴骃：《史记集解》引《汉名臣奏·杜业》，见《史记·五宗世家》，《史记》卷59，第2094页。
⑥ 《史记·汉兴以来诸侯王年表》，《史记》卷17，第858页。

王德薨"①。来朝当年即薨,或为忧郁而死或迳为自杀,虽不可断定,然为武帝所逼迫则毫无疑问。河间王虽非母弟,究属同父,武帝逼仄之而令死。其余同父昆弟诸侯,皆可得而知。再如一贯名声不好的中山靖王刘胜:

> 武帝初即位,大臣惩吴、楚七国行事,议者多冤晁错之策,皆以诸侯连城数十,泰强,欲稍侵削,数奏暴其过恶。诸侯王自以骨肉至亲,先帝所以广封连城,犬牙相错者,为磐石宗也。今或无罪,为臣下所侵辱,有司吹毛求疵,笞服其臣,使证其君,多自以侵冤。建元三年,代王登、长沙王发、中山王胜、济川王明来朝,天子置酒,胜闻乐声而泣。问其故,胜对曰:"臣闻悲者不可为累欷,思者不可为叹息……今臣心结日久,每闻幼眇之声,不知涕泣之横集也……臣身远与寡,莫为之先。众口铄金,积毁销骨。丛轻折轴,羽翮飞肉。纷惊逢罗,潸然出涕……"②

《汉书》所记中山王刘胜答对,文辞可观,似不属昏庸碌碌之辈。而惩于汉武帝之逼迫,借酒哀泣,自叹"身远与寡,莫为之先",处处小心谨慎,却仍然"众口铄金,积毁销骨"。此足见汉武帝对于诸侯昆弟之刻薄。中山王淫佚好内宠,虽得安度余年,终身无所作为。此为表象,实则也是畏于汉武帝之刻毒,不得不韬光养晦,否则亦必然如河间王之遭嫉恨。对于兄弟如此,对于子女,汉武帝也毫不手软。巫蛊之祸,汉武帝杀害卫皇后、戾太子及两位公主,则众所周知。

景帝、武帝两朝,天子为削弱诸侯,巩固专制,屡屡向母弟、长子下手,此固与《谷梁春秋》所传之"君无认亲之义"相悖。而《左氏》有"大义灭亲"之说,《公羊》有"诛不得辟兄,君臣之义也"之说,皆可为景、武行径张本。《容斋随笔》论汉景帝时则曰:"考其

---

① 《汉书·武帝纪》,《汉书》卷6,第164页。
② 《汉书·景十三王传》,《汉书》卷53,第2422页。

天资,则刻戾忍杀之人耳。"① 按:

> 《春秋》经庄公三十二年"秋,七月,癸巳,公子牙卒。"②
>
> 《公羊传》:……杀世子母弟,直称君者,甚之也。季子杀母兄,何善尔?诛不得辟兄,君臣之义也。然则曷为不直诛,而酖之?行诸乎兄,隐而逃之,使托若以疾死然,亲亲之道也。③

《公羊》认为,君臣之义"诛不得避兄",所谓"亲亲之道"不过是将鸩酒掩饰成"使托若以疾死然",本质上仍然是骨肉相残,只不过巧饰文辞而已。《谷梁》则不同,郑伯克段,《谷梁》以为"缓追逸贼,亲亲之道也"④。君虽贵为君,仍不得擅杀长子、母弟,不过可以逐之令去而已。《公羊》刻忌,《谷梁》宽仁。此《公羊》《谷梁》之差异。景、武两代残杀骨肉之行径同于《公羊》,而为《谷梁》所讥。

此乃公孙弘"尝集比其义,卒用董仲舒"⑤之根本原因。杜邺云:"《春秋》灾异,以指象为言语。"⑥ 董仲舒借灾异而劝人主杀人立威,恰启汉武帝一朝"忍杀"之风。

五、结语:习文法吏事,而又缘饰以儒术

儒家学派起于孔子。孔子言礼乐,孟子言仁义,皆不言以刑罚立威,以杀戮为"太平至公"。直至荀子,始言诛少正卯,又云"仁眇天下,义眇天下,威眇天下"⑦,主张以国家权威杀罚立威,"才行反时者死无赦"⑧。一般我们认为,荀子处于战国晚期,其思想之中已经

---

① 《汉景帝忍杀》,《容斋随笔》卷11,《全宋笔记》第5编第5册,第149页。
② 《公羊传·庄公三十二年》,[汉]何休解诂、[唐]徐彦疏:《春秋公羊传注疏》卷9,中华书局2014年版,第337页。
③ 《公羊传·庄公三十二年》,[汉]何休解诂、[唐]徐彦疏:《春秋公羊传注疏》卷9,第341—342页。
④ 《谷梁传·隐公元年》,《春秋谷梁传注疏》卷1,第5页。
⑤ 《史记·儒林列传》,《史记》卷121,第3129页。
⑥ 《汉书·谷永杜邺传》,《汉书》卷85,第3476页。
⑦ 《荀子·王制》,[清]王先谦:《荀子集解》卷5,中华书局1988年版,第158页。
⑧ 《荀子·王制》,[清]王先谦:《荀子集解》卷5,第149页。

融入一部分法家学说,带有了综合的倾向。故而荀子的学生之中,韩非、李斯纯为法家,韩非著书又颇能引儒家语。

韩非所著书中引《春秋》经义,略云:

> 鲁哀公问于仲尼曰:《春秋》之记曰:"冬十二月,陨霜不杀菽。"何为记此?仲尼对曰:"此言可以杀而不杀也。夫宜杀而不杀,桃李冬实。天失道。草犯干之,而况人君乎?"①

《韩非子》所记,托名鲁哀公与孔子的对话,认为"宜杀而不杀",乃"天失道"。此与《公羊传》经义"诛不行,则霜不杀草"相同。按照《汉书·五行志》所记:

> 厘公二年十月,陨霜不杀草。为嗣君微,失秉事之象也。其后卒在臣下,则灾为之生矣。"异"故言草,"灾"故言菽,重杀谷。一曰菽,草之难杀者也,言杀菽,知草皆死也;言不杀草,知菽亦不死也。董仲舒以为,菽,草之强者。天戒若曰,加诛于强臣。言菽,以微见季氏之罚也。②

本来当杀而不杀,则为"异";不当杀而杀,则为"灾"。此不过《论语》"过犹不及",《中庸》"执两用中"之义。而董仲舒将其解释为,菽,乃是草中之强者,"天戒若曰,加诛于强臣",仍是劝杀人立威。此乃与法家韩非的思想为同一理路了。

庆历三年,范仲淹任参知政事,富弼任枢密副使,因盗起京西,光化军知军弃城逃走。富弼主张,以军法处死知军者。范仲淹为之开脱云:"光化无城郭,无甲兵,知军所以弃城。乞薄其罪。"③ 富弼不理解范仲淹意图。范仲淹云:"上春秋鼎盛,岂可教之杀人?至手滑,吾辈首领皆不保矣!"④

---

① 《韩非子·内储说上七术》,周勋初:《韩非子校注》,凤凰出版社 2009 年版,第 257—258 页。
② 《汉书·五行志》,《汉书》卷 27 中之下,第 1426 页。
③ [宋] 邵伯温:《邵氏闻见录》卷 8,中华书局 1983 年版,第 79 页。
④ [宋] 邵伯温:《邵氏闻见录》卷 8,第 79 页。

始推阴阳、为儒者宗：董仲舒"春秋决狱"的"忍杀"一面

汉朝人认为，董仲舒"为世儒宗，定议有益天下"①。而董仲舒甫一出手，便因辽东高庙灾、长陵便殿火，劝汉武帝杀宗室、大臣，卒酿成淮南衡山之狱，株连甚众，若伍被、庄助等人，皆因此枉死。此董仲舒见识远不及范仲淹之处也。史云，公孙弘治《公羊春秋》，"习文法吏事，而又缘饰以儒术"②，今看董仲舒，亦未尝不是如此。

---

① 《汉书·楚元王传》，《汉书》卷36，第1930页。
② 《史记·平津侯主父列传》，《史记》卷112，第2950页。

经学传习与中国古典学术的新使命

——从重新整理《十三经注疏》说起

吴国武

(北京大学中文系)

一、引言

经学及其相关议题，是近些年中国内地学术界的关注焦点。无论赞同附议者还是反对贬抑者，都要面对中国学术思想和文教生活的这一"新潮"。① "新潮"之下，经学能否超越既有的学术规制，经学、儒学能否实现整合，如何看待经学传习在现代教育中的缺失，如何理解经学传习的恢复对于中国现代学术和当代社会的影响，这些问题自应成为学界同仁思考的方向。

笔者研究经学有年，一直留意经学传习的议题。个人认为：

> 经学是研究和运用儒家经典的传统学问，长期居于中国传统学术文化的核心位置。这门学问，是围绕《易》《书》《诗》《礼》《乐》《春秋》六类经典（即"六经"）的解释和应用而展开的。到后为，又衍生出《论语》《大学》《中庸》《孟子》四部传记构成的"四书"经典体系。最后，逐渐形成以研究和运用《周易》《尚书》《毛诗》《周礼》《仪礼》《礼记》《春秋左氏传》《春秋公羊传》《春秋谷梁传》《孝经》《论语》《尔雅》和《孟子》十三部儒家经传（即"十三经"）为基础的传统学术形态。这门学问包括考据之学、义理之学、辞章之学和经济之学诸多方面，影响及于

---

① 《新潮》本来是北京大学学生傅斯年、罗家伦、顾颉刚等人所办刊物，其宗旨是"专以介绍西洋近代思潮，批评中国现代学术上、社会上各问题为职司"。（见《新潮杂志社启事》，《北京大学日刊》1918 年 12 月 13 日）百年后的今天，西潮成主流，国故称"新潮"，足以令人深思。

古代中国、日本、朝鲜、越南等东亚世界。①

择要言之，传统经学是对于儒家经传系统的研究和运用，而儒家经传系统的主干是以《十三经注疏》为代表的经传注疏体系。

自有经书以来，经学传习就是中国古典学术（或称"旧学""中学""国学""固有学问""传统学术"）训练的基础，从先秦到晚清，从中原到东亚，莫不如此。晚清以降，经学遭遇了数千年未有之变局，古典学术日渐式微，新兴的现代学术成为主流。百余年间，学派立场不同、界别年辈不同的人士对待经学及古典学术有着各自的意见和取向。变局的结果是，传统经学逐渐转化为对古书及其内容的现代学科研究，进而蜕变成所谓经学史研究，以经传注疏的学习为主线的经学传习难以维系。② 时至今日，经学传习不再是中国古典学术训练的基础，并一度退出了现代学术教育和文教生活的视野。然而历史经验时时昭示，现代学术离不开古典学术，惟有"行有不得，反求诸己"的精神才能推动现代学术的前行。作为主流的现代学术，其核心思想源自西方（特别是近代西方），而非根植于自身，这种状况导致现代学人在视野开拓、材料细读、理论创造、方法自新、价值传承和文明滋育上尤其缺乏，原创性的学术思想少之又少。反思过去，展望未来，"周虽旧邦，其命维新"，赋予中国古典学术以新使命应当是吾辈及后来者对今日世界之责任。

随着经学及相关议题研究的深入，学界同仁开始从现代多学科的进路返归经学自身的进路。③ 现代多学科的进路，是将经传注疏视同某门学科的文献，强调使用现代方法，疏离于经学的原生脉络，虽然不乏有价值的成果，但是算不上经学。相比之下，经学自身的进路，是将经学还原为经传注疏的内在研究，贴近经学的原生脉络，以此推

---

① 见拙文《前言》，载屈守元：《经学常谈》，北京出版社2014年版，第3—4页。
② 参考拙文《早期北京大学与传统经学的近代转型》，载《北京大学中国古文献研究中心集刊》第10辑，北京大学出版社2011年版，第349—363页。
③ 拙文《文献、思想与诠释——多学科视野下的传统经学研究》已有提及，该文收入陈赟等主编：《当代学术状况与中国思想的未来》，华东师范大学出版社2011年版，第16—19页。

之于经学传习和经学应用。作为儒家经传系统主干的《十三经注疏》，正是返归经学和经学传习的核心经典。放眼中国古典学术，古人生活中的价值观念、礼俗典章、思想文化等各种内容，四部学问中的史学、子学、文学等诸种学问，无不以经传注疏的学习为基础。在当前的环境下，返归经学和经学传习，激发古典学术的创造力，重构古今中西的学术架构，将为中国现代学术和当代社会开启返本开新、溯源导流的新路。

二、重新整理《十三经注疏》与经学传习的再出发

从历史上看，经学传习有许多方式，或颂读经书，或阐扬经义，或专守一经，或通经致用，都离不开经传注疏的学习。清儒章学诚尝谓"因传而有经之名"[①]，汉魏因传注而通晓经文，六朝隋唐因义疏而通晓传注、经文，宋元明因经而作新传注（即"四书五经"），然后因新传注而作新疏义（如"四书五经大全"），清代因旧传注而作新疏（即"清人十三经新疏"），此在情理之中。没有经传注疏的学习，便无所谓经学传习，其中汉魏传注、唐宋义疏构成的《十三经注疏》正是经传注疏体系的核心。吊诡的是，百余年来现代学人积极致力于整理《二十四史》等典籍，反而最轻视《十三经注疏》。迟至近年，《十三经注疏》的重新整理才渐次兴起。

1.《十三经注疏》及其整理现状

清儒顾炎武尝说：

> 自汉以来，儒者相传，但言《五经》。唐时立学官云《九经》者，《三礼》、《三传》分而习之，故为九也。其刻石国子学，则云《九经》，并《孝经》《论语》《尔雅》。宋时程、朱诸大儒出，始取《礼记》中之《大学》《中庸》，及进《孟子》以配《论语》，谓之《四书》。本朝因之，而《十三经》之名始立。其先儒释经之书，或曰传，或曰笺，或曰解，或曰学，今通谓之注。《书》

---

① ［清］章学诚：《经解上》，《文史通义校注》卷1，叶瑛校注，中华书局1985年版，第93页。

则孔安国传,《诗》则毛苌传,郑玄笺,《周礼》《仪礼》《礼记》则郑玄注,《公羊》则何休学,《孟子》则赵岐注,皆汉人。《易》则王弼注,魏人。《系辞》韩康伯注,晋人。《论语》则何晏集解,魏人。《左氏》则杜预注,《尔雅》则郭璞注,《谷梁》则范宁集解,皆晋人。《孝经》则唐明皇御注。其后儒辨释之书名曰正义,今通谓之疏。①

《十三经》及《十三经注疏》的形成发展,实际上就是一部简明的经学历史。汉魏经学属于传注之学,六朝隋唐经学属于注疏之学,宋元明经学虽然有新传注,但是仍重旧注疏,清代新疏更是本于旧注疏。由《五经正义》到《十三经注疏》,是经传注疏之学的定型过程。

在不同的历史时期,产生了经本、经注本、单疏本、经注疏合刻本、附释音经注疏合刻本等不同类型的经传注疏结构文本。② 借用顾永新先生的论述进行归纳:

> 经注本是六朝以后正经最通行、最基本的文本形态,五代、北宋均为单纯的经注本;进入南宋,先后衍生出附刻释文的经注本、经注附释文本、纂图互注本等版本类型。单疏本于北宋刊行之后,原本与经注本各自别行,南宋初始与经注本合刻,衍生出八行注疏合刻本。南宋后期,单疏本又与经注附《释文》本合刻,衍生出十行注疏合刻本(恐非《十三经》全部),元代据之翻刻或新刻其他各经十行本,明正德中修补,并依次衍生出嘉靖李元阳本、万历北监本、崇祯汲古阁本等,清乾隆武英殿本出自北监本,嘉庆阮元校刻本则直接出自元刻十行本。③

《十三经注疏》这一包含经、传、注、疏在内结构完整的文本,经历了六朝以来经注本、单疏本,以及南宋中期以来经注疏合刻本、

---

① [清]顾炎武:《十三经注疏》,《日知录集释》卷18,黄汝成集释、秦克诚点校,岳麓书社1994年版,第641页。
② 参考叶纯芳先生所列《经书经注本》《群经注疏本》《历代石经一览表》三个表格,见氏著:《中国经学史大纲》第四章,《经书的版本》,北京大学出版社2016年版,第121—125页。
③ 顾永新:《经学文献的衍生和通俗化》上册,北京大学出版社2014年版,第14页。

至元明成为中国古典学术史上最有影响力的核心经典。日本学者长泽规矩也先生早已指出："真正的注疏之合刻本，一直到嘉靖年间于闽中，由御史李元阳与提学金事江以达校刊初次完成。"① 李元阳本的汇刻成书，预示着《十三经注疏》进入正式整理的阶段。迄今 400 多年的整理历史，大致可以分作三个时期：

第一个时期，从明中叶至清中叶（约 200 年间），《十三经注疏》整理至清乾嘉年间取得重要进展，阮元校刻本就是标志性成果。明代中后期有三次整理活动，嘉靖李元阳本（阮校称"闽本"）针对元刻十行本做过校勘，万历北监本重刻李元阳本、崇祯汲古阁本（阮校称"毛本"）重刻北监本时也做过校勘，但规模都不大。清初以来，顾炎武、惠栋、臧琳、卢文弨、戴震、钱大昕、浦镗、段玉裁、顾广圻及日本山井鼎、物观等诸家校勘《十三经注疏》的部分或全部文本，大大推动了经传注疏的整理和清代经学的复兴。乾隆四年（1739 年），武英殿据万历北监本重刻，施以句读并附考证，号为"殿本"；乾隆后期，四库馆臣据殿本校改，形成与殿本不尽相同、各有千秋的"四库本"系列。嘉庆二十年（1815 年），阮元领衔据宋本（实际多为元刻）校刻，所校自唐石经以下各本，参考前贤意见，成绩卓著，影响深远。该本的面世，集中地反映了经传注疏整理的新水平和清代经学的突出成就，当然在版本选择、体例认识、文本校勘上也有很多的不足。② 不久，阮刻本成为最为通行的《十三经注疏》读本，影响了两百年来的经学和经学传习。

第二个时期，从清中叶至 20 世纪 80 年代（约 160 年间），《十三经注疏》整理工作基本上是对阮元校刻本的订补和延伸研究，直接推动了清人新疏的编撰和经注疏版本校勘工作的进步。嘉道以后，陈澧批校阮刻《十三经注疏》，其名作《东塾读书记》融进了众多批语，

---

① ［日］长泽规矩也：《十三经注疏版本略说》，萧志强译，台湾"中央研究院"中国文哲研究所编：《中国文哲研究通讯》2000 年第 4 期，第 52 页。
② 参考［清］叶德辉：《国朝阮刻十三经注疏本之优劣》，《书林清话》卷 9，吴国武、桂枭整理，华文出版社 2012 年版，第 244 页。

对汉宋调和兼采思潮的兴起有推动作用;① 孙诒让校订阮刻《十三经注疏》,其名作《周礼正义》亦与此关系甚密,是清人新疏源自阮刻本订补和延伸研究的典型例子。② 清末民初以来,缪荃孙、叶德辉、王国维、傅增湘、黄侃、屈万里、汪绍楹、潘重规、黄焯、昌彼得以及日本内藤湖南、吉川幸次郎、仓石武四郎、加藤虎之亮、长泽规矩也、阿部隆一等先生对《十三经注疏》进行了版本目录学和经注疏校勘等多方面的研究。抗战期间,顾颉刚先生提出重新整理《十三经注疏》并制订了具体的校勘计划,可惜没能进行下去,留下了无尽的遗憾。③ 新中国建立以后,官方重史不重经,迟至内地经学研究的恢复这种情况才有改观。

第三个时期,从20世纪90年代至今(约30年间),重新整理《十三经注疏》成为学界共识,众多研究团队致力于此并出版了新成果,为全面超越阮元校刻本提供了新契机。李学勤先生主编的北京大学出版社整理本(即"北大"本)率先问世,该整理本分繁体、简体两种版本,尽管底本选择不当、对校版本过少、校勘错误较多,但毕竟有初创之功。④ 其后,张岂之先生主编的上海古籍出版社整理本(即"上古"本)分批面世,该整理本底本选择精良、对校范围扩大、系统吸收前贤成果,但是仍然有不少错误和遗憾。⑤ 最近十年,汤一介先生主编的《儒藏》整理本(即"儒藏"本)也分批面世,该整理本纠正了诸本的一些校勘断句错误,但所见、所校毕竟有限。此外,台湾"国立编译馆"特设"十三经整理小组",由周何先生担任召集

---

① 参考向丹丹:《陈澧与阮元南昌刻本〈十三经注疏〉》,《邵阳学院学报(社科版)》2016年第5期。
② 参考叶纯芳:《孙诒让〈周礼〉学研究》第四章,《校勘之作——〈周礼注疏校记〉》,载《中国学术思想研究辑刊》第十七编第五册,花木兰出版社2013年版,第107—148页。
③ 顾颉刚:《整理十三经注疏工作计划书》,《上游集》,《宝树园文存》卷1,载氏著:《顾颉刚全集》,中华书局2010年版,第16—18页。
④ [日]野间文史:《读李学勤主编之标点本〈十三经注疏〉》,载《经学今诠三编》,《中国哲学》第24辑,辽宁教育出版社2002年版。
⑤ [日]田中和夫:《评朱杰人、李慧玲整理版〈毛诗注疏〉》,载《历史文献研究》总第34辑,华东师范大学出版社2014年版。

人，主编《十三经注疏》分段标点本，可惜不含复杂的校勘工作。据笔者了解，目前进行中的整理本有三种：一是山东大学杜泽逊先生主持的《十三经注疏汇校》，该项目以汇校诸本异同为主，不以校是非为长，其工作从《尚书注疏》开始。① 二是福建师范大学郜积意先生主持的《重校重刊十三经注疏》，该项目既重视校异同，也重视是非校定和经义取舍，其工作从《春秋公羊传注疏》开始。三是顾永新先生个人所做的《十三经注疏》校勘整理，该项目广罗天下诸本并尽可能做穷尽式校勘，其工作从《周易注疏》开始。与此同时，朱杰人、吕友仁、陈鸿森、钱宗武、虞万里、许建平、刘玉才、张丽娟、冯晓庭、石立善以及日本学者野间文史、桥本秀美等先生对《十三经注疏》整理贡献较大。

2.《十三经注疏》重新整理中的三个重要问题

《十三经注疏》的重新整理，既需要进行全面系统深入的版本比勘，更需要弄清行文体例、校正断句疏漏、判断经义是非乃至于解决经学中的疑点难点。清儒段玉裁论校经之法时指出：

> 必以贾（公彦）还贾，以孔（颖达）还孔，以陆（德明）还陆，以杜（预）还杜，以郑（玄）还郑，各得其底本，而后判其理义之是非，而后经之底本可定，而后经之义理可以徐定。不先正注、疏、释文之底本，则多诬古人。不断其立说之是非，则多误今人。②

《十三经注疏》不是一部普通古书，而是文本结构复杂的经传注疏丛书。整理者首先要明确校勘对象范围，确定校勘目标体例，善用校勘方法和前贤成果，达到还原传注义疏所据之经文、还原义疏所据之传注、还原义疏自有之原貌的任务。不然的话，经传注疏的学习便无从谈起，经学传习也失去了坚实的基础。

---

① 参考杜泽逊：《尚书注疏汇校序》，载《儒家文明论坛》第1辑，山东人民出版社2015年版，第400—404页。
② [清]段玉裁：《与诸同志书论校书之难》，《经韵楼集》卷12，钟敬华校点，上海古籍出版社2008年版，第336页。

（1）不同类型的经传注疏本应当分别整理成相对独立的文本

《十三经注疏》的结构系统是长时间流传衍生而成的，各经的经注疏情况有同有异，每经又有经传注疏多个层次，各层次之间关联程度不一。恢复经传注疏原貌，实属不易。校勘对象范围分别是经传、经注、疏、经注疏，则依次有校勘经传、经注、疏、经注疏之体例。对于经传注疏之间的文本异同，阮校本当年虽有注意，但仍有自乱其例之处，后来的整理者往往习焉不察。笔者以为，应该将经本、经注本、疏本、经注疏合刻本等几种不同类型的本子进行分别整理，校勘目标体例才不致于混乱。

第一类为"经本"（即白文本，含以传为经的经传本）。迄今所见的经本，有简帛本、石经本、纸写本、刻本等版本形态。自汉代传注之学兴起，汉唐经本并不多见，现存经本大多是从经注本中摘录而出的。至五代两宋，经注本为国子监官定。后来，无注的经本也多为科举学校便习之书。经本的校勘，应以经文为校勘对象范围，区分先秦汉魏以来的文本系统（比如今文、古文），对校传世和出土的各种白文经本，参考传注义疏的文义解释和相关的研究成果。以《礼记》经本校勘为例，比如《礼记·曲礼上》首句：

（经文）曲礼曰："毋不敬，俨若思，安定辞"，安民哉。
（郑注）此上三句，可以安民。说曲礼者，美之云耳。
（孔疏）下文"安民哉"，是为君上所行，故记人引《仪礼》正经"毋不敬"以下三句而为实验也。①

依郑注、孔疏，"安民哉"一句不属"《曲礼》曰"的内容，若校经注本或经注疏本，则当如此断句；若校勘经本，则有所不同。清儒陈澧曾质疑：

"安民哉"句，亦记人所引；郑注、孔疏皆但云三句，似误矣。其以《曲礼》是《仪礼》，乃《礼器》郑注之说。《曲礼》上

---

① 以上见《礼记正义》卷1，《十三经注疏附校勘记》上册，中华书局1980年版，第1229—1230页。

第一，疏引《艺文志》，则以为二礼互而相通，皆有曲称，又与郑说异矣……朱子疑郑说而从瓒说。澧亦谓瓒说是也。盖《曲礼》散失。《礼记·曲礼》上、下二篇，乃记者掇拾以存之，故篇首称"《曲礼》曰"也。①

若校勘白文经本，则需要出校记以存臣瓒、朱子之异说，说明此种断法乃郑注一家之言；若校勘经注本、疏本则不必出校。

第二类为"经注本"（含经传注本）。所谓经注本，即经（或经传）注之合编本。迄今所见的经注本，以纸写本和刻本为多。汉魏以来，从单注本发展到经注合编本。至五代两宋，经注合编本成为学校科举习经的通用之书。经注本的校勘，应以注文为校勘对象范围，经文之是非大体以注文为标准，同时注意经文和注文亦有不合之处，参考义疏的文义解释和相关的研究成果。今日所见，敦煌卷子《毛诗传笺》是最典型的经注本。潘重规先生早已指出：

> 今英法所藏敦煌《诗经》卷子，无不非《毛诗故训传》。即仅录白文诸卷……皆标题为郑氏笺，是敦煌所存六朝唐人卷子，皆《毛传郑笺》本也。观学者诵习之本，即知当时经学之风尚。②

后来，许建平等先生做了进一步研究，证实了这一论断。③ 以《仪礼》经注本校勘为例，《仪礼·士冠礼》"记冠义"句下郑玄无注，阮校谓：

> 此节疑当有注云："冠义者，记士冠中之义。"故疏迭其文而释之，今本佚脱耳。疏云："记时不同，故有二记"，此释注中"记"字也，否则此贾自疏"冠义"二字，非另有郑注也。④

此据贾公彦《仪礼疏》疏文，推断郑注脱文，颇有助于经注本的

---

① ［清］陈澧：《东塾读书记（外一种）》，朱维铮整理，生活·读书·新知三联书店1998年版，第160页。
② 潘重规：《敦煌诗经卷子研究论文集序》，新亚研究所1970年版，第2页。
③ 许建平：《敦煌诗经写卷与中古经学》，《敦煌学辑刊》2014年第4期。
④ 《仪礼注疏校勘记》卷1，张文整理，载刘玉才主编：《十三经注疏校勘记》第4册，北京大学出版社，第1759页。

整理。如若校勘经注本《仪礼注》,宜出校记说明郑注疑有脱文;若仅校勘经本《仪礼》,则不在校勘范围之内。

第三类为"疏本"(含单疏本、经注疏合刻本、附释音经注疏合刻本)。所谓疏本,实际上包含经传注疏多层文本结构。迄今所见的疏本,先有省经注的单疏本,后来有经注疏合刻和附释音经注疏合刻本等。单疏本的校勘应当以疏文为校勘对象范围,既要注意疏文与注文、经文的对应关系,又要注意疏文与经文、注文的不一致现象。① 以《毛诗正义》疏本校勘为例:《小雅·伐木》篇的分章析句颇有不同,阮校谓:

> 序下标起止云"伐木六章章六句",《正义》又云:"燕故旧即二章、卒章上二句是也。燕朋友即二章'诸父诸舅'、卒章'兄弟无远'是也"。与标起止不合。当是《正义》本自作三章,章十二句,经注本作六章,章六句者。其误始于唐石经也,合并经、注、《正义》时又误改标起止耳。②

据此,如若校勘《毛诗传笺》经注本则当依"六章章六句",如若校勘《毛诗正义》疏本则作"三章章十二句",可见经注本与疏本整理大不相同。此外,经注疏合刻本的校勘应以合刻最早之善本为底本,秉持疏不破注之体例,合以经注和单疏精校本;附释音经注疏合刻本的校勘,还要谨慎对待《释文》文字据疏文被窜改等问题。

(2) 校异同与校是非应当并重

《十三经注疏》的整理,需要利用经、传、注、疏各种文本结构类型以及刻石、写本、刊本各种版本形态,广收天下诸本,既全面系统地校勘文句异同,又深入细致地校勘经传注疏的文义是非。

从校勘文句异同来看,除广收今存版本之外,还要注意历史上存

---

① 参考[日]野间文史:《自述〈春秋正义校勘记〉之撰作》,载刘玉才、水上雅晴主编:《经典与校勘论丛》,北京大学出版社 2015 年版,第 135—141 页。
② 《毛诗注疏校勘记》卷 4,袁媛整理,载刘玉才主编:《十三经注疏校勘记》第 4 册,第 803 页。

在过的版本,比如汉魏以来著述所引注疏文字和宋元人所见版本的遗存。就《毛诗注疏》的校勘来说,中日学者都注意到南宋理宗朝魏了翁所作《毛诗要义》一书的重要性,比如乔秀岩(桥本秀美)、李霖先生便称之为"毛诗正义的知音"。① 一些学者也提及了南宋孝宗淳熙年间吕祖谦所作《吕氏家塾读诗记》的对勘价值,笔者研究该书时曾以之校《毛诗正义》。比如《周南·汝坟》"条肄其枚"句,《毛传》云"渐而复生曰肄",阮校谓:"毛本'渐'作'斩'。案,'斩'字是也。"② 毛氏汲古阁本晚出,然与宋本颇有渊源。考《吕氏家塾读诗记》宋本所引,"渐"正作"斩",可证毛本之可贵。③

从校勘经传注疏的文义是非来看,依靠今存年代早、质量高的善本或者成书早、流传广的注本也需要慎之又慎。以《周易正义》校勘为例,比如《涣卦·初六》经文云:"用拯马壮,吉。"阮校仅谓:"《石经》、岳本、闽、监、毛本同。《释文》:'拯,子夏作〔手升〕。'古本下有'悔亡'二字。"④ 丁四新先生校简帛本时指出:

> 〔手升〕上,今本有"用"字,楚简本、帛本均无,殆衍文,疑涉《明夷》六二"用手登马床"而衍。《集解》引虞翻《注》亦无"用"字……孔颖达《正义》:"可用马以自拯拔,而得壮,吉也。"孔《疏》据今本为释,殆误。"〔手升〕马壮","〔手升〕马"当为动宾结构,谓手升举其马而马壮也。⑤

此说可从。考王弼注文,其义似与孔疏相同,可见王弼时所据经本已误。如若遇此类是非问题,校勘《周易》经本、经注本和疏本时均应出校。

---

① 乔秀岩、李霖:《影印前言》,载〔唐〕孔颖达:《南宋刊单疏本毛诗正义》,人民文学出版社2012年版,第12—13页。
② 《毛诗注疏校勘记》卷4,袁媛整理,载刘玉才主编:《十三经注疏校勘记》第4册,第613页。
③ 〔宋〕吕祖谦:《吕氏家塾读诗记》卷1,梁运华点校,载黄灵庚等主编:《吕祖谦全集》第4册,浙江古籍出版社2008年版,第44页。
④ 《周易注疏校勘记》卷6,张学谦整理,载刘玉才主编:《十三经注疏校勘记》第4册,第190页。
⑤ 丁四新:《楚竹简与汉帛书周易校注》,上海古籍出版社2011年版,第172—173页。

(3) 特别要注意经传注疏各自的书例

《十三经注疏》的校勘整理，必须与《十三经注疏》及相关经学问题的深入研究结合起来。该丛书与单行经解、史籍注、子书注、文集注等古书大不相同，经传注疏各有其书例，经传注疏之间的关联也很复杂。经有经例、传有传例、注有注例、疏有疏例，不同注家、疏家又各自有例，各例又有常例、正例、变例等多种类型。不熟悉书例，便无法整理经传注疏。

以郑玄笺注为例：张舜徽先生有一篇文字归纳郑玄笺注有十八种例，即沿用旧诂不标出处例、宗主旧注不为苟同例、循文立训例、订正衍讹例、诠次章句例、旁稽博证例、声训例、改读例、改字例、征古例、证今例、发凡例、阙疑例、考文例、尊经例、信纬例、注语详赡例、注语互异例。① 这一归纳虽有未尽之处，但大体可从，有益于整理经注。黄侃先生晚年治礼，亦归纳郑注《三礼》之例。他说：

> 郑君注《礼》，大抵先就经以求例，复据例以通经，故经文所无，往往据例以补之；经文之误，往往据例以正之。陈兰甫云："有郑注发凡，而贾疏辨其同异者；有郑注不云凡，而与发凡无异，疏申明为凡例者；有注不发凡，而疏发凡者；有经是变例，注发凡，而疏申明之者；有疏不云凡，而无异发凡者。综而论之：郑、贾熟于经例，乃能作注、作疏；注精而简，疏则详而密，分析常例、变例，究其因由。"②

可见，郑注与经例互有补益，且与贾疏互相发明，究明书例正可用来整理经传注疏。

再以《毛诗注疏》为例：比如《齐风·载驱》"齐子岂弟"句，黄焯先生谓："敦煌古写本《诗经》残卷经文'岂弟'作'恺悌'，《考文》古本亦同。今经文作'岂弟'，足征孔所见本正作'恺悌'

---

① 张舜徽：《郑氏经注释例》，载氏著：《郑学丛著》，齐鲁书社1984年版，第78—79页。
② 黄侃：《礼学略说》，载氏著：《黄侃论学杂著》，上海古籍出版社1980年版，第459页。

也。"① 此说大误，盖不知阮校所谓"《正义》易而说之"之例。阮校云："凡经注古字，《正义》每易为今字而说之，其为例如此也，今往往有合并时依经注误改者矣。"② 检《正义》单疏本，其引经文"四骊至岂弟"，此即所疏之经文用"岂弟"；疏文自谓"郑唯恺悌为异"文已作"恺悌"，而疏引《郑笺》"笺此岂至明也"却作"岂"，疏文自谓"笺以齐子恺悌"亦作"恺悌"。③ 可知，经注文均应作"岂弟"，疏文自说却为"恺悌"，此经注正字、疏文俗字之通例。

今人阅读整理《十三经注疏》时出现的理解错误或校勘疏漏，多与书例息息相关。限于篇幅，恕不详述。

3. 经传注疏与经学传习的再出发

《十三经注疏》是一套经传注疏体系，其意义远不止于提供经传注疏的可靠文本，更反映了一套治学理念和方法。当年，阮元刻书时就说："窃谓士人读书当从经学始，经学当从注疏始。空疏之士高明之徒，读注疏不终卷而思卧者，是不能潜心研索，终身不知有圣贤诸儒经传之学矣。至于注疏诸义，亦有是有非。我朝经学最盛，诸儒论之甚详，是又好学深思实事求是之士又由注疏而推求寻览之也。"④《十三经注疏》的重新整理，将为经传注疏的学习提供新契机，可以成为经学传习再出发的新起点。

第一，回归经传注疏的生成过程和解释依据。经传注疏是递次生成的历史过程，经传为第一层体系，传注为第二层体系，义疏为第三层体系。以经传体系、经注体系的形成来说，叶纯芳先生有一段总结：

> 魏晋之前，经书的编排方式是经、传各自分开……王弼认为象辞是要解释经文的，宜与经辞相附近，方能使学者寻检方便，故做了合并的工作。《尚书》的序与经文相连始自伪《孔

---

① 黄焯：《诗疏平议》卷3，上海古籍出版社1985年版，第134页。
② 《毛诗注疏校勘记》卷1，袁媛整理，载刘玉才主编：《十三经注疏校勘记》第4册，第596页。
③ 《单疏本毛诗正义》卷9，第67页。
④ 《江西校刻宋本十三经注疏书后》，《研经室三集》卷2，载［清］阮元：《研经室集》，邓经元点校，中华书局1993年版，第620—621页。

传》……《左传》与经文相连,则始自杜预《左氏春秋经传集解》……经与传的合并,大都是魏晋人所为。在经学史上,这是一个重大的改变。刚开始是为了方便解释经文,发展到后来,对传注的重视逐渐超过经文。①

这一发展,也使经学一变为注学。至唐宋间,经传注疏成为经学传习的主体。传习六经、十三经必以学习汉唐宋初注疏为主,传习四书、五经则以学习宋明新注新疏为主。如若没有朱熹《四书章句集注》,便不能传习四书学;如若没有《十三经注疏》,又如何传习经学呢?近人提倡"直面经文",必定无以传经,最终也疏离于经学之外。

第二,回归经注之间的结构性理解。章学诚所谓"由传而有经之名",经传关系相当密切,必以传文来解经。也只有理解了传注,才能读懂经。以《郑笺》旨趣来说,郑玄《六艺论》自谓:"注诗宗毛为主,毛义若隐略,则更表明;如有不同,即下己意,使可识别也。"②针对郑氏自谓,陈澧进一步指明:

> 此数语,字字精要。为主者,凡经学必有所主。所主者之外,或可以为辅,非必入主出奴也。表明者,使有深者毕达,晦者易晓,古人所赖有后儒者,惟在此。③

黄焯先生也补充讲:

> 郑君治经,意在删取众家,归于至当。其易《传》者,非有意与毛立异,乃依经、序为说耳。其主三家者,亦非左右采获,由疑《毛传》未合经、序之旨耳。只其研之过深,思之过当,致有求合而反离,求密而反疏者。④

郑玄笺诗以宗毛为主、以依经序为辅,只有在这种结构联系中才能读懂《郑笺》,理解毛郑异同和《郑笺》之旨,不至于误读误用,

---

① 叶纯芳:《中国经学史大纲》,第178—179页。
② 《引》,《毛诗正义》卷1,载《十三经注疏附校勘记》上册,第269页。
③ [清]陈澧:《东塾读书记》,第109页。
④ 黄焯:《毛诗郑笺平议序》,载氏著:《毛诗郑笺平议》,上海古籍出版社1985年版,第5页。

甚至大胆假设、无的放矢。

第三，回归经注疏之间的结构性理解。以《三礼》来说，孔颖达谓讲"礼是郑学"，可见《三礼》经注关系紧密，郑注依经文起，经文必以郑注为归。以郑注与孔贾疏之间的关系来说，黄侃先生认为：

> 今欲通《三礼》郑学，又非假道于陆、孔、贾、杜四家之书无由……读《三礼》者，先辨音义，则此书其管钥也。孔疏虽依傍皇疏，然亦时用弹正，采摭旧文，词富理博；说礼之家，钻研莫尽。故清世，诸经悉有新疏，独《礼记》阙如者，亦以裹驾其上之难也。贾疏《周礼》，郅为简当，虽不无委曲迁就，而精粹居多；故孙氏新疏仍用者，十之七八也。《仪礼》疏有条不紊，选言既富，阐义亦周；对于经注，细心推勘，如遇不合，必求其致误之由；其博不及孔，而精细则过之。①

郑注孔疏之间以及郑注贾疏之间骨肉相连，所以理解郑注必依孔贾疏，而孔贾疏必以郑注为归。再以《三礼》经与孔贾疏之间的关系来说，陈澧论《礼记正义》时已讲：

> 孔冲远于三《礼》，唯疏《礼记》，而实贯串三《礼》及诸经。有因《礼记》一、二语，而作疏至数千言者。如《王制》"制三公一命卷"云云，疏四千余字。"比年一小聘，三年一大聘，五年一朝"，疏二千余字。《月令》、《郊特牲》篇题，皆三千余字。若此者颇多，其一千余字者则尤多。元元本本，殚见洽闻，非后儒所能及矣。②

只有将孔疏与《三礼》经文合观，才能理解孔疏。

《十三经注疏》的重新整理，可以为我们正确阅读经传注疏及相关经解提供可靠的文本依据，为我们正确理解经注、注疏、经疏之间的关系提供可信的学术基础，还将为经学原生问题的深度开掘提供不竭的学术源泉。现代学人如果能够摆脱中西之争、古今对立的迷误，

---

① 黄侃：《礼学略说》，载氏著：《黄侃论学杂著》，第449—450页。
② [清]陈澧：《东塾读书记》，第181页。

跳出狭隘固执的自我设限，《十三经注疏》便能重新成为经学传习和中国古典学术训练的基础。

三、经学传习的缺失与现代学术的内在困境

经学的开端虽在孔子，而真正成立已在西汉，流传及于晚清。进入民国，政府宣布取消学校读经，经传注疏分入现代文史哲诸学科之中，经学传习日渐式微，以至于退出现代学术教育。在"重新估定一切价值"的口号下，受启蒙、救亡的双重影响，现代中国学界习惯以进步革命立场来对待经学和经学传习，对西方文明的基础学问比如古典学、神学不甚了了，故而认识不到经学传习在中国古典学术中的关键作用和对于现代学术发展的重要意义。现代中国学术的基本范式、理论、方法、议题等核心思想，大多来自西方世界。而经学传习的缺失，也是导致现代学术产生内在困境的原因之一。

1. 从经学传习的缺失看现代学术的内在困境

1904年，张百熙、荣庆、张之洞等人在《学务纲要》上倡言：

> 中国之经书，即是中国之宗教，若学堂不读经书，则是尧舜禹汤文武周公孔子之道所谓三纲五常者尽行废绝，中国必不能立国矣。①

当时将经学视比宗教，强调其宗教性的同时，遮蔽了其经传注疏的特征。笔者以为："忽视了经学的世俗性，使经学的学科定位从一开始就失当。"② 随着科举的废止和新学的推进，经学及其传习倍受质疑。"从诸科之首的经学科和经科大学起，经学教育在京师大学堂有着特殊的独立地位。至民国初年，经学教育为哲学、文学、史学教育所取代。'五四'前后，文科整合出新的国学教育，从而彻底地将经学从倍受尊崇降至人人平视的境地。"③ 经学失去了特殊的独立地

---

① 舒新城编：《七 学制》，《近代中国教育史料》第2册。
② 参阅拙文《早期北京大学与传统经学的近代转型》，载《北京大学中国古文献研究中心集刊》第10辑，第355页。
③ 参阅拙文《早期北京大学与传统经学的近代转型》，载《北京大学中国古文献研究中心集刊》第10辑，第358页。

位，经学传习在古典训练和现代教育中难以维系，"现代某学科在中国""西方观念下的某学"等说法折射出百余年现代学术的内在困境。

（1）传统语言文字学与经学，疏离还是结合？

现代学术中的汉语语言学，始于章太炎先生所谓"语言文字之学"。而这门学问，源自于至清代发展到顶峰的小学。在西方语言学接受转化的背景下，学界同仁提倡传统语言学或文献语言学，以期与偏重语音试验、语法语义的现代语言学区别开来，导致汉语语言学进入传统与现代之争、语文与语言之争。以中国内地的古代汉语学科来说，它既与现代语言学有隔阂，又渐渐与传统语言学所自出相疏离。

众所周知，清代经学以顾炎武有开创之功，所作《音学五书》实属经学之流衍。至乾嘉时期，戴震致力于经传注疏，乃清代经学兴盛期的代表，其小学亦从经学而出。嘉、道以后，"世多以段、王、俞、孙为经儒，卒最精者乃在小学"。① 当然，清人治经既有小学化的一面，也有由小学至经学的一面。戴氏所谓"由字以通其辞，由辞以通其道"，就是以《说文解字》《十三经注疏》为本，所作《毛郑诗补正》属"通其辞"，而所作《孟子字义疏证》已属"通其道"。可以说，只依《说文》《尔雅》入而不顾《十三经注疏》，犹如由小学止而不至于经学。②

当年，章太炎先生创语言文字之学时尝说：

> 今欲知国学，则不得不先知语言文字。此语言文字之学，古称小学……合此三者（即文字学、训诂学、声韵学），乃成语言文字之学，此固非儿童占毕所能尽者，然犹名为小学，则以袭用古称，便于指示，其实当名语言文字之学，方为［土高］切。此种学问，仅《艺文志》附入六艺。今日言小学者，皆似以此为经学之附属品。实则小学之用，非专以通经而已。③

---

① 《訄书（重订本）·清儒第十二》，《訄书初刻本重订本》，生活·读书·新知三联书店1998年版，第159页。
② 即便是《说文》，也是因说经而出；《尔雅》本为经传之一种，与《毛传》解字同者为多，如郭璞《尔雅序》谓："夫尔雅者，诚传注之滥觞。"
③ 章太炎：《论语言文字之学》，《国粹学报》1906年第34—35期。

这一段话最可玩味,既指明小学之用有其领域可称语言文字之学,又反映了小学本来是通经之工具。

章门弟子治小学也有两种倾向,以小学即经学者比如钱玄同先生,明小学与经学不同者比如黄侃。前一种倾向在现代学术史上影响更大,与疑古、科学思潮结合紧密。稍后胡适等先生视戴震经学为小学考证,以至于将经学排斥于小学之外,使小学接近于"科学的考证"。后一种倾向在现代学术史上颇为复杂。黄侃先生在近代诸家中最为熟悉《十三经注疏》,中年治小学,晚年治经学,其小学源自章太炎先生,经学源自刘师培先生。章太炎先生称许黄氏:

> 季刚自幼能辨音韵,壮则治《说文》《尔雅》……说经独本汉唐传注正义,读之数周……自清末迄今四十岁,学者好为傀异,又过于明、清间,故季刚所守,视惠氏弥笃焉。独取注疏,所谓犹愈于野者也。①

可见,黄氏治学以经传注疏的学习为本,于经学有得也。黄侃自己也说:

> 今日籀读古书,当潜心考察文义而不必骤言通假,当精心玩索全书而不可断取单辞。旧解虽不可尽信,而无条条逊于后师之理。②

骤言通假乃清儒"因声求义"之法的末流,断取单辞则当时学界"大胆假设,小心求证"之风的弊端。黄氏所言考察文义、玩索全书,最得治经之要。其婿潘重规先生亦认为,黄氏"惟惧旧闻之不昌,弗务新解之自创。其谨严处实较余杭章氏、仪征刘氏尤有过之。尝谓宋儒以空言为臆说,清儒以考据为臆说,皆悖事实求是之旨。"③

---

① 章太炎:《中央大学文艺丛刊黄季刚先生遗著专号序》,载程千帆、唐文编:《量守庐学记:黄侃的生平和学术》,生活·读书·新知三联书店2006年版,第7页。
② 转引自殷孟伦:《谈炎黄侃先生的治学态度和方法》,载程千帆、唐文编:《量守庐学记:黄侃的生平和学术》,第42页。
③ 潘重规:《季刚公传》,转引自司马朝军等编:《黄侃年谱》,湖北人民出版社2005年版。

所谓宋儒空言，指其不据《十三经注疏》之经学，而据《四书》之理学；所谓清儒考据，指其不据《十三经注疏》之经学，而据《说文》《尔雅》之小学，两者均非实事求是之学。

黄侃先生对于经学与小学的异同有精到的理解，诚为古代汉语学科之鉴。其侄黄焯先生总结道：

> 经学训诂与小学训诂有异。先从父尝云："小学之训诂贵圆，经学之训诂贵专。"盖一则可因声义之联缀而曲畅旁通，一则宜依文立义，而法有专守故尔。①

贵圆是指字义的旁通，此种小学往往疏离于经义原生脉络本身；贵专则是经文所释之义，此种经学本于注疏的学习。黄焯先生还说：

> 治经不徒明其诂训而已，贵在得其词言之情。戴震谓训诂明而后义理明，实则有训诂明而义理仍未得明者。要须审其辞气，探具义旨，始可明古人用意所在尔。朴学诸师，间有专治训诂名物，而短于为文，敢于古人文之用意处不能识得谛当。夫经者，义之至粹，而文之至精者也。可由训诂学入，不可由训诂学出。治之者识其本末终始，斯得矣。②

古代汉语学科以读懂古书为宗旨，只讲训诂名物而不明古人用意则不能读懂古书。"可由训诂学入"讲的是治经宜本传注和小学，"不可由训诂学出"则是讲治经旨在经义而非止于字义。

反观传统语言文字之学，当今学界有几种不同意见，一则倾向于全盘西化，二则倾向于变成古代汉语学科，三则倾向于保持传统语文学或文献语言学。这些不同意见恰好反映了传统语言文字学的内在困境。我们认为，重视传统语言和传统语言文字学的根基，回向经传注疏和经学传习，能够为汉语语言学提供核心思想。

（2）中国史学传统，回归经史合一还是走向材料议题？

现代学术中的中国史学，本应当源自传统史学。然而今日所谓

---

① 黄焯：《毛郑平议序》，载氏著：《毛传郑笺平议》，第4页。
② 黄焯：《毛郑平议序》，载氏著：《毛传郑笺平议》，第4—5页。

现代史学，经过"新史学"等新风气的熏染，其核心思想已转移至西方史学传统。传统史学源远流长，是在世界文明史上最为杰出的学问之一。自先秦有史官便有史学的开端，各类史籍史注层出不穷，这门学问到清代得到新的发展。清末民初"新史学"兴起，学界倾向于运用西方史学观念方法来重新梳理中国史，并将传统史学观念方法近代化、科学化。今日之现代史学，越来越疏离于传统史学。

清代史学的发展，以钱大昕、章学诚为高峰，经史关系成为史学观念方法的核心议题之一。钱大昕尝论《史记》云："太史公修《史记》以继《春秋》，成一家言。其述作依乎经，其议论兼乎子。班氏父子因其例而损益之，遂为史家之宗。"①《史记》既为史家之宗，亦是史学之宗。此论最可见传统史书、史学与经传、经学之关系。钱氏经史兼治，被阮元誉为乾嘉学术"总其成"者。章学诚所谓"六经皆史"说最为出名。章氏本意是指"六经皆先王之政典"②，然而未料近代诸君将"六经皆史"理解为"六经皆史料"，更有甚者将之与"史学即史料学"相提并论。对此，钱穆先生明确指出：

> 苟明《六经》皆史之意，则求道者不当舍身事物、人伦日用，以寻之训诂考订，而史学所以经世，固非空言著述，断可知矣……近人误会"六经皆史"之旨，遂谓"流水账簿尽是史料"。呜呼！此岂章氏之旨哉！③

章氏本意既谓经学贵约六经之旨，不可只学训诂以明之；又谓史学所以经世，而非斥琐碎考证、流水账簿。

在新史学的潮流中，惟钱穆和陈寅恪富有独见。钱穆先生说：

> 顾就本原论之，经学实史学也，偏陷于近代，偏陷于现实，虽曰是史学之恒趋，实非史学之上乘。偏陷于古典，偏陷于旧

---

① 钱大昕：《史记志疑序》，《潜研堂文集》卷24，载陈文和主编：《嘉定钱大昕全集》，凤凰出版社2016年版，第380页。
② ［清］章学诚：《文史通义校注·易教上》，第1页。
③ 钱穆：《中国近三百年学术史》，商务印书馆1997年版，第432—433页。

经，虽曰经学共向，亦非经学之真际。①

经史同源异流，不明史学本原上是经学，其史学将流于末流；不明经学返本开新之特性，其经学亦不真切。后来研究者称之为"经史合一"，盖得其实也。郑吉雄先生总结钱氏治学，认为其"内聚性"方法源于清初的"以经释经"。他说：

> 传统经学疏不破注，就是一种文献互相释证的精神：传注解经，传注的意义自经典而衍生，是经生传注；义疏依传注而成，义疏的意义据传注而发挥，等于传注生义疏……基本上都是依循这种内聚的形态展开，终使经学蔚为大观。②

这种文献互相释证的精神，也包括经义互相释证。钱穆先生移治经之法来治史，最得传统治史之精髓，所谓"经史合一"其实就是经史循环往返。此外，被称为现代史学主流的陈寅恪先生，其门人蒋天枢先生亦谓其师"袭清人治经途术"③，就是指陈氏深谙经学传习之法，视史为经而注疏之，视文为史而注疏之。今人不知蒋氏之言的实质，颇为可惜。④

回顾近世之史学，钱穆先生将其分为传统派、革新派、科学派三派。他说：

> "传统派"主于记诵，熟谙典章制度，多识前言往行，亦间为校勘辑补。此派乃承前清中叶以来西洋势力未入中国时之旧规模者也。其次曰"革新派"，则起于清之季世，为有志功业、急于革新之士所提倡。最后曰"科学派"，乃承"以科学方法整理国故"之潮流而起。⑤

迄今为止的现代史学仍然以科学派、革新派为主，科学派略占上

---

① 钱穆：《经学与史学》，载杜维运主编：《中国史学史论文选集》，华世出版社1976年版，第127页。
② 郑吉雄：《钱穆先生治学方法的三个特性》，《文史哲》2000年第2期。
③ 蒋天枢：《陈寅恪先生编年事辑》，上海古籍出版社1997年版，第86页。
④ 参考许冠三：《新史学九十年》，岳麓书社2003年版，第264页。
⑤ 钱穆：《引论》，载氏著：《国史大纲》，商务印书馆1996年版，第3页。

锋。今日中国大陆史学界尤将"科学派"奉为圭臬，不能深通经史并治、经史合一之意义，难以拥有属于自己的核心思想，致使中国史学不断陷入引进西方史学的理论方法去发现材料议题的循环之中。

（3）中国哲学思想根植于子学，还是经学？

"哲学"名义起于欧美，汉译则由日本转手，并非中国古典学术所固有。现代学术中的"中国哲学"到底谓何，最不好理解，争议也从未停息。从日本转手时的理解来看，大体可以说："中哲之学问，即为经学。"① 而从中国的转换来看，早期北京大学"哲学门"是由经科大学理学学门和文科大学理学诸子学门演变而来的，"哲学"主要包括理学、诸子学。两种不同的"中国哲学"形成了经典选择和学术训练上的差异。今日之中国哲学大致是在子书子学（含儒家诸子）的基础上发展起来的，一直疏离于经传注疏和经学传习之外。

清代思想存于所谓"义理之学"，指向虽然是"宋学"或"理学"，但自顾炎武倡言"经学即理学"以来，清儒所谓"义理之学"已经是立足于经学的义理之学。从戴震到康有为、章太炎，其思想均基于经学的义理之学。早期北京大学所开设的中国哲学史课程，由经学家陈汉章先生主讲，所讲亦离经传注疏不远。后来改由胡适先生主讲，其所作《中国哲学史大纲》不信经传注疏，大体是一部周秦诸子学史。劳思光先生有一句评价：

> 胡先生写这部书有一个极大的缺点，就是，这部书中几乎完全没有哲学的成分……这部书不是哲学史，只是一部诸子杂考一类考证之作。②

学界同仁通常只注意到胡氏书"没有哲学的成分"这一特点，却没有注意到这部书拘泥于诸子书的局限。冯友兰先生续作《中国哲学史》，或因受其师陈汉章之影响，将中国哲学史分为"子学时代"和

---

① 此为野间文史之语，见《访现代日本经学家野间文史教授》，藤井伦明录音整理，金培懿翻译，《中国文哲研究通讯》第16卷第2期，台湾"中央研究院"中国文哲研究所，2006年6月。

② 劳思光：《新编中国哲学史》，广西师范大学出版社2012年版，第1—2页。

"经学时代"。劳先生如此说：

> 比起胡书之全无哲学来，冯书虽是较胜，但冯书终竟也不是能展示中国哲学特性的作品。①

其实，冯氏书有回向中国思想文化特性之意图，可惜未能透视经传注疏与哲学之密切关系，该书所提及的经书仅有《诗》《书》《易》而不及《礼》，历代注疏更是鲜有论及。至于劳氏本人的《中国哲学史》，其长处在于提倡基源问题研究法和标举中国哲学特性，但是亦没能洞察经传注疏之中的基源问题及其哲学性转换。

学界同仁乐于强调"中国哲学"冲破经学藩篱的意义，也习惯于用今日之"子学哲学"训练排斥经传注疏之于中国哲学思想的主干基础作用，疏离经学的中国哲学不知将如何前行？就中国古典学术而言，哪些典籍属于思想性、哲学性文本，并不是一个不言自明的道理。笔者以为，经典选择是中国哲学构成的首要问题，既然经传注疏是中国的核心经典，经学也应当成为中国思想及其哲学性转换的主要源泉。只有立足于核心经典，才可能发展出反映中国特性的思想性文本、哲学性文本。

2. 经传注疏与儒学新开展

从先秦到晚清，儒学都是以经学为主体的儒者之学的统称。有趣的是，现代中国的儒学研究却偏重哲学思想一面，与经学研究若即若离；同样，现代经学研究拘泥于历史文献研究，与儒学研究分道扬镳。相比之下，东亚诸国视"儒学"为"儒教"，包容经学、礼学、礼制、文教、社会生活等诸多方面。于是，儒学形成了两种不同的研究范式进路。再就海峡两岸来说，中国大陆基本上是哲学思想主导、兼顾经学的研究进路，而台湾地区则是哲学思想主导、排抑经学的儒学研究。② 可以说，现代中国的儒学研究主要是研究儒学的哲学思

---

① 劳思光：《新编中国哲学史》，广西师范大学出版社 2012 年版，第 3 页。
② 陈来、唐文明等先生曾论及儒学的研究进路或研究范式，与鄙见不尽相同，可参考陈来：《儒学研究的方法》，载氏著：《陈来讲谈录》，九州出版社 2014 年版，第 60—77 页；唐文明：《儒学研究的范式转移》，载乐黛云、[法]李比雄主编：《跨文化对话》第 30 辑，生活·读书·新知三联书店 2013 年版。

想，没能研究以经学为主体的儒学传统，更没能重视经传注疏及经学的传习。

(1) 儒学重返经学之本

"儒学"之名，起于晚周秦汉。西汉喜言的"儒术"，即董仲舒《举贤良对策》所谓"六艺之科、孔子之术"①；东汉"儒术""儒学""儒家"并用，即班固所讲"游文于六艺之中，留意于仁义之际"②。两说合看，儒学本来就根植于六艺经传，着重于孔孟仁义之学。魏晋以降，"儒学""儒教""儒术""儒家"大体通用。笔者以为，儒学的根本在经学，由经学而衍生出诸种学术思想，舍六艺而言儒学则儒学无宗主，若无经学传习则儒学也寸步难行。

晚清民初，儒学及儒学研究却走上了一条狭隘偏窄之路。当初，章太炎作《原儒》，将儒分作达名为儒的术士、类名为儒的六艺之人、私名为儒的九流之儒，将传经之儒排斥在外。③ 后来的讨论者如胡适、冯友兰等，对儒的理解都有子学化倾向，儒学、经学似有分离之势。前文已揭，早期北京大学"哲学门"之"哲学"大体从经科理学学门、文科理学诸子学门而来。儒家诸子遂成为儒学的主体，散入"哲学系"的经传如《易》《论语》《孟子》进入儒学研究的视野，至于其他经书却不在此列。④ 后来的儒学性质上属于子部儒家之学，少数几部经传注疏也只是儒家诸子学的附庸而已。

今日研究儒学，于先秦先讲孔子、七十子后学、孟子、荀子等，而不讲诸家所研习的《诗》《书》《礼》《乐》。不讲六艺经传，何以知孔子之儒学？以《毛诗》注疏为例，哲学思想主导的儒学研究过去不太被关注，然而《毛诗传笺》既解字又解经，义理无处不在，既有思想又属儒学。清儒陈澧指出：

---

① [汉] 班固：《汉书·董仲舒传》，《汉书》卷56，第2523页。
② 《汉书·艺文志》，《汉书》卷30，第1728页。
③ 章太炎：《诸子学九篇》，载氏著：《国故论衡》下卷，上海古籍出版社2003年版，第104—107页。
④ 参考蔡元培：《我在教育界的经验》，载高平叔编：《蔡元培全集》第7卷，中华书局1989年版，第193页。

> 毛公说《诗》之大义,既著于续序中矣,其在传内者亦不少。如《关雎传》云:"夫妇有别,则父子亲。父子亲,则君臣敬。君臣敬,则朝廷正。朝廷正,则王化成。"《鹿鸣传》云:"夫不能致其乐,则不能得其志;不能得其志,则嘉宾不能竭其力。"如此类者,不可以其易解而忽之也。①

孔氏《正义》依此而疏义,可窥汉唐儒学之精华。至于朱子作《诗集传》,继之为训,推而为理学,亦是宋代儒学之经典。如此,《诗经》岂可忽哉?

(2) 经学重回注疏之源

前文已揭,经传注疏的学习是经学传习的主线,同样经传注疏也是经学的基础。这既是清代经学发展的经验,也是经学和经学传习百余年间沉浮隐现的教训。比如,陈壁生先生注意到这一问题,他说:

> 经只是经文本身,而经学则包括了经、注、疏。自汉代以后,每一时代经书的生命力,都体现在注疏之中。②

这个判断是有道理的。无论从经学结构还是经解历史来说,经传注疏都是经学传习的核心部分。

汉代传注之学因师法家法而起。郑玄注经,最为善法,所作笺注有《三礼注》《诗笺》等多种。陈澧尝谓:

> 郑君注经之法,不独《诗笺》为然……郑君注《周礼》《仪礼》《论语》《尚书》,皆与笺《诗》之法无异,有宗主,亦有不同,此郑氏家法也。何邵公墨守之学,有宗主而无不同。许叔重异义之学,有不同而无宗主。惟郑氏家法,兼具所长,无偏无弊也。③

不同传注有不同的学术取向,郑玄治经"有宗主亦有不同"堪为

---

① [清] 陈澧:《东塾读书记》,第 105—106 页。
② 陈壁生:《经学的瓦解》,华东师范大学出版社 2014 年版,第 149 页。
③ [清] 陈澧:《东塾读书记》,第 271 页。

通经之善法，经书的生命力在其中矣。

宋代虽然逐渐产生了新传注之学，但诸儒对于旧注疏也很熟悉，朱子尤为精通。他的几部新传注，如《诗集传》《四书章句集注》《仪礼经传通解》都是在旧注疏基础上的发展，所谓先读注疏而发明义理是也。① 陈澧也明确指出：

> 朱子《通解》之书，纯是汉唐注疏之学……有补疏者，有驳疏者，有校勘者，有似绘图者，与近儒经学考订之书无异。近儒之经学考订，正是朱子家法也。②

元明经学主要是基于"四书五经"新传注的新疏义之学。至于清代经学，则完全是以《十三经注疏》为中心的旧注新疏之学。戴震所谓"以字通其辞，以辞通其道"，正是注疏之体。当年《毛传》先解字（"字以通其辞"）再解经（"辞以通其道"），《郑笺》有宗主亦有不同，义疏更进一步解字解经，这就是注疏之学的本来面貌。

进入近代，号为治经者有反注疏一派如钱玄同，也有重注疏一派如黄侃。钱玄同激烈抨击注疏，他说：

> 二千年中底学者对于《六经》的研究，以汉儒为最糟……毛亨底文理最不通，郑玄底学问最芜杂，他俩注《诗经》，闹的笑话真是不少。郑玄以后直到贾公彦孔颖达诸人，不过将废话越说越多罢了。③

此论不信注疏，企图直面经文、己意作解，也闹出不少笑话，与空言治经何异？黄侃接续刘师培之经学，晚年治礼学，与钱氏之见截然相反。他在论治礼时说：

> 治礼次第，窃谓当以辨字读、析章句为先务；次则审名义，次则求条例，次则括纲要；庶几于力鲜，于思寡，省竹帛之浮

---

① 参考拙文《朱子〈诗集传〉解经体例与宋代经学新典范的成熟》，《汉学研究》2017年第2期。
② ［清］陈澧：《东塾读书记》，第151—152页。
③ 顾颉刚编著：《答顾颉刚先生书》，载《古史辨》第一册中篇，上海古籍出版社1982年版，第80页。

辞，免烦碎之非诮乎！①

此论深通注疏，不敢妄言横议，可谓实事求是之学也。

当年，清末国粹派学者邓实先生有一段总结：

> 本朝学术，实以经学为最盛，而其余诸学，皆由经学而出……是故经学者，本朝一代学术之宗主，而训诂、声音、金石、校勘、子史、地理、天文、算学，皆经学之支流余裔也。②

此论从正面回答了清代经学何以促成清学的深广发展，同时也道出了经学和经学传习之于中国古典学术的核心和基础地位。而吊诡的是，后人对于经学带来的支流余裔之学给予了高度关注，反过来却贬抑作为这些学问出处的经学。

四、经学传习的恢复与中国古典学术的新使命

经学是中国古典学术的核心和根本，既包含了核心经典、核心观念，也包含了基本训练、基本方法，还包括主流信仰和主流文化，经学传习则是古典学术训练和民族精神养成的正途。晚清以来，传统经学不断边缘化，经传注疏的学习受到轻视鄙夷，经学传习的缺失是造成现代学术内在困境的重要原因。近年来，中国古典学术似乎站在了新的历史起点上。没有经传系统，何来核心经典、核心观念？没有注疏系统，何来基本训练、基本方法？没有经传注疏，何来主流信仰和主流文化？可见，经学传习的恢复注定要承担起中国古典学术推动现代学术发展和社会前行的新使命。

1. 经学传习的恢复有助于开拓视野、细读文献

现代学术的兴起，是从立场的转变和自我的怀疑开始的。原来备受尊崇的经学忽焉坠地，经传注疏如同草芥，周秦和西洋诸子学同受推重，文集、史书中的另类浮现水面，出土、民间和周边的资料成为新发现，学术视野的扩大和文献范围的扩张也的确带来了新学问，但

---

① 黄侃：《礼学略说》，载《黄侃论学杂著》，第454页。
② 邓实：《国学今论》，《国粹学报》1905年第5号。

同时也产生了大而无当、往而不返的症结,其结果是只能借西方学问来建构现代学术的核心思想。经学传习的恢复,可以使我们重新进入经传注疏的学习,开拓中国古典学术体系的原有视野,细读原有文献,进而发掘根植于自身的核心思想。

以古礼问题为例。在被革命和进化立场左右现代学术的时代,古礼总被认为是落后及用来批判的。但是,如果真有经传注疏的学习,我们就会发现礼及礼义天下的思想深刻影响着中国文化、制度和社会各个领域。经传注疏无所不在的"礼"、史书无所不在的"礼制"等,将继续成为理解中国的新视野和新文献。比如,日本学者关注东亚世界,受到良好的经传注疏训练,善于运用礼及礼制的架构来讨论历史文化的核心思想,天下观念和天下秩序就是一例。现代中国主流学者囿于偏见和训练,讨论礼和礼制时只是泛泛而论,上没有触及经学理论,下未及具体历史实践。而日本学者比较《礼记·王制》《尚书·禹贡》《周礼·职方氏》等篇段的经传注疏,先讨论经学视野的天下观念之原理,然后将正史及其他史书、诸子、文集中的文献与经学原理加以对比分析,从而建构出中国和东亚的天下秩序。[①] 由此产生的新视野、新文献、新议题、新理论,近年来逐渐影响中国史学界、儒学研究界和文教生活诸多领域,也将对文学、政治学、法学、社会学等其他领域产生持久的影响。

今日学界总有一个偏见,好像新发现的材料才叫新材料,新出现的西方理念才构成新视野。笔者以为,今人看不懂的旧理念、今人读不懂的旧材料都是将来新视野、新材料的重要源泉。回归过去漠视的古典世界,把握经传注疏及古典学术的核心,便能见到视而不见的材料,读到似懂非懂的文字。

2. 经学传习的恢复有助于创造理论、铸成方法

现代学术的兴起,是在支解古典学术为现代学科的形势下产生

[①] 参考[日]平冈武夫:《経書の成立——天下的世界観》,全国书房1946年版;[日]西嶋定生:《中國古代國家と東アジア世界》,东京大学出版会1983年版;[日]堀敏一:《中華思想と天下観念》,岩波书店1993年版;[日]渡边信一郎:《中国古代的王权与天下秩序——从日中比较史的视角出发》,徐冲译,中华书局2008年版等书。

的。古典学术的原有系统断裂,作为基础和核心的经学不断边缘化,现代学术的结构系统完全是在西方思想基础上建立起来的,理论的创新和方法的层出也的确带来了新学问,同时也产生了为新而新、走马观花的症结。其结果是,我们只能借助西方思想来建构现代学术的核心思想。经学传习的恢复,可以使我们重新进入经传注疏的学习,创造未来中国的核心思想、铸成未来中国的基本方法。

以伦常问题为例。中国传统思想和社会,有着自身的系统结构,用西方理论是很难解释通透的,而需要建构自己的基本理论。如果真有经传注疏的学习,我们会发现伦常并非西方所谓"伦理""道德",而是一种家国天下的经学理论和秩序设计。比如,经传常讲"君臣父子",这被当作五伦中的两伦,但实际上却是超越其他三伦的礼治思想和礼治秩序,乃中国和东亚世界所独有。《论语·颜渊》篇有孔子讲的一段名言:"君君,臣臣,父父,子子。"皇侃疏谓:

> 言为风政之法,当使君行君德,故云君君也。君德谓惠也。臣当行臣礼,故云臣臣也。臣谓忠也。父为父法,故云父父也。父法谓慈也。子为子道,故云子子也。子道谓孝也。①

所谓君德臣礼、父法子道,构成了由外而内、由远及近的经学原理,其他经书也有类似的记载。日本学者小糸夏次郎先生归纳出一种新理论,他认为:

> 父子之亲是齐家的原理,反之,君臣之义是家以外的社会。在中国,这是维持国家的原理,与前者不同。②

这就是"国""家"。板野长八也指出:

> 原来,从孔子以前所延续下来的君臣关系和父子关系,时常要求二者是并立的和一体化的。因为这二者是相互对立的。而

---

① [梁]皇侃:《论语义疏》卷6,高尚榘校点,中华书局2013年版,第310页。
② [日]西晋一郎、小糸夏次郎:《礼的意义和构造》,国民精神文化研究所1941年版,第408页。

且，在战国时代，君权越得到巩固，这种对立的矛盾就越深刻。①

后来，尾形勇先生发挥出"君臣""父子"两个世界，并"把君臣和父子两种秩序理解为场域的不同"，于是有"君臣之礼和家人之礼两种礼仪以对照的形式并存"，最后用这个新理论来解释汉魏历史文化中的"家"和君臣关系。② 即由君臣、父子关系产生了新理论和新方法。

今日学界动辄云中国无理论、无方法，好像只有西方学问才拥有方法和理论。笔者以为，古典思想的表达取向非常复杂，比、兴、象、意、言、行、文、辞、亲、尊、贤、功，莫不可以为理论、可以为方法，如孔子谓"能近取譬，仁之方也"。回归被误解的古典世界，把握经传注疏及古典学术的核心，便能见他人之所不见、发他人之所难言。

3. 经学传习的恢复有助于传承价值、滋育文明

现代学术的兴起，是从西学东渐开始的。当时带来了西方价值观和文明成果，形成了中国现代价值和社会风尚。然而，古典学术与中国文明传统本来是水乳交融、不分彼此的。古典学术衰微必然使中国文明出现阵痛。经传注疏既是一套完整的学术体系，也是一套日日新的价值体系，还是一套充满活力的文明传统。经学传习的恢复是对以儒学为核心的文明传统的回视和体认，将为中国未来文明提供不竭的原动力。

以"敬"的价值为例。学界同仁喜欢用"三纲五常"之类的说法来概括儒家文明，并不太注意这些观念的礼义根源和制度设计。其中，礼义根源即所谓"礼意"，在《礼记》经注疏里比比皆是。比如，《礼记》经文讲"敬"，有"毋不敬""贤者狎而敬之""是以君子恭敬撙节退让以明礼"等文句，郑注、孔疏据此特别发明了"敬"的礼意。③ 经

---

① ［日］板野长八：《中国古代社会观的展开》，岩波书店1972年版，第574页。
② ［日］尾形勇：《中国古代的"家"与国家》，张鹤泉译，中华书局2009年版，第141—154页。
③ 《礼记正义》卷1，《十三经注疏附校勘记》下册，第1229—1231页。

文云："曲礼曰：毋不敬。"郑注谓："礼主于敬。"经、注相得益彰，敬与不敬成为有礼无礼的区分标准。经文又云："礼不逾节，不侵侮，不好狎。"郑注谓："不好狎，为伤敬也。"孔疏谓："礼主于敬，自卑而尊人，故不得侵犯侮慢于人也。"① 经文虽不提"敬"字，但郑注、孔疏发明礼意，即礼若不主敬，必不成礼仪之义。经文、郑注、孔疏互相发明，构成"敬"的义理结构体系。史书、子书、文集必以"敬"为诚敬、尊敬、孝敬、敬爱之类，惟学习经传注疏方可知如何成"敬"意。"敬"的文明传统不仅属于中国传统价值观，也可推致于世界文明。

今日学界或倡言、或排抑传统价值，前者没能明经传注疏学习之重要，后者不知经学传承之深意，以至于在糊涂中争执、在误解中对垒。笔者以为，古典学术本身包含了价值传承和文明滋育的性质内容功能，经学传习本身便能产生敬畏谦恭之心、便能产生忠孝仁义之行，诗书礼乐、家国天下尽在其中矣。

总之，经学传习是一项非常复杂丰富的志业、事业。读经者只读经不读注疏，阐扬经义者不读注疏，专守一经者不读注疏，通经致用者不读注疏，则经学传习将托之空言、滋生流弊，不学无术最终伤害经学、经学传习、中国古典学术乃至整个文明传统。经传注疏是一套学术根基系统，也是学术传承结构，它包括知识、思想、信仰、践履等方方面面，分之则败、合之则成。

五、结论

20世纪二三十年代，日本汉学家吉川幸次郎先生来华留学时随黄侃先生问学。吉川氏写下了一段颇有意味的话：

> 季刚先生说过的话中有一句是："中国学问的方法不在于发现，而在于发明。"以这句来看，当时在日本作为权威来看待的罗振玉、王国维两人的学问，从哪个方面看都是发现。换句话说，是倾向数据主义的。而发明则是对重要的书踏踏实实地用功

---

① 《礼记正义》卷1，《十三经注疏附校勘记》下册，第1231页。

细读，去发掘其中的某种东西。①

这段话非常精辟，恰当地总结了黄侃先生读注疏、治经学所得的中国古典学术方法。的确，发现的学问似乎是现代学术兴起时的突出特征，而发明的学问则是古典学术成熟时的精妙之处，集中体现在以经传注疏学习为主线的经学传习。更为可贵的是，吉川氏还体会到"发明"的深刻含义："中国语的'发明'，不仅指科学技术上，对重新获得理论、见解，也可称'发明'。"② 若能够从追逐发现（或资料主义）返归发明（或细读发掘），由经传注疏的学习而重新获得新的理论见解，就是经学传习之于中国古典学术的新使命。

现代中国学术最重视新视野、新观念、新方法、新材料，而非读书训练和求索功夫。以方法派为例，胡适、顾颉刚先生自谓读书不多，全靠现代学科方法，虽时有新见却常常经不起时间的考验；以史料派为例，傅斯年先生倡言"史学即史料学"，史料之所出的原有系统被打破，各种史料之间的细微差别不易分清，就会产生史料理解准确与否的问题。有意思的是，西方各门学术之上会有古典学、神学的传习，相当于西方学问的基础训练；现代中国学术却没有类似古典学、神学的传习，故文史哲等学科常常没有基础训练之依归。如若恢复经学传习，通过经传注疏的学习可以细致理解和宏观把握中国古典学术思想。今日倡言经学传习之于中国古典学术的新使命，并非简单恢复经学，而是理解古典传统、创造新学术，进而影响文教生活和当代社会。

当代日本学者野间文史先生曾经谈到："经学乃中国古典中之古典，是中国最具有顶尖头脑的人，横亘二千年，长久以来倾其精神魂魄而完成的结晶……我以为中国思想之根本乃在经学。"③ 同样，经学传习也是中国古典学术训练的基础。经传注疏的学习将使中国现代学术获得属于自己的核心思想，这正是中国古典学术的新使命。

---

① ［日］吉川幸次郎：《我的留学记》，钱婉约译，中华书局2008年版，第94—95页。
② ［日］吉川幸次郎：《我的留学记》，钱婉约译，第95页。
③ 语见《访现代日本经学家野间文史教授》，《中国文哲研究通讯》第16卷第2期，第20页。

重视谦虚的当代价值

施媛媛

(香港中文大学社会科学学院)

一、引 言

谦虚是中华民族的传统美德。然而,近几十年来,谦虚作为一种传统价值观却随着现代化进程日益式微;相反,中国人表现出越来越自恋的倾向。① 事实上,整个当代社会,对美德的关注都在衰落。一项研究通过谷歌全球书籍词频统计器(Google N-gram Viewer)分析了近 100 年书籍中的特定词频,其结果发现无论是代表广义美德的词语(如美德 virtue、良心 conscience),还是具体的美德的词语(如诚实 honesty、真诚 sincerity、耐心 patience、宽容 forgiveness、温和 gentleness)的词频均呈现下降趋势。其中,与谦虚相关的词语(如 humility、humbleness、modesty)平均词频与年代的相关度是 -0.80,整体下降了 51.5%(Kesebir and Kesebir, 2012)。

与此同时,新兴的积极心理学与道德心理学号召人们重新认识美德②,谦虚在当代社会中的积极作用也逐渐被发掘出来。③ 本文先从

---

① H. Cai, V. Kwan and C. Sedikides, "A Sociocultural Approach to Narcissism: the Case of Modern China", *European Journal of Personality*, 2012, 26 (5): pp. 529-535.
② J. J. Exline, W. K. Campbell, R. F. Baumeister, T. Joiner and J. Krueger, "Humility and Modesty", in C. Perterson and M. Seligman, eds., *The Values In Action (VIA) Classification of Strenths*, Cincinnati: Values in Action Institute, 2004, pp. 461-475.
③ J. J. Exline, "Taming the Wild Ego: The Challenge of Humility", in H. A. Wayment and J. J. Bauer, eds., *Transcending Self-interest: Psychological Explorations of the Quiet Ego*, Washington, D. C.: American Psychological Association, 2008, pp. 53-62; J. P. Tangney, "Humility", C. R. Snyder and Shane J. Lopez, eds, *Handbook of Positive Psychology*, New York: Oxford University Press, 2002, pp. 411-419; C. Sedikides, A. P. Gregg and C. M. Hart, "The Importance of Being Modest", in C. Sedikides and S. J. Spencer, eds., *The self*, *Frontiers of Social Psychology*, New York: Psychology Press, 2007, pp. 163-184.

中国文化中的谦虚谈起,再从国际视角审视谦虚在当代社会中的重要性。通过对心理学界关于谦虚的前沿研究进行梳理,我们期望唤起国人对谦虚的重新认识,帮助国内研究者更全面地把握谦虚的研究现状和新时代的价值,促进国内谦虚相关研究。

二、中国文化中的谦虚

(一)中国传统文化中的"谦虚"

中国传统的典籍中,与谦虚相关的论述比比皆是。被誉为"群经之首""大道之源"的《周易》六十四卦多有悔吝凶咎,唯有"谦"卦六爻皆吉。"谦"卦卦体上卦坤为地,下卦艮为山,山本高大,但隐于地下,意指人德行高而不显。《周易》的卦辞则以卑释谦:"谦亨。天道下济而光明,地道卑而上行,天道亏盈而益谦,地道变盈而流谦,鬼神害盈而福谦,人道恶盈而好谦,谦,尊而光,卑而不可逾,君子之终也。"《周易·谦卦·象传》云:"地中有山,谦。君子以裒多益寡,称物平施。"① "谦"卦在"大有"卦之后,既是用来防止拥有众物后骄傲自满的重要策略,也是阴阳相生相克中的关键环节。②

在道家的理论中,"守弱处柔"一直处于核心的地位,"谦虚"是刚而济之以柔,是一种深知明亮,却安于暗昧的处世心态,例如《老子》中有"知其荣,守其辱,为天下谷"的论述,西汉的扬雄在《太玄经一增》也说"泽庳其容,谦虚大也"。佛家把谦虚定义为一种万物自身的佛性以及外在的德行,"内心谦下是功,外行于礼是德"③,只有时时不离谦虚的自性,应用无染,才是真的"功德"。

儒家思想中更是不乏对"谦虚"的褒赏与推崇。"至圣"孔子虽然没有直接明确地表述过谦虚的重要性,但是《论语》中却记载了很

---

① 《周易·谦》,十三经注疏委员会整理:《周易正义》,北京大学出版社 2000 年版,第 96 页。
② 胡金生、黄希庭:《自谦:中国人一种重要的行事风格初探》,《心理学报》2009 年第 9 期,第 842—852 页。
③ 《坛经·疑问品第三》,丁福保笺注:《坛经》,上海古籍出版社 2011 年版,第 64 页。

多孔子践行谦虚的言论，如"君子泰而不骄"①"吾非生而知之者，好古，敏以求之者也"② 等。"亚圣"孟子在论述中多次提到，人生来就有"辞让之心"③ 与"恭敬之心"④，是产生礼节的基础。需要指出的是，儒家所强调的君子德行之谦并非先天即有，而是在环境与教育的影响下产生和发展起来的。儒家专门论述礼仪规范的《礼记》将"谦虚"表述为"俭于位而寡于欲，让于贤，卑己而尊人"⑤。宋明理学集大成者朱熹也有类似的表述："大抵人多见得在己则高，在人则卑。谦则抑己之高而卑以下人，便是平也。"⑥ 虽然儒家多以"卑己尊人"释谦虚，但是这种"卑己"或"尊人"实乃自尊，是一种"恭近乎礼，远耻辱也"⑦。而儒家经典论述"满招损，谦受益"⑧"三人行，必有我师焉"⑨ 等更是作为中华民族的道德标准流传至今。

(二) 当代学者对谦虚的论述

到了现代社会，谦虚仍然是中国人的重要道德准则。⑩ 基于古典文献中的解释，当代学者努力调和融通不同学派对谦虚的定义，以便对其进行新的阐释。例如从《周易》中"地中有山"和"哀多益寡，称物平施"的解释出发，胡金生和黄希庭认为"谦虚"包含两层含义：意志层面，谦虚要克制个体的欲望和冲动，具有明显的自抑性；行为层面，谦虚是个体在人际交往中自觉地隐藏和回避自身优势或成

---

① 《论语·尧曰》，朱熹：《四书章句集注》，中华书局1983年版，第194页。
② 《论语·述而》，《四书章句集注》，第98页。
③ 《孟子·公孙丑上》，《四书章句集注》，第237页。
④ 《孟子·告子上》，《四书章句集注》，第328页。
⑤ 《礼记·表记》，[汉]郑玄注、[唐]孔颖达正义：《礼记正义》卷61，上海古籍出版社2008年版，第2069页。
⑥ 黎靖德编：《朱子语类》卷70，《朱子全书》第16册，上海古籍出版社2010年版，第2363页。
⑦ 《论语·学而》，《四书章句集注》，第52页。
⑧ 《尚书·大禹谟》，[汉]孔安国传、[唐]孔颖达正义：《尚书正义》卷4，上海古籍出版社2007年版，第139页。
⑨ 《论语·述而》，《四书章句集注》，第98页。
⑩ 汪凤炎、郑红：《孔子界定"君子人格"与"小人人格"的十三条标准》，《道德与文明》2007年第4期，第46—51页；Y. Gu, "Politeness Phenomena in Modern Chinese", *Journal of Pragmatics*, 1990, pp. 237-257.

功的态度与行为。① 由此，谦虚受"内在于主体的德"和"建立在群体结构规律上的礼"两种力量制约，这又与儒家传统中"礼仁"的思想一致。

尤其值得一提的是，胡金生和黄希庭对古籍进行了检索，检索到以"谦"为主题的古籍 244 部，语句 889 条，建了古籍自谦语料库。在此基础上，他们对自谦的内涵、功能等进行内容分析，将谦虚分为"真诚性"和"工具性"两个要素。真诚性谦虚是超越了特定环境中的具体目标，为实现抽象的价值理念的一种"发乎情，止乎礼"的"礼仁"，是认为自己有待进一步改进的学习态度；而工具性谦虚则是"有所为而为之"，是为了达到某种目的而采取的自我控制行为，尤其是面对强势的对手，谦虚是必要的防御策略——以退为进，伺机而动。

其他东方学者也针对谦虚的真诚性与策略性进行了相关论述。一些学者表达了自己对真诚性谦虚的推崇。燕国材认为，只有真诚的谦虚才是真正的谦虚，是"自尊尊人"的表现，而不真诚的谦虚是虚伪的，是"自欺欺人"的表现。② 季羡林先生也有相同的观点，指出"有意的过分的谦虚就等于虚伪的谦虚"。③ 另一方面，日本学者山岸俊男等人认为谦虚就是一种策略，是东方人在东方社会中长期形成的默认反应策略。这一"默认策略"（default strategy）可以节约人们的认知资源，尤其当人们不清楚如何反应是恰当的时候，采纳这种被以往经验证实有效的方案可以减少负面影响。④ "采取谦虚的行为来减少人际紧张"在东方社会一直有效，因而长期以来都被作为重要的默认策略。⑤

---

① 胡金生、黄希庭：《自谦：中国人一种重要的行事风格初探》，《心理学报》2009 年第 9 期，第 842—852 页。
② 燕国材：《论谦虚心与学习》，《上海教育科研》2010 年第 10 期，第 52—54 页。
③ 季羡林：《谦虚与虚伪》，《国学》2011 年第 7 期，第 75 页。
④ H. Hashimoto, Y. Li and T. Yamagishi., "Beliefs and Preferences in Cultural Agents and Cultural Game Players", *Asian Journal of Social Psychology*, 2011, 14 (2), pp. 140-147, doi: 10.1111/j.1467-839X.2010.01337. x.
⑤ T. Yamagishi, H. Hashimoto, K. S. Cook, T. Kiyonari, M. Shinada, N. Mifune, Y. Li, et al., "Modesty in Self-presentation: A Comparison between the USA and Japan", *Asian Journal of Social Psychology*, 2012, 15 (1), pp. 60-68, doi: 10.1111/j.1467-839X.2011.01362. x.

基于心理学中个体与环境互动的视角，谦虚行为是由个体感知到的谦虚规范与个体自身的谦虚信念共同作用的结果。① 也就是说，谦虚既可以是一种发自本心的表达，也可以是策略性的"客套"。基于此，本文作者施媛媛提出"真诚性谦虚"（Authentic Modesty，AM）与"策略性谦虚"（Tactical Modesty，TM）的概念。② 所谓"真诚性谦虚"，是一种基于自身的谦虚价值观和信念以及内化的谦虚规范来进行谦虚反应的倾向，是一种客观评价自己并诚心向别人学习的基础思维模式，是个体对真我的表达（expression of authentic self），具有个体内（intrapersonal）、本质性（intrinsic）等特点。所谓"策略性谦虚"，是一种根据自己感知到的环境对谦虚的要求来调节谦虚反应的倾向，是个体获得社会赞许、协调人际关系、储备社会资源的一种策略性反应模式，是个体对社会文化的反映（reflection of social norms），具有个体间（interpersonal）、情境性（contextual）等特点。

（三）当代中国社会中的谦虚文化：真诚性与策略性并存

将谦虚进行"真诚性"与"策略性"的区分在中国文化背景下十分普遍也十分必要。一方面，如前文所述，谦虚是中华民族的传统美德，是文化价值观的重要组成，也是中国人的基本礼貌原则。很多中国人将这种文化价值观内化成自己的价值观与信念，时时奉行，成为"文化代理人"（cultural agents）。③ 与此同时，东方社会非常强调社会和谐性及人际关系的合理安排，在强大的社会规范下，很多中国人

---

① C.-Y. Chiu, M. Gelfand, T. Yamagishi, G. Shteynberg and C. Wan, "Intersubjective Culture: The Role of Intersubjective Perceptions in Cross-cultural Research", *Perspectives on Psychological Science*, 2010, 5 (4), pp. 482–493, doi: 10.1177/1745691610375562.
② 施媛媛：《真诚性与策略性：对谦虚的重新审视》，中国科学院心理研究所心理学专业博士学位论文，2016 年。
③ H. Hashimoto, Y. Li and T. Yamagishi, "Beliefs and Preferences in Cultural Agents and Cultural Game Players", *Asian Journal of Social Psychology*, 2011, 14 (2), pp. 140-147, doi: 10.1111/j.1467-839X.2010.01337.x; T. Yamagishi, H. Hashimoto and J. Schug, "Preferences vs. Strategies as Explanations for Culture-specific Behavior", *Psychological Science*, 2008, 19, pp. 579-584, doi: 10.1111/j.1467-9280.2008.02126.x.

往往只是"文化的游戏者"(cultural game players),努力在"人情"与"面子"的"权力游戏"中获得平衡。① 或是为了获得他人的赞许,或是为了避免社会风险②,他们根据社会环境而不是自己内心的想法来设定目标并进行反应,而并没有将文化价值内化成自己的价值观与信念。

施媛媛的研究结果③发现,真诚性谦虚以自我进步为动机来源,关注生活意义和个人成长,具有利他性、共情关心、自我同情等超越性品质,与情绪稳定、宜人性、开放性、尽责性正相关,与自恋、消极情绪、攻击性负相关,且拥有积极的人际关系与良好的适应性。真诚性谦虚对身心健康的促进机制主要有两点:首先,真诚性谦虚的人对自己有清楚而稳定的认识,接纳自己的缺点与不足,具有稳定的自尊;其次,真诚性谦虚的人清楚自己的内在需求,并将真实的自己表现出来,而这种真实性、知与行的一致性是身心健康很重要的指标。④

与真诚性谦虚不同,策略性谦虚与个体心理健康之间的关系则相对复杂。策略性谦虚较高的个体具有较强的外部动机,趋利避

---

① 黄光国:《人情与面子:中国人的权力游戏》,中国人民大学版社2010年版。
② K. H. Han, "The Self-enhancing Function of Chinese Modesty: From a Perspective of Social Script", *Asian Journal of Social Psychology*, 2011, 14 (4), pp. 258-268; T. Yamagishi, H. Hashimoto, K. S. Cook, T. Kiyonari, M. Shinada, N. Mifune, Y. Li, et al., "Modesty in Self-presentation: A Comparison between the USA and Japan", *Asian Journal of Social Psychology*, 2012, 15 (1), pp. 60-68, doi: 10.1111/j.1467-839X.2011.01362.x.
③ 施媛媛:《真诚性与策略性:对谦虚的重新审视》,中国科学院心理研究所心理学专业博士学位论文,2016年。
④ J. D. Campbell, "Self-esteem and Clarity of the Self-concept", *Journal of Personality and Social Psychology*, 1990, 59 (3), pp. 538-549; M. H. Kernis and B. M. Goldman, "A Multicomponent Conceptualization of Authenticity: Theory and Research", *Advances in Experimental Social Psychology*, 2006, 38 (6), pp. 283-357, doi: 10.1016/S0065-2601 (06) 38006-9; E. M. Suh, "Culture, Identity Consistency, and Subjective Well-being", *Journal of Personality and Social Psychology*, 2002, 83, pp. 1378-1391; A. M. Wood, P. A. Linley, J. Maltby, M. Baliousis and S. Joseph, "The Authentic Personality: A Theoretical and Empirical Conceptualization and the Development of the Authenticity Scale", *Journal of Counseling Psychology*, 2008, 55 (3), pp. 385-399, doi: 10.1037/0022-0167.55.3.385.

害，会根据环境中的信息进行自我监控。此外，策略性谦虚高的人具有较强的自我促进动机，他们内心渴望得到称赞，但却受到外在环境的限制无法公开表现出来，往往需要压抑真实的自我。然而，当个体更多地受到外部动机而不是自身的需求和价值观控制的时候，这种内心与行为强烈的冲突会产生一系列的消极影响；① 此外，总是避免与别人竞争、服从团体规则的人，对失败和成功都充满更多恐惧，也会表现出较高的神经质，更高水平的自我设障，以及高度的不适应性。②

但要说明的是，策略性谦虚并不一定需要违背自己的真实想法，而是对自己真实想法进行模糊感知或者忽视。这种对自我的模糊表征在西方人中会导致幸福感下降，而并不一定会对习惯辩证思维的东方人群造成消极的影响。③ 施媛媛的研究结果也证实，当排除了真实性的影响后，策略性谦虚对生活满意度、生活意义、自我接纳等指标的正向预测都得到了提升，这说明了策略性谦虚对东方人的身心健康和个体的适应性是存在益处的。④ 而策略性谦虚在中国社会还具有一定的实际意义：不单可以维护他人的"面子"、维持人际和谐，还具有

---

① E. L. Deci, R. Koestner and R. M. Ryan, "A Meta-analytic Review of Experiments Examining the Effects of Extrinsic Rewards on Intrinsic Motivation", *Psychological Bulletin*, 1999, 125, pp. 627-668, doi: 10.1037/0033-2909.125.6.627; R. M. Ryan and E. L. Deci, "When Rewards Compete with Nature: The Undermining of Intrinsic Motivation and Self-Regulation", in C. Sansone and J. M. Harackiewicz, eds., *Intrinsic and Extrinsic Motivation: The Search for Optimal Motication and Performnce*, New York: Wiley, 2000, pp. 13-54.

② R. M. Ryckman, B. Thornton and J. A. Gold, "Assessing Competition Avoidance as a Basic Personality Dimension", *The Journal of Psychology*, 2009, 143 (2), pp. 175-192.

③ J. Spencer-Rodgers, K. Peng and L. Wang, "Naïve Dialecticism and the Co-occurrence of Positive and Negative Emotions", *Journal of Cross-Cultural Psychology*, 2010, 41, pp. 109-115, doi: 10.1177/0022022109349508; J. Spencer-Rodgers, K. Peng, L. Wang and Y. Hou, "Dialectical Self-esteem and East-West Differences in Psychological Well-being", *Personality and Social Psychology Bulletin*, 2004, 30, pp. 1416-1432, doi: 10.1177/0146167204264243.

④ 施媛媛：《真诚性与策略性：对谦虚的重新审视》，中国科学院心理研究所心理学专业博士学位论文，2016 年。

自我促进功能。① 台湾学者韩贵香发现,当个体对自己的行为谦虚地表达"不够好"的时候,其实是在期待进一步的夸奖,也往往能得到进一步的尊重和赞许,从而达到了提升自尊的作用。② 此外,蔡华俭和赛迪基德斯(Constantine Sedikides)等人认为,谦虚是东方人策略式的自我促进,中国人可以通过谦虚实践来增强自己对内文化群体的认同感,从而增强人们的内隐自尊。③

三、为什么当代社会需要谦虚?

谦虚不仅在中国文化中非常重要,在西方文化中同样重要。例如作为很多西方人的行为指南的圣经将傲慢作为人类的七宗罪之一,而对谦虚持有很高的评价。不仅早期宗教界④和哲学界⑤将谦虚作为一种美德,当代心理学者也将谦虚作为一种积极的品格加以探讨⑥,并

---

① M. H. Bond, K. Leung and K. C. Wan, "The Social Impact of Self-effacing Attributions: The Chinese Case", *The Journal of Social Psychology*, 1982, 118 (2), pp. 157-166; K.-S. Yang, "Social Orientation and Individual Modernity among Chinese Students in Taiwan", *The Journal of social psychology*, 2011, 113 (2), pp. 159-170.

② K. H. Han, "The Self-enhancing Function of Chinese Modesty: From a Perspective of Social Script", *Asian Journal of Social Psychology*, 2011, 14 (4), pp. 258-268.

③ H. Cai, C. Sedikides, L. Gaertner, C. Wang, M. Carvallo, Y. Xu, L. E. Jackson, et al., "Tactical Self-Enhancement in China: Is Modesty at the Service of Self-Enhancement in East Asian Culture?", *Social Psychological and Personality Science*, 2011, 2 (1), pp. 59-64.

④ M. Casey, *A Guide to Living in the Truth: Saint Benedict's Teaching on Humility*, Liguori/Triumph, 2001; A. Murray, *Humility: The Journey toward Holiness*, Bethany House, 2001.

⑤ F. Allhoff, "What is Modesty?", *International Journal of Applied Philosophy*, 2009, 23 (2), pp. 165-187; V. G. Morgan, "Humility and the Transcendent", *Faith and Philosophy*, 2001, 18 (3), pp. 307-322.

⑥ J. J. Exline, W. K. Campbell, R. F. Baumeister, T. Joiner and J. Krueger, "Humility and Modesty", in C. Perterson and M. Seligman, eds., *The Values In Action (VIA) Classification of Strenths*, Cincinnati: Values in Action Institute, 2004, pp. 461-475; J. P. Tangney, "Humility", in C. R. Snyder and Shane J. Lopez, eds., *Handbook of Positive Psychology*, New York: Oxford University Press, 2002, pp. 411-419; A. P. Gregg, C. M. Hart, C. Sedikides and M. Kumashiro, "Everyday Conceptions of Modesty: A Prototype Analysis", *Personality and Social Psychology Bulletin*, 2008, 34 (7), pp. 978-992.

且可以说谦虚的重要性随着现代化和全球化进程更加凸显出来。有人认为，谦虚意味着消极的自我看法，对自我的消极评价不利于在竞争情境下取得成绩，还存在被别人轻视的风险，当代社会充满了竞争，需要的是自信不是谦虚。

首先，这是对谦虚的误解——谦虚不是"自卑"，或者不自信。早期的西方学者将谦虚视为忽视自身价值、宁愿居于人下的退缩与低自尊的表现。[1] 这一方面是对谦虚的片面认识，另一方面是由当时西方经济大萧条背景下的舆论导向决定的。当代的学者多将谦虚定义成一种个体对自己的性格、品质、能力、外表和行为的一种准确而平衡的看法，既不自我拔高也不自我贬低。[2]

其次，这也是对自信的盲目笃信，过度的自信同样会带来很多问题。20世纪70年代开始在西方社会中流行的"自尊运动"中，社会舆论一味强调高自尊、高自我积极性的作用。在过去的几十年中，当代社会不断朝向激进的个人主义与自我中心主义发展，人们愈发自恋、物质主义、过度竞争[3]，进入了一个"自我的时代"[4]。不

---

[1] P. A. Knight and J. I. Nadel, "Humility Revisited: Self-esteem, Information Search, and Policy Consistency", *Organizational Behavior and Human Decision Processes*, 1986, 38（2），pp. 196-206; J. P. Tangney, "Humility: Theoretical Perspectives, Empirical Findings and Directions for Future Research", *Journal of Social and Clinical Psychology*, 2000, 19（1），pp. 70-82; H. M. Weiss and P. A. Knight, "The Utility of Humility: Self-esteem, Information Search, and Problem-solving Efficiency", *Organizational Behavior and Human Performance*, 1980, 25（2），pp. 216-223.

[2] A. P. Gregg, C. M. Hart, C. Sedikides and M. Kumashiro, "Everyday Conceptions of Modesty: A Prototype Analysis", *Personality and Social Psychology Bulletin*, 2008, 34（7），pp. 978-992; C. Sedikides, A. P. Gregg and C. M. Hart, "The Importance of Being Modest", in C. Sedikides and S. J. Spencer, eds., *The Self* (*Frontiers of Social Psychology*), New York: Psychology Press, 2007, pp. 163-184; E. W. M. Tong, K. W. T. Tan, A. A. B. Chor, E. P. S. Koh, J. S. Y. Lee and R. W. Y. Tan, "Humility Facilitates Higher Self-control", *Journal of Experimental Social Psychology*, 2016, 62, pp. 30-39.

[3] J. M. Twenge and W. K. Campbell, *The Narcissism Epidemic: Living in the Age of Entitlement*, Simon and Schuster, 2009.

[4] Joel Stein, "Millennials: The Me Me Me Generation", *TIME! Magazine*, 2013, 20.

仅是西方人,连中国人也呈现出自我不断膨胀的状态。① 与此同时,对自我的过度关注会导致人们的自我越来越脆弱,在遭遇困难和威胁的时候更加焦虑②,当代人的心理问题也越来越严重。

21世纪初,蓬勃发展的积极心理学开始对谦虚加以推崇,将其作为可以增加人们幸福体验的24种优势性格之一。③ 随着文化差异在自我认知层面的探讨逐渐加深④,过度关注自我带来的一系列负面影响日益突显⑤,研究者开始反思一味强调自尊的量所形成的虚高而脆弱的自我,转而开始重视自尊的质,例如自尊的稳定性。⑥ 而谦虚作为一种

---

① H. Cai, V. Kwan and C. Sedikides, "A Sociocultural Approach to Narcissism: the Case of Modern China", *European Journal of Personality*, 2012, 26 (5), pp. 529-535; J. M. Twenge, S. Konrath, J. D. Foster, W. K. Campbell and B. J. Bushman, "Egos Inflating over Time: A Cross-temporal Meta-analysis of the Narcissistic Personality Inventory", *Journal of Personality*, 2008, 76 (4), pp. 875-902.

② R. F. Baumeister, L. Smart and J. M. Boden, "Relation of Threatened Egotism to Violence and Aggression: The Dark Side of High Self-esteem", *Psychological Review*, 1996, 103 (1), pp. 5-33; J. Crocker and L. E. Park, "The Costly Pursuit of Self-Esteem", *Psychological Bulletin*, 2004, 130 (3), pp. 392-414.

③ N. Park, C. Peterson and M. E. Seligman, "Strengths of Character and Well-being", *Journal of Social and Clinical Psychology*, 2004, 23 (5), pp. 603-619, doi: 10.1521/jscp.23.5.603.50748.

④ M. H. Bond, V. S.-Y. Kwan and C. Li, "Decomposing a Sense of Superiority: The Differential Social Impact of Self-regard and Regard for Others", *Journal of Research in Personality*, 2000, 34 (4), pp. 537-553; C. Sedikides, L. Gaertner and Y. Toguchi, "Pancultural Self-enhancement", *Journal of Personality and Social Psychology*, 2003, 84 (1), pp. 60-79, doi: 10.1037/0022-3514.84.1.60.

⑤ R. F. Baumeister, J. D. Campbell, J. I. Krueger and K. D. Vohs, "Does High Self-esteem Cause Better Performance, Interpersonal Success, Happiness, or Healthier Lifestyles?", *Psychological Science in the Public Interest*, 2003, 4 (1), pp. 1-44; D. Dunning, C. Heath and J. M. Suls, "Flawed Self-assessment Implications for Health, Education, and the Workplace", *Psychological Science in the Public Interest*, 2004, 5 (3), pp. 69-106.

⑥ J. Crocker and K. M. Knight, "Contingencies of Self-worth", *Current Directions in Psychological Science*, 2005, 14, pp. 200-203, doi: 10.1111/j.0963-7214.2005.00364.x; E. Franck and R. De Raedt, "Self-esteem Reconsidered: Unstable Self-esteem Outperforms Level of Self-esteem as Vulnerability Marker for Depression", *Behaviour Research and Therapy*, 2007, 45 (7), pp. 1531-1541; A. M. Hayes, M. S. Harris and C. S. Carver, "Predictors of Self-esteem Variability", *Cognitive Therapy and Research*, 2004, 28, pp. 369-385, doi: 10.1023/B: COTR.0000031807.64718.b9.

"安静的自我(quiet ego)"① 是一种高质量的自尊。谦虚在当代社会中的价值随着研究的深入逐渐展现出来,主要表现在以下几个方面。

(一)谦虚的人不易受到威胁

谦虚的个体,尤其是真诚性谦虚高的个体,对自我有一种超越性认知(self-transcendence)②,可以跳出自我的局限而做出客观的评估,因而不易受到外界威胁的影响。研究表明,谦虚与自恋和神经质等非适应性人格呈负相关③,谦虚可以抑制过于积极的自我偏差④,帮助个体接受自己的缺点与不足,从容地面对缺点与失败⑤,

---

① J. J. Exline, "Taming the Wild Ego: The Challenge of Humility", in H. A. Wayment and J. J. Bauer, eds., *Transcending Self-interest: Psychological Explorations of the Quiet Ego*, Washington, D. C.: American Psychological Association, 2008, pp. 53-62; Heidi A. Wayment and Jack J. Bauer, *Transcending Self-interest: Psychological Explorations of the Quiet Ego*, American Psychological Association, 2008.
② J. J. Exline, "Taming the Wild Ego: The Challenge of Humility", in H. A. Wayment and J. J. Bauer, eds., *Transcending Self-interest: Psychological Explorations of the Quiet Ego*, Washington, D. C.: American Psychological Association, 2008, pp. 53-62.
③ J. J. Exline and P. C. Hill, "Humility: A Consistent and Robust Predictor of Generosity", *The Journal of Positive Psychology*, 2012, 7 (3), pp. 208-218; J. P. LaBouff, W. C. Rowatt, M. K. Johnson, J.-A. Tsang and G. M. Willerton, "Humble Persons Are More Helpful than Less Humble Persons: Evidence from Three Studies", *The Journal of Positive Psychology*, 2012, 7 (1), pp. 16-29; C. Powers, R. K. Nam, W. C. Rowatt and P. C. Hill, "Associations between Humility, Spiritual Transcendence, and Forgiveness", *Research in the Social Scientific Study of Religion*, 2017, 18, pp. 75-94; W. C. Rowatt, C. Powers, V. Targhetta, J. Comer, S. Kennedy and J. Labouff, "Development and Initial Validation of an Implicit Measure of Humility Relative to Arrogance", *The Journal of Positive Psychology*, 2006, 1 (4), pp. 198-211.
④ Y. Shi, C. Sedikides, Y. Liu, Z. Yang and H. Cai, "Disowning the Self: Modesty The Cultural Value of Modesty Can Attenuate Self-Positivity", *Quarterly Journal of Experimental Psychology*, 2016.
⑤ N. Krause, "Assessing the Relationships among Race, Religion, Humility, and Self-forgiveness: A Longitudinal Investigation", *Advances in Life Course Research*, 2015, 24, pp. 66-74.

缓解负面情绪并增强心理幸福感①，带来更强的安全感②。克森比尔（Pelin Kesebir）通过一系列实验研究发现，与让被试回忆值得骄傲的经历（自我肯定）相比，让被试回忆谦虚的经历（谦虚价值肯定）能够更好地缓解死亡焦虑③，充分说明谦虚可以超越狭隘的自我，增强博爱的体验，更好地抵御自我威胁。

此外，谦虚的人有更强的控制力与自我规范性。过于自信会导致人们对风险感知的偏差，忽视不当行为（如抽烟、酗酒）产生的后果，从而减少自我规范行为，更多从事危险行为。④ 而谦虚的人不但可以准确评估环境中的危险信息，自觉抵制不良行为，还可以排除干扰因素的影响，在任务中更具备恒心和毅力。⑤

（二）谦虚的人可以有效应对问题与压力

一方面，谦虚的个体，尤其是真诚性谦虚高的个体，对自己与环境有准确而全面的认识，能够收集更多的信息，积极地处理好自我与他人、与环境的关系，高效地完成任务。⑥ 另一方面，谦虚的人还具有一种开放的心态，对他人持有耐心和同情心，更容易接受他人的意

---

① P. J. Jankowski, S. J. Sandage and P. C. Hill, "Differentiation-based Models of Forgivingness, Mental Health and Social Justice Commitment: Mediator Effects for Differentiation of Self and Humility", *The Journal of Positive Psychology*, 2013, 8 (5), pp. 412-424; N. Krause, K. I. Pargament, P. C. Hill and G. Ironson, "Humility, Stressful Life Events, and Psychological Well-being: Findings from the Landmark Spirituality and Health Survey", *The Journal of Positive Psychology*, 2016, 11 (5), pp. 499-510.

② J. Chancellor and S. Lyubomirsky, "Humble Beginnings: Current Trends, State Perspectives, and Hallmarks of Humility", *Social and Personality Psychology Compass*, 2013, 7 (11), pp. 819-833.

③ P. Kesebir, "A Quiet Ego Quiets Death Anxiety: Humility as an Existential Anxiety Buffer", *Journal of Personality and Social Psychology*, 2014, 106 (4), pp. 610-623.

④ J. Crocker, L. E. Park, M. Leary and J. Tangney, "Seeking Self-esteem: Construction, Maintenance, and Protection of Self-worth", in M. Leary and J. Tangney, eds., *Handbook of Self and Identity*, New York: Guilford Press, 2003, pp. 291-313.

⑤ E. W. M. Tong, K. W. T. Tan, A. A. B. Chor, E. P. S. Koh, J. S. Y. Lee and R. W. Y. Tan, "Humility Facilitates Higher Self-control", *Journal of Experimental Social Psychology*, 2016, 62, pp. 30-39.

⑥ H. M. Weiss and P. A. Knight, "The Utility of Humility: Self-esteem, Information Search, and Problem-solving Efficiency", *Organizational Behavior and Human Performance*, 1980, 25 (2), pp. 216-223.

见和建议,乐于向别人请教,也乐于接受他人的帮助①,从而更加有效地应对负性情绪与负性生活事件。

(三)谦虚的人可以获得更多社会支持

追求自我的行为会导致学习行为和亲社会行为的减少。② 谦虚的个体善于维系人与人之间的纽带③,拥有良好的人际关系④,可以收获更多的友谊和社会赞许。谦虚被证实与很多亲社会品质和行为密切相关,如感激⑤、宽容⑥、慷慨⑦、助人⑧等。因而人们也更喜欢与谦虚的个体交往或者合作。⑨

---

① J. J. Exline, "Humility and the Ability to Receive from Others," *Journal of Psychologand Christianity*, 2012, 31, pp. 40-50; J. J. Exline and A. L. Geyer, "Perceptions of Humility: A Preliminary Study", *Self and Identity*, 2004, 3 (2), pp. 95-114; P. Kesebir, "A Quiet Ego Quiets Death Anxiety: Humility as an Existential Anxiety Buffer", *Journal of Personality and Social Psychology*, 2014, 106 (4), pp. 610-623.
② R. F Baumeister, L. Smart and J. M. Boden, "Relation of Threatened Egotism to Violence and Aggression: the Dark Side of High Self-esteem", *Psychological Review*, 1996, 103 (1), pp. 5-33; J. Crocker and L. E. Park, "The Costly Pursuit of Self-esteem", *Psychological Bulletin*, 2004, 130 (3), pp. 392-414.
③ D. E. Davis, E. L. Worthington Jr, J. N. Hook, R. A. Emmons, P. C. Hill, R. A. Bollinger and D. R. Van Tongeren, "Humility and the Development and Repair of Social Bonds: Two Longitudinal Studies", *Self and Identity*, 2013, 12 (1), pp. 58-77.
④ A. S. Peters, W. C. Rowat and M. K. Johnson, "Associations between Dispositional Humility and Social Relationship Quality", *Psychology*, 2011, 2 (3), pp. 155-161.
⑤ C. Dwiwardani, P. C. Hill, R. A. Bollinger, L. E. Marks, J. R. Steele, H. N. Doolin, D. E. Davis, et al., "Virtues Develop from a Secure Base: Attachment and Resilience as Predictors of Humility, Gratitude and Forgiveness", *Journal of Psychology and Theology*, 2014, 42 (1), pp. 83-90; E. Kruse, J. Chancellor, P. M. Ruberton and S. Lyubomirsky, "An Upward Spiral between Gratitude and Humility", *Social Psychological and Personality Science*, 2014, 5 (7), pp. 805-814.
⑥ C. Powers, R. K. Nam, W. C. Rowatt and P. C. Hill, "Associations between Humility, Spiritual Transcendence, and Forgiveness", *Research in the Social Scientific Study of Religion*, 2007, 18, pp. 75-94.
⑦ J. J. Exline and P. C. Hill, "Humility: A Consistent and Robust Predictor of Generosity", *The Journal of Positive Psychology*, 2012, 7 (3), pp. 208-218.
⑧ J. P. LaBouff, W. C, Rowatt, M. K, Johnson, J.-A. Tsang and G. M. Willerton, "Humble Persons Are More Helpful Than Less Humble Persons: Evidence from Three Studies", *The Journal of Positive Psychology*, 2012, 7 (1), pp. 16-29.
⑨ M. H. Bond, K. Leung and K. C. Wan, "The Social Impact of Self-effacing Attributions: The Chinese Case", *The Journal of Social Psychology*, 1982, 118 (2), pp. 157-166;刘肖岑、桑标、张文新:《自利和自谦归因影响大学生人际交往的实验研究》,《心理科学》2007年第5期,第1068—1072页。

谦虚的个体不但可以得到良好的社会评价①，在个人能力方面也会得到积极的评价。② 在团队作业中，谦虚的人更容易被成员接受，也更容易在团队中取得好的地位。③ 近年来，大量研究说明了谦虚对组织管理中领导者的重要性。④ 尤其是在组织发展与变革中，领导者保持谦虚，可以让员工对自己在组织中的发展道路和不确定事件更加有信心，对工作的卷入度也更高。⑤

四、讨论与展望

综观已有的谦虚研究，自传统哲学与宗教中将谦虚作为一种美德，到早期心理学领域中将谦虚与自我贬低和低自尊相联系，再到近年来积极心理学和道德心理学将谦虚视为一种积极的品质并对其进行广泛的研究，学者们对谦虚的认识经历了"正—反—合"三个阶段。在当代社会，谦虚不仅可以促进身心健康、增强人际和谐，还是高效领导力的表现。而作为中国传统文化的一个核心概念，谦虚在中国当代社会对促进国民幸福感有着独特的价值。谦虚是中庸思想的具体实践，它代表人性

---

① M. R. Leary, *Self-presentation: Impression Management and Interpersonal Behavior*, Brown & Benchmark Publishers, 1996.

② G. A. Bonanno, Co. Rennicke and S. Dekel, "Self-enhancement among High-exposure Survivors of the September 11th Terrorist Attack: Resilience or Social Maladjustment?", *Journal of Personality and Social Psychology*, 2005, 88 (6), pp. 984-998; M. K. Johnson, W. C. Rowatt and L. Petrini, "A New Trait on the Market: Honesty-Humility as a Unique Predictor of Job Performance Ratings", *Personality and Individual Differences*, 2011, 50 (6), pp. 857-862.

③ D. E. Davis, E. L. Worthington Jr, J. N. Hook, R. A. Emmons, P. C. Hill, R. A. Bollinger and D. R. Van Tongeren, "Humility and the Development and Repair of Social Bonds: Two Longitudinal Studies", *Self and Identity*, 2013, 12 (1), pp. 58-77.

④ J. A. Morris, C. M. Brotheridge and J. C. Urbanski, "Bringing Humility to Leadership: Antecedents and Consequences of Leader Humility", *Human Relations*, 2005, 58 (10), pp. 1323-1350; R. Nielsen, J. A. Marrone and H. S. Slay, "A New Look at Humility: Exploring the Humility Concept and Its Role in Socialized Charismatic Leadership", *Journal of Leadership and Organizational Studies*, 2010, 17 (1), pp. 33-43.

⑤ B. P. Owens and D. R. Hekman, "Modeling How to Grow: An Inductive Examination of Humble Leader Behaviors, Contingencies, and Outcomes", *Academy of Management Journal*, 2012, 55 (4), pp. 787-818; B. P. Owens, M. D. Johnson and T. R. Mitchell, "Expressed Humility in Organizations: Implications for Performance, Teams, and Leadership", *Organization Science*, 2013, 24 (5), pp. 1517-1538.

中"尊大"和"菲薄"、人际交往中"自我"和"他人"、社会和谐中"有余"和"不足"之间的阴阳调和。① 这种中庸思维会经由社会自信的提升，间接提升个人的生活品质，最后增进整体的生活满意度。②

而近年来，随着文化心理学和积极心理学在国内的兴起和繁荣，有学者呼吁运用现代科学心理学的方法对中国的传统价值进行实证研究，以探讨这些价值的核心实质，并赋予其新时代的价值③，而谦虚正是这样一个切入口。本文对谦虚进行真诚性与策略性的划分并探讨了两种谦虚在当今社会中的功效，这只是所有可行探索中的一种。

需要注意的是，谦虚在中西方文化中都有相应的阐述，但是谦虚的定义与谦虚的表征存在一定的文化差异。进行谦虚研究首要面对的问题就是由不同文化中语言的不可通约性带来的概念理解差异。中西学者都有研究对谦虚的原型概念进行分析④，经比较发现：东西方人理解的谦虚有一些共同的核心特征，如"低调/不张扬"，也存在很大差异。西方人理解的谦虚的核心特征"热心"和"腼腆/安静"则被东方人归为次要特征；东方人很重视的"虚心""善于倾听""有礼貌""随和"等概念则被西方人归为边缘特征；此外，东方人的谦虚概念中还存在一些独有的特征，例如"上进""善于思考"和"谨慎"等。如此可见，谦虚既是一种重要的人格特质，具有一定跨文化普遍性⑤，又

---

① 胡金生：《传统和现代视野中的自谦》，《心理学探新》2007年第3期，第19—21页。
② 吴佳辉：《中庸让我生活得更好：中庸思维对生活满意度之影响》，《华人心理学报》2006年第7期，第163—176页。
③ 彭凯平、喻丰、柏阳：《实验伦理学：研究、贡献与挑战》，《中国社会科学》2011年第6期，第15—25页。
④ A. P. Gregg, C. M. Hart, C. Sedikides and M. Kumashiro, "Everyday Conceptions of Modesty: A Prototype Analysis", *Personality and Social Psychology Bulletin*, 2008, 34 (7), pp. 978-992; Y. Shi, C. Sedikides, A. P. Gregg and H. Cai, *Prototype of Chinese Modesty*, unpublished manuscript, Institute of Psychology, Chinese Academy of Sciences, 2017.
⑤ M. C. Ashton, K. Lee, M. Perugini, P. Szarota, R. E. De Vries, L. Di Blas, B. De Raad, et al., "A Six-factor Structure of Personality-descriptive Adjectives: Solutions from Psycholexical Studies in Seven Languages", *Journal of Personality and Social Psychology*, 2004, 86 (2), pp. 356-366; M. C. Ashton and K. Lee, "The Prediction of Honesty-Humility-related Criteria by the HEXACO and Five-Factor Models of Personality", *Journal of Research in Personality*, 2008, 42 (5), pp. 1216-1228.

是社会文化的产物，具有文化特性。① 因而，在援引现代西方心理学的方法重新审视传统命题的时候，首先需要对所研究的概念进行准确的操作化定义，把握概念中的核心特征。

其次，不同文化对谦虚的规范导致了谦虚表征的差异。在东方集体主义文化中，个体更注重名声、关注他人的感受以及集体的荣誉，很少会以牺牲与他人或集体的和谐人际关系为代价来换取个人自我评价的提升，因而更加重视谦虚的价值②，也会表现得更谦虚。而西方社会更加注重个体的独特性，表现出更强的自我促进。③ 除了整体的文化环境，亚群体之间的差异也不可忽视。例如女性比男性更加谦虚④，宗教信徒比非信徒更谦虚等。⑤

另外，情境性因素对谦虚的表征的影响也不可忽视。不仅东方人注重"人情"与"面子"，西方人面对自己的朋友和自己（潜在）

---

① S. X. Chen, M. H. Bond, B. Chan, D. Tang and E. E. Buchtel, "Behavioral Manifestations of Modesty", *Journal of Cross-Cultural Psychology*, 2009, 40 (4), pp. 603 - 626; J. Kurman and N. Sriram, "Interrelationships among Vertical and Horizontal Collectivism, Modesty, and Self-enhancement", *Journal of Cross-Cultural*, 2002, 33 (1), pp. 71-86.
② M. E. P. Seligman, K. Dahlsgaard and C. Peterson, "Shared Virtue: the Convergence of Valued Human Strengths cross Culture and History", *Review of General Psychology*, 2005, 9 (3), pp. 203-213.
③ S. J. Heine and T. Hamamura, "In Search of East Asian Self-enhancement", *Personality and Social Psychology Review*, 2007, 11 (1), pp. 4-27.
④ L. B. Brown, L. Uebelacker and L. Heatherington, "Men, Women, and the Self-presentation of Achievement", *Sex Roles*, 1998, 38 (3-4), pp. 253-268; L. Heatherington, A. B. Burns and T. B. Gustafson, "When Another Stumbles: Gender and Self-presentation to Vulnerable Others", *Sex Roles*, 1998, 38 (11-12), pp. 889-913.
⑤ J. J. Exline and A. L. Geyer, "Perceptions of Humility: A Preliminary Study", *Self and Identity*, 2004, 3 (2), pp. 95-114; J. Kurman, "Is Self-enhancement Related to Modesty or to Individualism-collectivism? A Test with Four Israeli Groups", *Asian Journal of Social Psychology*, 2001, 4 (3), pp. 225 - 237; N. Krause, "Religious Involvement, Humility, and Self-rated Health", *Social Indicators Research*, 2010, 98 (1), pp. 23-39.

的合作者时也会表现得更谦虚。① 相反，如果在完全没有情感依附的情境中，或在竞争情境中，东方人和西方人一样也会进行自我促进。② 另一个很重要的情境因素是公开性。在公共场合中，人们感到更多的约束，③ 个体的评价与行为都更倾向于谦虚，而在私下的场合则有更多自我促进的行为。④ 施媛媛的研究也发现，真诚性谦虚高的人对自己的评价并不会受到情境公开性的影响，而策略性谦虚高的人则更加倾向于在人前谦虚，私下则自我促进。⑤

谦虚并不是由某种因素单独决定的，而是多种因素共同作用的结果。因而，将来的学者在进行谦虚研究的时候，不但要明确概念，还需要兼顾概念表征的文化与情境性因素。我们希望本文可以唤起国内学者对谦虚当代价值的关注，为传统价值观的本土化研究与国际前沿接轨提供更多的参考。

---

① L. Heatherington, A. B. Burns and T. B. Gustafson, "When Another Stumbles: Gender and Self-presentation to Vulnerable Others", *Sex Roles*, 1998, 38 (11-12), pp. 889-913; S. Kitayama and Y. Uchida, "Explicit Self-criticism and Implicit Self-regard: Evaluating Self and Friend in Two Cultures", *Journal of Experimental Social Psychology*, 2003, 39 (5), pp. 476-482; D. M. Tice, J. L. Butler, M. B. Muraven and A. M. Stillwell, "When Modesty Prevails: Differential Favorability of Self-presentation to Friends and Strangers", *Journal of Personality and Social Psychology*, 1995, 69 (6), pp. 1120-1138.

② S. Kitayama and Y. Uchida, "Explicit Self-criticism and Implicit Self-regard: Evaluating Self and Friend in Two Cultures", *Journal of Experimental Social Psychology*, 2003, 39 (5), pp. 476-482.

③ D. Matsumoto, S. H. Yoo and J. Fontaine, "Mapping Expressive Differences around the World the Relationship between Emotional Display Rules and Individualism Versus Collectivism", *Journal of Cross-Cultural Psychology*, 2008, 39 (1), pp. 55-74.

④ R. F. Baumeister and S. A. Ilko, "Shallow Gratitude: Public and Private Acknowledgement of External Help in Accounts of Success", *Basic and Applied Social Psychology*, 1995, 16 (1-2), pp. 191-209.

⑤ 施媛媛：《真诚性与策略性：对谦虚的重新审视》，中国科学院心理研究所心理学专业博士学位论文，2016年。

西寻儒学:寻索儒学走向西方的踪径

梁元生

(香港中文大学文学院暨中国文化研究所)

一、从一首小诗谈起:洋儒论道

2016年,"中央研究院"公布第二届"唐奖"得奖人名单。在各项"唐奖"中,最为人瞩目的是代表人文学科的"国际汉学奖",这个奖项除了有巨额奖金,获奖者还被公认为世界上研究中国历史文化的学者中最有权威性及影响力的。继第一届得奖人余英时教授之后,第二届"汉学奖"被颁予美国哥伦比亚大学前副校长、以东亚研究知名的学者狄百瑞教授(Professor W. Theodore de Bary)。[①]

在"唐奖"的颁奖典礼上,大会称赞狄教授终身为国际儒学研究而努力,把中国儒学和东亚儒学推向国际,成为普世价值的一部分,影响极其深远。

狄百瑞教授生于1919年,1941年毕业于纽约哥伦比亚大学人文学部,其后参加太平洋战争,战后再回到哥伦比亚大学研究院深造,分别于1948年及1953年取得硕士和博士学位。1949年以后,狄百瑞即留校任教,1960年起担任东亚语言及文化系主任,1971年升任哥伦比亚大学学术副校长(Provost),至1989年正式退休,但退休后狄氏仍继续担任哥大的海曼人文中心(Heyman Center for the Humanities)主任之职,并且继续授课讲学,直至2017年7月在家中去世,享年97岁。

2016年狄百瑞教授之获得"唐奖",是国际汉学界的一大喜事,也为国际儒学研究打了一剂强心针;然而,2017年狄教授之死,则是

---

① 根据狄百瑞教授自言,他原有一个中文名,叫作狄培理,是钱穆先生给他起的。

国际儒学研究的一大损失。我写这篇文章，主要是简介和阐述儒学西传的经过，而以儒学落户北美，狄百瑞继起而成为一代宗师，作为故事的终结。恰巧碰上狄教授去世的消息，故亦借此文作为对这位儒学前辈逝世的悼念。

　　回想与狄百瑞教授的交往，颇有一段因缘。我在20世纪70年代念研究院时，把狄氏所编著的关于东亚儒学的几本书都读过几遍①，心敬佩之，惟未缘得见其人。1980年我赴新加坡大学任教，适逢新加坡政府大力推行儒家伦理，我被邀参与工作，自此之后，与不少中国及国际儒学研究者结交。至于这几年间在新加坡举办的儒学会议及相关活动，陈来曾经写过一篇详细的介绍和报告。

　　狄百瑞教授在1985年1月造访新加坡，在此期间，他在新加坡国立大学做了一次公开演讲，也和东亚哲学研究所的学者进行了多次交流。我有幸躬逢盛会，得聆教益。演讲之后，我在报章上发表过一首小诗以记其事。如今本文拟借此三十年前在新加坡迎狄百瑞教授时的一首小诗作为序幕，重新演绎儒学西传的故事。小诗题为《洋儒论道》，原诗如下：

1.

孔学西被数百年，
法人独得风气先；
振臂高呼伏尔泰，
奎内之后有儒莲；

2.

且待出了理雅各，
儒学重镇移英国；
佛烈韦利苏维廉，
各逞才智立新说；

---

① 狄百瑞主编的一系列儒学研究丛书，由哥伦比亚大学出版社出版，包括：《明代思想中的个人与社会》（1970年）、《新儒学之开端》（1975年）、《理学与实学》（1979年）、《正统新儒学与心性之学》（1981年）等，其后陆续有包括日本及朝鲜儒学的研究。

3.
今日儒风盛北美，
硕学鸿儒齐荟萃；
各通一经成博士，
祭酒还推狄百瑞；
4.
畅谈古今意从容，
俨然一代大儒宗；
由来圣学无国界，
求道缘何问西东？①

二、儒学在 18 世纪欧洲的流传

儒学西传的历史，可以远溯至 16 世纪末叶天主教耶稣会士来华之时，最早由欧洲来到中国的耶稣会士如罗明坚（Michael Rugerri）和利玛窦（Matteo Ricci）之辈，俱为有识之士，对西方的神学、经典和科学，都有相当的认识。他们虽为传教士，来到中国，却不仅以传教为务，暇时对中国传统文化、书卷和艺术，也有求知的兴趣和学习的热心。故当中成为"汉学"名家者大不乏人。以利玛窦来说，他最初入华时，误以佛教为中国社会主流文化，故寓寺庙，披僧衣，交游多方外之士，其后得悉儒学才是士人社会之基本，乃弃佛学儒。张尔岐《蒿庵闲话》有云："（利氏）延师读儒书，未一二年，四书五经皆通大义。"又有支允坚《异林》云："大西洋选利玛窦入中国来，日夜观经史。"时人称利氏为西儒，又叫西泰子。时人李之藻初时对利氏的印象是"非我族类，其心必异"，并以之为怪人、异人，但到了后来，却尊之为奇人、圣人，充分表现出对利玛窦的敬佩。用他的话说："利氏初为'异人'，继为'独行人'，再而是'博闻有道之人'，至终唤之为'至人'。初之以其为'异'，包括种族容貌之'异'，文化宗教之'异'，带着轻视的态度，（始不肖）把他看成是一个陌生的

---

① 原诗刊登于新加坡之《联合早报》副刊"星云"版，1985 年 1 月 31 日。

'他者'，但经过长期察其人及观其行，看到利玛窦的孤身传教、孜孜不倦，因而对他的观感有所改变，由'异人'变成只是生活习惯有不同的'独行人'（不婚不宦，寡言饰行）。后来更因为佩服其学识广博，精通天文地理，乃跟随其学习西学，并观其道德行为，尊之为圣人、至人。"

利玛窦之后，有金尼阁（Nicholas Trigault）、汤若望（Adam Schall von Bell）、南怀仁（Ferdinand Verbiest）等，与中国儒生交结为友，且皆对中国文化有相当的认识。他们的意见往往会透过书信向欧洲的同胞、朋友和信徒表达，这些书信由法国耶稣会士杜赫德神父（Du Halde）整理和编纂后，陆续出版，名为《耶稣会士书简集》，始于1702年，一直持续到1776年，最终出版了三十四卷。① 这些书信对18世纪的欧洲人影响颇大，他们从中获得有关中华帝国的资料和知识，又从一些翻译中读到部分儒家和道家的经典，引起了他们对自然神学及农耕社会的憧憬和向慕。18世纪欧洲一部分学者和哲人，希望脱离天主教主流神学的钳制，苦于别无蹊径，如今得到耶稣会士书翰的启示，发现欧洲之外别有天地，故此涌现一股学习中国文化的热潮。在18世纪欧洲，人们的思想处在天主教神学笼罩下，对宇宙、自然、科学和理性的看法，迥异于启蒙后的现代西方社会。但17、18世纪欧洲启蒙运动的先驱，已经从不同渠道寻找突破神权主义及宗教钳制的办法，而其中最有影响力的人权和理性主义者，就从遥远的中国吸取灵感的资源。例如哲学家和文学家伏尔泰（Voltaire，原名Francois-Marie Arouet，1694—1778），他的多种著作都包含中国思想文化的内容，明显受到耶稣会士翻译的影响，包括《风俗论》（*Essai sur les moeurs*）、《哲学辞典》（*Dictionnaire philosophique*）和《中国书简》（*Lettres chinoises*）。在这些著作中，他多次引用到在中国传教的耶稣会会士的书信和著作，例如李明（Louisle Comte）、白晋（Joachim Bouvet）及马诺瑟（Joseph Marie de Premare）等人对中国的报道和论述。他还根据马诺瑟的翻译，写出他自己的一本叫作《中

---

① 张西平编：《欧美汉学研究的历史与现状》，大象出版社2006年版，第27页。

国孤儿》(*L'orphelin de le Chine*)的文学名著。这个剧本被改编成为舞台剧,在欧洲连场上演,对欧洲文化圈有很大的影响。在剧中伏尔泰表扬中国文化的崇高,政治和道德伦理一致,家庭中有着爱的连系,而且影响及于四夷,蛮族归心。伏尔泰借此对天主教教会的价值垄断进行严酷的批评,引起后来启蒙学者的跟进。在法国,同时期还有重农学派(Physiocrat)的经济哲学家魁奈(Francois Quesnay,1694—1774),也是一位积极推动向中国借鉴的学者。他的名著《中国的专制主义》是从政治经济学的角度去评论中国社会政制,但对其行政效率、铨选和分配制度,都有很高的评价,和后来学者对"东方专制主义"的负面批评有很大的差异。由于这些人的宣传和推崇,"中国风"(chinoiserrie)变成欧洲的一股潮流,除了儒家哲学,其他的中国风尚也开始在欧洲普遍流传,如茶道、瓷器,以及中国式园林和"洛可可"(Rococo)风格的建筑。① 当然,"中国风"也使法国成为早期欧洲汉学的重镇,先后出现了几位西方汉学的先行者和学术权威,例如有"西方孔子"之称的儒莲(Stanislas Julien,1797—1878)和常在《中国丛报》(*China Repository*)发表有关中国研究文章的雷姆萨(Jean-Pierre Abel-Remusat,死于1832年)。雷姆萨是法兰西学院设立的中国学讲座的首位教授,儒莲是他的弟子,从他学东方学,包括梵文、汉文和满文。在此之前,儒莲曾受欧洲古典文学训练,是希腊文和拉丁文专家。他在1824年发表拉丁文翻译的《孟子》一书之后,担任法兰西学院东方学教授,并于1832年雷姆萨死后,继任为法兰西学院的中国学讲座教授,在位四十年,在19世纪被公认为欧洲汉学的首席权威。法兰西学院于1872年设立"儒莲奖",每年颁予对汉学研究有贡献的人。香港的饶宗颐教授也曾经于1962年获得此项殊荣。②

三、英国汉学:理雅各与威妥玛

儒莲之后,法国汉学研究未能持续发展,但流风余韵仍存,学者

---

① 参见 Adolf Reichwein、Raymond Dawson 及陈受颐各书。
② 严海建:《饶宗颐传:香江鸿儒》,江苏人民出版社2012年版,第96—97页。

对东方文化的研究，成绩还是十分骄人的。例如20世纪的两位汉学大师，沙畹（Edourd Chavannes，1865—1918）和伯希和（Paul Eugene Pelliot，1878—1945），都是法兰西学院中国学的杰出人物。接下来的戴密微和葛兰言，也是法国汉学的代表人。然而，欧洲汉学的发展非常蓬勃，并不局限于法国一地，德国、荷兰、西班牙都有研究中国的杰出学者出现。儒莲死后，欧洲汉学重心逐渐移向英国，其中最为重要的学者集中在英国几所著名大学内，包括剑桥大学、牛津大学和伦敦大学。伦敦是差遣传教士到世界各地传教的城市，是许多基督新教教会差传的总部。每年都有数百名传教士由伦敦出发，到世界各个遥远和荒凉的地方去传教。在未出发之前，有些差会也会为传教士培训，让他们接受语言和文化的学习，故此后来有伦敦大学亚洲及非洲学院（SOAS）的设立，原先的意图就是为了这方面的准备和训练。19世纪是传教的世纪，也是英国殖民帝国兴起的世纪，而两者有密切的连带关系。英国在世纪初经历非洲和印度的占领与殖民之后，就着眼东方，尤其是对中国这个古老大国的商贸机遇及资源充满野心，故此对中国的认知和研究，也随之而起。换言之，宗教和政治的双重因素，都是推动学术研究的背后的动力。下面我以牛津汉学及剑桥汉学为例，说明两者与中国研究发展的紧密关系。

对于牛津大学的汉学，苏格兰传教士理雅各（James Legge，1815—1897）的贡献最大。他是第一位牛津大学的中国学讲座教授，在位二十余年，是牛津汉学的开创者。理雅各是苏格兰人，1815年生于阿巴甸的基督教家庭，年轻时已经立志要到东方的中国传教。1835年从阿巴甸大学毕业后，他随即加入公理会伦敦会之传教团，希望成为传教士。伦敦会早于19世纪初已经派传教士马礼逊（Robert Morrison，1782—1834）在澳门传教，并在南洋之马六甲设立英华书院（Anglo-Chinese College），为向中国及华人传教做准备。1839年理雅各接受伦敦会的差派到东方参加的第一份工作，就是管理马六甲英华书院的校务。除了传教之外，他也要收集和充实学校有关中国语文和文化历史的图书，对他而言，这是其从事汉学研究的开始。1843年鸦片战争后，他把英华书院从马六甲迁往香港，在香港经营书院三十年，期间也参与英国殖民地政府的建设工作，特别是教育方面的工作，出力甚大，例如协助政府于 1862 年开办中央书院（Central College），即后来的皇仁书院（Queen's College），使之成为培养香港精英的地方，包括公务员、买办、商人及其他专业人才。①

理雅各对中国文化的各方面都有兴趣，尤其是宗教和儒学。站在基督教传教士的立场而言，他对中国宗教表示出兴趣是很自然的事，除了各种民间宗教，理雅各对早期基督教入华的经验最为关心，当 19 世纪中叶西方传教士之间重新兴起关于景教来华的讨论，引起热议，理雅各和友人佛烈韦利（Alexander Wylie）皆是其中的参与者。理雅各后来以此为基础，写出了其就职牛津汉学教授时的关于唐代景教碑的演讲发言稿。然而，在三十年的香港生涯中，理雅各用心最多的是儒家经典的翻译，先是四书的翻译，再来是其他经典的翻译。在这方面，他的臂助就是中国儒家学者王韬。王韬是江苏人，据说曾经支持太平天国，太平事败后流亡香港，隐匿于教会之中，并受教会雇用，教导传教士中文。他参加了英华书院的翻译队伍，在 19 世纪中叶和理雅各合作翻译四书，很得理雅各的倚重。故当理雅各于 1862 年辞职回国时，也力邀王韬同赴英国，继续翻译经书的工作。王韬随理雅各从香港乘船出发，途经新加坡、马六甲、印度洋、欧洲各国，最后在英国停留数年多，把十三经的翻译完成后才于 1870 年冬回到香港。之后他在香港创办《循环日报》，1884 年回到上海后又创办格致书院，对近代中国的现代化及中西文化交流贡献很大。②

现在让我们回来看理雅各与牛津汉学。理雅各是牛津大学于 1876 年设立中国学讲座后的首位讲座教授。汉学讲座的设立，标志着牛津大学对东方文化历史的注重，特别是对中国研究的重视。从理雅各的聘用可以窥见牛津大学对汉学发展的用心，和大学与教会千丝万缕的

---

① 我曾经为皇仁书院一百周年校庆写过一本题为《百年英杰》的小书，记述由创校至 20 世纪 60 年代一些杰出毕业生的事迹。
② 关于王韬事迹及其对中国近代化之贡献，可参阅 Paul A. Cohen, *Between Tradition and Modernity: Wang Tao and Reform in Late Ch'ing China*, Cambridge: Harvard University Press, 1988.

关系。虽然理雅各在1873年已经辞去伦敦会教士的工作，但他仍然是教会的一员，也是大学和伦敦会的重要联系人。伦敦会马六甲英华书院所收集到的有关中国的书籍，都因此捐赠予牛津大学图书馆。这些由传教士搜集的书籍和资料，也就成为牛津汉学研究的资源。由于传教士的关怀，这些书籍大部分是关于中国民间宗教和儒家文化的，当然也有不少关于中国各地方言、历史和社会的书籍。这不仅是理雅各个人的兴趣所在，也是一般来华传教的传教士所关心的知识领域。由于理雅各的研究兴趣以及伦敦会捐赠的文献资料，牛津汉学的发展范围集中在中国儒家典籍和宗教文化的方面。当然，这个方向也受到当时牛津大学另一位知名教授的影响。他就是德籍的比较宗教学权威麦士穆勒教授（Frederick Max Muller）。他主张深入阅读和研究各个宗教的文献，并加以系统和科学的比较。在他的带领下，牛津大学成立了比较世界宗教研究的大计划，陆续出版了一系列的《东方宗教圣典》（The Sacred Books of the East）。① 虽然理雅各为牛津汉学定下了研究方向，但是可惜在其领导的二十年间，学生人数不多，而这个以传教士兴趣为主导的比较宗教学传统，由他的继任人苏维廉（William Soothill）继续发展下去，成为牛津大学汉学研究的主脉。时至今日，牛津大学的宗教比较研究及为东方宗教研究而设立的中心，例如佛教研究中心、伊斯兰文明研究中心、基督教在亚洲研究中心等，也可以说是继承理雅各和穆勒的学术传统。

十九世纪末英国汉学的另一重镇，是剑桥大学的中国学讲座。这个讲座的设立比牛津要晚几年。它的成立是在1888年，第一任的中国学讲座教授是在华资深外交官威妥玛（Thomas F. Wade，1815—1895）。

---

① Girardot comments on the development of this scholarly trend, saying, "Comparative philology was intimately linked with the study of Oriental texts and the investigation of different world religions. Furthermore, the intertwined study of languages and religions, along with the application of evolutionary theory to the study of cultures, was the most characteristic concern of comparativism after mid-century Britain. …the special Victorian fascination with religion is most fully expressed in Britain in the last third of the nineteenth century by Frederick Max Muller's creation of a whole new scholarly discipline."（112）

威妥玛 1818 年出生于一个爱尔兰军人家庭，自己也跟随父亲的踪径，从剑桥大学毕业后即参加军旅生涯。1841 年鸦片战起，他被英国军方派到远东支援，于 1842 年 6 月来到香港，再被派北上到长江口作战，参与攻打镇江之役。战后威妥玛留在香港，1845 年被殖民政府委任为高等法庭的翻译官，后更晋升为商贸总督戴维斯的助理。1852 年，他升任英国驻上海副领事，积极参与英国对华的外交事务，包括天津条约和北京条约的签订。1871 年他被委任为英国驻华公使，这是他外交官生涯的高峰。他任驻华公使长达十二年，与清朝皇帝和李鸿章等高官有多次晤谈和斡旋的经历，成为尽人皆知的"中国通"。连同他在香港工作的时闲，他在中国生活了超过四十年之久。在此期间，他学会了多种中国地方方言，如粤语、潮汕方言和客家方言，也收购了大量的文物和书籍。据统计，他的中文书籍大约有四千多册，包含范围甚广，其中不少是文告、诏令和政书，和理雅各等传教士背景的"汉学家"兴趣和关怀都有明显的差异，反映出一个务实的政府官员和外交官的性格和嗜好。后来他把这些书籍都捐给剑桥大学，成为剑桥汉学最早的藏书。1888 年威妥玛受邀担任剑桥大学首任中国学讲座教授，直至 1895 年逝世时为止。他的继任者翟尔思（Herbert Giles）是他的学生和助手，也注重中国语文训练和沟通技巧，和他共同研究出一套中文—英文语音翻译的新系统，即西方汉学沿用多年的威翟系统（Wade-Giles System），直至近年才被拼音系统取代。

威妥玛注重语文的训练多于哲学义理，尤其是与政府官员交涉以及在民间沟通的层面应用的语文，是威妥玛极为重视的。从以下威妥玛的著作可以见出他对处境和实用的关注，远重于对文化及宗教的考虑。以下列出威妥玛 1850 年—1892 年的著作：

1850　*Note on the Condition and Government of the Chinese empire in 1849.*

1851　*The Chinese Army: Containing Notices of its Bannermen, Hankiun, and Luhying Divisions.*

1859　*The Hsin Ching Lu or Book of Experiments, and*

	The Peking Syllabary
1867	语言自迩集（a progressive course for colloquial Chinese）
1867	文件自迩集（specimens of documentary Chinese） 汉字习写法
1862	*The Wade-Giles System*（the two edited and compiled 英汉字典 English-Chinese Dictionary in 3 volumes in 1892, and republished in 2 volumes in 1912）

前面两本著作反映出他早年对政治和军事的兴趣，后来转向语文研究，最终以1892年推出的威翟系统的《英汉字典》为代表作。①

威妥玛是剑桥汉学的奠基人，由于他的军政经验，特别是在对华交涉方面经验最多，所以深感应用语文的重要，故要求剑桥的中国研究也注重语文。当然以理雅各为首的牛津汉学也重视语文研究，但阅读的文献以儒家经典和其他宗教典籍为主，有别于剑桥汉学的注重奏章、政论和其他当代文献。这是两所大学中国研究的特色，至今仍然有迹可寻。②

四、美国儒学：从富路特到狄百瑞

十九世纪西方的"中国研究"，普遍被人称为"汉学"，是西方人在学术上寻求了解东方和非洲的尝试。有些人以为此一尝试与西方殖民主义/帝国的扩张有着连带的关系。无论如何，英国是十九世纪最有影响力的西方强国，而获取亚非的新知识，以及建立西方文化霸权的任务，自然也是英国名牌大学的使命与责任。自十九世纪末至二十世纪初期，多所英国大学先后成立"中国研究"或"汉学研究"部门

---

① Charles Aylmer, "Sir Thomas Wade and the Centenary of Chinese Studies at Cambridge (1888 - 1988)"，《汉学研究》1989 年第 2 期，第 405—422 页。又见 David McMullen, "Chinese Studies at Cambridge: Wide-ranging Scholarship from a Doubtful Start", *The Magazine of the Cambridge Society*, 1995, 37 (6), pp. 62-66.
② 关于剑桥大学的汉学研究，可参阙维民：《剑桥汉学的形成与发展》(*The Formation and Development of Sinology at Cambridge*)，《汉学研究通讯》2002 年第 1 期，第 31—43 页。

或中心,使英国汉学水涨船高,声名远播。多位美国汉学名家和大学教授都出身于英国的牛津大学、剑桥大学及伦敦大学亚非学院,然后才在美国大学执教和成名。其中佼佼者有哈佛大学的费正清教授(John K. Fairbank)、哥伦比亚大学的富路特教授(Luther Carrington Goodrich)、耶鲁大学的史景迁教授(Jonathan Spence)、普林斯顿大学的崔正德教授(Denis Twitchett)、加州大学伯克利分校的白之教授(Cyril Birch)和加拿大英属哥伦比亚大学的蒲立本教授(Edwin Pulleyblank),都是受英国的汉学训练的。可见早期美国在大学发展中国研究时,主要的人力资源还是来自英国。

第二次世界大战之后,冷战格局形成,国际政治分为红蓝两大壁垒,共产主义国家以苏联为首,控制了东欧各国、古巴、北越、朝鲜。自称为"自由世界"的西方国家,和世界各地一部分的反共政权,则都奉美国为领导,竭力压制共产主义的扩张。冷战带来的"中国研究",主要是以"中国为什么会变红"这个问题为出发点进行各方面的探索。总体而言,一般美国学者认为中国传统文化是现代化的障碍,封建社会造成的阶级分化及种种祸端,埋下了农民和工人抗争的社会主义革命的种子。在这样的意识形态和冷战斗争的氛围下,作为旧中国代表的传统文化,特别是儒家,往往都成了学者批判的对象。下了多年苦功去研究儒学,并持此批判性言论的,要算哈佛大学出身的列文森教授(Joseph Levenson,1920—1969),他是第二次世界大战后美国"中国研究"的祖师爷、哈佛大学费正清教授(John K. Fairbank)的弟子,1949 年获得博士学位,1951 年起任教于加州大学伯克利分校,所著三大卷名为《儒教中国及其现代命运》(*Confucian China and Its Modern Fate*)的著作,从清末民初儒学的衰颓讲起,再从"五四"的反孔,写到 20 世纪 60 年代的"文化大革命"的一连串反传统运动,说明儒学在中国已经失去生命和活力,只能存在于博物院之中,不会在中国人的现实社会里发挥大的影响力。[1]

---

[1] Joseph Levenson, *Confucian China and Its Modern Fate: A Trilogy*, Berkeley and Los Angeles: The University of California Press, 1968.

由于费正清及列文森的影响，美国汉学界在第二次世界大战后的半个世纪中，对儒家文化广泛采取批判的态度，只有很少数的学者对儒学传统是推崇的，认为内容丰富，思想也有深度，不可轻言放弃，其中又有不少是华人学者，早年受过中国文化熏陶，如出身岭南大学的陈荣捷，以及哈佛大学的洪业、杨联陞，和年轻一辈的余英时、杜维明等。至于西方学者中，大概仅有以富路特（Luther Carrington Goodrich）为首的纽约哥伦比亚大学，对中国传统文化的态度较为正面，促使哥大成为儒学研究的摇篮。富路特生于中国通州，是英国传教士富善（Chauncey Goodrich）的儿子，在中国长大，后来到美国升学，获得哥伦比亚大学硕士（1927年）及博士学位（1934年），以四库全书为重点在英国做过研究，自1945年以来即任教哥大，并担任哥大中国学的领导人。他的弟子和徒孙很多都研究传统中国经典和儒家思想，狄百瑞就是其中的佼佼者，其后继承他的衣钵，并且把哥大的儒学研究发扬光大。此外还有翻译儒家经典的华滋生（Burton Watson）。

狄百瑞1919年生于纽约，父亲是德国籍移民，他自小生长的地方就离哥伦比亚大学不远，但没有想到一生与哥大结缘。他从哥大毕业后从军，在日本和亚洲太平洋的美军服役，也在华盛顿当过外交官。第二次世界大战后才回到哥大深造，完成他的日本研究硕士和中国研究博士学位。狄百瑞还未毕业，已经被邀留校开办亚洲研究课程，其后晋升为课程主任及中国学讲座教授，1971年，更上一层楼成为哥伦比亚大学掌管学术的副校长，直至1978年才退下来，至1989年正式退休。但狄教授退而不休，仍在校内开设和主持海曼人文中心，并且继续为研究生开课。狄教授一生为哥大，也为美国的汉学研究尽心竭力，他的研究重点主要是明清儒学，但他关心和推动的研究则包括宋明儒学、韩国儒学、日本儒学，甚至整个东亚的人文传统。

五、结语

作为纪念在不久之前去世（2017年7月）的狄百瑞教授的文章，本文原意只是写一篇介绍狄百瑞教授对儒学研究的贡献的文章，但在因缘际会下把藏在旧箱子里的小诗旧作找出来，成了本文的框架和书写的线索，把整个儒学西传的故事做了一个综合的长文报道，而且加上了自己的一些"自以为是"的"一得之见"。但无论如何，在儒学研究走向现代，进入全球化的过程中，在中国由晚清的衰颓逐渐走来，成为今天世界强雄的时候，我们应该如何看待文化的力量？如何重新思考儒学的价值和意义？这是本文所要提出的中心问题，也希望借此引起更多的关注和讨论。

后 记

本书为"2017年海峡两岸暨香港人文社会科学论坛"会议论集，并得到贵阳孔学堂的出版资助支持。

"海峡两岸暨香港人文社会科学论坛"前身为"两岸三地人文社科论坛"，最早由香港中文大学、南京大学、台湾"中央大学"三校于2007年联合举办，目前联合单位已经增加至七家，包括北京大学、台湾大学、复旦大学、中国社会科学研究院四家高校及科研院所，论坛由七所院校轮流承办，迄今已经成功举办了十届，在华人学术界享有极高的声誉。论坛不仅是海峡两岸和香港地区人文社科学者相互交流、沟通学习的重要平台，更具有凝聚中华智慧、促进文明发展、弘扬历史文化和引导社会风气的非凡意义。通过该论坛，学者们共聚一堂，百家争鸣，思想碰撞，为中华文化和文明的传承与交流发挥了积极作用。

论坛长效机制的建立，为海峡两岸和香港地区人文社会科学学者展开更为精细和专业的学术合作提供了新平台和新契机。"2017年海峡两岸暨香港人文社会科学论坛"由复旦大学作为主办方，并特别将会议召开地点选在贵阳孔学堂，更加契合主题。论坛的成功举办是在论坛理事会指导下各合办单位通力协作取得的结果，并得到与会学者、专家们大力支持和热情参与，在此一并致以谢忱。

随着海峡两岸和香港地区之间的经贸往来、文化交流不断拓展，相互联系日益紧密，由于经济上互依互惠，文化上同根同源，社会交往的纽带丰富多样，海峡两岸和香港地区在经济社会发展过程中有许多共通的感受和体会，在人文社会科学领域有许多值得交流的重大议题。面对经济全球化和社会变迁所带来的挑战和机遇，在中华历史文化传统的大背景下，共同探讨文化传统与当代社会的内涵与关联，相互交流看法和经验，彼此深入了解，实现海峡两岸和香港地区共谋发展、增进友谊，是人文社科学者共同的使命，也是本届论坛努力追求的目标。我们期望通过本次论坛，对形成具有共识性的"儒学传统与现代社会"华人学术理论、丰富实践经验提供助力。

肖卫民
2019 年 3 月 25 日

图书在版编目(CIP)数据

儒学传统与现代社会/吴震,肖卫民主编. —上海:复旦大学出版社,2019.6
ISBN 978-7-309-14290-7

Ⅰ.①儒… Ⅱ.①吴…②肖… Ⅲ.①儒学-文集 Ⅳ.①B222.05-53

中国版本图书馆 CIP 数据核字(2019)第 083207 号

儒学传统与现代社会
吴　震　肖卫民　主编
责任编辑/赵楚月

复旦大学出版社有限公司出版发行
上海市国权路 579 号　邮编:200433
网址:fupnet@fudanpress.com　http://www.fudanpress.com
门市零售:86-21-65642857　团体订购:86-21-65118853
外埠邮购:86-21-65109143　出版部电话:86-21-65642845
常熟市华顺印刷有限公司

开本 787×960　1/16　印张 28　字数 383 千
2019 年 6 月第 1 版第 1 次印刷

ISBN 978-7-309-14290-7/B·696
定价:108.00 元

如有印装质量问题,请向复旦大学出版社有限公司出版部调换。
版权所有　侵权必究